宁夏文物考古研究所丛刊之三十一

粟特人在中国

考古发现与出土文献的新印证

（上册）

荣新江　罗　丰　主编

宁　夏　文　物　考　古　研　究　所　编
北京大学中国古代史研究中心

科　学　出　版　社
北　京

内 容 简 介

本书是国际合作研究粟特问题的第二个里程碑，收录了 2014 年 8 月 13 日至 14 日在银川举办的“粟特人在中国：考古发现与出土文献的新印证”国际学术研讨会的论文，包括来自中国、日本、美国、英国、法国等各国学者提交的 48 篇论文的所有中文文本和 3 篇英文原本。本书与 2005 年出版的《粟特人在中国——历史、考古、语言的新探索》堪称姊妹篇，与后者相比，本书更着重粟特相关的墓志、葬具、画像等出土材料的刊布与研究，全方位展示了丝绸之路上粟特人的历史面貌。本书的出版无疑会对国际范围内的粟特研究产生巨大的推动作用。

本书适合于从事中西文化交流和丝绸之路研究的专家学者，及相关专业的大专院校师生参考阅读。

图书在版编目（CIP）数据

粟特人在中国：考古发现与出土文献的新印证：全 2 册/荣新江，罗丰主编；宁夏文物考古研究所，北京大学中国古代史研究中心编. —北京：科学出版社，2016.6

ISBN 978-7-03-048629-5

Ⅰ. ①粟… Ⅱ. ①荣…②罗…③宁…④北… Ⅲ. ①古代民族–中国–文集 Ⅳ. ①K289-53

中国版本图书馆 CIP 数据核字（2016）第 126682 号

责任编辑：孙 莉 郝莎莎 / 责任校对：钟 洋 彭 涛
责任印制：赵 博 / 封面设计：北京美光制版有限公司

科学出版社 出版
北京东黄城根北街 16 号
邮政编码：100717
http://www.sciencep.com
北京厚诚则铭印刷科技有限公司印刷
科学出版社发行 各地新华书店经销
*
2016 年 6 月第 一 版 开本：889×1194 1/16
2024 年10月第六次印刷 印张：45 1/2
字数：1 280 000
定价：480.00 元（全 2 册）

Sogdians in China:

New Evidence in Archaeological Finds and Unearthed Texts

(Ⅰ)

Rong Xinjiang and Luo Feng

Ningxia Institute of Archaeology and Cultural Relics
Center for Research on Ancient Chinese History，Peking University

Science Press

Beijing

目　　录

上　册

下　册

Contents

Part Ⅰ

Part Ⅱ

丝绸之路上的玻璃器

安家瑶

（中国社会科学院考古研究所）

1984年，笔者发表了硕士论文《中国的早期玻璃器皿》[1]，将国内考古出土的玻璃器皿进行了分类，主要分为国产玻璃和进口玻璃。进口玻璃又通过比较研究，分为罗马玻璃、萨珊玻璃和伊斯兰玻璃。30年过去了，很多新的考古发现，很多新的科技手段用于古玻璃研究。特别是近年，在中国科学院干福熹院士的倡导和组织下，科技工作者和考古学者合作，将考古出土的玻璃资料系统整理并采用各种最前沿的科学手段进行检测分析，取得了非常多的可喜成绩[2]。玻璃考古已不是一个陌生词汇。借"粟特人在中国：考古发现与出土文献的新印证"会议的机会，笔者稍作梳理。

一、玻璃器是丝绸之路的重要物证

玻璃是人类最早发明的人造材料之一，也是历史上最受欢迎的贸易品之一。随着汉代张骞开凿西域、丝绸之路的开通，东方文明和西方文明有了直接的接触。丝绸之路上的东西贸易和文化的交流，促进了东西文化的碰撞和互动。玻璃容器和饰品是从西方输入中国的主要贸易品之一，与此同时，玻璃技术也由西向东逐渐传入中国。

1. 罗马玻璃随丝绸之路的开通输入中国

罗马玻璃是罗马帝国时期（前27－496）玻璃的简称。前1世纪末，罗马成为囊括地中海沿岸的大帝国。玻璃业是罗马帝国的主要手工业之一。在罗马帝国统治的500年里，玻璃器数量之大，品种之多，质量之精，在世界玻璃史上占有无可替代的重要地位。

罗马玻璃输入到中国的年代可能早到西汉中期，广州市横枝岗的西汉中期墓曾出土了三件玻璃碗[3]。这三件玻璃碗的器形、颜色完全相同，都是深蓝紫色，半透明，平底直口，口径10.6厘米，底径4厘米，壁厚0.3厘米。模制成型。外壁经过打磨，口沿下刻有一道阴弦纹，内壁光滑无痕。

罗马玻璃中的精品马赛克玻璃最晚在东汉时期已输入到中国。1981年，江苏邗江甘泉2号

---

[1] 安家瑶《中国的早期玻璃器皿》，《考古学报》1984年第4期，413－448页。

[2] 干福熹主编《中国南方古玻璃研究》，上海：上海科学技术出版社，2003年；干福熹主编《中国古代玻璃技术的发展》，上海：上海科学技术出版社；干福熹主编《丝绸之路上的古代玻璃研究》，上海：复旦大学出版社，2007年。

[3] 广州市文物管理委员会《广州市东北郊西汉木椁墓发掘简报》，《考古通讯》1955年第4期，40－45页。

汉墓（67）出土了三块玻璃容器的残片，为紫红色和乳白色相间的马赛克（Mosaic）玻璃，外壁有模印的辐射形竖凸棱作为装饰。将遗存的这三块玻璃残片复原的器形是钵。这种带竖凸棱条装饰的钵的器形在中国很罕见，而在公元前后1世纪的地中海沿岸非常流行[4]。

广州和江苏邗江的罗马玻璃可能是通过海路输入的。前1世纪的一位希腊人周航红海、波斯湾、印度半岛东西两岸，写下《爱利脱利亚海周航记》，书中记载了中国的位置和物产，也记载了地中海沿岸的玻璃器东运的情况[5]。在东西海路交通的重要港口——印度半岛的本地治里出土了1世纪的罗马玻璃残片[6]，文献和出土实物都说明最迟在汉代，东西两大文明间即存在着海路交通。

1987年洛阳的一座东汉墓出土一件玻璃瓶[7]。这件玻璃瓶不仅器形与中国传统器形不同，而且成型的方法也和中国汉代玻璃器截然不同，它是采用吹制法成形的。玻璃吹制成型法充分利用液态玻璃的可塑性，利用液态玻璃在温度下降时逐渐变硬直至固态的特殊性质而发明的一种独特的成型方法。在玻璃吹制成形法发明前，任何其他材料都没有采用过这种方法。吹制法最早出现在前1世纪中叶的地中海东岸[8]，是罗马玻璃对世界玻璃发展史的最重要的贡献之一。

洛阳东汉墓出土的玻璃瓶的器形是地中海沿岸很常见的一种罗马玻璃瓶，它的特征是圆锥形瓶身，长颈，口沿外展后内折成平唇。这种玻璃瓶最早出现于1世纪30年代，持续到1世纪末或2世纪初[9]。洛阳东汉出土的这件缠丝玻璃瓶是来自罗马帝国的地中海沿岸的玻璃产品。

罗马玻璃瓶出土于洛阳东汉墓。洛阳是东汉的首都。东汉时期，很多中亚人在洛阳定居。著名的佛经翻译家支谶就是中亚的月支人，安世高则是来自伊朗高原的安息人，他们都在洛阳从事了多年的翻译佛经工作。1979年，苏联考察队在古代大夏境内发现一处埋藏有数万件黄金艺术品的贵族墓地。墓地位于阿富汗北境席巴尔甘东北5公里处，墓中出土的黄金艺术品多达2万余件。墓里还随葬了大批古代罗马、安息、天竺、斯基泰和西汉的艺术品。其中墓葬6中有两件玻璃瓶，与洛阳出土的罗马玻璃瓶很相似[10]。由此看来，洛阳发现的罗马玻璃瓶很可能是通过陆路输入的。

西方玻璃是魏晋南北朝时期斗富的宝器之一。魏晋南北朝在中国历史上是一段非常特殊的时期。当时虽战火纷飞，民不聊生，但世家大族占有大量的土地和财富，奢侈成风，并互相较量，看谁家最富，称为斗富。在“斗富”中要向对方陈列出自己的宝物，以显示自己的地位和财富，西方进口的玻璃器是宝物中的一项。北魏的文献《洛阳伽蓝记》记载：“而河间王琛最为

---

［4］D. F. Grose, “Glass Forming Methods in Classical Antiquity: Some Considerations”, *Journal of Glass Studies*, 26, 1984, pp. 25-34.

［5］*The Periplus of the Erythraean Sea*, London, 1912，p. 45.

［6］E. M. Stern, “Early Exports beyond the Empire”, *Roman Glass: Two Centuries of Art and Invention*, London, 1991, pp. 141-154.

［7］洛阳文物工作队《洛阳出土文物集粹》，北京：朝华出版社，1990年，图50。

［8］D. F. Grose, “Early Blown Glass”, *Journal of Glass Studies*, 19, 1977, pp. 9-29.

［9］C. Isings, *Roman Glass from Dated Finds*. J. B. Wolters, Groningen, 1957, p. 34.

［10］The Institute of Archaeology of the USSR Academy of Sciences, The National Museum of Afghanistan, *Bactrian Gold*, Leningrad: Aurora Art Publishers, 1985, p. 205, cat.147.

豪首”，“琛常会宗室，陈诸宝器……自余酒器，有水晶碗、玛瑙琉璃碗、赤玉卮，数十枚。做工奇妙，中土所无，皆从西域而来。”[11]这里清楚地记载了从西方进口的玻璃碗，是北魏元琛显示其豪富的宝器之一。

魏晋南北朝时玻璃容器被视为宝物，可能是由于那时的人们已经充分认识到西方玻璃的艺术价值，特别是晶莹透明的性质，是其他材料都难以比拟的。这个时期有不少诗文赞扬玻璃器的美丽，其中最著名的是西晋诗人潘尼的《琉璃碗赋》[12]。这首赋充分地歌颂了玻璃碗做工精良，透明度强的特性。《世说新语》记：“王公与朝士共饮酒，举琉璃碗，谓周伯仁曰：此碗腹殊空，谓之宝器，何耶？答曰：此碗英英，诚为清澈，所以为贵耳。”[13]玻璃清澈透明，所以被看做是宝器。

西晋鱼豢的《魏略》记有：“大秦国出赤、白、黑、黄、青、绿、缥、绀、红、紫十种流离。”[14]大秦就是当时文献中对罗马帝国的称呼，这个关于罗马帝国出产十种颜色玻璃的记载是很确切的。魏晋南北朝时期，罗马玻璃输入到中国的品种和数量都有增加，比较集中地出土在南朝的政治、经济、文化中心——南京附近。南京市博物馆王志高统计了六朝出土玻璃容器的墓葬，共有15座，发现了至少18件各种类型的玻璃容器[15]。

南京象山7号墓出土2件玻璃磨花筒形杯，器形纹饰相仿，颜色稍有差异。玻璃杯外壁附着一层白色风化层，玻璃无色透明，泛黄绿色，气泡较少，较小。口缘下及底部磨有椭圆形花瓣纹，腹部有七个大纵椭圆形纹[16]。

象山7号墓位于东晋门阀豪族琅琊王氏家族墓地内，被推测是东晋初年王廙的墓葬。如果推断无误，这2件玻璃杯的年代可定为322年之前。此外，南京石门坎六朝早期墓出土的多块玻璃残片[17]，南京大学北园东晋墓出土的玻璃片[18]和南京北郊东晋墓出土的浅黄绿玻璃片[19]等都采用了罗马工匠熟练掌握的磨花技法。

北方也发现了罗马玻璃，最集中的是辽宁北票北燕冯素弗墓（415）出土5件玻璃器，有鸭形器、碗、杯、钵和1件残器[20]。其中最为精美的是玻璃鸭形器，基本完好无损，仅尾部稍残。残长20.5厘米，腹径5.2厘米，壁厚0.2－0.3厘米。玻璃为淡绿色透明，内含小气泡。外表附着薄薄的白色风化层，部分地方有蓝紫色的虹彩现象，部分器身与凸起纹饰之间附着较厚的白色或淡褐色风化层。该器形类似动物，长颈鼓腹，细长尾，张扁嘴如鸭。冯素弗墓出土的

---

[11]（北魏）杨衒之《洛阳伽蓝记》卷四，北京：科学出版社，1958年，85页。

[12]（唐）欧阳询等编《艺文类聚》卷七三，北京：中华书局，1956年，1259页。

[13]（南朝宋）刘义庆《世说新语》，北京：中华书局，2011年，791页。

[14]（汉）班固《汉书》卷九六上颜师古注引，北京：中华书局，1962年，3885页。

[15] 王志高《六朝墓葬出土玻璃容器漫谈》，《六朝历史文化与镇江地域发展学术研讨会论文汇编》，镇江，2010年，221－227页。

[16] 南京市博物馆《南京象山5号、6号、7号墓清理简报》，《文物》1972年第11期，23页。

[17] 李鉴华、屠思华《南京石门坎六朝墓清理记》，《考古通讯》1958年第9期，69页。

[18] 南京大学历史系考古组《南京大学北园东晋墓》，《文物》1973年第4期，44页。

[19] 南京市博物馆《南京北郊东晋墓发掘简报》，《考古》1983年第4期，315页。

[20] 黎瑶渤《辽宁北票县西官营子北燕冯素弗墓》，《文物》1973年第3期，6页。

5 件玻璃器中，钵做过化学成分分析，是钠钙玻璃，与罗马玻璃的基本成分相似，只是钾镁的含量略高。鸭形器、玻璃碗和玻璃杯均经过电子探针检测，为普通的钠钙玻璃。

河北景县北魏封氏墓群中出土 4 件玻璃碗，现存 2 件，一为封魔奴墓出土，一为祖氏墓出土[21]。祖氏墓玻璃碗经 X 荧光定性分析是普通的钠钙玻璃，与罗马玻璃的一般组成相符。

装饰技法与祖氏墓波纹碗相似的玻璃器，国外发现较多，如黑海北岸 5 世纪的罗马遗址出土过许多波纹、网纹玻璃残片，俄国南部还出土过一件完整的波纹高足杯，制造工艺和装饰技法与祖氏墓的波纹碗相似[22]。另外，朝鲜半岛庆州的瑞凤塚[23]及皇南 98 号古坟（三国时代新罗，5—6 世纪）[24]，也出土了工艺相似的波纹玻璃杯。中国和朝鲜半岛出土的这些玻璃器皿，可能都是来源于罗马时期的黑海北岸。

2. 伊朗高原的萨珊玻璃受魏晋南北朝上层社会欢迎

魏晋南北朝时期，进口到中国的玻璃器中有相当一部分来自伊朗高原。伊朗高原的玻璃制造业历史悠久，公元前一千年前后，在两河流域的影响下就开始生产玻璃珠饰等。1 世纪开始生产吹制玻璃器皿。3—7 世纪是伊朗高原玻璃业最为兴旺发达的时期，除了生产大量玻璃珠饰、纺轮外，还制造精美的高级玻璃器皿，供上层社会享用和出口。由于这个时期主要是萨珊王朝时期，一般将它们简称为萨珊玻璃[25]。萨珊玻璃器皿造型浑朴，喜欢用连续的圆形作为装饰，与萨珊时期流行的联珠纹相似。萨珊玻璃工艺继承了罗马玻璃工艺的特点，特别是发展了冷加工的磨琢工艺，在玻璃碗上磨琢出凹球面或突起的凹球面，形成一个个小凹透镜。透过碗前壁的凹球面装饰，可以看到后壁的数个小圆形装饰，充分地表现出玻璃变幻莫测之美。

北京西晋华芳墓出土的玻璃碗是来自伊朗高原的萨珊玻璃。这件碗圜底、球腹、颈部微收，侈口。高 7.2 厘米，口径 10.7 厘米，腹部有 10 个椭圆形乳钉作为装饰，乳钉列为一排。乳钉不很规整，一般高出碗外壁 5 毫米，长径 10—15 毫米，短径 5—11 毫米，其中 8 个乳钉的长径平行于口沿，另外 2 个乳钉的长径垂直于口沿。底部有 7 对突起的刺排成椭圆形，刺高 2 毫米，这些刺既是装饰又是足，能使圜底得以放稳。

这件碗的残片进行了化学定量分析，其结果与伊朗玻璃成分相符[26]。

日本东京大学伊拉克伊朗遗迹调查团在伊朗高原的发掘中，发现过这种乳突装饰碗[27]。这种乳突玻璃碗在伊朗高原的流行时期很长，从公元 1 世纪到 5 世纪的墓葬都有出土，帕提亚王朝晚期最为流行。

墓主人华芳是西晋幽州都督王浚的夫人，葬于永嘉元年（307）。当时的幽州都督统管着河

[21] 张季《河北封氏墓群调查记》，《考古通讯》1957 年第 3 期，33 页。

[22] 由水常雄《东洋のガラス》，三彩社，1977 年，63 页。

[23] 小泉显夫《庆州瑞凤塚の发掘》，《史学杂志》38 卷 1 号，1927 年；由水常雄《世界ガラス美術全集》4《中国朝鲜》，求龍堂，1992 年，106—107 页，图版 231、233。

[24] 韩国国立中央博物馆《新罗双坟　庆州 98 号古坟》，1975 年。

[25] C. Zerwick, *A Short History of Glass*, New York: The Corning Museum of Glass, 1990, p. 32.

[26] 安家瑶《北周李贤墓出土的玻璃碗——萨珊玻璃器的发现与研究》，《考古》1986 年第 2 期，173—181 页。

[27] 深井晋司、高桥敏《ペルシァのガラス》，淡交社，1973 年。

北北部和辽宁，华芳作为都督夫人，才有可能获得来自伊朗高原的玻璃器。

类似的萨珊玻璃碗出土于南京富贵山西南麓的东晋墓。淡蓝色透明，圆唇，侈口，束颈，球腹，圜底稍内凹。20条隐隐隆起的凸棱从底部延伸到下腹部[28]。

湖北鄂城五里墩121号墓出土一件玻璃碗[29]。这件圜底玻璃碗腹部有四排磨花，磨花为椭圆形稍内凹的小平面，底部也有一圆形内凹的磨花。

鄂城121号墓是西晋（265－316）墓葬，其年代不会晚于4世纪初，因此这件玻璃碗是最早输入东方的萨珊玻璃之一。王仲殊则进一步推断鄂城五里墩西晋墓出土的波斯萨珊朝玻璃碗为吴时由海路传入[30]。

南京仙鹤观6号晋墓M6出土了2件玻璃碗。其中一件复原，为磨花玻璃碗，淡黄色透明，器形装饰与鄂城121号墓玻璃碗相似[31]。

最漂亮的一件磨花玻璃碗出土于江苏句容春城刘宋时期一座墓葬。该墓的墓主人刘宗，埋藏年代为元嘉十六年（439）[32]。这件碗的器形为侈口，颈微收，球腹，圜底，口径8.5厘米，腹径9.1厘米，高6.3厘米。腹部有六排小凹球面作装饰，由于六排小凹球面有规律地相互错叠，所以从正面看不是成排的联珠纹，而是由小六边形构成的龟甲纹。碗的底部也有一个外缘呈五边形的凹球面。这件玻璃碗无色透明，几乎不含任何色调，内含气泡少而小，像水晶一样洁净晶莹，说明玻璃原料经过精选，熔制温度比较高。碗壁较薄，器形规整，可能是有模吹制法而成型的。碗的腹部和底部的纹饰都是采用冷加工工艺，磨琢抛光而成的。

这件玻璃碗的器形与湖北鄂城五里墩121号墓出土的玻璃碗一样，腹部的纹饰与日本奈良正仓院藏的白琉璃碗一样，小凹球面互相错叠，构成六边形的龟甲纹，是伊朗高原萨珊王朝的典型产品。

山西大同市南郊北魏时期墓葬107号墓中出土一件玻璃碗[33]。这件玻璃碗有可能是伊朗高原萨珊王朝的产品，也有学者认为是黑海北岸切尔尼亚霍夫文化的典型器物，经由黑海-里海北岸至新疆进入北魏平城[34]。

大同南郊北魏时期墓葬107号墓除了出土这件玻璃碗外，还出土了银罐、鎏金刻花银碗、金耳环、玻璃珠等。这些器物都表现了很强的异域特色，特别是鎏金刻花银碗壁上锤拓出四个人像，虽形象各异，但皆深目高鼻，具有西方人的形象。由拓跋鲜卑建立的北魏，统一北方各国，成为第一个可以和南方汉族政权对峙的少数民族政权。山西大同是北魏前期的首都

[28] 南京市博物馆、南京市玄武区文化局《江苏南京市富贵山六朝墓地发掘简报》，《考古》1998年第8期，43页。

[29] 鄂城博物馆、南京大学历史系《鄂城六朝墓》，北京：科学出版社，2007年，303－304页。

[30] 王仲殊《试论鄂城五里墩西晋墓出土的波斯萨珊朝玻璃碗为吴时由海路传入》，《考古》1995年第1期，81－86页。

[31] 南京市博物馆《江苏南京仙鹤观东晋墓》，《文物》2001年第3期，19－21页；王志高《江苏南京仙鹤观东晋墓出土文物的初步认识》，《文物》2001年第3期，89页。

[32] 安家瑶《镇江文物精华笔谈——玻璃器》，《中国历史博物馆馆刊》1986年第9期，28－29页。

[33] 王银田、王雁卿《大同南郊北魏墓群M107发掘报告》，《北朝研究》，北京：燕山出版社，2000年，143－162页。

[34] 马艳《大同出土北魏磨花玻璃碗源流》，《中原文物》2014年第1期，96－100页。

平城的所在地，北魏政权在平城近百年的经营中，大力学习汉族文化，并占领控制了河西地区，使丝绸之路向东延伸到平城。依据出土的陶器和墓葬形式，107号墓的年代应早于孝文帝执政，即不晚于公元5世纪中叶。在大同北魏时期的贵族墓葬中出土玻璃说明北魏与西亚关系相当密切。

萨珊玻璃精品中还有一种是高浮雕的玻璃。这种高浮雕的玻璃精品也在中国发现了。1983年秋，宁夏固原县北周天和四年（569）李贤夫妇墓出土了一批珍贵文物，其中包括1件完整的高浮雕玻璃碗[35]。这件玻璃碗与同墓出土的鎏金银胡瓶为东西贸易史的研究提供了宝贵的资料。

3. 伊斯兰玻璃精品在中国发现

7世纪初，在拜占庭帝国地中海东岸的行省中发生了重要的历史事件：出生在麦加的穆罕默德在阿拉伯半岛创立了伊斯兰信仰。8世纪中期，随着阿拉伯人的向外征服，形成了地跨亚、非、欧的幅员广大的阿拉伯帝国，伊斯兰教成为世界性的宗教。伊斯兰文化是在希腊、罗马文明的基础上发展起来的。伊斯兰帝国新征服的广大地区，如叙利亚、埃及、美索不达米亚、波斯、北印度等，是古代东方文明的发源地，有着优秀的传统科学文化遗产。玻璃制造是伊斯兰世界的重要手工业之一。

伊斯兰玻璃在世界历史上起了承前启后的主要作用。当罗马帝国衰亡、欧洲进入中世纪的黑暗时代，伊斯兰阿拉伯7世纪统治了地中海东岸，继承了已经衰败的玻璃业，使罗马玻璃的精湛技术免于失传。在以后的800年中，伊斯兰玻璃始终持续发展，并于14世纪将玻璃制造的技术反传回意大利的威尼斯。众所周知，现代玻璃是从威尼斯玻璃发展而来的。伊斯兰玻璃除了继承罗马玻璃的技术外，在玻璃装饰技术上也有所突破。金属光泽彩绘（Luster）和釉料彩绘是伊斯兰玻璃的创新。此外，伊斯兰玻璃在马赛克（Mosaic）、刻花（Cutting）、刻纹（Engraving）、热塑（Trailing）、模吹（Mold Blowing）、镀金（Gilding）等工艺上都有所发展。

近几十年，在中国考古发掘出土的伊斯兰玻璃给世界伊斯兰艺术史的学者极大的惊喜。笔者曾对1980年之前中国出土的伊斯兰玻璃做过研究，特别是河北定县静志寺塔基（976）、浙江瑞安慧光塔（1034）和安徽无为舍利塔（1036）分别出土的伊斯兰刻花玻璃瓶[36]。20世纪80年代是中国伊斯兰玻璃发现最为丰硕的年代[37]。1987年，陕西扶风法门寺地宫出土了18件精美的伊斯兰玻璃容器，下限为874年；1986年内蒙古奈曼旗辽代陈国公主墓（1018）出土7件伊斯兰玻璃器和1983年天津蓟县独乐寺白塔塔身（1058）发现伊斯兰刻花瓶。1990年扬州城考古队发掘了一处唐代中晚期住宅遗址，出土了一批伊斯兰玻璃残片[38]。20世纪末至21世纪初，伊斯兰玻璃器在中国不断有所发现。中国学者对伊斯兰文物的兴趣越来越浓厚，如阿卜杜拉·马文宽发表了《伊斯兰世界文物在中国的发现与研究》，比较全面地总结了伊斯兰玻璃在中国的发

[35] 宁夏博物馆、宁夏固原博物馆发掘组《宁夏固原北周李贤夫妇墓发掘简报》，《文物》1985年第1期，1—20页。

[36] 安家瑶《中国的早期玻璃器皿》，《考古学报》1984年第4期，413－448页。

[37] 安家瑶《试探中国近年出土的伊斯兰玻璃器》，《考古》1990年第12期，1116－1126页。

[38] 安家瑶《玻璃考古三则》，《文物》2000年第1期，89－96页。

现[39]。由于中国发现的伊斯兰玻璃器数量多，并有可靠的年代和出土地点，且多是精品，中国已经成为产地之外的最重要的伊斯兰玻璃发现地之一。

二、近年中国国内新发现的进口玻璃器

1. 新疆出土的罗马玻璃

1996年，新疆博物馆在且末县扎滚鲁克1号墓地49号墓中发现一件玻璃杯，高6.8厘米，口径6.8厘米，淡绿色透明，侈口圜底，外壁有三排椭圆形磨饰，底部也有一个较大的圆形磨饰。这件玻璃杯的器形、纹饰与斯坦因在楼兰发现的玻璃杯非常相似。发掘者推断扎滚鲁克1号墓地的年代为东晋时期[40]。扎滚鲁克墓的玻璃杯经过科学检测和对比研究，被认定为罗马玻璃[41]。

1995年新疆考古研究所在尉犁县营盘9号墓也发现一件类似的玻璃杯。玻璃杯高8.8厘米，口径10.8厘米。杯内外壁均附厚厚的灰白色风化层，但从杯口破碴观察，玻璃质量好，淡黄色透明。玻璃杯侈口圜底，腹部有两排椭圆形磨饰，底部也有一个较大的圆形磨饰。营盘墓地位于罗布泊西侧塔里木河下游三角洲，是丝绸之路“楼兰道”的要冲之地。营盘墓地的年代为汉晋时期，出土文物包容了古代东西方文化的因素[42]。营盘9号墓玻璃杯的残片经过化学检测，氧化纳高达19.67%，氧化钾仅含0.59%，是典型的罗马玻璃成分。因此，这种圆形磨饰高杯很可能是罗马玻璃。

营盘出土的一件人面玻璃耳饰，99BYYM22︰20，特别引人注意。耳饰呈扁椭圆形，长径1.05厘米，短径0.8厘米，厚0.5厘米，有穿孔。由白、黑、红、蓝四种颜色玻璃制成，之中显示人面纹，边缘为放射状纹样。玻璃耳饰出自死者耳边，和其他珠子及一个草圈共同连缀成耳饰[43]。这件人面玻璃耳饰是做工很复杂的马赛克玻璃。学术界一般认为这种人面纹马赛克玻璃珠饰或板饰的产地是罗马帝国埃及行省的亚历山大城，年代大约是公元前1世纪末至公元1世纪中叶。美国康宁玻璃博物馆收藏一件马赛克玻璃板饰，中间的人面据研究是戏剧的脸谱[44]。与营盘出土的人面耳饰更相似的是埃内斯托·沃尔夫的收藏中的第153号和第154号[45]，形状和尺寸都很相仿，特别是第153号人面周围的放射状纹，使人不能不推测这些马赛克人面玻璃珠饰出自同一产地。前332年，亚历山大大帝征服埃及后，在尼罗河口建立的城市命名为亚历

[39] 阿卜杜拉·马文宽《伊斯兰世界文物在中国的发现与研究》，北京：宗教文化出版社，2006年。

[40] 新疆文物考古研究所《新疆维吾尔自治区丝路考古珍品》，上海：上海译文出版社，1998年，图124，310—311页。

[41] 成倩《新疆且末扎滚鲁克墓地出土玻璃研究》，《文物》2011年第7期，88－92页。

[42] 新疆文物考古研究所《新疆维吾尔自治区丝路考古珍品》，图137，63－76、318页。

[43] 李文瑛《新疆营盘墓地出土的古玻璃介绍》，《丝绸之路上的古代玻璃研究》，上海：复旦大学出版社，2007年，139－144页。

[44] *The Corning Museum of Glass*: *A Guide to the Collections*, New York: Corning, 2001, p. 18.

[45] E. Marianne Stern, *Early Glass of the Ancient World 1600B.C.- A.D.50. Ernesto Wolf Collection*, Verlag Gerd Hatje, 1994, pp. 414-415, No. 153, No. 154.

山大城。这座城市很快成为地中海东部的重要经济与文化中心。亚历山大死后，亚历山大城成为是埃及托勒密王朝的首都；罗马统治时期，成为埃及行省首邑，也是罗马帝国境内仅次于罗马的第二大城。在中西交通史上，亚历山大城是丝绸之路西端的终点站之一，由中国运来的丝绸到此经海路转运罗马和欧洲各地。亚历山大城是罗马玻璃制作中心，以玻璃器皿和马赛克玻璃珠饰闻名[46]。如果营盘出土的人面玻璃耳饰是亚历山大城的产品，其传播路线会引起更多学者的关注。

2007年在尼雅N8聚落遗址新发现的玻璃角形杯是一件罕见的高档玻璃器。玻璃器呈角状，底部尖，稍弯曲。玻璃无色透明，稍泛黄色。腹部下方热缠贴两道波浪纹，腹部上缠贴三道弦纹。方口径 4.3 厘米，长 19.8 厘米，最大腹径 5.2 厘米[47]。于志勇将这件角形杯定名为来通（Rhyton），与西安何家村窖藏出土的玛瑙兽首杯进行了比较。犀角杯来源于西方，克里特岛在前1500年已出现此种器形的器物，希腊人称此为“来通”。当时人们相信来通犀角杯是圣物[48]。伊辛斯在她的著作《年代确切的罗马玻璃》一书中，将两件玻璃角形杯也定名为来通，器形定为73a型和73b型[49]。随着玻璃角形杯发现得越来越多，学者也逐渐倾向称之为玻璃角形杯，是喝酒的一种器皿。康宁玻璃博物馆收藏的三件罗马玻璃角形杯，年代定为 1—2 世纪[50]。欧洲莱茵河流域是罗马玻璃的另一个生产中心，德国科隆日耳曼罗马博物馆藏有大量罗马玻璃。在其收藏的公元 2、3 世纪的罗马玻璃器中也有三件玻璃角形杯，年代均定在 3 世纪[51]。在科隆博物馆中还收藏一件 4 世纪初的玻璃角形杯，装饰有缠丝、点蓝和掐纹[52]。在罗马玻璃角形杯之前，伊朗高原的阿契美尼德王朝和帕提亚王朝就流行角形银杯和角形象牙杯，到伊斯兰时期玻璃角形杯还在流行，如美国康宁玻璃博物馆就收藏有 8—9 世纪伊斯兰玻璃角形杯[53]。

2. 广州南汉康陵出土伊斯兰玻璃

2003 年广州市文物考古所配合广州地区高校新区的建设，对广州市东南 15 千米的小谷围岛进行了全面的考古勘探和部分的考古发掘。在这次考古工作中，南汉王朝的两座帝陵被发现。其中一座墓前室立有“高祖天皇大帝哀册文”石刻，明确记载：高祖于大有十五年（942）四月崩，于光天元年（942）九月迁神于康陵。因此，可以确认这是南汉开国皇帝刘岩的陵墓——康

〔46〕Lois Sherr Dubin, *The History of Beads*, Harry N. Abrams, 1987, p. 56.

〔47〕于志勇《近年来新疆古代玻璃器的考古发现、研究与思考》，《新疆文物》2013年第2期，107—117页。

〔48〕王子今《说犀角杯：一种东西方文化交流的文化物证》，《四川文物》2008年第1期，41—48页；孙机《玛瑙兽首杯》，《中国圣火——中国古文物与东西文化交流中的若干问题》，沈阳：辽宁教育出版社，1996年，178—197页；齐东方《何家村遗宝与丝绸之路》，《花舞大唐春——何家村遗宝精粹》，北京：文物出版社，2003年，38—41页。

〔49〕C. Isings, *Roman Glass from Dated Finds*, J. B. Wolters Gronningen, 1957, p. 91, Form 73.

〔50〕David Whitehouse, *Roman Glass in the Corning Museum of Glass*, Vol. One, New York: The Corning Museum of Glass, 1997, pp. 118-120, No. 184, No. 185, No. 186.

〔51〕*Die farbloser Glaser der Fruhzeit in Koln, 2.und 3. Jahrhundert* , Bonn: DR.Rudolf Habeit GMBH, 1984, pp. 117-118, Nos. 264, 265, 267.

〔52〕Donald B. Harden, *Glass of the Caesar*, Olivetti, 1987, pp. 116-117, No. 49.

〔53〕*The Corning Museum of Glass: A Guide to the Collections*, p. 50.

陵[54]。该陵墓曾遭多次盗掘，随葬品中完整器极少，多为陶瓷罐和碗的残片，还有石俑残件、玉石片、银环、开元通宝铜币等。令人关注的是，该墓出土了很多玻璃残片。

康陵出土的玻璃残片共 141 片。依照玻璃的颜色分类，可分为五类：蓝色透明 4 片、无色透明 20 片、无色透明带有黄色色调 35 片、黄绿色透明 7 片、绿色透明 75 片。蓝色透明和无色透明的玻璃质量最好，玻璃内含杂质很少，气泡很小，透明度高。蓝色透明的玻璃残片的表面几乎没有被腐蚀，光洁如新。无色透明的玻璃残片中有的表面附着白色风化层，存在虹彩现象。无色透明带有黄色色调和黄绿色透明玻璃残片的玻璃质量稍差，表面多附着白色风化层，存在虹彩现象。绿色透明玻璃残片的玻璃质量较差，玻璃内含较多杂质和气泡，透明度较差，玻璃表面多附着黑色或白色风化层，有虹彩现象。

这批玻璃残片仅有一件修复复原，其余为残片可分为口沿、底部、腹部。

依照玻璃残片所能反映出的器形进行分类，可分为已复原的玻璃瓶、玻璃瓶口沿残片、玻璃器底部残片和玻璃器腹部残片。

绿色玻璃瓶 1 件，残破修复复原。高 12 厘米，口径 5.2 厘米。绿色透明，玻璃内含较多气泡。侈口、圆唇、短颈、折肩、收腹。腹部到颈部装饰有 11 个竖棱条。模吹成形，底部上凹，有加工中使用过顶棒技术的痕迹。口沿不太规整，可以观察出剪口后经火烧制成圆唇。

在已知的考古发掘中和博物馆收藏中，还没有见到与康陵出土的带竖棱条的短颈折肩玻璃瓶完全一样的玻璃器，但是在伊斯兰玻璃中有相似的器形和相同的装饰。康陵出土的直口鼓腹玻璃瓶和侈口长颈鼓腹玻璃瓶也是伊斯兰玻璃器的常见器形。分析这批玻璃残片的制作工艺和化学成分，可以得出康陵玻璃是伊斯兰玻璃的结论[55]。

3. 内蒙古辽祖陵 1 号陪葬墓出土的伊斯兰玻璃

2007 年夏，中国社会科学院考古研究所内蒙古二队和内蒙古文物考古研究所联合组成考古队，对内蒙古巴林左旗辽代祖陵内一座被盗墓进行了抢救性考古发掘，该墓定为辽祖陵 1 号陪葬墓。

这批玻璃残片均为器皿残片，只有一件可以复原的器皿 PM1∶83，为平底稍上凹的侈口碗，蓝色透明，底径 11 厘米，高 6.8 厘米，口径不详。

辽祖陵 1 号陪葬墓出土的玻璃器虽然都是残片，通过分析研究，可以确定这批玻璃器没有纹饰，但玻璃碗的器形较大，制作工艺较高，玻璃直颈瓶的玻璃质量高，有可能是来自西亚的伊斯兰玻璃。与中亚西亚生产的玻璃器进行比较研究，特别是与伊朗的内沙布尔经过科学的考古发掘出土的玻璃器进行比较，可以推断祖陵 1 号陪葬墓出土的玻璃器来自伊朗高原[56]。

内蒙古巴林左旗辽祖陵 1 号陪葬墓出土的伊斯兰玻璃器为辽代早期与西亚的交通提供了考

[54] 广州市文物考古研究所《广州南汉德陵、康陵发掘简报》，《文物》2006 年第 7 期，22 页。

[55] 安家瑶、冯永驱《南汉康陵出土的伊斯兰玻璃》，《考古一生——安志敏先生纪念文集》，北京：文物出版社，2012 年，474－487 页。

[56] 安家瑶《辽祖陵 1 号陪葬墓出土玻璃器》，《中国考古学会第十四次年会论文集》，北京：文物出版社，2012 年，500－508 页。

古学的证据，也就是说为10世纪初丝绸之路草原线路的重启提供了证据。

三、中国古代玻璃的起源及发展等问题渐显清晰

1. 蜻蜓眼玻璃珠等珠饰的深入研究

考古出土的玻璃珠饰等小件物品也越来越受到重视。在干福熹院士的亲自组织下，广东、广西、贵州、云南、四川、重庆等地的博物馆对馆藏的古玻璃进行了整理研究，其中绝大多数是玻璃珠饰[57]。之后出版的《丝绸之路上的古代玻璃研究》将新疆、青海、宁夏、内蒙古、辽宁等地的馆藏玻璃进行了整理研究，同时也发表了大量的古玻璃化学成分分析报告[58]。这些研究为中国玻璃的起源及发展奠定了重要基础。在玻璃珠饰中，最引人关注的是蜻蜓眼玻璃珠。笔者曾对这类玻璃珠进行过初步研究，提出春秋末战国初中国出现的镶嵌玻璃珠技术是通过游牧民族辗转地从西亚经过新疆传到中原地区的[59]。近年，赵德云对中国出土的蜻蜓眼式玻璃珠进行了全面的分析研究，从技术角度将蜻蜓眼式玻璃珠分为九型，不同型的流行时代和地域也各有不同。蜻蜓眼式玻璃珠进入中国的时间不晚于春秋晚期。他在文中还讨论最早一批蜻蜓眼进入中国的途径，认为它们是从黑海沿岸沿欧亚草原由游牧民族传播到阿尔泰一带后，一路进入新疆，另一路经蒙古高原再南下进入中原。蜻蜓眼玻璃珠进入中原后，其本来的护符作用大大弱化，只作为彰显身份的珍奇之物[60]。

历史的真实情况往往比我们想象的要复杂。甘肃张家川马家塬战国墓地自2006年考古发掘取得重要发现后，至2009年共清理墓葬20座。2010年下半年至2011年年底对该墓地进行了第五和第六年度的考古发掘，新发掘清理了位于墓地东北部的五座中、小型墓葬（18－21号墓、59 号墓）。根据以往发掘积累的经验，为了更好地保护和展示墓地出土文物，在发掘现场只清理出车和棺木等遗物的轮廓，后期套箱提取至室内在可控环境下进行发掘清理[61]。笔者有幸参观了迁移到甘肃文物考古研究所室内清理的数座棺木，现场令人震惊。墓主人身上铺满了各种珠饰，有单色玻璃珠、多色的蜻蜓眼玻璃珠、费昂斯珠，让人目不暇接。这样大量的、多种类的珠子出现在战国晚期西戎墓地，虽然还没有对这些珠子做详细的整理报道，其复杂性已超出我们的想象，其来源和产地是今后研究的重要课题。

2. 广西汉代玻璃来源取得新成果

广西是中国汉代玻璃集中发现的地区，出土的玻璃器皿造型独特，与中原出土的仿玉玻璃器有明显差别。笔者曾研究过广西的玻璃器皿，只注意了合浦在汉代是海上丝绸之路的重要港

[57] 干福熹主编《中国南方古玻璃研究》，上海：上海科学技术出版社，2003年。

[58] 干福熹主编《丝绸之路上的古代玻璃研究》，上海：复旦大学出版社，2007年。

[59] 安家瑶《镶嵌玻璃珠的传入及发展》，《十世纪前的丝绸之路和东西文化交流》，北京：新世界出版社，1996年，351－368页。

[60] 赵德云《中国出土的蜻蜓眼式玻璃珠研究》，《考古学报》2012年第2期，177－216页。

[61] 早期秦文化联合考古队、张家川回族自治县博物馆《张家川马家塬战国墓地2010～2011年发掘简报》，《文物》2012年第8期，4－26页。

口，广西出土的玻璃器器形和工艺与罗马玻璃相近，在印度本地治里出土的玻璃弦纹碗与广西汉代玻璃碗非常相似，因此将广西汉代玻璃器皿归类到罗马玻璃范畴[62]。近年，熊昭明和李青会就广西出土的玻璃制品进行了综合性研究，并出版了专著《广西出土的汉代玻璃器的考古学与科技研究》[63]。这是一次非常成功的考古学家和科技专家的合作，将广西出土的玻璃器全部做了整理分析，并采用各种分析技术对尽量多的样品进行定量分析。研究表明，广西汉代玻璃来源复杂，大部分是在外来技术影响下自制的，部分经由海上丝绸之路从罗马、印度和东南亚等地传入，少量则由中原或楚地传入。这种复杂性可能正是东西文明交汇融合的结果。

西汉元鼎六年（前 111）平南越国，在原南越王国地方设交趾郡，后改名交州。交州地域包括今天越南北部、中部和中国广西、广东的一部分。本地自制的钾玻璃范围是指合浦郡辖县或是指交州，还是指更大的范围——东南亚？由于目前没有发现玻璃作坊遗址，东南亚国家的玻璃考古工作还有待逐步完善，我们还需要耐心等待。近年，在越南北部红河上游的老街发现了一件玻璃盘（残），绿色半透明，直径约 13.5 厘米，高 2.6 厘米[64]。根据共出的铜器，这件玻璃盘年代被确定为前 1 世纪至公元 1 世纪。显然，这件玻璃碗与广西汉代玻璃器皿是属于同一类的。

3. 汉代玻璃制作的规模要重新评估

2009 年 9 月起，南京博物院对大云山汉墓区进行了全面勘探与抢救性发掘，揭示出一处完整的西汉江都王陵园，出土了大量铜器、金银器、玉器等精美文物，许多文物均为首次发现。根据墓葬的规制、出土文物的等级，特别是 M1 的随葬器物，以及器物铭文推断，M1 的墓主人应当是江都易王刘非，即大云山汉墓陵园是刘非的陵园[65]。大云山汉墓 M1 西回廊下层中部和南部出土编钟、编磬各一套及琴、瑟、铃等乐器。其中编磬共 20 件，经鉴定，为玻璃制品。这批玻璃编磬，大小有序。最大的底边长 51.45 厘米，最小的底边长 15.38 厘米[66]。磬为倨句形，素面，顶部倨孔，圆孔状，未见凿孔的钻磨痕迹。

汉代是中国玻璃发展史上的重要时期。在经济繁荣和政治稳定的条件下，中国玻璃业得以存在和发展。由于汉代人对玉的偏爱，汉代流行葬玉的风俗，天然玉石供不应求，为玻璃业生产仿玉产品提供了机会和市场。汉代中原的铅钡玻璃生产已具有一定的规模，能生产较大尺寸的玻璃容器，各式各样的丧葬用玻璃和装饰品。

玻璃这种人造材料最早不是在中国发明的，但我国从战国时期就开始制造玻璃，多生产玉器的仿制品。与西方普遍的苏打玻璃不同，我国战国两汉的玻璃是以铅钡为助熔剂的铅钡玻璃。在世界玻璃史上，中国的铅钡玻璃是非常独特的一支，但由于以往出土的汉代玻璃器数量少，

---

［62］安家瑶《中国的早期玻璃器皿》，《考古学报》1984 年第 4 期，440 页，444 页。

［63］熊昭明、李青会《广西出土的汉代玻璃器的考古学与科技研究》，北京：文物出版社，2011 年。

［64］Brigitte Borell, "The Han Period Glass Dish from Lao Cai, Northern Vietnam", *Journal of Indo-Pacific Archaeology*, 32, 2012, pp. 70-77.

［65］李则斌《江苏盱眙大云山汉墓》，《2010 中国重要考古发现》，北京：文物出版社，2011 年，95－100 页。

［66］南京博物院等《江苏盱眙县大云山西汉江都王陵一号墓》，《考古》2013 年第 10 期，22 页。

器形小，一般认为汉代玻璃生产规模很小。大云山出土的玻璃编磬的器形大、数量多、质量高，可以看出当时的玻璃制造具有相当大的生产规模，不是原来想象中的小作坊式的加工。玻璃编磬的厚度达 2—3 厘米，反映了玻璃制造工艺很高。因为玻璃制造中产品越厚，里面的应力就越大，若不消除应力，玻璃制品会自然爆裂。消除应力需退火，退火温度和时间的控制，都是玻璃制造工艺中的关键技术。所以，如此尺寸的玻璃制品背后反映的是高度发达的玻璃制造业。

4. 大同北魏玻璃制作的新证据

1987 年，在大同市城东南 30 千米的湖东编组站铁路建设中，发现一处北魏墓群，其中 M21 出土一件玻璃器；2001 年，大同市南郊变电站 M6 和 M20 出土玻璃器；2002 年大同迎宾大道 M16 和 M37 出土玻璃器，这些玻璃器出土填补了大同北魏玻璃容器的空白[67]。这些玻璃器与河北定州北魏塔基出土的玻璃器非常相似，特别是小玻璃瓶，器形一致，口沿内折卷的做法也完全一样。这两处出土玻璃器是国外罗马玻璃和萨珊玻璃都找不到可比较的器物，与大同出土的北魏陶器的器形有相似之处。玻璃器残片的化学检测结果也与进口的玻璃有较大差别。因此，大同出土的玻璃器和河北定州北魏塔基出土的玻璃器有可能来源相同。

《北史 • 大月氏传》中的一段记载是大家都很熟悉的："〔魏〕太武时，其国（月氏）人商贩京师，自云能铸石为五色琉璃。于是采矿山中，于京师铸之，既成，光泽乃美于西方来者。乃诏为行殿，容百余人，光色映彻，观者见之，莫不惊骇，以为神明所作。自此，国中琉璃遂贱，人不复珍之。"[68]关于这一段记载，有不同的理解。有的人认为是指中亚的月氏人到北魏首都代（现在的大同市），制造带釉的砖瓦，即琉璃砖瓦；也有人认为是制造玻璃的记载。大同地区北魏玻璃器的发现，使笔者更坚定了月氏人在大同制造玻璃的判断。

北魏玻璃器皿的工艺与汉代玻璃盘和耳杯的工艺大不相同，采用了吹制的成型工艺。虽然吹制玻璃技术早在前 1 世纪就在地中海沿岸出现，吹制玻璃容器在 2 世纪就进口到中国，但古代技术的传播往往比商品的流通要慢得多。技术的传播常与工匠的迁移有密切关系，中国采用吹制玻璃技术也许与外来工匠有关。如果《北史》中的记载与大同出土的北魏玻璃和定州北魏塔基出土的玻璃器皿之间确有联系，那么可以得出下述结论：5 世纪中亚的工匠将吹制玻璃技术传到中国，这是中国玻璃史上的一个重要转折。北魏以后的玻璃器皿，绝大多数都采用了吹制技术。5 世纪中亚工匠将吹制玻璃技术传到中国，这一重要事件刚好符合本研讨会"粟特人在中国：考古发现与出土文献的新印证"的主题。

古代玻璃本身携带着许多信息，有待我们破解。古代玻璃背后的故事所反映的社会变迁、文化内涵、审美情趣等问题更值得我们探讨。

---

［67］安家瑶、刘俊喜《大同地区的北魏玻璃器》，《4—6 世纪的北中国与欧亚大陆》，北京：科学出版社，2006 年，37—46 页。

［68］（唐）李延寿等《北史》卷九七，北京：中华书局，1974 年，3226 页。

西突厥汗国的 Tarqan 达官与粟特人

荒川正晴
（大阪大学文学研究科）

引　言

欧亚地区在 2、3 世纪以降，政治、社会方面发生着巨大变动，5 世纪时期，朝着地域重编，又萌生了新的变化。中亚的哌哒、蒙古高原的柔然、青海一带的吐谷浑，以及鲜卑族所建华北地区的北魏，均呈现出显著的活动状态。同时，粟特人的活动再次迎来良好的发展势头。这一时期，他们的殖民聚落不仅限于中国本土，而且还扩展到了北方草原地区。其背景是：强势的游牧国家——哌哒，在索格狄亚那、阿富汗一带的成立；同时期崛起的北魏，保持着与哌哒互通使者。正是在这一新的时代背景之下，粟特商人的活动再次活跃起来。降至 6 世纪，突厥语系的游牧国家突厥兴起，与萨珊波斯夹击并击溃哌哒。这样，突厥的势力，东起蒙古高原，西越索格狄亚那，扩展至今阿富汗地区。正是自 5 世纪开始的游牧势力的持续强势化，引导着粟特人抵达北方草原地区。

在这种状态之下，在游牧国家内部，粟特人在政治、外交、经济、文化等方面均发挥起重要作用。本文拟以“达官”这一游牧国家的称号或官职名为线索，旨在揭示粟特人在草原地区的发展倾向之一端。

一、西突厥汗国的“大官”

众所周知，作为突厥语系游牧国家突厥的称号或官职名，tarqan 汉字标记作“达官”“达干”等[1]。然在吐鲁番文书中，该词并非记作“达官”“达干”，而均标记作“大官”[2]。

看起来，在突厥国内，Tarqan 作为称号或尊称，使用很广。例如，西突厥十姓之一的突骑施部（Türügeš）首领乌质勒（？—706）隶属西突厥斛瑟罗之下，号莫贺达干（Baγa Tarqan）。另外，根据吐鲁番出土的《唐龙朔二、三年（662、663）西州都督府案卷为安稽哥逻禄部落事》，早期曾是西突厥组成种落之一的哥罗禄（Qarluq）部，其首领号“步失达官”，其部落

---

［1］有观点认为 tarqan 源自汉语“达官”，然仍有赞成与否定意见。参见森安孝夫《ウイグル＝マニ教史の研究》，大阪大学文学部（《大阪大学文学部纪要》第 31、32 卷），1991 年，195－196 页；吉田豊《ソグド文字で表记された汉字音》，《东方学报》第 66 卷，1994 年，377 页。

［2］在语言学上，“大官”解释做 tarqan 没有问题。此点，可参考 irkin、yabγu 的汉字标记“希瑾”“移浮孤”，同时可参考吉田豊关于麹氏高昌国汉语发音之研究。见吉田豊 *Further remarks on the Sino-Uighur problem*，《アジア言语论丛》第 3 辑（《神户市外国语大学外国学研究》45 号），2000 年，9－11 页。另，吉田先生赐教，拙（**ziad/ iäi-*）视作标记 šad 之汉字，没有问题。拙（**ziad/iäi-*）音见 B. Karlgren, *Grammata Serica Recensa*, Stockholm, 1972, p. 99.

被称为“步失达官部落”[3]。在同一文书中，除可见“处半（čupan）达官”外，还频见达官称号。看来，在突厥语系游牧社会内，达官大概是针对部族长或处于一定地位人物之称号或尊称。

《新唐书》卷二一五上《突厥传》中，作为突厥大臣，与叶护（yabγu）、俟利发（iltäbär）等并列，列有达干（tarqan）。由此可见，在突厥国家内，tarqan 亦作为官职名而被使用。实际上，与可汗号相同，在突厥语系游牧民强势化之前，当柔然统治蒙古地区时，tarqan 已经成为柔然国家的官职名。著名的虞弘墓志中，可见到虞弘父虞君陀，作为柔然的莫贺去汾、达官出使北魏[4]。

时至 6 世纪，突厥语系游牧民开始强大化并创建突厥国家，继而承继柔然，在突厥国家内亦设置了官职达官。根据对突厥碑文的探讨，可认为 tarqan 是构成可汗之“行政干部”的官僚之一[5]。而作为西突厥汗国统叶护可汗牙廷内一幕，《大慈恩寺三藏法师传》卷二言“达官二百余人，皆锦袍编发，围绕左右”，“诸达官于前列长筵，两行侍坐，皆锦服赫然，余仗卫立于后”。据此条记录可推知，西突厥国内有相当数量的达官侍奉于可汗左右。看来，似乎至少在西突厥国内，与其说达官是可汗的“行政干部”，毋宁说是构成了可汗的近侍集团。值得一提的是，《大唐创业起居注》卷一云“我（即突厥可汗）遣大达官往取进止”。这令人推测，突厥国内还存在有别于为数众多的达官之“大达官”。

另，前述《大慈恩寺三藏法师传》卷二在记录突厥护送玄奘至迦毕试国时言“可汗乃令军中访解汉语及诸国音者，遂得年少，曾至长安数年通解汉语，即封为摩咄达官”。可见，突厥在派遣使者时，临时给予使者达官（tarqan）之称号。

关于此点，希腊史料亦有讲述。当突厥可汗室点密（伊利可汗之弟[6]）向波斯派遣使者粟特人玛尼奥库，以及在玛尼奥库死后，向罗马派遣使者及其随从玛尼奥库之子时，均附有 tarqan 称号[7]。

上举事例的 tarqan，均为侍奉可汗者。不过，如后所述，据麹氏高昌国时代公文书《高昌延寿十四年（637）兵部差人看客馆客使文书》（72TAM171：12(a)，17(a)，15(a)，16(a)，13(a)，14(a)，10(a)，18(a)）可推知，不仅可汗，连“公主”“设（挫）（šad）”都各自附有“达官（大官）”[8]。诚如前人研究，设（挫）（šad）与叶护（yabγu）同为可汗子弟与可汗家族担任之官

[3]《唐龙朔二、三年（662、663）西州都督府案卷为安稽哥逻禄部落事》，荣新江、李肖、孟宪实主编《新获吐鲁番出土文献》下，北京：中华书局，2008 年，317－321 页。

[4] 张庆捷《虞弘墓志考释》，《唐研究》第 7 卷，2001 年，151 页。张先生认为“莫贺去汾”是柔然的“高级官员”。另《魏书》卷一〇三《蠕蠕传》言“婆罗门遣大官莫贺去汾、俟斤丘升头六人，将兵二千随具仁迎阿那环”。此处仅是把“大官”解释做高级官员，或许此处“大官”有可能是达官。

[5] 护雅夫《突厥の国家と社会》，作者著《古代トルコ民族史研究》第 1 卷，东京：山川出版社，1967 年，112 页。

[6] 松田寿男《古代天山の历史地理学的研究（增补版）》，东京：早稻田大学出版部，1970 年，257－259 页。

[7]《メナンドリ・プロテクトリス・フラグメンタ》，此为希腊语史料，参见内藤みどり《西突厥史の研究》，东京：早稻田大学出版部，1988 年，381、389－390 页注（16）。内藤氏解释作玛尼奥库及其子二人均居 tarqan 之位。

[8] 录文见《文书》第 4 册，132－135 页；图版见《图文》第 2 卷，76－78 页。

职，作为统治自身属民与领地的“封建”诸侯而存在[9]。而且，如后所述，可汗妻“公主”也保有家畜等私有财产。或许，“公主”拥有自己属民与地域的可能性也很大。

同为麴氏高昌国公文书的《高昌传供酒食帐》（72TAM154：26），则记有“无贺大官-tarqan别传”“时侑大官-tarqan 别传”[10]。以麴氏高昌国公文书内“传”字用例而言，可以认为，这些大官是把谷物支出“传”给麴氏高昌国的专管官署。前人已指出，麴氏高昌国第 6 代王麴宝茂以降，历代国王均娶突厥可汗女为妻[11]。作为上述大官“传”之背景，甚至可以想象，附属突厥降嫁“公主”之“大官”，半常住于吐鲁番。

突厥国家，虽以大可汗为中心，但小可汗、叶护（yabγu）、设（šad）等阿史那一族，均统治有自身的属民与领地。这些统治层，处于松散的联合体制之下。至于 Tarqan，虽详细情况仍有众多不明之处，但完全可认为，在组成游牧国家的上述众多集团的顶层人物周围，作为亲信配备有 tarqan。不过，达官（大官）并非仅仅是侍奉于可汗等游牧集团顶层人物之左右，亦非仅受其命出使之存在。事实上，达官（大官）自身亦被记录为派遣使节之主体。下面，就此略作探讨。

二、使节的派遣与 tarqan

如前所述，6 世纪中叶，通常被称为突厥的游牧国家在北方草原地区崛起，自中亚至蒙古地区，扬力发威。从中可以看出，tarqan 这一突厥官职是侍奉可汗的亲信官员。同时，他们具备另一侧面，即作为使节出使外国，在政治上为促进对外交涉发挥着重要作用。需要补充的是，这些使节并非仅面向外国，而且还面向游牧国家组成成员之一的绿洲国家。

事实上，突厥崛起后，最先置于其统治之下的绿洲国家，是立国于吐鲁番的麴氏高昌国。突厥国家自身在 583 年分裂为东西两大部分，而吐鲁番出土文书则告诉我们：麴氏高昌国接纳了西方的突厥（即西突厥汗国）所派使节团[12]。可称之为《食粮支出帐簿》的这一文书群，其

---

[9] 关于东突厥汗国，护雅夫氏主张，设（挫、šad）与叶护（yabγu）是阿史那氏一族中的“封建性诸侯”，区别于大可汗的直辖领地，与其并列拥有“封建性领土、领民（il, el）”。不过，就国家构造而言，可汗是“君主”，与此相对，šad 与 yabγu 终归是其“臣下”。见护雅夫《突厥の国家と社会》，37—39 页、95—102 页；《突厥第一帝国における šad 号の研究》，《古代トルコ民族史研究》第 1 卷，374—375 页等。另此处所言“封建”，参见护雅夫《突厥の国家と社会》，55—56 页注（48）。关于西突厥，虽详细情况不明，但就 šad 与 yabγu 而言，其性质基本上与东突厥相同，此点业已由内藤氏指摘并探讨。见内藤みどり《西突厥史の研究》，118—119 页、227—228 页。

[10] 录文见《文书》第 3 册，146 页；图版见《图文》第 1 卷，368 页。该文书还记录有“使人移兵大官-tarqan”领取酒、面、幕、粟米、枣等。

[11] 嶋崎昌《隋唐时代の东トゥルキスタン研究——高昌国史研究を中心として》，东京：东京大学出版会，1977 年，330—331 页；马雍《突厥与高昌麴氏王朝始建交考》，《向达先生纪念论文集》，乌鲁木齐：新疆人民出版社，1986 年，357 页；吴玉贵《高昌供食文书中的突厥》，《西北民族研究》1991 年第 1 期，55—57 页；大泽孝《新疆イリ河流域のソグド语铭文石人について——突厥初世の王统に関する一资料》，《国立民族学博物館研究纪要报告 别册》第 20 卷，1999 年，367 页注（26）。

[12] 参见荒川正晴《オアシス国家・游牧国家とソグド人》，作者著《ユーラシアの交通・交易と唐帝国》，名古屋：名古屋大学出版会，2010 年，57—107 页。

大多数是584－587年某一时期一个半月间的谷物支出记录。对此进行分析，可以得知，在一个半月时间内，麹氏高昌国共接纳了40多批次来自西突厥的使节。

对《食粮支出帐簿》仔细观察，则发现以西突厥大可汗为首的众多集团，均曾派遣使节。除大可汗外，其中还包括各自独立拥有领地、属民的小可汗（贪汗珂寒-qaγan，北厢珂寒，南厢珂寒）、移浮孤（叶护、yabγu）、挫（设、šad）、希瑾（俟斤、irkin）。另外，还有可汗妻可敦（qatun、公主、qunčuy），可汗子弟提勤（tegin）。而且，配置于顶端人物左右的tarqan也加入其中。

虽时值这一时期，有关西突厥大可汗的实际情况不太明了，不过，作为西突厥顶端人物，当时确有阿博珂寒（Apa qaγan）在位。在其周围的可汗妻可敦与可汗子弟提勤，亦自己派遣使节。尤其是《食粮支出帐簿》还记录，嫁给西突厥可汗的第6代国王麹宝茂女儿（高昌公主）之子（被称作外甥提勤），也派遣了使节。

如前所言，在突厥国家内部，由以大可汗为首的可汗一族组成的诸多集团，统治有自身的属民与地域。可以看出，这些属民基本上是由以希瑾（irkin）等被统治部族的首领组建的游牧集团为单位而构成。而且，希瑾（irkin）本身也设置使节，并把他派至麹氏高昌国。

综上所述，正是这些种类繁多的集团，各自派遣使节。这表明，针对高昌国而言，作为使节而接纳的游牧集团，不仅限于大规模者，而且还涉及近距离接触的集团。

进而言之，至少除可汗（qaγan）外，tarqan达官还充当可敦（qatun、公主qunčuy）、移浮孤（叶护、yabγu）、挫（设、šad）等游牧集团顶端人物的近侍人员，在被他们作为使节派出的同时，自身也作为主体派遣使节。不过，《食粮支出帐簿》等单纯记作"大官"的情况下，看来还是指可汗所遣tarqan的可能性更大。前面介绍的《食粮支出帐簿》中，作为派遣主体，出现"栈头大官"，此等应视作可汗之tarqan。值得注意的是，除"炎畔讨""脾娑"外，栈头大官还派遣4组使者。换言之，虽然是tarqan，但出于自身立场，作为主体，他们派遣了多类别复人数的使节。

不过，在上述可汗之tarqan的情况下，并不是单独派遣使节，而是和公主、特勤（tegin）等一同组建使节。此点，可从刚才举出的《高昌延寿十四年（637）兵部差人看客馆客使文书》中得到确认。该文书是在麹氏高昌国末期麹文泰统治之下，于延寿十四年七月，由尚书系兵部制作的帐簿样公文书。虽时间为半月，但可推断出客馆接待何种使节的具体状况[13]。

该文书内容，可简单归纳如下表1。

上举文书中，多次出现公主与"妇儿"。姜伯勤先生据此认为这些人是随行"出征"而到达吐鲁番的[14]。的确，在这些来自西突厥的使者中，公主与"妇儿"格外引人注目。不过，女性作为使者而被派遣，这在《麹氏高昌国使节、客人一览表》中也可见到。因此，没有必要把公主与"妇儿"较多一事，直接与行军联系起来，此处不从姜说。

［13］王素先生把本文书所见客馆解释做"兵部客馆"，认为是与"政府客馆""寺院客房"不同的接待所。见王素《高昌史稿·交通编》，北京：文物出版社，2000年，544－551页。不过，除本文书是在兵部作成以外，并无其他明确证据。

［14］姜伯勤《敦煌吐鲁番文书与丝绸之路》，北京：文物出版社，1994年，102－103页。

表 1　延寿十四年（637）麹氏高昌国客馆馆员使节接待表

<table>
<tr><th>馆员名
（馆员统领的工作人员数）</th><th>延寿十四年七月十五至
十九日</th><th>同年同月二十至
二十四日</th><th>同年同月二十五至
二十九日</th></tr>
<tr><td>①宁僧护（2 人）</td><td>珂寒（使者）萄公主-qunčuy
设跋提勤-tegin
苏弩胡鹿大官-külüg tarqan
公主时健大官-tarqan</td><td>同左</td><td>同左</td></tr>
<tr><td>②毛海隆（2 人）</td><td>毗伽公主 bilgä qunčuy
寒提勤-tegin 妇儿</td><td>同左</td><td>同左</td></tr>
<tr><td>③鲁阿众（2 人）</td><td>摩奋提勤-tegin 妇儿
阿赖□□妇儿
阿　　妇儿</td><td>同左</td><td>同左</td></tr>
<tr><td>④参军海相（2 人）</td><td>客馆</td><td>同左</td><td>同左</td></tr>
<tr><td>⑤畦亥生（1 人）</td><td>汉客张小憙</td><td>同左</td><td>同左</td></tr>
<tr><td>⑥曹破延（1 人）</td><td>真朱 inčü 人[15]贪旱大官-tarqan
好延枯臈振摩珂赖使金穆乌纥大官-tarqan</td><td>同左</td><td>同左
符离挞 böri šad 使肥还大官-tarqan
宁受□符离挞-böri šad 使阿利摩珂大官-maxa tarqan</td></tr>
<tr><td>⑦康善财（1 人）</td><td>坞耆来射卑妇儿</td><td>同左</td><td>同左</td></tr>
<tr><td>⑧王善祐子（1 人）</td><td>尸不还祋旱大官-tarqan</td><td>同左
摩奋大官-tarqan</td><td>提勤 tegin 使</td></tr>
<tr><td>⑨张延憧（1 人）</td><td></td><td>[　　] 使
屈□□祋浮鋋使</td><td></td></tr>
<tr><td>⑩某（1 人）</td><td></td><td>某</td><td></td></tr>
<tr><td>⑪辛伯儿（1 人）</td><td></td><td></td><td>居俩挞 šad 使</td></tr>
</table>

另外，④的接待对象为“客馆”，就其他均为客使名而言，这可算是一种特殊表达。率领工作人员的馆员①—⑪中，唯此带有“参军”之官。就此而言，“客馆”实为客馆之中处于负责之位的可能性很大。换言之，看来④为客馆馆家（馆长），其余为配置在馆家之下的馆子。如此，则可认为，④的 2 名工作人员，并非单独招待客使，而是承担对客馆全体或“参军”本人的服务角色。

进而言之，④之前的①—③，各自带有 2 名工作人员，区别于工作人员只有 1 人的⑤以下。值得注意的是，唯有①仅在最初记有“珂寒萄公主”，即特别冠有“珂寒”。据其他用例，此处文意可理解作“珂寒的（使者）萄公主”。延寿十四年（贞观十一年，637）七月之际，与麹氏高昌国处于密切关系的西突厥可汗为乙毗咄陆可汗（欲谷设）[16]，此处为同一可汗的可能性很大[17]。

[15] “大官”中有记作“真朱人”者，“真朱”是 inčü，详见后文。

[16] 嶋崎昌《隋唐时代の东トゥルキスタン研究》，188—189 页；内藤みどり《西突厥史の研究》，187—191 页。

[17] 姜伯勤《敦煌吐鲁番文书与丝绸之路》，102 页。贞观十一年（637）八月，与联手高昌国的乙毗咄陸可汗（欲谷设）相对立，联手焉耆的沙钵罗咥利失（išbara teriš）可汗（同俄 tonγa 设）朝贡唐朝。见内藤みどり《西突厥史の研究》，257 页。

综上所述，如仔细辨别可汗所派遣使节，则可推知，使节是由多个游牧集团所组成，其中，tarqan 与身处可汗周围的公主与特勤（tegin），共同采取行动。可见，此种 Tarqan 的实际情况是，在作为可汗亲信进行活动的同时，自身也作为主体进行着活动。

三、达官（大官）所见粟特人的角色

前面提到的《大慈恩寺三藏法师传》卷二“摩咄达官”，据其派遣原委而言，此人物为粟特人的可能性很大。除此之外，作为可汗使者而被列出的“乌都伦大官-tarqan”（后列一览表 No.11），也应认可其为粟特人之可能性。之所以如此，是因为在《昭武九姓胡人曹莫门陀等名籍》（64TAM31：14）内，作为粟特人之名，记录有“（何）都伦”[18]。而且，与在高昌城内“市场”征收的交易税——“称价钱”有关的帐簿样文书《高昌内藏奏得称价钱帐》（73TAM514：2/4）言[19]：

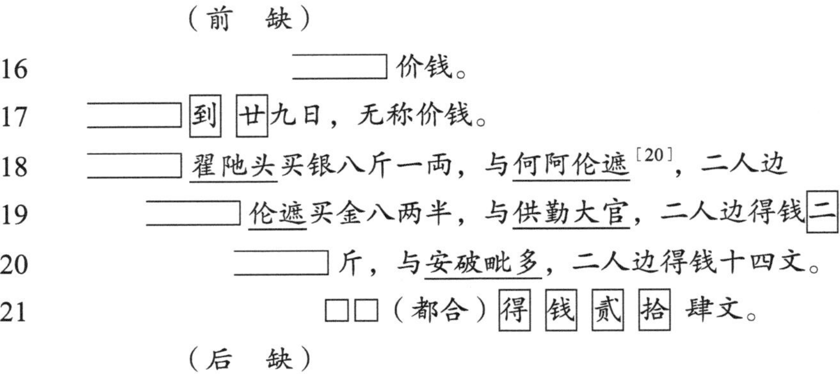

（前　缺）

16 ______价钱。

17 ______到廿九日，无称价钱。

18 ______翟阤头买银八斤一两，与何阿伦遮[20]，二人边

19 ______伦遮买金八两半，与供勤大官，二人边得钱二

20 ______斤，与安破毗多，二人边得钱十四文。

21 □□（都合）得钱贰拾肆文。

（后　缺）

上举文书中，如第 19 行所见，可知“大官（tarqan）”从粟特人何阿伦遮（Renchakk）[21]处购买黄金。在麹氏高昌国内，高昌城内的“市场”掌管着对外贸易，在此进行交易的几乎全为粟特人[22]。此处虽出现“大官”，但该人物与其视为突厥系游牧民，毋宁看做是粟特人的可能性更大。

关于“大官”，至今仍有未明之处。不过，无论何种情况，前面介绍的在高昌城内“市场”购买黄金的“供勤大官”，是由西突厥可汗或游牧诸集团派来的粟特人使节，而且是在“市场”从事交易的可能性很大。

---

［18］录文见《文书》第 3 册，119—120 页；图版见《图文》第 1 卷，359 页。

［19］录文见《文书》第 3 册，318—325 页；图版见《图文》第 1 卷，450 页。王素《吐鲁番出土高昌文献编年》给出了引用该文书的所有文献。王素先生暂将该文书置于延寿十七年（640）之前（台北：新文丰出版公司，1997 年，317 页）。

［20］《吐鲁番出土文书》均作“阿何伦遮”，应为“何阿伦遮”。

［21］Yoshida & Kageyama, “Sogdian names in Chinese characters, Pinyin, reconstructed Sogdian pronunciation, and English meanings”, in: E. de la Vaissiere and E. Trombert, *Les Sogdiens en Chine*, Paris, 2005, p. 305.

［22］姜伯勤《敦煌吐鲁番文书与丝绸之路》，175—180 页；荒川正晴《オアシス国家とキャラヴァン交易》（世界史リブレット 62），东京：山川出版社，2003 年，35 页。

另，前揭表 1 中，出现“真朱 inčü 人贪旱大官-tarqan”，即 tarqan 达官附有“真朱（incü）人”。看来，“真朱”是 inčü[23]。森安孝夫氏主张，该词可解释做“可汗、强势王族、部氏族长等私自拥有的隶属民或侍士、从者”[24]。此处，这种解释亦适合。虽详细情况不明，但看得出，在 tarqan 之中，大概真朱（inčü）属于与主君关系极为密切的特殊情况。

另，虽同为粟特人，但作为可汗使节而被派来的人员包括工匠。吴玉贵先生据此事实，提出如下见解。即，根据工匠的存在，推测突厥系游牧民所使用的金银制品已经能够自我供给，并主张正因这一原因，突厥系游牧民把在贸易或掠夺中得到的大量的金银，转作货币流通以外的，相当大部分都充于制作金银器了[25]。前文中的“大官”在高昌城内“市场”购买黄金的例子，也可按此诠释。相反，大泽孝氏把这些“大官”解释做西突厥可汗宫廷内可汗直属的工匠，同时还认为他们是以往以高昌国为首的南方与西方的绿洲诸国从事金属贩卖与交易的商人。不过，他还指出，由于他们的交易活动，在南方与西方的绿洲诸国，原本作为贡品与出口品而被制作的豪华的金银制品，与各种锦缎和丝绸织品等，一同流入了北方游牧国家[26]。

关于西突厥可汗宫廷内金银器制作的详细情况，并不明了。不过，不论何种情况，由可汗派遣使者的重要目的，无疑是销售、转卖本国产品或中转贸易品，同时从绿洲国家获得通过贸易而寻求的奢侈品。前面介绍的室点密可汗的例子表明，无疑，突厥西面（西突厥）可汗自最初开始，就致力于派遣使节开展这种贸易[27]。

关于设置大官的“公主”，后揭“麴氏高昌国使节、客人一览表”中，可见“延蹙珂顿-qatun”“浑珂顿-qatun”。珂顿（qatun）的使节被派至麴氏高昌国，而据前揭《高昌延昌二十七年（578）兵部条列买马用钱头数奏行文书》（66TAM48：26），可知珂顿（qatun）之存在[28]。即，高昌国兵部购马时，列举的卖者为“阿都瓠珂顿-qatun”[29]与粟特人“呼典畔陀（xwt’yn βntk）”“康铭但”。这启示，与购买黄金的前揭“供勤大官”相反，“阿都瓠珂顿-qatun”的使节在麴氏高昌国内销售马匹。另，如“呼典畔陀（xwt’yn βntk）”——无姓氏的粟特人，这是由游牧集团派遣的粟特人之特征。因此，该“呼典畔陀（xwt’yn βntk）”是由游牧集团派遣的粟特人的可能性很大。而且，原本 xwt’yn βntk（王妃的仆人）这一名称也令人推想到与珂顿（qatun）的关系，应视为珂顿（qatun）也派遣粟特人作为使节。西突厥的后继者突骑施的情况

[23] G. Clauson, *An Etymological Dictionary of Pre-Thirteenth-Century Turkish*, Oxford, 1972, p.173; J. Hamilton, “Nasales instables en turc khotanais du Xe siècle”, *Bulletin of the School of Oriental and African Studies* 40-3, 1977, p.516.

[24] 森安孝夫《ウイグル＝マニ教史の研究》，196 页。

[25] 吴玉贵《高昌供食文书中的突厥》，58 页。

[26] 大泽孝《新疆イリ河流域のソグド语铭文石人について》，359—360 页。

[27] 玛尼奥库及其子被室点密可汗派至波斯与东罗马，其目的在于推售丝绸。见内藤みどり《西突厥史の研究》，376—378 页。无疑，丝绸以外的产品，也是其交易对象。

[28] 录文见《文书》第 3 册，81 页；图版见《图文》第 1 卷，342 页。

[29] 关于“阿都瓠”，有意见认为是铁勒中的“阿跌”“诃咥”（Ädiz）。见王素《高昌史稿·交通编》，498—499 页。此说缺乏说服力，难从。林俊雄先生赐教，“阿都瓠”的“阿都”是突厥语 at“马”。

是，充当可敦的（qatun）“公主”委派“牙官”[30]，派遣携带大量马匹的使节团到达安西（库车）[31]。况且，关于该地域游牧民女性及其拥有马匹等问题，我想《新唐书》卷一一七《裴炎传》等可作参考。据其内容，被流放在北庭的裴伷先之妻是“降胡之女”，因其妻拥有众多“黄金、骏马、牛、羊”，裴伷先以其财货作威作福。此处所言“降胡”之“胡”，并非指粟特人，而是指北庭周围的游牧民[32]。

虽然有关西突厥可敦与马匹交易间的具体情况，我们还不甚明了；不过，很容易推测出，可敦的使节是在派遣充当 tarqan 达官（或牙官）的粟特人时开展贸易活动。

遗憾的是，关于除上述以外的游牧集团使节，能够直接表明其交易活动之另一面的史料，并不存在。但是，如前文所指出，这些使节包括许多粟特人。据此认为，他们是在各自从事着上述这样的交易活动，概无大过。

概而言之，以可汗为首的各种游牧诸集团的使节代表与随行人员，多以粟特人来充当。其背景可认为派遣使节的重大目的之一是从事贸易。即，游牧国家的多种游牧集团首领，将作为 tarqan 服侍在自己周边的粟特人作为使节代表或随行人员，派至绿洲国家，向其强求并确保食宿的方便与赠品，同时作为购买集聚在绿洲的多种奢侈品的一个机会，且一并推销己方产品或中转交易品。而且，可以看得出，充当大官的粟特人自身也在作为主体开展贸易活动。

诚如本文所述，在像突厥汗国这样的突厥系游牧国家内，看来 tarqan 这一官职是侍奉可汗的亲信官员，他们作为使节被派往外国，在政治上具备为促进对外交涉发挥重要作用的一面。但是，这些使节并非仅面向外国，在西突厥，还面向游牧国家组成成员之一的绿洲国家。

另外，此处未能详细探讨的是，绿洲国家也向可汗等，或向其他绿洲国家派遣使节[33]。换言之，尽管是派遣使节，与其说是以政治上的交涉为目的，毋宁认为是以贸易为目的。可见，在强大的游牧国家统治之下，游牧国家及其诸集团与绿洲国家、或绿洲国家之间交换使节，是在经济上构筑共生关系。当然，派遣使节之际，tarqan 自身也独自开展贸易活动。而且，这些 tarqan 还侍奉于可汗以外的各游牧集团顶端人物周围，他们也独自向绿洲国家派遣为数众多的使节。

看来，在突厥国家内，tarqan 构成侍奉可汗、公主与强势王族的亲信官员。粟特人在游牧国家的政治、外交、经济、文化诸方面，是一个重要的存在。频见他们身背 tarqan 之名从事活动，不足为奇。而且，他们正是通过 tarqan 这一角色，与可汗等游牧国家的首脑或首领层，保持着相互提携的关系。

---

[30] “牙官”仅为属官之意，此处看来是指公主的“达官（tarqan）”。

[31]《旧唐书》卷一九四下《突厥传》下，北京：中华书局，1975 年，5191 页；《资治通鉴》卷二一三开元十四年（726）条，北京：中华书局，1956 年，6775 页。同时参见伊濑仙太郎《中国西域经营史研究》，东京：严南堂书店，1955 年，309－310 页。

[32] 单独“胡”的情况下，如森安孝夫氏所言，至少在盛唐至中唐结束期，“胡”通常为“粟特人”之意。不过，亦如森安氏所指出，并非所有“胡”均代指粟特（人、语），尤其是在盛唐以前时期，有必要谨慎辨别“胡”的内容。见森安孝夫《唐代における胡と佛教的世界地理》，《东洋史研究》第 66 卷第 3 号，2007 年，4－24 页。

[33] 荒川正晴《オアシス国家の接待事业と财政基盘》，《ユーラシアの交通・交易と唐帝国》，149 页。

【引用文献略语】

《图文》=唐长孺(主编),中国文物研究所、新疆维吾尔自治区博物馆、武汉大学历史系(编)《吐鲁番出土文书》全4册,北京:文物出版社,1992—1996年。

《文书》=国家文物局古文献研究室、新疆维吾尔自治区博物馆、武汉大学历史系(编)《吐鲁番出土文书》全10册,北京:文物出版社,1981—1991年。

表2 麴氏高昌国使节、客人一览表*

◆游牧诸集团使节❶

	使节派遣主	所遣使者	年代/年	出处
	[qaγan]			
1	阿博珂寒 Apa qaγan	□振珂离振	583—587	⑤5/4;《图文》1, p. 414
2	阿博珂寒 Apa qaγan	铁师居织 **'kwcyk**❺	583—587	⑦5/1(a);《图文》1, p. 415
3	贪浑珂寒-qaγan		583—587	⑦4/3(a);《图文》1, p. 417; ⑩;《图文》1, p. 263
4	贪浑珂寒-qaγan	金师莫畔阤 **m'x βntk**❻	583—587	⑧;《图文》1, p. 418
5	贪浑珂寒-qaγan	孤艮贪浑	583—587	⑩;《图文》1, p. 263
6	南厢珂寒-qaγan	呶举贪浑	583—587	⑥;《图文》1, p. 414 及其他
7	南厢珂寒-qaγan	子弟	583—587	⑦4/3(a);《图文》1, p. 417 及其他
8	[珂]寒-qaγan	呼典枯合振 **xwt'yn-**❼	583—587	⑦5/1(a);《图文》1, p. 415
9	[ ]珂寒-qaγan	阤钵大官 tatpar tarqan 子弟	583—587	⑦5/1(a);《图文》1, p. 415
10	尼利珂蜜(寒)-qaγan		603—604	⑬3/2;《图文》1, p. 455
11	恕逻珂寒-qaγan	乌都伦大官-tarqan	604—605	⑨;《图文》1, p. 461
12	北厢珂寒-qaγan	吐別贪旱	604—605	⑨;《图文》1, p. 461
13	[ ]珂寒-qaγan	吐屯[ ] tudun-	604—605	⑨;《图文》1, p. 461
14	珂寒-qaγan	萄公主-qunčuy、提勤、大官	637	⑭;《图文》2, pp. 76-78
	[qatun]			
15	延壂珂顿-qatun		587年前后	①1/7(a), 1/10(a);《图文》1, p. 239
16	浑珂顿-qatun		587年前后	①1/7(a), 1/10(a);《图文》1, p. 239
	[tegin]			
17	贪浑提勤-tegin		583—587	⑤5/4;《图文》1, p. 414
18	提勤 tegin 乌罗浑		583—587	⑤5/2(a);《图文》1, p. 413
19	提勤 tegin 珂都虔		583—587	⑦5/1(a);《图文》1, p.415
20	提勤 tegin 婆演	乌练那	587年前后	①1/6(a), 1/3(a);《图文》1, p. 240
21	提勤 tegin 婆演	卫畔阤-**βntk**	587年前后	①1/6(a), 1/3(a);《图文》1, p. 240
	[yabγu]			
22	卑失虵婆护-yabγu❷		603—604	⑬;《图文》1, p. 455
23	卑失移浮孤-yabγu	乌庾延-**y'n**·伊利[ ]	604—605	⑨;《图文》1, p. 461
24	移浮孤 yabγu	门头	587年前后	②;《图文》1, p. 243

续表

	使节派遣主	所遣使者	年代/年	出处
	［šad］			
25	依提具抴 itig? šad	那［　　］	583－587	⑪⑫04/8-1；04/1(a)；《图文》1, pp. 263－264
26	移桑抴 iš? šad	浮［　］	583－587	⑦5/1(a)；《图文》1, p.415
27	符离抴 böri šad	肥还大官-tarqan	637	⑭；《图文》2, p. 78
28	宁受□符离抴 böri šad	阿利摩珂大官-maxa tarqan	637	⑭；《图文》2, p. 78
29	居俱抴-šad		637	⑭；《图文》2, p. 78
	［tarqan］			
30	栈头大官-tarqan❸	炎畔阤 **y'm βntk**❽	583－587	⑤5/4；《图文》1, p. 414
31	栈头大官-tarqan	脾娑 **pysk**❾	583－587	⑤5/4；《图文》1, p. 414
32	栈头□□大官-tarqan		583－587	⑤5/2(a)；《图文》1, p. 413
	［tudun］			
33	栈头吐屯-tudun		583－587	⑫04/1(a)；《图文》1, p. 264
	［irkin］			
34	阿都纥❹希瑾-irkin	畔阤**βntk**，子弟	583－587	⑥；《图文》1, p. 414
35	希慬 irkin	摩［　　］	583－587	⑧；《图文》1, p. 418
	［其他］			
36	好延枯臈振摩珂赖	金穆乌纥大官-tarqan	637	⑭；《图文》2, p. 78
37	乌浑摩何先	何干	583－587	⑤5/3(a)；《图文》1, p. 412
38		珂摩至大官-tarqan	603－604	⑬3/6；《图文》1, p. 455
39		无贺大官-tarqan	ca.621	④；《图文》1, p. 368
40		時侑大官-tarqan	ca.621	④；《图文》1, p. 368
41		移兵大官-tarqan	ca.621	④；《图文》1, p. 368
42		□□大官-tarqan	ca.621	④；《图文》1, p. 368
43		［　］虔大官-tarqan	604－605	④；《图文》1, p. 461
44		吐屯大官-tudun tarqan 别［　］	604－605	⑨；《图文》1, p. 461
45		婆演大官-tarqan 别迴	604－605	⑨；《图文》1, p. 461
46		栈头折枫艮	583－587	⑦4/4(a)；《图文》1, p. 416
47		栈头案豆遮摩何先	583－587	⑤5/2(a)；《图文》1, p. 413
48		栈头摩珂［　］	583－587	⑦4/3(a)；《图文》1, p. 417
49		栈头浮［　］	583－587	⑦4/3(a)；《图文》1, p. 417
50		婆瓠❿吐屯 boqu tudun 牛儿浑	583－587	⑤5/3(a)；《图文》1, p. 413
51		婆瓠 boqu 孤时［　　］	583－587	⑤5/5(a)；《图文》1, p. 414
52		鸡弊零⓫苏利结个妇	583－587	⑤5/3(a)；《图文》1, p. 413
53		鸡弊零	583－587	⑦4/4(a)；《图文》1, p. 416
54		乌莫胡［　　　］	583－587	4/3(a)；《图文》1, p. 417

注：①—⑭为本文所引用 14 件吐鲁番文书的序号，详见荒川正晴《オアシス国家・游牧国家とソグド人》，作者著《ユーラシアの交通・交易と唐帝国》，名古屋：名古屋大学出版会，2010 年，58—59 页。文书序号后的数字表示所引文书原编号后半段的细号。

❶ 文书⑨亦有“供射尼［　　］”字样（60TAM329：23/1，23/2，录文见《文书》第 3 册，343 页；图版见《图文》第 1 卷，461 页）。该人物属于来自某游牧集团的使者的可能性很大。不过，全然不知其所属，故此处除外。

❷ 卑失：研究者多认为“卑失”与“波实”音通，进而将其视为波实特勤。毋庸置疑，提到“卑失”（毕失、苾悉），会令人想起构成突厥本族的诸氏族（除阿史那、阿史德氏外，另有其他数个氏族）之一。见护雅夫《突厥の国家と社会》，53—54 页注（31）；《突厥第一帝国における qaγan 号の研究》，《古代トルコ民族史研究》第 1 卷，279 页注（5）。考虑到围绕吐鲁番的政治情势，如众多研究者所指出，该词应释作波实特勤。

❸ 栈头：关于“栈头”，有意见认为是指薛延陀。见姜伯勤《敦煌吐鲁番文书与丝绸之路》，111—113 页；王素《高昌史稿・交通编》，496—498 页。

❹ 阿都纥：关于“阿都纥”，王素先生解释做阿跌。见王素《高昌史稿・交通编》，498—499 页；姜伯勤先生把“阿都”视作阿跌。见姜伯勤《敦煌吐鲁番文书与丝绸之路》，106—107 页。

❺ **'kwcyk**：Yoshida & Kageyama, Sogdian names in Chinese characters, p. 305.

❻ **m'x βntk**：Yoshida & Kageyama, Sogdian names in Chinese characters, p. 305.

❼ **xwt'yn-**：参见吉田豊《ソグド語の人名を再構する》，《三省堂ぶっくれっと》第 78 期，1989 年，69—70 页。

❽ **y'm βntk**：Yoshida & Kageyama, Sogdian names in Chinese characters, p. 305.

❾ **pysk:** Yoshida & Kageyama, Sogdian names in Chinese characters, p. 305.

❿ 婆瓠：有意见认为“婆瓠”为仆骨（boqu，见护雅夫《突厥の国家と社会》，180 页）。见姜伯勤《敦煌吐鲁番文书与丝绸之路》，108 页；王素《高昌史稿・交通编》，494 页。权从此说。

⓫ 鸡弊零：有意见认为“鸡弊零”为契必（契弊）。见姜伯勤《敦煌吐鲁番文书与丝绸之路》，109—110 页；王素《高昌史稿・交通编》，495—496 页。

◆“汉”客人

	客人	年代/年	出处
1	汉客，张小憙	637	⑭；《图文》2, p. 77

◆绿洲国家使节、客人

	使节派遣主	所遣使者、客人	年代/年	出处
1	何国王儿	奚［　　］	587 年前后	①1/2(a)；《图文》1, p. 238
2	亜吴⓬（伊吾）吐屯 tudun	由旦	583 年前后	①1/2(a)；《图文》1, p. 238
	吐屯抴 tudun šad		604～605	⑨；《图文》1, p. 461
3	焉耆国	射卑⓭妇儿	637	⑭；《图文》2, pp. 77—78
4		客胡	ca.622	③；《图文》1, p. 377

⓬ 亜吴：“亜吴”为伊吾，参见王素《〈吐鲁番出土文书〉前三册评介》，《中国史研究》1983 年第 2 期，161 页；《高昌史稿・交通编》，487—488 页。

⓭ 射卑：又见“射脾俟斤”，见《新唐书》卷二一八《沙陀传》，北京：中华书局，1975 年，6154 页。

有关回鹘改宗摩尼教的 U72-U73、U206 文书再释读*

白玉冬

（辽宁师范大学，大阪大学，日本学术振兴会）

引　言

唐宋时期，摩尼教在东方得到了长足发展，中原、江南、河西、漠北、新疆等地都留下了摩尼教徒踪迹。尤其是回鹘汗国与早期的高昌回鹘王国，都曾以摩尼教为至上信仰。而回鹘改宗摩尼教的直接契机是，牟羽可汗出兵助唐镇压安史之乱。摩尼教在回鹘的传播、发展，是中古中国宗教思想领域的一件大事，影响深远。它催生了一大批摩尼教经典文献及其他相关历史文献的产生，有力促进了回鹘文字文化的实质性飞跃。回鹘摩尼教历史，是中古中国史的重要组成部分。摩尼教氛围下的回鹘史研究，从历史学角度而言，具有重大研究价值，从现代社会学角度而言，更有着深刻的现实意义。

有关回鹘摩尼教历史方面的文献，遍及汉文、帕提亚文、粟特文、回鹘文等多种语言文字。这些文献均从不同角度、不同程度地反映出摩尼教在回鹘社会获得包容，及其在思想文化方面给予回鹘的影响。这些文献史料所蕴含的历史学信息之价值，自不必待言。其中，回鹘人以自身语言文字书写的历史学文献，对加深了解深受摩尼教影响的回鹘社会、文化、思想、艺术等，有着其他语言文献所不具备的独特的史料学价值。这些文献大多出土于敦煌与吐鲁番，由于众所周知的原因，大都藏于海外。20 世纪初以来，回鹘文摩尼教文献研究，主要在缪勒（F. W. K. Müller）、勒柯克（A. von Le Coq）、邦格（W. Bang）、葛玛丽（A. von Gabain）、阿斯木森（Jes P. Asmussen）、茨默（P. Zieme）、克拉克（L. Clark）、羽田亨、森安孝夫、耿世民、李经纬等众多学者的努力下，获得了丰硕的成果。正是在上述前辈学者的研究基础上，笔者才能够有幸对《牟羽可汗入教记》残卷 U72-U73 进行再释读，并对与回鹘改宗摩尼教相关的 U206 文书残片进行解读尝试。

U72、U73、U206 文书，现存柏林德国国家图书馆，原编号分别为 TM276b、TM276a、T I D x6。这三件文书，均以半楷书体回鹘文双面写成，彩色图版均已在“吐鲁番研究：数字化吐鲁番文书”中公开[1]。克拉克在《突厥语摩尼教文献》中，对数量众多的文献进行分类介

---

* 本文获日本学术振兴会外籍研究员科研奖励金项目“シルクロード史观下の西ウイグル王国史研究——人の移动と文化の传播を中心に——”（项目编号 A25033050），新疆师范大学西域文史研究中心招标项目“突厥文回鹘文摩尼教历史相关文献辑录”资助，特此致谢。

[1] 网址为 http://turfan.bbaw.de/dta/u/dta-u-index.htm.

绍时，提供了之前学术界关于U72、U73的研究成果[2]。威尔金斯（J. Wilkens）在《古代突厥语文献》第8辑《柏林吐鲁番文献摩尼教写本》中，认为这三件残片均属《牟羽可汗入教记》，并集中进行了介绍[3]。荣新江先生主编的《吐鲁番文书总目》，除对这三件文书作了概述外，还对相关研究进行了归纳[4]。上述学者的分类整理，为日后的研究者提供了极大方便，值得称谢。

根据上述研究介绍，U72残片规格为13.2厘米×20.2厘米，U73残片规格为11.3厘米×20.3厘米，各面24行，共96行。U206残片规格为5.8厘米×16.2厘米，正面21行，背面20行。U72、U73少许文字缺损，但对文书释义，并无重大影响。遗憾的是，U206残损严重，无法了解整体文意。不过，现有的残存文字及其文字文献学信息仍告诉我们：即便U206并不一定与U72、U73属同一文书，但该文书残片确切与摩尼教在回鹘的早期传播有关。

U72与U73文书，由邦格与葛玛丽1929年刊布于《吐鲁番突厥文献》第2卷[5]。牛汝极先生曾按土耳其学者S. Çağatay所收的上述原刊布者的转写，给出了中译文与注释[6]。同年，杨富学先生与牛汝极先生合作的中译文亦被刊出，内容与上述牛汝极译文大同小异[7]。之后，克林凯特（H. J. Klimkeit）在《丝绸之路上的诺斯替教》一书中，将邦格与葛玛丽的研究成果翻译成英文[8]。刘南强（Samuel N. C. Lieu）在探讨摩尼教向东发展问题时，曾转引克林凯特英译文[9]。王媛媛在研究摩尼教传播过程的专著中，全文转译了克林凯特英译文[10]。而茨默关于U72、U73的解读案，则由克拉克在《牟羽可汗对摩尼教的皈依》一文中部分引用[11]。不过，茨默的完整解读是否已经刊出，笔者尚不得而知。另外，杨富学先生在探讨回鹘皈依摩尼教的论著中，详细介绍了该文书，并引用了邦格与葛玛丽释读的绝大部分[12]。至于U206文书，茨

---

[2] L. Clark, "The Turkic Manichaean Literature", *Emerging from Darkness: Studies in the Recovery of Manichaean Sources* (*Nag Hammadi and Manichaean Studies* 43), Leiden / New York / Köln, 1997, p. 132, Nr103.

[3] J. Wilkens, *Alttürkische Handschriften, Teil 8: Manichäisch-türkische Texte der Berliner Turfansammlung*, Stuttgart, 2000, pp. 79-82, No. 52-54.

[4] 荣新江《吐鲁番文书总目（欧美收藏卷）》，武汉：武汉大学出版社，2007年，486、502页。

[5] W. Bang & A. von Gabain, "Türkische Turfan-Texte II: Manichaica", *Sitzungsberichte der Preussischen Akademie der Wissenschaften*, 1929, pp. 411-430, + 4 pls.

[6] 牛汝极《回鹘文〈牟羽可汗入教记〉残片释译》，《语言与翻译》1987年第2期，43—49页。

[7] 杨富学、牛汝极《牟羽可汗与摩尼教》，《敦煌学辑刊》1987年第2期，88—89页。

[8] H. J. Klimkeit, *Gnosis on the Silk Road: Gnostic Texts from Central Asia*, San Fancisco, 1993, pp. 366-368.

[9] Samuel Lieu, "From Iran to South China：The Eastward Passage of Manichaeism", in: D. Christian & C. Benjamin, *Worlds of the Silk Roads: Ancient and Modern*, Turnout: Breplos, 1998, pp. 19-21.

[10] 王媛媛《从波斯到中国：摩尼教在中亚和中国的传播》，北京：中华书局，2012年，194—195页。

[11] *ll.* 8-27, 37-39, 66-79. L. Clark, "The Conversion of Bügü Khan to Manichaeism", *Studia Manichaica IV, Internationaler Kongress zum Manichäismus.* Berlin, 14-18. Juli 1997 (*Berichte und Abhandlungen der Berlin-Brandenburgische Akademie der Wissenschaften, Sonderband* 4), Berlin, 2000, pp. 102-104；中译文见杨富学《牟羽可汗对摩尼教的皈依》，《回鹘学译文集》，兰州：甘肃民族出版社，2012年，336—339页。另据悉，大阪大学荣誉教授森安孝夫先生关于U72、U73文书的译注，也将近期刊出。

[12] 12—25、28—35、62—69、87—96行，见杨富学《回鹘改宗摩尼教问题再探》，《文史》2013年第1辑，197—198页、217—220页。

默在《摩尼教突厥语文献》中刊出了较为清晰的照片[13]，威尔金斯则提出该残片与 U72、U73 属同一文书断片，并给出了正面第 1、4 行，背面第 4、7 行的部分转写[14]。杨富学先生亦曾对其进行简要介绍[15]。

承蒙柏林勃兰登堡科学院吐鲁番研究中心主任德金（Desmond Durkin-Meisterernst）教授与笠井幸代（Yukiyo Kasai）研究员好意，笔者有幸收到该中心发来的上述文书的高清晰照片。下面，笔者依据上述照片，在前人研究的基础上，给出 U72-U73、U206 文书的转写、中译文及所需最小限度的词注。转写规则如下：

（1）/////表示缺损文字，黑体字代表根据前人研究或笔者的解读而做出的推定复原文字，斜体字代表根据残存笔画的解读案。

（2）上方带 2 点的 q̈表示左侧标注 2 点的 X，下方带 2 点的 z̤ 表示右侧标注 2 点的 Z，下方带 2 点的 a̤/o̤/ṳ/或带 1 点的 ḳ，表示原字中 ’ 或 Y 欠缺，大写字母为未能转写字母。

（3）tngri“天、神圣的”，yrlïγ“圣旨”与 yrlïqa-“下达圣旨或命令”等格式化文字标记法除外，文字中欠缺的元音，将在（）内标出。

（4）标点符号 · 或 : 为原文中的停顿符号· 或 : 。

译文遵循如下规则：

（1）原则上保持 1 行 1 译（但受语序影响，名词或文末的动词有可能提至前 1 行）。

（2）黑体字相当于转写中的推定复原文字，斜体字相当于转写中根据残余笔画的解读案。

（3）……代表缺损文字，（）内文字为补充说明。

一、U72-U73

U73 正面

01. **m(ä)n** tngri män sizni birlä tngri yiringärü ba**rγay**
“**我**是神，我**将**与您一同去天国！”（天王牟羽可汗说道）

0.2 **m(ä)n** dindarlar ïnča kikinč birdi-lär biz a̤rïγ **biz**
选民们这样回答道：“我们是圣洁的，我们是

0.3 **din**dar biz tngri ayγïn tükäti išläyür biz q̈a**ltï**
选民，我们完全奉行神的旨意。**如果我们**

0.4 äṫöz q̈odsar biz tngri yiringärü barγay biz · n**ä** **üčün**
舍弃肉身的话，那我们就将会去往天国。若说**何故**，

0.5 tisär biz tngri yrlγïn adruq̈ q̈ïlmaz biz a̤**mtï**
（是因为）我们没有违背执行神的旨令。**现在**，

［13］P. Zieme, *Manichäisch-türkische Texte(Berliner Turfantexte V)*, Berlin, 1975, Taf. L III.

［14］J. Wilkens, *Alttürkische Handschriften, Teil 8 Manichäisch-Türkishe Text der Berliner Turfansammlung*, 2000, pp. 80-81.

［15］杨富学《回鹘改宗摩尼教问题再探》，198 页。

0.6 yụzümüz utru uluγ ï-y(ï)nč basï-nč alp **ämgäk**lär

我们面对的是巨大的压制、艰难**与痛苦**。

0.7 ärür anï üčün tngri yirin bulγay biz **ạrïγ**

为此，我们要发现天国。我的**圣**

0.8 tngrim siz törüsüzün ö-dsüz-kä k(ä)ntü **özüngüz**

君啊！如果您毫无规矩，自身对永恒之神

0.9 yaz(ï)nsar siz · ötrü q̈am(a)γ ilingiz bulγanγ**ay** /////////

犯下错误，那您的整个国家马上会混乱的……

10. bu q̈am(a)γ türk bodun tngri-kä **yazuq̈**

这些所有的突厥民众，他们就会了解到对神

11. q̈ïl-tačï bil*gäy*-lär · q̈anyuda dindarlar(ï)γ **bulsar**

的**犯罪**。不论在哪里**发现**选民，

12. basïnγay ölürgäy-lär : ymä bu **tükäti arïγ**

他们将会迫害杀掉。而且，这些**全然圣洁的**

13. dindarlar kim **ta***v*γač yirintä ä*v***rilgli taq̈ï ym**ä

选民们，即从唐朝之地**离开**的人，以及

14. tört küsänt*ä* kirü q̈on*γ*lï **alq̈u bodun**

从四龟兹到达居住的人，

15. -q̈a uluγ ada ïy(ï)nč basïnč bolγay q̈a**nyuda**

将会因**所有民众**而受到危险与迫害。不论在哪**里**

16. n(i)γošaklarïγ sartlarïγ bulsar alq̈unï öl(ü)rgäy bir

发现听民和商人，他们将会全部杀死，一个也

17. ti*rig* ïdmaγay-lar: ymä bu *sizing* il*ingiz*-d*ä* sizing

不留活命。但是，在这个您的国度里，

18. y**rlγ**ïn u*l*uγ ädgü q̈ïlïnč-lar q̈ïlmïš bolur ymä

根据您的**旨令**，这些大善行已经获得实施了。而且，

19. ////// **tar**xan kälginčä siz*ing ili*ngizdä q̈ïl*m*ïš

是在……**达**干到来之前，在您的国度里实施的。

20. **boltï** ymä tngrim birö**k** *k*(*ä*)ntü özüngüz t(a)yarsar

另外，我的君主啊！若果真是您自身支持的话，

21. **dindarlar** ädgü törü ädgü q̈ïlïnč alq̈u q̈ïlγay ymä

那选民们会把善法与善行全部实施。但

22. **siz t(a)yarmasar tar**xan bu muntaγ türlüg kir ada

若您不支持的话，达干就将会进行这种那种肮脏危险的

23. **ïy(ï)nč basïnč** ạnïγ q̈ï*l*ïnč q̈ïlmïš bolγay sizing

压制与恶行。您的

24. **ilingiz artaγay tngri yir**ingärü barγu yolunguz
国家将会变糟，您的去往**天国**之路

U73 背面

25. **antïn** öngi bolγay: ymä bu sav(ï)γ ay(ï)γ**ïγ** an*ta*
将会**从那里**偏离。而且，这些事件与报告，那时

26. ////// tngri možak äši-dgäy näng taplamaγay y**mä**
……神圣的慕阇就会听到，〔他〕绝不会满足，**也**

27. **säv**mägäy: ymä tngri ilig dindarlar birlä **üč**
不会高兴。”并且，天王与选民们一起谈论

28. **kün** *t*ün bu savlar(ï)γ sözlästi-lär üčünč
这些事情**三昼**夜。第三

29. **kün** *b*ir közätkätägi tngri-kän inčäk qat(ï)γlantï
天，圣上就这样自身修身到一更时分。

30. **anta k**in tngri ilig ķöngüli az q̈oγšadï. ol
之后，天王之心有所动摇了。其

31. **tïltaγïn** kim ïnča äši-dti bu q̈ïlïnčïn
理由，他是这样听到的：“凭借这些行为，

32. **özüti** bošunmaγay tip anïn q̈orq̈dï b(ä)zdi köngüli
灵魂不会获得解放。”他因此恐惧惊颤。他的心

33. **q̈oγšadï ol** ö-dün tngri i-lig bögü xan k(ä)ntü
动摇了。那时，天王牟羽可汗亲自

34. **dindarlar** ärigli q̈uvraγγaru k(ä)lt**i** d*in*darlar
来到了**选民们**所在的集会上。向选民们

35. -**q̈a**////// sọkütüp yinčirlü öt**ün**ti suy-da
……下跪、顶礼、乞求，恳求

36. ////// krmšuxn q̈ol-t**ï** ïnča tip ötünti
……赎罪。他这样乞求道

37. ////// *b*ärü sizni ämg*ät***tim** ača suvsamaq̈ïn
：“……以后，我使得你们受苦，由于饥渴

38. ////// *in*ča saq̈ïntïm. bu muntaγ q̈at(ï)γlanmaq̈ïn
……。我这样考虑了：‘由于这些修身行为，

39. *ymä* **q̈at(ï)γla**nt(ï)m siz mini yrlïq̈aγay nomq̈a tutγay
我又**修身了**。你们怜悯我吧！你们让教法捕获住我吧！

40. dïndar q̈ïlγay siz tip. inčip ạmtï-**q̈a**tägi mäning
你们把我变成选民吧！’这样，到现在为止，我的

41. ḳöngülüm näng ornanmaz yirtinčü yir suvda äv
心怎么也不平静。我希望呆在宇宙之土地上的家

42. barq̈ ičintä äräy(i)n tip idi s(ä)vmäz *män*: y*mä*
室之内，可是我丝毫没有爱意。而且，

43. il-änmäkim äťöz m(ä)ngisi b(ä)gädm(ä)k(i)m ärklä**nmäkim**
我的统治、肉身之喜悦，我的治理、**我的**权威，

44. közümtä i-di učuz yinik boltï: ymä *s***aq̈ïntïm**
在我的眼里，完全变得轻薄。而且**我考虑到**

45. kim m(a)nga ïnča tip yrl-q̈ad(ï)ngïz bu muntaγ **q̈ïlïnčïn**
你们对我这样说，'**凭借**这些**行为**，

46. özütüngüz bošunmaγay taq̈ï dinq̈a di**ndarlar**
你的灵魂不会得到解放。将会有更多的**选民们**

47. k(ä)lgäy ädgü q̈ïl-ïnč q̈ïl-maq̈ q̈a*l*γay. ////////////
到来吧！行善之事将会继续下去吧！'……

48. ḳöngülüm čökdi q̈or**q̈tï**////////////
我的心破碎了，我的心颤抖了……

U72 正面

49. //// ạ*m*tï dindarlar yrlïq̈asar sizing savïngïz-ča
……如果现在选民们作出指示的话，我就遵照你们的话语，

50. **ötün**güz-čä yorï-γay m(ä)n ạmtï tngri-m siz**ing**
遵照你们的忠告前进！你们说了：'现在，我的君主！发现**你**

51. **köngülün**güzni tap ämgätäng γuan ïdang ay**tïngïz**
的心吧！让你的心体验痛苦吧！你要驱散罪恶！' "

52. *ti*-di ol ö-dün qaltï tngri ilig bögü xan **ïnča**
那时，伴随着天王牟羽可汗**这么**

53. ay-duq̈ta ötrü biz dindarlar q̈am(a)γ il-täki b**odun**
说，我们选民们与整个国内的民众，

54. ötrü ögrünčülüg boltumuz ol ög*rünč***ümüz**
于是都高兴起来。**我们的**那种欢喜，

55. tü-käti sözlägütäg ärmäz ötrü bir ik**intikä**
完全不是可以用言语来表达的。于是，（我们）反复

56. savlašïp išt(ü)rüšüp ögrünčülänti ö**trü ol**
互相交谈，互相听取，共同欢庆。**于是，那**

57. ö-dün minglig tü-mänlig q̈uvraγ di**ndarla**r
时，成千上万的听民与选民

58. tirilti üküš türlüg täng oyu**nun**////
集合起来，以多种多样的游戏与娱乐，

59. -γaru kälti-lär yar(ï)nq̈atägi uluγ ögrünč////
朝着……过来。到天亮为止，巨大的喜悦……

60. etigimäk kim ögirdi s(ä)vin-tï：////////
佩戴装饰物者都欢快高兴了。……

61. artuq ärüš ä*r*ür: q̈(a)ltï ymä T' ///////
非常多。简直就像……

62. kičig bačaγ ärdi: tngri ilig bögü xa*n* ///////
他们老少（？）都吃斋了。天王牟羽可汗……

63. q̈am(a)γ dindarl**ar** udu atlantï-lar ymä q̈(a)m(*a*)*γ* *ulu**γ*** tö̈l
所有的选民们都追随着上了马。而且，所有的大孩子，

64. ymä q̈unčuy-**lar tayš**i-lar uluγ atl(a)γ-lar bašl-aγuč*ï*
还有公主们、太子们，以大臣们为首者（即可汗一族除外的其他统治阶层），

65. **u**luγ kičig q̈am(a)γ bodun toy q̈apïγïnga tägi bardï-lar
老幼所有民众都到达集会处门口，

66. **ulu**γ ọg*r*ünčün oyunun: ol ö-dün tngri ilig
怀着**极大的**喜悦与欢乐。那时，天王

67. **toyq̈a** kirip did(i)min baši-nga urdï k(ä)ntü al
进入**集会处**，把他的王冠置于头上，将自己红色的

68. /////// **kädip** altunluγ örgïn üzä olurdï. ymä
……（衣服）披上，坐在了黄金宝座上。而且，

69. **ürüng bäg**kä q̈(a)ra bodunq̈a ädgü yrlγ yrlïq̈adï ïnča
向贵族与平民，发布了美好的圣旨。这样〔发布道〕

70. /////// ạmtï sizlär ymä q̈amaγ üzäki y(a)ruq
……：“现在，你们，而且万物之上光明的

71. /////// s(ä)vin**ing** ////q̈ artuγraq̈ dïndarlar
……，你们高兴吧！……极端地！选民们

72. /////////////////k// kọngülümün
……把我的心

U72 背面

73. *a*m(ï)rtγurup mini yana sizingä tutuz**ur** /////
安抚，**我**又把我托付给你们……

74. //////*y*mä m(ä)n k(ä)lt(i)m ornuma olurdum **siz-**
……我又来了。我坐在了我的宝座上。

75. **-lärkä** yrlïqayur män dindarlar *sizlärkä* ///
我向**你们**发号施令。**无论**选民们对你们

76. //// sär ymä özüt aš*ï*nga t(a)vratsar nä
……，或向灵魂的用餐催促你们，无论

77. ////q̈a t(a)vratsar ötl-äsär sizlär olar savïn
向……催促、忠告，你们就依据他们的话语，

78. **ča** //// ötinčä yorï-nglar ymä ạmranmaq biligin
……遵照他们的忠告前进！而且，你们还要懂得爱心！

79. //// **γ** aγ(ï)rlang ay-ang tapïng: ol ö-dün
你们要保护（神？教义？）……！你们要敬重（神？教义？）……！你们要发现（神？教义？）……！”那时，

80. /////**b***ö*gü xan tngri-kän bu yrl-γ yrlïq̈aduq̈ta
牟羽可汗圣上发布这道圣旨时，

81. **ärüš ük**üš q̈uvraγ q̈(a)ra bodun tngri iligkä ỵükünti-
众多的听民和普通民众，他们向天王致敬了，

82. –**lär sọkün**di-lär ymä ay-q̈ïrdï-lar. ymä bizingä
他们向天王下跪了，他们还发出了欢呼声。而且，他们向我们

83. **dindarlar**-q̈a yụkünti-lär s(ä)vinč ötünti-lär. q̈(a)m(a)γ
选民们致敬了，向我们选民们道出了喜悦。整个

84. **il-täki bodun** *ö*grünčü boltï: ikiläyü yangïrtï
国内的民众都欢快起来了，他们〔把自己〕更新换貌了，

85. tngri mož̤a*k* üzä amrantï kirtgünti-lär.
他们因为神圣的慕阇而具备了爱心，保持了信仰。

86. anta ötrü üzük-süz özütlük iškä ädgü
自此之后，他们毫无间断地为成就灵魂之工作，为善

87. q̈ïlïnčq̈a q̈at(ï)γl-antï-lar: ymä q̈utluγ ül-üg-lüg
行而修身。而且，有福分的、幸运的

88. ilig xan ol q̈am(a)γ bodunq̈a ädgü q̈ïl-ïnč
国王可汗对那些所有民众，以行善

89. q̈ïlmaq̈q̈a turq̈aru ötläyür tavratïr q̈at**ïγ**
为目标，不停地忠告劝促，让他们

90. lanturur: ymä tngri il-ig taq̈ï ïnča///
自主修身。而且，天王还这样……

91. nom törü urtï. onar ärkä bir bir-är **anïng**
制定了教义和法规。针对每十个男丁，一组一组各配置其头领

92. bašï urtï ädgü q̈ïl-ïnčq̈a özüt**lük išingä**

一名，为善行、为**成就灵魂之工作**，

93. t(a)vratγučï q̈ïltï. ymä birök kim /////////

设置了督促者。而且，如万一……

94. -q̈a ärmägürsär yazuq̈ q̈ïl-sar a̤nï ÖWN /////////

懈怠了//////，犯了错误的话，就把他（惩罚、鞭挞？）……

95. ädgü bošγut boš*γurup*//..T//////

叫他接受良好的教育……

96. -lar kim bolur ärt**i**//////////////////

他们曾是……。

注释

05 **a̤mtï**“现在”，原刊者作 a，即读作 ’’。然第 2 个 ’，只见到上半部，而且在文字中心线右侧，有一线条划向右下方（图 1）。这一特点，令人想起词中的 m。a̤mtï 亦见于第 40、49、50、70 行。笔者推定复原的第 49 行除外，其他均确切写作 ’MTY。此处 ’M 的运笔，虽与第 50 行稍不同，但与第 40、70 行完全相同。

07 **a̤rïγ**“圣洁的、清净的”，原刊者未复原。

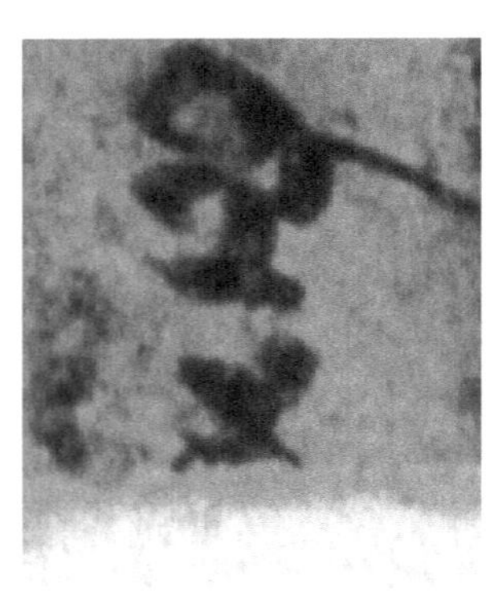

图 1

08 tngrim“我的君主啊！”，tngri“天、神”后续第一人称所有词缀＋m，构成呼格。高昌回鹘王国时期，存在 tngrim 的称号[16]，可汗夫人可敦又被称为“天公主邓林”tängri qunčui tängrim“神圣的公主夫人”[17]。不过，此处 tngrim 应指牟羽可汗，见克拉克所引茨默文[18]。

08 ö-dsüz-kä“向明尊”，原意为“向永恒之物”。名词 öd“时”后续词缀＋süz“未、没”，再后续向格词尾＋kä。相关讨论，见原刊者注释 8，以及其他相关研究[19]。摩尼教最高神“光明之父”，即明尊，回鹘文作 äzrua，来自粟特文 ’zrw’，频现于摩尼教文献中[20]。此处概为意译。

[16] 森安孝夫《ウイグル佛教史史料としての棒杭文書》，《史学杂志》第 83 编第 4 号，1974 年，43 页。

[17] 张广达、荣新江《有关西州回鹘的一篇敦煌汉文文献——S6551 讲经文的历史学研究》，张广达著《西域史地丛稿初编》，上海：上海古籍出版社，1995 年，227 页。

[18] L. Clark, “The Conversion of Bügü Khan to Manichaeism”, p. 102.

[19] W. Bang & A. von Gabain, “Türkische Turfan-Texte II: Manichaica”, p. 418; Jes P. Asmussen, *Xuāstvānīft: Studies in Manichaeism* (*Acta Theologica Danica*, Vol. 7), Copenhagen, 1965, p. 147; H. J. Klimkeit, *Gnosis on the Silk Road: Gnostic Texts from Central Asia*, p. 369, 27; L. Clark, “The Conversion of Bügü Khan to Manichaeism”, p. 102.

[20] Cf. Jes P. Asmussen, *Xuāstvānīft*, pp. 193-199; Jes P. Asmussen, *Manichaean Literature: Representative Texts Chiefly from Middle Persian and Parthian Writings*, Delmar, New York, 1975, pp. 69-77; H. J. Klimkeit, *Gnosis on the Silk Road*, pp. 300－305; L. Clark, *Uygur Manichaean* Texts, Vol. 2: Liturgical Texts, Turnhout, 2013, pp. 89-93；芮传明《摩尼教突厥语〈忏悔词〉新译和简释》，《史林》2009 年第 6 期，54－62 页；马小鹤《光明的使者——摩尼与摩尼教》，兰州：兰州大学出版社，2010 年，246－251 页。

11 **bulsar** "若发现"，此据茨默案。

12 **tükäti arïγ** "全然圣洁的"，原刊者复原作 **tört**(?) **arïγ(?),** 茨默复原作 **tört bulungtaqï**? 。

13a **ävrilgli**"离开的人"，原刊者复原作 **ärürlär**(?)，茨默复原作 **azu yämä (6+letters)**。其中，第 1 个字母是 '，此点无疑。第 2 个字母只见上半部，是从中心线向左侧延伸，但略向下方倾斜（图 2）。对比同一文书他处所见 är-或 az-的写法[21]，笔者不赞成把第 2 个字母读作 R 或 Z。依据上述特点判断，该字母存在读作 Y、W、V、D 的四种可能性。考虑到之前 **ta**vγač yirintä 的+intä 可视作从格，且第 14 行存在 q̈onγlï "居住者"——动词词干后续表示动作主体的词缀 γlï 这种表达方式，此处复原做 ävrilgli "离开者"[22]。

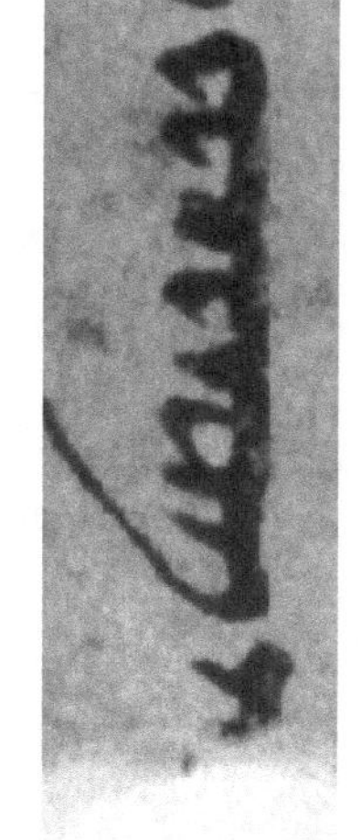

图 2

13b **taqï ym**ä "更有，还有"，表示并列递进的连词。之前的 kim 为关系代名词，其指称的对象——第 12—13 行 bu **tükäti arïγ** dindarlar "这些**全然圣洁的**选民们"，包括两个关系子句，即第 13 行的 **ta**vγač yirintä ä*v***rilgli** "从唐朝之地离开的人"，以及第 14 行 tört küsänt*ä* kirü q̈on*γ*lï "从四龟兹到达居住的人"。上述两个关系子句之间，需要起衔接作用的连词。

12—15 ymä bu tükäti **arïγ** dindarlar kim **ta***v*γač yirintä ä*v***rilgli taqï ym**ä tört küsäntä kirü q̈onγlï **alq̈u bodun**qa uluγ ada ïy(ï)nč basïnč bolγay"而且，这些**全然圣洁的**选民们，即从唐朝之地**离开**的人，以及从四龟兹到达居住的人，将会因**所有民众**而受到危险与迫害"。该部分，关键之处是第 14 行出现的地名 tört küsän "四龟兹"（图 3）。虽然笔者利用彩色图片成功读出了 tört küsän，但后来发现，茨默先生早在十多年前就已发现原刊者的误读。不过，茨默先生关于其他不明部分的解读与诠释，与笔者不同。而且，整段文字所蕴含的历史学信息，值得探讨。兹将学界相关转写或译文列出，以便讨论。

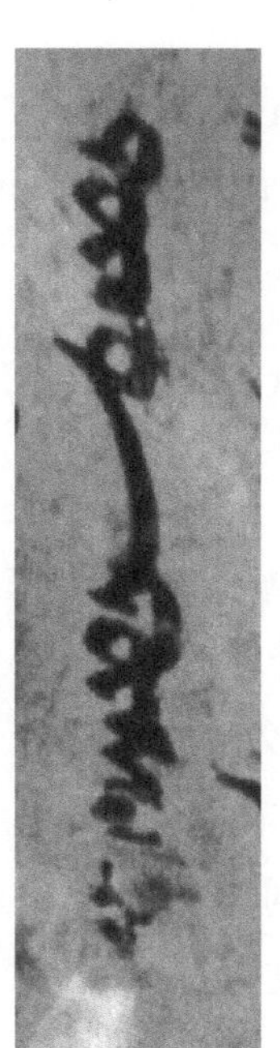

图 3

（1）邦格、葛玛丽[23]：

y-mä bu **tört**(?) **arïγ(?)** dindarl-ar kim **ta***v*γač yirintä **ärürlär**(?)tört kösüšin(?) kirü qo........-qa uluγ ada ïy(ï)nč basïnč bolγay.

Und [wenn]diese vier...[heiligen]Elekten, welche in (aus?)dem Land China sind(?) ihre vier Wünsche (mit ihren vier Wünschen?) zürück......., [so] wird für (durch?) [das Volk? Die Lehre? usw.] große Gefahr und Bedrückung entstehn.

而且，[当]（从？）中国之地来的他们四个 [神圣的] 选民，带着他们

---

[21] är-见第 7、13、34、42、43、54、55、92、96 行，az 见第 30 行。

[22] 古突厥语中，较为常见的"离开"是 adrïl-，参见 G. Clauson, *An Etymological Dictionary of Pre-Thirteenth Century Turkih*, Oxford University Press, 1972, p. 68. 参考第 5 行 adruq̈ "不同、错误"，第 15、22 行 ada "危险" 而言，此处若是 adrïl-，写作 ''DRYL 的可能性更大。ävril-虽多数情况下为"旋转"之意，但亦有"离开"之意。参见上引克劳森同书 14 页。

[23] 转写与德译文见 W. Bang & A. von Gabain, "Türkische Turfan-Texte", pp. 414-415.

的四个愿望（与他们的四个愿望）回去时，[那么] 对（或通过）（人民？教义？等）会产生巨大的危险与沮丧（或悲伤、消沉、萧条）。

（2）克林凯特、刘南强[24]：

And [if] these [four] … [holy] elect who are from the land of China [will have to go?]back [with?] their four wishes(demands?) ,… [then] great danger and oppression will arise for [the Law, that is, religion].

而且，[如果] 从中国之地来的这 [四个] … [神圣的] 选民，[带着？] 他们的四个愿望（要求？）回去，…… [那么]，对 [法，即宗教] 而言，会产生巨大的危险与压制。

（3）杨富学、牛汝极[25]：

这四位圣僧来自桃花石（唐），抱有四种欲望，……对……要遇到大的压迫和危险。

（4）茨默[26]：

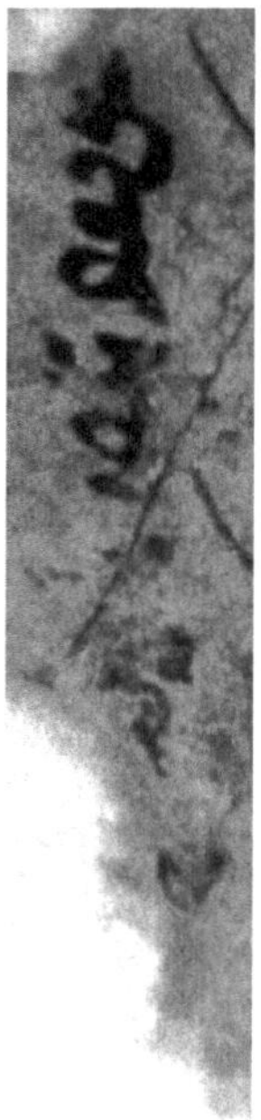

yämä bu **tört bulungtaqï** ?dindarlar kim **ta**vγač yirintä a**zu yämä (6＋letters)** tört küsänt*ä* kirü q̈uz il**gärü bergärü alqu**qa uluγ ada ïyïnč basïnč bolγay.

And these Elects [in the four directions?] who are west, north, east and south of China [or even] of the land of the [···] Four küsän, there will be great danger and oppression for [all of them].

而且中原东、南、西、北 [四方的？] 的，[甚至] ……四龟兹（Küsän）之地的这些选民们，都将有 [来自所有他们（即突厥人）] 的极大危险和压迫。

图 4

由于已经读出 tört küsän“四龟兹”，上举第（1）、（2）、（3）条试读案，可暂时不作考虑。而第 14 行第 4 字，茨默先生读作 q̈uz（图 4）。该文书中，词末 Z 出现多次，在绝大多数情况下，都是按标准正字法书写，即向右下方运笔，保持比较大的倾斜度。而茨默先生读作 Z 的文字，虽有一定倾斜度，但与该文书中的大多数 Z 相比，倾斜度并不明显。虽然如此，茨默先生的读法，亦未尝不可。不过，参照同一文书 N 的写法[27]，笔者以为，该字完全可读作 N。至于 N 下面的文字，参照同文书词中 γ（写作 X）的写法[28]，读作 X，并无大碍。如此，我们可以得到 q̈onγlï“居住者”一词。

[24] H. J. Klimkeit, *Gnosis on the Silk Road*, pp. 366-367；Samuel Lieu, “From Iran to South China”, p. 19. 又见王媛媛《从波斯到中国》，194－195 页。

[25] 杨富学、牛汝极《牟羽可汗与摩尼教》，88 页。

[26] 转写与译文见 L. Clark, “The Conversion of Bügü Khan to Manichaeism”, pp. 102-103；中译文见杨富学《牟羽可汗对摩尼教的皈依》，337 页。转写按笔者规则转写。

[27] 如第 15 行第 5 字 basïnč，第 21 行能够确认到的第 4 字 q̈ïlïnč。见图版 7。

[28] 如第 3 行第 4 字 ayγïn，第 12 行第 1 字 basïnγay，第 15 行第 6 字 bolγay 等。

tört küsäntä "从四龟兹" 之后的文字，茨默先生已经给出了自己的读法。不过，不论是克拉克英译文，亦或杨富学先生中译文，均未对茨默释读案中 alqu "所有、全部" 之前的 kirü q̈uz ilgärü bergärü 给出一个答案。由于克拉克是借用茨默释读案，尚不敢断言此处代表的就是茨默意见。不过，笔者以为，kirü-可视作动词 kir- "进入、到达" 的副动词[29]，修饰后面的 qon- "居住、停留"。就克劳森列举的众多例子而言，当 kir-为 "进入" 之意时，之前需要名词向格词缀，而充当 "到达" 之意时，之前需要名词从格词缀。tört küsäntä 的＋tä，虽然存在位格词缀的可能性，但参照之后的 kir- "到达"，此处无疑应视作从格词缀，更合文意。这样，我们可以了解到，这段文字记录了来自两个不同地域的摩尼教相关人员抵达回鹘国内。换言之，当时回鹘国内的粟特人集团，包括来自唐朝与四龟兹的移民。

关于粟特人在东方的殖民活动，学术界早已关注多年[30]。唐代活动于龟兹地区的粟特人，主要秉承原有的拜火教[31]。另据庆昭蓉研究，库车出土龟兹语文献反映，部分粟特人为佛教徒[32]。而关于摩尼教徒粟特人在龟兹一代的活动，近年也颇受学界注意。王媛媛对中古波斯语 M1《摩尼教赞美诗集》(*Mahrnāmag*) 跋文重新进行释读，对摩尼教在漠北回鹘汗廷以及西域北道、西域南道的传播与粟特人之关系进行了详细讨论[33]，并根据《摩尼教赞美诗集》出现的来自龟兹地区的人名指出，至 9 世纪早期，回鹘在龟兹已建立了稳固的统治，设立了两位节度使进行管辖[34]。葛承雍亦曾对回鹘统治时期摩尼教在龟兹地区的传播进行了整理，并认为库车克孜尔石窟群唐代遗址出土的陶祖属于摩尼教 "男根魔貌" 教义艺术品[35]。可惜，关于 9 世纪之前摩尼教在龟兹地区的存在，我们还缺乏强有力的论据[36]，至于在西域北道的真正传播，荣新江则认为恐怕是在 9 世纪初期以后[37]。

---

[29] kir-参见 G. Clauson, *An Etymological Dictionary of Pre-Thirteenth Century Turkish*, p. 735.

[30] 主要见小野川秀美《河曲六胡州の沿革》,《东亚人文学报》第 1 卷第 4 号，1942 年，193－226 页；E. G. Pulleyblank, "A Sogdian Colony in Inner Mongolia", *T'oung Pao* 41, 1952, pp. 317-356；池田温《8 世纪中葉における敦煌のソグド人聚落》,《ユーラシア文化研究》第 1 辑，1965 年，49－92 页；荣新江《北朝隋唐粟特人之迁徙及其聚落》,《国学研究》第 6 辑，1999 年，27－86 页（后收入作者著《中古中国与外来文明》，北京：生活·读书·新知三联书店，2001 年，37－100 页；英译文见"The Migrations and Settlements of the Sogdians in the Northern Dynasties, Sui and Tang", (tr. by Bruce Doar), *China Archaeology and Art Digest*, IV.1: Zoroastrianism in China, December 2000, pp. 117-163)；《西域粟特移民聚落补考》,《西域研究》2005 年第 2 期，1－11 页。关于唐代粟特人在东方的交易活动，参见荒川正晴《唐帝国とソグド人の交易活动》,《东洋史研究》第 56 卷第 3 号，1997 年，171－204 页；《ソグド人の移住集落と东方交易活動》,《岩波讲座·世界历史》第 15 卷，东京：岩波书店，1999 年，81－103 页；《唐帝国と胡汉の商人》,《ユーラシアの交通·交易と唐帝国》，名古屋：名古屋大学出版会，2010 年，336－378 页。

[31] 荣新江《西域粟特移民聚落补考》，9－10 页；影山悦子《粟特人在龟兹：从考古和图像学角度来研究》,《法国汉学》第 10 辑，2005 年，195 页。

[32] 庆昭蓉《库车出土文书所见粟特佛教徒》,《西域研究》2012 年第 2 期，61－75 页。

[33] 王媛媛《从波斯到中国》，43－114 页。

[34] 王媛媛《从波斯到中国》，91－92 页。

[35] 葛承雍《龟兹摩尼教艺术传播补正》,《西域研究》2012 年第 1 期，86－92 页。

[36] 相关考述见王媛媛《从波斯到中国》，95－96 页。

[37] 荣新江《摩尼教在高昌的初传》，新疆吐鲁番地区文物局《吐鲁番新出摩尼教文献研究》，北京：文物出版社，2000 年，224－229 页；同人《西域：摩尼教最终的乐园》,《寻根》2006 年第 1 期，7－8 页。

至于粟特人在漠北的活动，护雅夫曾就突厥国内的“胡部”进行过探讨[38]。近年，王小甫先生、杨富学先生在讨论牟羽可汗改宗摩尼教及其与粟特人之关系时，亦进行了相关考述[39]。茨默则通过对柏孜克里克出土回鹘语文书残片（81TB10∶06-3）的解读，阐明760年前后受回鹘可汗邀请的摩尼教三位慕阇取道吐火罗地面前往漠北回鹘汗国[40]。森安孝夫则对P.t.1283文书（反映情况为8世纪中后期）记录的回鹘国内的摩尼教徒向中亚民族Og-rag邀请传教士一事，进行了考察[41]。回鹘第二代可汗磨延啜纪功碑《希内乌苏碑》（建于759年或之后不久）西面第5行，在记录狗年（758）的事迹时，谈道：

suγdaq tavγačqa säläŋädä bay balïq yapïtï bertim

我令（人）在色楞格河畔，为粟特人和唐人建造了富贵城。[42]

就此条记录而言，758年之际，回鹘国内已有部分粟特人移民。前面介绍的茨默刊布的81TB10∶06-3文书也提到“当亦力嗢昆城中同中原来人相会之时”等[43]。另外，《摩尼教赞美诗集》是在762年或763年在焉耆开写，后在9世纪初期续完[44]，这说明，摩尼教与焉耆发生联系的时间可能在763年之前或更早[45]。这些均旁证上述笔者关于tavγač yirintä äv**rilgli**“从唐朝之地离开的人”，以及tört küsäntä kirü q̈onγlï“从四龟兹到达居住的人”的解释，不是空穴来风。依文书第16行及其他相关内容而言，当时回鹘国内的这些粟特人移民，理应包括摩尼教教徒dindar“选民”，俗家信徒n(i)γošak“听民”，以及商人“sart”等。不过，考虑到该文书是在回鹘改宗摩尼教之后的10世纪左右写成，不完全排除日后追述的可能。

地名küsän“龟兹”，在回鹘文献中并不陌生，茨默曾专此进行过介绍[46]。例如在TⅡT 3097（Ch/U 3917）残片中，其与talas“怛剌斯”、qaš“喀什”等并列出现。王媛媛则对龟兹地区存在的摩尼教徒，进行了梳理[47]。而克拉克则依据柏林吐鲁番文献内含有龟兹出土的吐火罗文摩尼教文献，主张龟兹极可能是摩尼教在四吐火罗（Toxri）地区的四个中心之一[48]。而tört küsän

---

［38］护雅夫《突厥の国家と社会》，《古代トルコ民族史研究》第1卷，东京：山川出版社，1967年，71—73页。

［39］王小甫《回鹘改宗摩尼教新探》，《北京大学学报》2010年第4期，98—105页；杨富学《回鹘改宗摩尼教问题再探》，205—206、210、216—227页。

［40］茨默《有关摩尼教开教回鹘的一件新史料》，王丁译，《敦煌学辑刊》2009年第3期，1—7页。

［41］森安孝夫《チベット语史料中に现われる北方民族——DRU-GU と HOR》，《アジア・アフリカ言语文化研究》14（别册），1977年，7、11—13页。

［42］白玉冬《〈希内乌苏碑〉译注》，《西域文史》第7辑，北京：科学出版社，2013年，93页。

［43］茨默《有关摩尼教开教回鹘的一件新史料》，3页。

［44］相关介绍见荣新江《摩尼教在高昌的初传》，221—222页；王媛媛《从波斯到中国》，43页。

［45］王媛媛《从波斯到中国》，97—98页。

［46］P. Zieme, “Zum Handel im uigurischen Reich von Qočo”, *Altorientalische Forschungen* 4, 1976, pp. 248-249; “Drei neue uigurische Sklavendokumente”, *Altorientalische Forschungen* 5, 1977, pp. 157-158, *ll.* 10, 12, pp. 164-165.

［47］王媛媛《从波斯到中国》，53—56页。

［48］L. Clark, “The Conversion of Bügü Khan to Manichaeism”, pp. 83—84, note 1；中译文见杨富学《牟羽可汗对摩尼教的皈依》，35—351页注释1。

"四龟兹"之名亦数见于出土文书中，如哈密本《弥勒会见记》序文第12页背面第12—13行[49]，以及U971（T II S 20）佛经跋文等[50]。其中，前者中作为膜拜对象的所在地，tört küsän uluš"四龟兹国"与 üč solmï uluš"三唆里迷（即焉耆）国"并列出现[51]。至于tört küsän"四龟兹"与"四吐火罗（Toxri）"间关系[52]，已超过本文范围，此不深究。

20 özüngüz tayarsar"如果您自身支持的话"，原刊者作 öz-üngüz-kä tarqr，茨默作 özüngüz ketärsär(?)。

21 **dindarlar**"选民们"。原刊者作 sar，茨默作 siz。此处据前后文意补出。

22 **siz tayarmasar**"如您不支持的话"。原刊者与茨默均未作复原。

22 kir ada"肮脏危险"，原刊者作 alp(?) ada，茨默作 qïz ada。

23 **ïy(ï)nč basïnč**"压制"，此据茨默复原。

24 **tngri yir**ingärü "向天国"，此据茨默复原。

26 tngri mož̤ak"神圣的慕阇"。森安氏根据与回鹘摩尼教相关的Mainz 345文书的最新解读，指出此人物与Mainz 345文书记录的tngri mar nyw rw'n mož̤ak为同一人物，均为九姓回鹘可汗碑粟特文面记录的βγy (mry) nwy (rw)'n m(w)z-'k(')[53]。

37 ača suvsamaq̈ïn"由于饥渴"。原刊者作 ača suvsamaq̈a，此据茨默读法。动词 suvsa-"渴"的不定词形式 suvsamaq̈[54]后续工具格词缀＋ïn。

38 bu muntaγ q̈at(ï)γlanmaq̈ïn"由于这些修身行为"。原刊者作 bu muntaγ q̈at(ï)γlanmaqa，此据茨默读法。

39 nomq̈a tutγay"你们让教法捕获住我吧！"按39—40行 siz mini yrlïq̈aγay nomq̈a tutγay dïndar q̈ïlγay siz"你们怜悯我吧！你们让教法捕获住我吧！你们把我变成选民吧！"中，整句主语为 siz"你们"，动作对象是 män"我"，动词分别是 yrlïq̈a-"怜悯"、tut-"捉住"、q̈ïl-"做成"。前人解释做"你让我持法"，是把 tut-"捉住"的主语视作"我"，这与句子整体结构相抵触。按 nomq̈a 的＋q̈a 为向格词缀，有时含"凭借、依据"之意，或表示主语，此处似是以向格表示分句的主语。即，tut-"捉住"的直接主语是 nom"教法"，间接主语是 siz"你们"。

57 q̈uvraγ **din**darlar"听民与选民"，原刊者作 q̈uvraγ /// d / n ////。相比第81行的 q̈uvraγ，此处 q̈uvraγ 的词尾-γ，向右下方延伸略长。q̈uvraγ 与下一字D之间并无文字。第53—56行讲述选民们与民众一起交流，共同欢庆，则此处僧侣与民众之一的 q̈uvraγ"在家修行的摩尼教徒"

---

［49］Geng Shimin & H. J. Klimkeit, *Das Zusammentreffen mit Maitreya: die ersten Fünf Kapitel der Hami-Version der Maitrisimit*, Wiesbaden, 1988, p. 52；耿世民《回鹘文哈密本〈弥勒会见记〉研究》，北京：中央民族大学出版社，2008年，41页。

［50］Yukiyo Kasai, *Die Uigurischen Buddhistischen Kolophone, Berliner Turfantexte 26*, Turnhout, pp. 203-204.

［51］相关考释见张广达与耿世民合撰《唆里迷考》，张广达著《西域史地丛稿初编》，上海：上海古籍出版社，1995年，45—46页（原载《历史研究》1980年第2期）。

［52］相关研究归纳见王媛媛《从波斯到中国》，39—40页。另据悉荣新江先生就此问题的大作，近日即将刊出。

［53］森安孝夫《ウイグルから见た安史の乱》，《内陆アジア言语の研究》第17辑，2002年，143—144页。

［54］suvsa-参见 G. Clauson, *An Etymological Dictionary of Pre-Thirteenth Century Turkish*, p. 793.

一起出现，不悖于理。

60 etigimäk“佩戴装饰物者”。名词 etig“装饰”[55]后续动词构词词缀＋i，再后续动词不定词词缀-mäk。原刊者作 ögirmäk，但包括读作 R 的文字在内，该词明显与同行第 3 字 ögirdi 的 ögir-不同。第 58－59 行谈到欢快的人们以多种多样的游戏与娱乐走来，etig“装饰”此处或许是指假面具之类的装饰品。

62 kičig“小”。此处可能与 uluγ“大”并列使用，代表老幼民众。

63 *uluγ* töl“大孩子”，原刊者作 ***uluγ*** t ////。töl“孩子们、子孙、弟子”，参见克劳森辞典[56]。此后至末尾，文书记录了牟羽可汗向僧侣与老少民众发布命令，宣示改宗摩尼教的具体细节。作为宣示对象，除第 63 行提到的僧侣们之外，第 64－65 行记录了以公主们、太子们、大臣们为首的老幼所有民众。据森安孝夫研究，黄文弼所获吐鲁番出土回鹘文《摩尼教寺院经济令规文书》中，记录有从属于摩尼教寺院与摩尼教僧侣的年轻的侍从 oγlan“孩子、儿童、少年”[57]。作为僧侣侍从的 oγlan，理应包括在宣布对象之内。此处 töl，似为这些侍从的另一种表达方式。

69 **ürüng bägkä** q̈(a)ra bodunq̈a“向高贵的贵族与普通的民众”，原意是“向白色的匐（贵族阶层）与黑色的民众”，原刊者作 **bägkä** qra budunqa。该行上部破损，原刊者复原出的 **bäg** 之上，尚有 5 字母左右空间。回鹘汗国《希内乌苏碑》中，以 ürüng bäg 代表国内的贵族阶层[58]。

70 q̈amaγ üzäki y(a)ruq“万物之上光明的”，原刊者作 qamaγ öngü(?) y(a)ruq。üzäki 中，末尾的 Y，右侧呈三角形状，近似 W。不过，对比同一文书其他词末 KY 的写法[59]，该字笔顺应与 Y 相同。大概左侧运笔过重，出现了三角形状，但与接近椭圆形状的 W 仍有区别。

82 bizingä“向我们”。写作 PYZYN’K’，多出一个’。

84 ikiläyü yangïrtï“他们更新换貌了”，克劳森辞典 yangïrtï 条目引用该处，按副词解释[60]。按之前的 ikiläyü“重新、再次”为副词，且句子至此结句，此处的-tï 应为动词过去式-t 后续第三人称所有语尾。由 yangï“新”派生的动词 yangïla-[61]，很难与 yangïr-联系起来。而汉语“样”很早就已被借入古突厥语，且克劳森对此专门进行了介绍，指出突厥语 yang 意思为“a pattern, model, kind, sort, maner”[62]。笔者以为，名词 yang 后续词缀＋ï 构成动词 yangï-“做样子”，再

[55] etig 参见 G. Clauson, *An Etymological Dictionary of Pre-Thirteenth Century Turkish*, p. 50.

[56] G. Clauson, *An Etymological Dictionary of Pre-Thirteenth Century Turkish*, p. 490.

[57] 森安孝夫《ウイグル=マニ教史の研究》，京都：朋友书店，73－75 页注 58b.oγlan；《黄文弼发现的〈摩尼教寺院经营令规文书〉》，白玉冬译，载荣新江编《黄文弼所获西域文献论集》，北京：科学出版社，2013 年，157－159 页注 58b. oγlan。

[58] 森安孝夫《シネウス碑文・遗迹》，森安孝夫、敖其尔编《モンゴル国现存遗迹・碑文调查研究报告》，丰中：中央欧亚学研究会，1999 年，193 页；森安孝夫等《シネウス碑文译注》，《内陆アジア言语の研究》第 24 期，2009 年，63－64 页；白玉冬《〈希内乌苏碑〉译注》，《西域文史》第 7 辑，2013 年，108 页。

[59] 第 25 行 öngi，第 29 行 közätkätägi，第 40 行 ạmtï-*qa*tägi，第 53 行 il-täki，第 59 行 yar(ï)nqatägi，第 65 行 q̈apïγïnqatägi.

[60] G. Clauson, *An Etymological Dictionary of Pre-Thirteenth Century Turkish*, p. 952.

[61] G. Clauson, *An Etymological Dictionary of Pre-Thirteenth Century Turkish*, p. 943.

[62] G. Clauson, *An Etymological Dictionary of Pre-Thirteenth Century Turkish*, p. 940.

后续使役词缀-r，最终构成了动词 yangïr-。该词在此描述的是，牟羽可汗改宗摩尼教，使得回鹘国内民众风貌一新。

二、U206（T I D x6，见图 5、图 6）

正面

01. /////////////// **sizlär** k(ä)ntü ät	您……，自身的肉体
02. ////////////// barγu tngrim	……存在的（或去往某地的）君主
03. //////////////: tngrim siz	……我的君主啊！您
04. ///////////// küčäyü antaγ	……一边努力，一边如此
05. ///////////// tngri bitigintä	……在神圣的书信中
06. ///////////// inčip tngri	……这样，天
07. ///////////// da/dä？ yrl-q̈ayur kim qanyu kisi	在？……发布了圣旨：何人……
08. ///////////// ymä k(ä)ntü özin	……而且自己自身
09. ///////////// sizkä ayγay	……向你们报告吧！
10. ///////////// anï t(ï)ld(a)sar nom	……如果以那个为借口的话，教法
11. /////////////-SYK nomqa tutmaq	……紧抱教法（或教法捕获住）
12. ///////////// **-tü** il-ig	……国王
13. ///////////// ötügün	……以报告（或请示）
14. ///////////// -masar/mäsär bu kün	如果不……今天
15. //////////////// lar/lär	……们
16. //////////////// γlï	……者
17. //////////////////	
18. ////////////////PLR	……吧！
19. //////////////////	……
20. /////////////////’YN	……

U206 verso

21. //// **q**un*č***u**y-lar /////////	……公主们……
22. X’ //// Y Z q**a***n?* ///////	……可汗？……
23. yi*ti-k*än tng**ri ilig** /////////	……移地健天王……
24. arasïnda KWY /////////	在（或从）其中间……
25. *biz t*ä ///SY///YZ L’ //////	我们……
26. *i*l**ig** il*lik nom* tọ̈rü /////////	国王用于国家的法规……
27. ikinti ay ’Y/////kirü*p*	二月……抵达……
28. n*om*q*a* tud**m***aq* ////////	紧抱教法（或教法捕获住）……
29. ////// **q**an //////	……可汗……

图 5

图 6

30. antaγ /// //	这样// //
31. alp *ä*r kikš*ürü* ///////	勇敢的战士磨（刀？）……
32. ay ïna*nč* ////	月（爱？）亦难赤……
33. /// il yaq̈a ////	……国家边境……
34. S' X///////////	……
35. 'WN ///////	那……
36. Y //////////	……
37. '//////////	……
38. T//////////	……
39. 'WY//////////	……
40. TWY//////////	……

注释

02　barγu“存在的”或“去往的”[63]。动词 bar-“有、在”或“去”，后续表示必要、必然等意的动词后缀-γu。其中，第 2 个字母稍长，看起来应是 Y。而末尾的 W，中间空白部分已被墨迹填满，近似 R 或 K。或许可复原做部族名称 b(a)y(ï)rqu“拔野古”。

05　tngri bitigintä“在神圣的书信中”。tngri bitig“神圣的书信”后续第三人称位格词缀＋intä。tngri bitig，另见于摩尼教相关残片 T Ⅲ T 338（Ch/U 6890）第 5 行，应指来自摩尼教高层人物的书信[64]。柏孜克里克石窟第 65 窟出土的粟特文回鹘文摩尼教徒书信中，粟特文书信 A 与 B 的收信人均是统领高昌回鹘王国摩尼教教团的东方教区首领 možak“慕阇”[65]。tngri bitig，或来自上述摩尼教教团首领。

13　ötügün“以报告（或请示）”。ötüg“请示、报告”后续名词工具格词缀＋n。据克劳森之说，ötüg 意为“请求，向上级的请愿”[66]。另据森安孝夫研究，术语 ötüg 被清楚地记录在回鹘文书信格式中，与它的同源动词 ötün-“向上级提出陈述或请求”具有同样的语义[67]。森安氏还指出，ötüg 基本上是由下属向上级提交的文书[68]。收藏于中国文化遗产研究院的、编号为 xj 222-0661.9 的回鹘文书，记录了高昌回鹘王国早期历史，其背面左端写有回鹤文 ötüg[69]。柏

[63] bar-参见 G. Clauson, *An Etymological Dictionary of Pre-Thirteenth Century Turkish*, pp. 353, 354.

[64] P. Zieme, *Manichäisch-Türkische Texte* (*Berliner Turfantexte V*), p. 71.

[65] 吉田豊《粟特文考释》，载柳洪亮《吐鲁番新出摩尼教文献研究》，北京：文物出版社，2000 年，3—4 页；森安孝夫、吉田豊《ベゼクリク出土ソグド语・ウイグル语マニ教徒手纸文》，《内陆アジア言语の研究》第 15 辑，2000 年，139 页。

[66] G. Clauson, *An Etymological Dictionary of Pre-Thirteenth-Century Turkish*, p. 51a.

[67] ötün-见 G. Clauson, *An Etymological Dictionary of Pre-Thirteenth-Century Turkish*, p. 62.

[68] Takao Moriyasu, “Epistolary Formulae of the Old Uygur Letters from Central Asia”, *Acta Asiatica. Bulletin of the Far Eastern Culture* (*Japanese Studies in the History of Pre-Islamic Central Asia*), 94, 2008, pp. 139-140；森安孝夫《シルクロード东部出土古ウイグル手纸文书の书式（前编）》，《大阪大学文学研究科纪要》第 51 期，16、50—51 页。

[69] Zhang Tieshan & P. Zieme, “A Memorandum about the King of the On Uygur and His Realm”, *Acta Orientalia Academiae Acientiarum Hungaricae*, 64 (2), 2011, pp. 130, 159.

孜克里克石窟第65窟出土的粟特文回鹘文摩尼教徒书信中，回鹘文书信D第2行、F第3行出现ötügümüz“我们的报告（或请示）”[70]。此处的ötüg，或为对第5行tngri bitig“神圣的书信”——摩尼教高层人物之书信所做的报告。

21 **qunčuy**-lar“公主们”。可确认到词中的W与N，词尾的Y，以及复数词缀L’R。虽Č下端横线模糊不见，然可见其左侧竖条。

22 q**a***n*“汗”。虽文字中心线无法确认，然可见X’N。略觉勉强的是，X与’间距略大，或为qaγan“可汗”。虽然如此，笔者仍不敢断定此读法一定正确。

23 yi*ti*-*k*än tng**ri ilig**“移地健天王”。其中，yi*ti*-*k*än是数词yiti“七”后续表示等级的名词词缀kän，tngri表示天、神或神圣之意，ilig为国王之意。回鹘文献中的yiti-kän，一般指北斗七星[71]，如《佛说北斗七星延命经》，回鹘语称作yitikän sudur[72]。虽不能完全否定yiti-kän与tngri共同构成固有名词的可能性，但tngri亦有可能与yiti-kän各成一词。考虑到U206出现ilig“国王”、yrl-q̈a-“发布圣旨”等与最高统治者相关的词汇，且回鹘文献中的tngri“天”，往往与国王ilig构成tngri ilig “天王”，此处tngri后补充复原ilig。改宗摩尼教的牟羽可汗，汉文史料记录其名为移地健。关于移地健，葛玛丽认为是idi“主人”后续kän，哈密顿（J. R. Hamilton）对此表示赞同[73]。不过，笔者倾向于yiti-kän即移地健，yiti-kän tngri ilig为移地健天王，即牟羽可汗。

24 arasïnda“在（或从）其中间”。名词ara“中间”后续第三人称位格或从格词缀sïnda，威尔金斯业已读出。

26 *i***lig** il*lik nom* tö̤rü“国王用于国家的法规”。其中，il*lik*的第2个L模糊不清，近似于W，K仅见顶部。

27 ikinti ay “二月”。

31 alp *ä*r kikš*ürü*“勇敢的战士磨（刀？）”。其中的kikš*ü*r-，克劳森指出来自动词kik-“磨（刀）”，解释做“敌视”[74]。

32 ay ïna*nč* *“*月（爱？）爱亦难”。其中的ïna*nč*，克劳森指出是来自动词ïnan-“相信、信任”的名词或形容词“依靠、信赖，相信”[75]，回鹘文献中多按人名出现。之前的ay“月、月亮”或与ïna*nč*构成人名。

综上所述，U 206残片中出现tngrim“君主”，tngri bitig“神圣的书信”，yrlq̈a-“下达圣旨或命令”，nomqa tutmaq“紧抱教法（或教法捕获住）”，ilig“国王”，ötügün“以报告（或请示）”，

---

［70］森安孝夫《回鹘文考释》，《吐鲁番新出摩尼教文献研究》，200—201、206—207页；森安孝夫、吉田豊《ベゼクリク出土ソグド语·ウイグル语マニ教徒手纸文》，168—169、173、175页。

［71］A. von Gabain, *Alttürkische Grammatik*. Leipzig, 1950, p. 60；G. Clauson, *An Etymological Dictionary of Pre-Thirteenth-Century Turkish*, p. 889b.

［72］Yukiyo Kasai, *Die uigurischen Buddhistischen Kolophone*, *Berliner Turfantexte 26*, p. 132, *l*. 9; p. 133, *ll*. 3, 14.

［73］哈密顿《五代回鹘史料》，耿昇、穆根来译，乌鲁木齐：新疆人民出版社，1986年，146页。

［74］G. Clauson, *An Etymological Dictionary of Pre-Thirteenth-Century Turkish*, p. 714a；kik-: 710a.

［75］G. Clauson, *An Etymological Dictionary of Pre-Thirteenth-Century Turkish*, p. 187；ïnan-: 188.

qa**ma**γ *ili*“整个国家”，yiti-kän tng**ri** **ilig**“移地健天王”，il**i**g illi*k* *nom* tö̤rü“国王用于国家的法规”等词句。虽因文书破损严重，无法了解整体文意，但上举这些词汇，仍从侧面反映，该文书应与回鹘改宗摩尼教有关。

三、余　论

以上，笔者在前人研究的基础上，给出了与回鹘改宗摩尼教相关的 U72-U73、U206 文书转写与简单注释。下面，从文字特点与语言特征方面，简单介绍一下笔者关于 U72-U73 与 U206 间关系的感受。

U72-U73：

文字：以长短来区分词末的-q/-γ；以左侧加两点标记词头与词中的 q，用以与 x/γ 进行区分[76]；s 与 š，n 与 r 区分明显。

语言：q̈anyu“哪个”与 a̤nïγ“坏”并存，与其他大多数摩尼教文献相同，属于 n-语言（n-方言）。就词末的-q/-γ 并不是以两点，而是以长短进行区分而言，应属于 n-语言中相对较早的一种，创作年代大体在 10 世纪。

U206：

文字：以长短区分词末的-q/-γ；词头 q 左侧不加两点；词中 q 左侧两点不一；s 与 š，n 与 r 区分明显。

语言：就以长短区分词末的-q/-γ，且出现 qanyu“哪”而言，应属于 n-语言中 ny 要素较多的一种，即相对较早的一种。进言之，词头 q 左侧不加两点，或进一步增强这一可能性。创作年代大体在 10 世纪，可能稍早于 U72-U73。

结论：U72-U73 与 U206 文书，同与牟羽可汗改宗摩尼教相关。就词头 q 是否加两点而言，U72-U73 与 U206 文书，似不应是同人所做，亦不属于同一文书。

（图版附记：Depositum der BERLIN-BRANDENBURGISCHEN AKADEMIE DER WISSENSCHAFTEN in der STAATSBIBLIOTHEK ZU BERLIN - Preussischer Kulturbesitz Orientabteilung）

[76] 唯有第 29 行 qatïγlantï“他修身了”的 q，左侧未加两点。然第 38 行 q̈at(ï)γlan-加有两点。或许，第 29 行的写法，与其说是书写习惯，毋宁视作是书写者一时疏忽。

焉耆七个星出土纳骨器研究*

毕　波

（中国人民大学国学院）

从敦煌发现的写于4世纪初的“粟特文古信札”可知，至晚自此一时期始，在连接粟特本土与河西走廊的塔里木盆地周边绿洲王国，已经有从事陆上丝绸之路贸易的粟特人活动。考古及文献材料表明，粟特人最初主要是走西域南道进出河西走廊，对塔里木盆地北缘的西域北道（隋裴矩《西域图记》作“中道”）的利用相对要晚一些，不过，随着政治形势、交通路线的变迁，西域南道的重要性也逐渐让位于北道，因此北道沿线各绿洲王国也开始有更多的粟特人身影出现[1]。比如，作为北道第一大绿洲的龟兹，就曾经有不少粟特人在此经商、生活，对此荣新江、影山悦子和庆昭蓉等学者利用传世文献、出土文书及图像材料已做过详细分析[2]，大大加深了我们对粟特人在这一地区活动情况的认识。

与龟兹相比，焉耆在西域北道的地位和影响力虽明显不及[3]，但优越的地理位置使得这里

＊ 本文写作过程中覃大海、牛耕、李肖、葛乐耐（Frantz Grenet）、吉田豊、荣新江、影山悦子、黎北岚（Pénélope Riboud）、罗帅等先生，或是提供资料、信息，或是通读文稿，给予笔者甚多帮助，特别是与影山悦子博士关于纳骨器的讨论，使得一些错误得以避免，在此谨对以上诸位表示衷心感谢。当然，文稿中所有错误应由笔者负责。

［1］N. Sims-Williams、毕波《尼雅新出粟特文残片研究》，《新疆文物》2009年第3－4期，53－58页；英文本将于近期刊出："A Sogdian Fragment from Niya", Chen Huaiyu, Rong Xinjiang & Stephen Teiser (eds.), *Festschrift for Prof. ZHANG Guangda on the Occasion of His Eightieth Birthday*, Leiden, forthcoming。M. M. Rhie 教授则从佛教美术的角度讨论了南道在5世纪的衰落（*Early Buddhist Art of China and Central Asia. Vol. I: Later Han, Three Kingdoms and Western Chin in China and Bactria to Shan-shan in Central Asia*, Leiden: Brill, 1999, p. 392）

［2］荣新江《西域粟特移民聚落考》，马大正等编《西域考察与研究》，乌鲁木齐：新疆人民出版社，1994年，157－172页；此据作者《中古中国与外来文明》（修订版），北京：生活·读书·新知三联书店，2014年，17－33页；又《西域粟特移民聚落补考》，《西域研究》2005年第2期，7－10页；此据作者《中古中国与粟特文明》，北京：生活·读书·新知三联书店，2014年，3－21页。E. Kageyama, "Sogdians in Kucha, a Study from Archaeological and Iconographical Material", É. Trombert et É. de la Vaissière, *Les Sogdians en Chine*, Paris, 2005, pp. 363-375；影山悦子撰、毛民译《粟特人在库车：从考古和图像学角度来研究》，荣新江、华澜、张志清编《粟特人在中国——历史、考古、语言的新探索》，北京：中华书局，2005年，191－204页。庆昭蓉《库车出土文书所见粟特佛教徒》，《西域研究》2012年第2期，54－75页；Ching Chao-jung, "The Activities of Sogdian Buddhists in Kucha as Observed in the Tocharian B Secular Documents", M. De Chiara, M. Maggi and G. Martini (eds.), *Buddhism among the Iranian Peoples of Central Asia*, Vienna 2013, pp. 333-383。

［3］唐玄宗开元十五年（727年），新罗求法僧慧超自天竺东归，路经安西四镇之一的焉耆时记到："此是安西四镇名数：一安西，二于阗，三疏勒，四焉耆。"（慧超著、张毅笺释《往五天竺国传笺释》，北京：中华书局，2000年，178页；桑山正进编《慧超往五天竺国传研究》，京都大学人文科学研究所，1992年，26页）《资治通鉴》卷二一五记天宝元年（742）时四镇排位为龟兹、焉耆、于阗、疏勒（北京：中华书局，1956年，6847页）；敦煌写本《天宝十道录》则为龟兹、于阗、焉耆、疏勒，焉耆以户口稍多于疏勒而排在其前（该写本录文及研究，参看吴震《敦煌石室写本唐天宝初年〈郡县公廨本钱簿〉校注并跋》，《文史》第13辑，1982年，97－98页；荣新江《敦煌本〈天宝十道录〉及其价值》，唐晓峰等编《九州》第2辑，北京：商务印书馆，1999年，116－129页）。尽管不同史料中四镇的排列顺序略有不同，但焉耆在四镇中的地位与龟兹无法相提并论，则是显而易见的。

成为控扼西域交通的咽喉之地：向东可通吐鲁番盆地，向北出巴伦台等山口可达天山以北地区，向南出铁门关可至天山以南各地，从铁门关向东沿孔雀河经楼兰古城和白龙堆则可直通敦煌[4]。如此重要的一个四通八达之地，揆以情理应该也是粟特胡人东来经商、迁徙的一个重要地点。然而，由于种种原因，特别是相关材料屈指可数[5]，尽管吉田豊、荣新江、王媛媛等学者从不同方面做过一些讨论[6]，但时至今日我们对于粟特人在焉耆地区的情况仍然了解不多。2013 年秋，笔者一行在前往新疆巴音郭楞蒙古族自治州（以下简称巴州）考察时了解到，焉耆发现的与粟特人相关的文物中有一件尚未公布的纳骨器（ossuary）。在从文物保管方获得相关资料并征得其同意后，笔者不揣浅陋撰写此文，拟向学界介绍这件文物，为进一步深入考察粟特人在焉耆的活动提供基本的材料。

纳骨器是一种用于二次葬时存放骸骨的葬具，尽管犹太教徒也使用纳骨器[7]，但在前伊斯兰时代，从波斯到中亚、新疆这一广大范围内发现的纳骨器，都是信仰琐罗亚斯德教的信徒（Zoroastrianism，中国古籍称“祆”或“火祆”）留下来的。依照该教教义，人死后尸体变得非常不洁，为了避免污染神圣的火、水和大地，需将尸体运至远离人烟之地或如静默塔（dakhma）一样的高处，以便食腐肉的猛禽可以尽快啄食吃掉皮肉。待到只剩下干净的骨头后，再前去收集起来放入特制的容器中保存，这种葬具即为纳骨器[8]。中亚各地发现的纳骨器主要是信仰琐罗亚斯德教的粟特人留下来的，在新疆发现的纳骨器无疑也是中古时期在天山南北非常活跃的粟特人留下来的，他们在东来西域经商、移民的同时，也将故土的这一特殊葬俗带到了异乡。

[4] 参看孟凡人《尉犁城、焉耆都城及焉耆镇城的方位》，《中国边疆史地研究》1991 年第 1 期；此据作者《新疆考古与史地论集》，北京：科学出版社，2000 年，270 页。焉耆与周边地区的交通路线，可参看同书“丝路交通线概说”一节（321－377 页）相关文字及附图。

[5] 季羡林先生在讨论龟兹和焉耆的佛教时曾指出，两地在佛教传播、丝路交通方面，地位并不相等，龟兹材料多而焉耆材料少（《鸠摩罗什时代及其前后龟兹和焉耆两地的佛教信仰》，《孔子研究》第 6 号，2005 年，29－41 页）涉及粟特人的材料亦是如此。

[6] 吉田豊《ソグド语研究文献目录（1979-1984）》，《西南アジア研究》23，1984 年，83 页；Y. Yoshida , “Review of *Histoire des marchands sogdiens* by É. de la Vaissière”, *Journal of the Royal Asiatic Society*, 3rd series, 14 (2), 2004, pp. 173-174；荣新江《西域粟特移民聚落考》，32－33 页；又《西域粟特移民聚落补考》，19－20 页；又《九、十世纪西域北道的粟特人》，新疆吐鲁番学研究院《第三届吐鲁番学暨欧亚游牧民族的起源与迁徙国际学术研讨会论文集》，上海：上海古籍出版社，2010 年，449－458 页；此据作者《中古中国与粟特文明》，126－142 页；王媛媛《从波斯到中国：摩尼教在中亚和中国的传播》，北京：中华书局，2012 年，96－100 页；又《考古资料所见焉耆摩尼教》，《中山大学学报》2014 年第 3 期，62－71 页。

[7] 犹太教徒二次葬中使用的纳骨器，有些形状、装饰与中亚发现的纳骨器非常相似，参看 M. Shenkar, “Yosef bar El’asa Artaka and the Elusive Jewish Diaspora of Pre-Islamic Iran and Central Asia”, *Journal of Jewish Studies*, IXV.1, 2014, pp. 58-76。犹太教徒所用纳骨器的形状、装饰图案，可参看 L.Y. Rahmani, *A Catalogue of Jewish Ossuaries In the collections of the State of Israel* (Jerusalem 1994)一书最后附录部分，包括了将近 900 件实物的图版。

[8] 关于中亚琐罗亚斯德教的葬俗及纳骨器，参看 F. Grenet, *Les pratiques funéraires dans l’Asie centrale sédentaire de la conquête grecque à l’islamisation*, Paris 1984; J. Russell, “Burial iii. in Zoroastrianism”, *Encyclopedia Iranica*, Vol. IV, Fasc. 6, 1989, pp. 561-563. 网络版：http://www.iranicaonline.org/articles/burial-iii。关于纳骨器，参看 A. S. Shahbazi, “Astōdān”, *Encyclopaedia Iranica*, vol. II, pp. 851-853; 网络版：http://www.iranicaonline.org/articles/astodan-ossuary。粟特地区纳骨器的专门研究，参看 L.V. Pavchinskaia, “Sogdian Ossuaries,” *Bulletin of the Asia Institute* 8, 1994 [1996], pp. 209-225; G. A. Pugachenkova, “The Form and Style of Sogdian Ossuaries”, *Bulletin of the Asia Institute* 8, pp. 227-245。

最早提示焉耆有粟特人纳骨器的是影山悦子博士 1997 年所撰关于新疆发现纳骨器的文章，根据的是吉田豊教授提供的得自巴州文物局覃大海先生的信息，文章提到在焉耆发现了四个纳骨器[9]。不过此后关于这批文物一直未见相关信息披露，不想十余年后我们竟然与其“偶遇”。2013 年 10 月 22 日笔者一行从乌鲁木齐前往和田考察，途经库尔勒时参观了巴州博物馆新馆，在二层展厅见到一件焉耆出土陶棺的照片，遂询问负责人员相关信息，得知该文物现收藏于焉耆回族自治县文物保护管理所（以下简称焉耆文管所）。根据覃大海先生最近提供的资料[10]，陶棺是 1983 年 7 月在位于焉耆县城西南约处的七个星（Shikshin/Shikchin，又作锡克沁、锡科沁、锡格沁、锡格星、七格星、西克辛等）镇七个星佛寺遗址北区发现的。焉耆文管所工作人员调查遗址时在北区（即北大寺）的沙砾坡地上发现了一些碎陶片和碎人骨，对这一异常处稍作清理后，发现一残陶棺，棺内有经火烧过的碎人骨，在其附近还有两个陶棺，由于当时未带发掘工具及绘图纸等，遂进行了掩埋。1986 年文管所工作人员再次前往该处时，三个陶棺均已不存，询问看护员后得知，不知何时已被破坏，仅捡回几片较大的陶棺残片，此处图示的即是最大的一片（图 1），为一陶棺的五分之三左右。残存部分为圆角长方形，长 40 厘米，宽 27.5 厘米，残高 22 厘米。残片正面与两端都刻有叶纹纹饰，圆角及正面中央处还有平行的竖条纹。背面为素面，无纹饰。1983 年发现时未见棺盖，疑已被挖沙者破坏并已酥碎。

图 1　焉耆七个星发现的纳骨器

[9] 影山悦子《东トルキスタン出土のオッスアリ（ゾロアスター教徒の纳骨器）について》，《オリエント》，40（1），1997 年，84 页。

[10] 在参观巴州博物馆时，我们得到了馆长牛耕先生、巴州文物局副局长覃大海先生的热情帮助。因参观完后天色已晚，我们行程已定必须赶往轮台，无法再折至焉耆县考察，笔者很遗憾尚未能见到实物。所幸两位先生后来寄来了照片和文字资料，使得本文得以撰写，在此谨向他们表示衷心感谢。

从该文物残留部分的尺寸及其中残存有碎人骨的事实来看，这具所谓的“陶棺”并非传统意义上的棺，而应是祆教徒使用的葬具纳骨器，对此巴州博物馆展厅照片的文字介绍已正确指出。中古时期活跃在天山南北的祆教徒主要是来自中亚的粟特人，因此这件纳骨器应该属于一个粟特人。

根据影山悦子的研究，此前新疆发现的粟特人纳骨器共有五个，分别是吐鲁番吐峪沟（Toyuq）的两个[11]、吉木萨尔（Jimsar）北庭故城的一个[12]，库车麻扎甫坦（Mazabitam）村的两个以及同时发现的两个纳骨器盖[13]，这几件纳骨器的年代大致在 7、8 世纪，是当时在西州、北庭和龟兹生活的粟特祆教徒的葬具[14]。包括焉耆这件在内新疆发现的纳骨器虽然在尺寸、形状和装饰上各不相同，但皆为陶制，这也是粟特本土最为常见的纳骨器制作材质。此外还有个别粟特纳骨器是用石膏或石头制作[15]，至于唐代文献中记载的石国国王用以盛装其父母骨殖的“金瓮”[16]，考古发现中尚未见到实物。

焉耆纳骨器虽已残损不全，所幸主体部分尚存，因此不难推知其最初的形状。从附图也可看出，纳骨器的上部比下部尺寸要小一些，且残存的两边一短一长，相接处为圆角，比照粟特地区发现的纳骨器类型[17]，焉耆的应是一个椭圆形箱式（box-shaped）纳骨器。根据考古人员提供的尺寸信息，纳骨器残高 22 厘米，正面的两个叶饰图案残存了约一半，由此推算完整的器体高度可能在 40 厘米左右，若加上盖子应该更高一些。一般来说，每个粟特纳骨器上都会有用以封闭的盖子：或是一个与主体分离的单独成形的盖子，如吉木萨尔纳骨器的穹顶式盖子；或是本身属纳骨器的一部分，烧制前在其顶部切出一个开口以便放置骨殖，如吐鲁番的两个纳骨器，皆是在顶部开口，一个是在中间位置，一个靠近一端。库车的两个纳骨器发现时虽已破损，但从其口沿部分为锯齿状压槽来看，原本应有盖子，尤其是考虑到库车同时还发现了两个纳骨器盖子的事实。焉耆纳骨器原本也应有盖，可能就像考古人员所推测的，已经损坏并已酥碎不存。

---

[11] 考古简报见柳洪亮《新疆鄯善县吐峪沟发现陶棺葬》，《考古》1986 年第 1 期，87－89 页；分析见影山悦子《東トルキスタン出土のオツスアリ（ゾロアスター教徒の纳骨器）について》，78－80 页。

[12] 该纳骨器长 71 厘米，高 45 厘米，宽 45 厘米，出自吉木萨尔县北庭故城遗址，现藏于新疆博物馆（祁小山、王博《丝绸之路·新疆古代文化》，新疆人民出版社，2008 年，196 页）。据李肖教授告知，相关考古简报尚未发表。

[13] 黄文弼《新疆考古发掘报告（1957－1958）》，北京：文物出版社，1983 年，59－60 页，图版四二、四三。“麻札布旦”，黄文弼报告中写作“麻札甫塘”。库车发现的有精美雕花纹饰的那件纳骨器，图版最先公布于新疆维吾尔自治区博物馆编《新疆出土文物》（北京：文物出版社，1975 年，120 页，图版 169），“目录”部分的说明文字为“雕花陶盆，唐。高 22 厘米，1959 年库车县麻扎布旦故城出土”。林梅村教授文中作伊犁河流域出土（《从考古发现看火祆教在中国的初传》，《西域研究》1996 年第 4 期；此据作者《汉唐西域与中国文明》，北京：文物出版社，1998 年，107 页）。影山悦子在 1997 年文中曾将其视作焉耆出土的纳骨器讨论（80 页），但在后来的文章中已予以更正（《粟特人在库车：从考古和图像学角度来研究》，193 页）。

[14] 参看上引影山悦子《东トルキスタン出土のオツスアリ（ゾロアスター教徒の纳骨器）について》及《粟特人在库车：从考古和图像学角度来研究》二文。

[15] Pavchinskaia, “Sogdian Ossuaries”, pp. 209-211.

[16]《隋书》卷八三《西域传》记石国“正月六日、七月十五日，以王父母烧余之骨，金瓮盛之，置于床上，巡绕而行，散以花香杂果，王率臣下设祭焉”（北京：中华书局，1973 年，1850 页）。

[17] Pavchinskaia, “Sogdian Ossuaries”, p. 213, fig. 3.

由于粟特纳骨器上一般没有铭文，所以很难判断其主人身份及其他个人信息；再者文物本身未具年代信息，焉耆这件纳骨器的准确年代很难获知。尽管我们知道发现地点是七个星佛寺遗址北区的沙砾坡地上，该佛教遗址自20世纪初以来先后有不同的西方探险队和中国考古学家等都做过调查[18]，根据其考察及相关研究，位于北区最北的建筑有的可能是晚唐或更晚时代（9世纪末－10世纪上半）[19]，但由于纳骨器并非科学考古发掘所得，且其与佛寺遗址二者之间是什么关系尚不清楚，因此很难用遗址年代来推知纳骨器时代。在此只能是依据其本身的形状、装饰图案，结合粟特本土及新疆此前发现的纳骨器，来推测其大致年代。

与毗邻的库车地区发现的那件制作精美的雕花纳骨器相比，焉耆的这件做工明显粗糙。和绝大多数粟特纳骨器一样[20]，焉耆这件亦是仅一面有装饰，且是非常简单的植物几何纹样，完全不像粟特本土发现的一些纳骨器那样有复杂的构图。从图上可以看出，这些图案应该是烧制之前阴刻上去的。该纳骨器的长边一面被几道竖线中分为两部分，每一部分分别是一个大的斜“十”字交叉尖叶纹饰，叶片内是“人”字纹（herringbone pattern，或称鱼骨形）的叶脉[21]，相邻两个叶片之间用呈半圆形的弧线相连，看起来像是托着叶片的花瓣。焉耆纳骨器正面的这种装饰图案，从整体布局到细节，都与粟特地区发现的两个纳骨器非常接近：一个发现于乌兹别克斯坦的撒马尔罕（Samarkand，即康国）附近的Sary-tepe（图2），现藏俄罗斯圣彼得堡的艾米塔什国立博物馆（The State Hermitage Museum）[22]，另一个发现于塔什干（Tashkent，即石国）附近的Tojtjube（即玄奘所记“笯赤建国”、《新唐书》所记“小石国城”），现藏撒马尔罕文化历史博物馆（图3）[23]。除图案纹样外，焉耆纳骨器在形状上也与这两个非常接近，这或许暗

[18] 中国的考古人员现在一般用七个星佛教遗址来统称整个遗址区，西方探险队当时则采用了不同的名称，如格伦威德尔（Albert Grünwedel）领导的德国第三次吐鲁番探险队1906－1907年考察时用了硕尔楚克（Šorčuq）的名称，英国的斯坦因（Aurel Stein）1907年考察时称明屋（Ming-oi）。硕尔楚克主要是石窟群，明屋主要是地面上的寺院。奥登堡率领的俄国探险队（Sergei Fedorovich Oldenburg）1909－1910年考察时则是将二者统称作锡克沁（Shikshin）。各家编号的不同和名称的混乱也给直到今天的研究造成了很多人为的困扰。关于焉耆历史、佛教史及西方探险队、中国考古学家的考察报告、文物收藏地及学术研究等信息，因内容较多，此不一一赘述，可参看M. M. Rhie, *Early Buddhist Art of China and Central Asia. Vol. II: The Eastern Chin and Sixteen Kingdoms Period in China and Tumshuk, Kucha and Karashahr in Central Asia - Text*, Leiden: Brill, 2002, pp. 720-856; K.M. Rubin, “Early Tarim Basin Buddhist Sculptures from Yanqi (Karashahr): A New Dating”, *Journal of Inner Asian Art and Archaeology* 4, 2009［2010］, pp. 83-84；盛洁《锡克沁遗址的考察与研究》，俄罗斯国立艾尔米塔什博物馆、西北民族大学、上海古籍出版社编纂《俄罗斯国立艾尔米塔什博物馆藏锡克沁艺术品》，上海：上海古籍出版社，2011年，19－26页。

[19] Rhie, *Early Buddhist Art of China and Central Asia*. Vol. II, pp. 798-799.

[20] Pavchinskaia, “Sogdian Ossuaries”, p. 218.

[21] 有学者认为，撒马尔罕的纳骨器上的这种人字纹装饰表示的是一棵树，有可能是用来模拟房子或存放纳骨器的场所前面生长的树，也有可能这么做是含有一定的象征意义，即树在当时民众的超自然观念中扮演了重要角色，参看Pugachenkova, “The Form and Style of Sogdian Ossuaries”, p. 229。

[22] 曾布川宽、前田耕作《世界美术大全集·东洋编15中央アジア》，东京：小学馆，1999年，221页。P. Chuvin, *Les arts de l'Asie centrale*, (*L'art et les grandes civilisations*), Paris, 1999, Pl. 225。

[23] Grenet, *Les pratiques funéraires dans l'Asie centrale sédentaire de la conquête grecque à l'islamisation*, pp. 177-178。此图取自キュレイターズ编、加藤九祚监修的《伟大なるシルクロードの遗产》（东京，2005年，图121），由影山悦子提供，特此致谢。

图 2　乌兹别克斯坦撒马尔罕 Sary-tepe 出土陶纳骨器

图 3　塔什干 Tojtjube 出土陶纳骨器

示了焉耆纳骨器的粟特主人的来源，可能是在粟特地区的这一带[24]。粟特地区这种形状、装饰图案的纳骨器，学者认为年代是在 7—8 世纪[25]，与其类似的焉耆纳骨器应该也是在同一时期。如果此判断不误的话，那么焉耆这件和此前库车、吐鲁番及吉木萨尔发现的纳骨器基本都是在 7、8 世纪[26]，大致相当于隋代和唐代统治西域这一时期。

《唐书 · 西域传》在叙述西域地区诸绿洲王国的信仰时，提到信仰“祆神”的仅有于阗、疏勒[27]，但库车、焉耆、北庭和吐鲁番发现纳骨器的事实表明，这一时期在从塔里木盆地到吐鲁番盆地、天山以北地区广大范围内，有不少粟特胡人是信仰祆教的。祆教也是此一时期粟特本土的主流信仰[28]，这在考古发现和汉地文献中也反映得很清楚。比如，玄奘贞观初年经行粟特地区的飒秣建（即康国）时，见当地“王及百姓不信佛法，以事火为道”[29]。至开元（726—727）年间慧超经行同一地区时，记录安、康等六国尽管“并属大寔所管”，尽管“唯康国有一寺一僧”，

---

[24] 这一点还应该做进一步深入分析，以尽可能弄清其最终来源。笔者学识有限，尚不能给出答案，但愚见以为这是值得去做的。特别是以往学界在研究东来的粟特人时总是笼统地把他们说成粟特人，有意无意忽视他们所出自的粟特本土不同绿洲之间的地域乃至文化差别。事实上，中国北方发现的粟特石棺床以及新疆发现的纳骨器，所体现出这些粟特个体之间的同与不同，或许正是解开他们地域来源的一把钥匙，因此将来在考察东来粟特胡人时，每一个石棺床、纳骨器都值得深入分析。比如，就纳骨器来说，吉木萨尔发现的那件穹顶式纳骨器，与七河流域（Semirechye）发现的一件就颇多相似之处。笔者在和影山悦子讨论时，她也提到吐鲁番的两件和花剌子模（Choresm）出的一件纳骨器有共同点。

[25] 参看 Pavchinskaia, “Sogdian Ossuaries”, p. 223, fig. 6-b。Tojtjube 那件据发掘报告定为 6—7 世纪（Grenet, *Les pratiques funéraires dans l’Asie centrale sédentaire de la conquête grecque à l’islamisation*, pp. 178, 207）但葛乐耐教授最近告知，该纳骨器的准确年代很难判定，他个人倾向于定在 7 世纪或 8 世纪上半，而《伟大なるシルクロードの遗产》图录则是标作 6 世纪。

[26] 影山悦子《粟特人在库车：从考古和图像学角度来研究》，195 页。

[27]《旧唐书》卷一九八，5305 页；《新唐书》卷二二一上，6233、6235 页。很遗憾目前在于阗、疏勒尚未发现粟特人的纳骨器，但文献所载应该是有所依据，或许日后会有发现可印证此记载。

[28] 许序雅《〈新唐书 · 西域传〉所记中亚宗教状况考辨》，《世界宗教研究》2002 年第 4 期，121—129 页。

[29] 慧立、彦悰《大慈恩寺三藏法师传》，北京：中华书局，1983 年，30 页。

但“总事火祆，不识佛法”[30]。到8世纪中期唐朝与大食的怛逻斯之战（751）后不久，康国仍然是“有神祠名祆”[31]。对比吐鲁番盆地早在北朝末年已有粟特胡人在当地社会环境下逐渐汉化（如采用汉式斜坡墓道洞室墓土葬、名字已不采用胡名等）的事实[32]，吐鲁番、焉耆等地粟特胡人依祆教葬俗使用纳骨器的做法，表明他们东来的时间应该还不长，有可能是第一、二代移民。在东来迁徙移民的过程中，他们在本土的信仰及习俗也随之东来传入西域绿洲，成为个人精神寄托、离散粟特聚落凝聚的重要力量[33]。

在结束焉耆纳骨器的讨论之前，还有一个不能回避的细节，即考古人员提到的纳骨器中的碎人骨存在火烧过的痕迹。这一描述很容易让人想起西安北郊北周粟特人同州萨保安伽墓甬道和墓室曾遭强烈火焚的事实，对此有不少学者做过探讨[34]，姑且不论其解释是否合理，但若以进入中原的粟特胡人墓葬来“逆向”解释西域焉耆纳骨器中的人骨火烧的现象，似乎还是有些冒险，更何况安伽墓的火主要是在甬道内燃烧的，围屏石榻表面未见明显烟熏痕迹[35]。

假如碎人骨确实是放入纳骨器前被有意放火烧的，这种做法是否有可能来自粟特本土？答案看来也是否定的。尽管前引《隋书·石国传》记载石国有“以王父母烧余之骨，金瓮盛之”的做法，但在粟特地区发现的纳骨器中未见到火烧的痕迹，因为按照琐罗亚斯德教教义用火焚烧尸骨是不被允许的[36]。至于是否有可能有受史籍所载焉耆当地“死亡者皆焚而后葬”的影响[37]，抑或是与粟特、焉耆皆关系密切的突厥丧葬习俗用火有关[38]，由于相关材料很少，笔者更不敢贸然做出推断。

当然，还有一种可能就是人骨遭致火烧并不是在放入纳骨器之前，而是在此之后某个时间，尤其是考虑到七个星佛寺遗址曾经遭大火焚烧过这一重要事实。且不说西方探险队和中国考古学者关于该遗址的报告中记录的，以及从遗址拿去的很多文物上都有火烧的痕迹，众所周知的

---

[30] 张毅《往五天竺国传笺释》，118页；桑山正进编《慧超往五天竺国传研究》，24、168—169页。

[31] 杜环著、张一纯笺注《经行记》，北京：中华书局，2000年，8页。

[32] 荣新江《西域粟特移民聚落补考》，20—21页；又《新获吐鲁番文书所见的粟特人》，《吐鲁番学研究》2007年第1期，28—35页；此据作者《中古中国与粟特文明》，114—125页。李肖《交河沟西康家墓地与交河粟特移民的汉化》，《敦煌吐鲁番研究》第10卷，2007年，85—93页。

[33] 隋末唐初康艳典、石万年等粟特胡人率众东来，在被视作“西域之门户”、控扼当时东西交通三道的鄯善、伊吾和高昌（《隋书》卷六七《裴矩传》，1579—1580页），建立起大大小小的粟特胡人移民聚落，聚落中立有祆祠的做法，对理解焉耆、龟兹等地胡人的类似情况提供了很好例证。

[34] 陕西省考古研究所编著《西安北周安伽墓》，北京：文物出版社，2003年，12—13页。相关研究如林悟殊《西安北周安伽墓葬式的再思考》，《考古与文物》2005年第5期，60—71页；沈睿文《夷俗并从——安伽墓和北朝烧物葬》，《中国历史文物》2006年第4期，4—17页。

[35]《西安北周安伽墓》，12—13页。

[36] 参看M. Boyce, *Zoroastrians: Their Religious Beliefs and Practices*, London & New York: Routledge, 2001, pp. 14-15; J. Russell, “Burial iii. in Zoroastrianism”.

[37]《魏书》卷一〇二《西域传·焉耆传》，2265页；《周书》卷五〇《异域传·焉耆传》，916页；《隋书》卷八三《西域传·焉耆传》文字略不同（1851页）。《旧唐书》卷一九八《焉耆传》，5300页。

[38]《隋书》卷八四《突厥传》记突厥葬俗如下：“有死者，停尸帐中，家人亲属多杀牛马而祭之，绕帐号呼，以刀划面，血泪交下，七度而止。于是择日置尸马上而焚之，取灰而葬。表木为茔，立屋其中，图画死者形仪及其生时所经战阵之状。尝杀一人，则立一石，有至千百者。”（1864页）

1974 年在七个星佛寺遗址北大寺前灰坑内发现的吐火罗语 A（焉耆语）《弥勒会见记》剧本，44 页中有 37 页是被火烧掉了约三分之一[39]。至于起火时间和原因，斯坦因推测可能是改宗伊斯兰教的葛逻禄在 10 世纪中所为[40]，奥登堡等俄国学者则认为大火与葛逻禄人无关，因为焉耆的佛教寺院很可能直到该地成为高昌回鹘领地时（即从 9 世纪到 12 世纪）仍一直存在[41]。尽管对此问题尚无定论，但并不能排除纳骨器中的人骨被火焚烧与遗址大火有关的可能性。总之，目前情况下匆匆下结论有些太过草率，此问题还是留待日后再做分析较好。

[39] 李遇春、韩翔《新疆焉耆县发现吐火罗文 A（焉耆语）本〈弥勒会见记剧本〉残卷》，《文物》1983 年第 1 期，39—40 页。写本研究见季羡林《吐火罗文〈弥勒会见记〉译释》，《季羡林文集》第 11 卷，南昌：江西教育出版社，1996 年。

[40] A. Stein, *Serindia*: *Detailed Report of Explorations in Central Asia and Westernmost China*, Vol. III, Oxford 1921, p. 1187.

[41]《俄罗斯国立艾尔米塔什博物馆藏锡克沁艺术品》，58 页。

辽金“赞叹宁”

陈彦姝

（清华大学美术学院艺术史论系）

撒答剌欺（Zandaniji）是中亚传统织锦，本为昭武九姓中安国的 Zandana 村所织的锦，因质量好，所以粟特地区生产的这类锦遂均以 Zandaniji 为名。目前，大多数学者同意 6—10 世纪是它的兴盛期。

对粟特锦的研究始于 20 世纪 50 年代末。美国学者谢菲尔德和亨宁合著 *Zandaniji Identified*（《撒答剌欺考》）一文，极具里程碑意义[1]。亨宁等在比利时于伊（Huy）圣母大教堂收藏的一块联珠对羊纹古锦背面发现了一行 7 世纪粟特文题记，释读为“长六十一拃，Zandaniji”。此锦即是闻名已久，却不知其详的粟特织锦。以此为标尺，两人将 7—9 世纪的欧洲教堂旧藏和斯坦因在敦煌的劫掠品中选出 11 件组成“Zandaniji”I 组。此后，捷露萨莉姆斯卡亚又进一步将谢菲尔德归为“Zandaniji”的织物，从 11 件扩大到 80 余件。在其长文《论粟特艺术丝织风格的形成》中，这位俄罗斯女学者由织造工艺、图案风格、纹样来源、历史演变等多种层面进行了综合性研究，勾勒出粟特织锦的大致面貌[2]。借助巴拉雷克—节别（Balalyk-tepe）、阿夫拉西阿卜（Afrasiab）、瓦拉赫沙（Varakhsha）、片治肯特（Penjikent）等地的壁画和其他中亚考古资料，西方学者对粟特织锦的认识在不断深入，辨认出的撒答剌欺数量也不断增加[3]。

在新疆吐鲁番阿斯塔那、青海都兰热水吐蕃墓地，一些北朝末至唐的织锦洋风扑面，学者认为这批装饰联珠纹的斜纹纬锦均与中亚有着密切关系[4]，进而将其分为两类，一类源自粟特，另一类是在塔里木盆地的绿洲城市织造。这批织物主要集中在 6 世纪后期至 8 世纪前期，在武则天和玄宗禁锦之后，这种异域风格明显的织锦迅速退出中国装饰艺术的舞台[5]。

---

［1］D. G. Shepherd & W. B. Henning, “Zandaniji Identified?”, *Aus der Welt der Islamische Kunst: Festschrift für E. Kühnel*, Berlin, 1959, pp. 105-122.

［2］相关中文介绍参见尚刚《隋唐五代工艺美术史》，北京：人民美术出版社，2005 年，46—47 页。

［3］相关研究参见 D. G. Shepherd, “Zandaniji Revisited”, M. Flury-Lemberg und K. Stolleis, *Documenta Textilia. Festschrift für Sigrid Müller-Christensen*, München, 1981, pp. 105-122; A. E. Wardwell, “Recently Discovered Textiles Woven in the Western Part of Central Asia before A.D. 1200”, *Textile History*, 20, 2, 1989, pp. 175-184; A. E. Wardwell & J. C. Y. Watt, *When Silk was Gold: Central Asian and Chinese Textiles*, New York: The Metropolitan Museum of Art, 1997, pp. 21-29; A. Muthesius, *Byzantine Silk Weaving A.D. 400 to A.D. 1200*, Wien, 1997, pp. 94-98.

［4］相关研究参见薄小莹《吐鲁番地区发现的联珠纹织物》，《纪念北京大学考古专业三十周年论文集》，北京：文物出版社，1990 年；许新国、赵丰《都兰出土丝织品初探》，《中国历史博物馆馆刊》15/16 期，1991 年，63—81 页；姜伯勤《敦煌吐鲁番文书与丝绸之路》，北京：文物出版社，1994 年，219—221 页；尚刚《隋唐五代工艺美术史》，45—49 页。

［5］尚刚《隋唐五代工艺美术史》，83—84 页。

与之同时，尚刚师另指出 Zandaniji 当为《元史 · 百官志》所记之“撒答剌欺”。元时在工部系统下专设撒答剌欺提举司，最初的长官是著名的回回科技家札马剌丁。提举司设在大都（今北京）。此外，在蒙古国时期，还有个由布哈拉工匠组成的局院，它起先设在首都和林，后迁西京（今山西大同），织造是这个局院的主要工役。布哈拉一带为撒答剌欺的原产地，故这个局院大约也织撒答剌欺。内蒙古达茂旗明水墓葬的异文锦、团窠对人面狮身纹锦，以及集宁路故城窖藏的团窠对格力芬纹锦被面，被认为与撒答剌欺有密切的联系。而撒答剌欺在元代的重新繁荣，离不开蒙古对中亚的占领[6]。

然而，对唐元之间撒答剌欺在中国的情形，既有研究从未涉及，本文望能对此略有补充。

一

首先，引起注意的是一则文献材料。靖康元年（1126）九月，宋使李若水前往山西榆次，同金国大将粘罕（完颜宗翰）议和。辞别之日，完颜宗翰送李若水等礼物，礼单保留在《三朝北盟会编》（袁祖安活字本）中[7]：

> 十五日戊寅。李若水见粘罕于榆次县，大金山西军前。
>
> 和议录曰：……若水等见事势不可，即曰：容若水等来日谢辞了国相即行。国相曰：不必讲此礼，使副即今可便行。若水等称诺，乃与国相叙别归幕。次早国相令译语官二人前来云：国相传语，使副承远来，无以为谢，白马一匹，并银鞍衔一副，将花罗三百匹，赞叹宁三十匹，香药一合，上正使侍郎。乌马一匹，并银鞍衔一副，将花罗三百匹，赞叹宁二十匹，香药一合，上副使观察。更有酒一百瓶，钱二百贯，犒设一行官吏。若水等辞不敢受，伴使来相见曰：此是奉使合得之物，不可坏却常例。若水等不得已收之。

另一版本（许涵度刻本）的《三朝北盟会编》文字略有出入[8]：

> 靖康大金山西军前和议日录曰：……若水等见事势不可，即曰：容若水等来日谢辞了国相即行。国相曰：不必讲此礼，使副即今可便行。若水等称诺乃归，与国相叙别归幕。次国相令译语官二人前来云：国相传语，使副承远来，无以为谢，白马一匹，并银鞍衔一副，将（删此字）花罗三百匹，香药一合，上正使侍郎；乌马一匹，并银

[6] 尚刚《元代工艺美术史》，沈阳：辽宁教育出版社，1999 年，94－97 页。

[7]（宋）徐梦莘《三朝北盟会编》，靖康中帙三十（起靖康元年九月十五日戊寅，尽十九日壬午），台北：大化书局，1979 年，甲 545－546 页。邓广铭、刘浦江认为此版底本是光绪五年（1879）袁祖安活字本，见邓广铭、刘浦江《〈三朝北盟会编〉研究》，《文献》1998 年第 1 期，111 页。

[8]（宋）徐梦莘《三朝北盟会编》卷五五，靖康中帙三十（起靖康元年九月十五日戊寅，尽十九日壬午），上海：上海古籍出版社，1987 年，411 页。此版为影印光绪三十四年（1908）许涵度刻本。

鞍衔一副，将（删此字）花罗三百匹，赞叹宁二十匹（删赞叹至此六字），香药一合，上副使观察。更有酒一百瓶，钱二百贯，犒设一行官吏。若水等辞不敢受，伴使来相见曰：此是奉使合得之物，不可坏却常例。若水等不得已收之。

虽然整体而言，袁祖安活字本校勘不精、质量不及许涵度刻本，但具体到这条史料，活字本的内容更完整。从中可知，正、副使礼物的差别在于白马、乌马，以及织物“赞叹宁”的多少。也就表明与花罗、香药相比，“赞叹宁”是一种更贵重、更少见的织物。而这个词，很可能就是“撒答剌欺”（Zandaniji）的异译。

不唯文献，考古发现也提示着 12 世纪撒答剌欺在中国的存在。黑龙江阿城金大定二年（1162）齐国王夫妇墓中，发现一件紫地金襕锦袍。锦袍的两袖通肩、前后襟下摆均有织金异文（图 1、图 2）。锦地为平纹，经纬微加“Z”捻，织金袍襕纹样为 4 枚左向纬线斜纹显花[9]。这种纹样异于中国传统，尤其是由阿拉伯字母组成的“异文”装饰带明白显示了同西方的关系。

文献和实物所透露的，是金代丝织与西域存在某些联系。可是，完颜宗翰赠“赞叹宁”时女真初兴，恐怕尚无能力组织此类高档织物的生产，赠礼当来自灭辽过程中的抢掠。辽天庆九

图 1　紫地金襕异文锦袍，金，黑龙江阿城金齐国王夫妇墓出土，黑龙江省文物考古研究所藏

[9] 赵评春、赵鲜姬《金代丝织艺术》，北京：科学出版社，2001 年，18—19 页。

图 2　紫地金襕异文锦袍（局部）

年（1119），金人攻陷上京路，将木叶山之辽世祖享殿、诸陵并皇妃子弟影堂焚烧略尽，并发掘金银珠玉器物。保大二年（1122），再下中京，辽二百年所积珠玉、金银、匹帛、皮毛之类“尽为金人所掠”[10]。完颜宗翰一直忙于征战，攻克辽中京后，又追袭西走云中的天祚帝，再参与攻取辽西京、南京等战役。他手中的丝绸很可能就是在征战中获得的。

辽全盛之日，疆域西至阿尔泰山地区，并且一直同西方保持着密切的联系，辽墓出土的伊斯兰玻璃器即为一证[11]。高昌、龟兹、于阗等回鹘政权也频频向辽进贡，送来珠玉、琥珀、玛瑙器，以及斜合黑皮、褐黑丝、门德丝等细毛织物[12]。契丹多次向高昌等地遣使，在西北方面置市场，对各部进行交易[13]。那时，中亚地区的丝织品随着商人东来并非没有可能。辽上京曾专设“回鹘营”安置回鹘商人。辽圣宗时，中京近畿有回鹘城，且一直沿用到辽末[14]。另外，祖州绫锦院有“蕃、汉、渤海三百人”，其中的蕃匠也应该来自西方[15]。

西迁回鹘中最大的一支建牙于八剌沙衮（今吉尔吉斯之托克马克以东）。这个政权，我国史学家则称为黑汗或黑韩王朝，现今常称之为喀喇汗王朝（Qara Khanids）[16]。10 世纪中期以后，

---

[10]《三朝北盟会编》卷二一：“（宣和七年二月）粘罕（改作尼堪）在云中获天祚，以兵护归国封海滨王，辽国亡。亡（删此字）辽录曰：……天庆九年夏，金人攻陷上京路，祖州则太祖阿保机（改作安巴坚）之天膳堂，怀州则太宗德光之崇元殿，庆州则望圣、神仙、坤仪三殿，乾州则凝神、宜福殿，显州则安元、安圣殿，木叶山之世祖享殿、诸陵并皇妃子弟影堂，焚烧略尽，发掘金银珠玉器物。保大元年，余睹（改作伊都）叛归金国，保大二年，金人陷中京，天祚幸燕，闻余睹（改作伊都）为金人前锋引导，娄宿孛堇（改作罗索贝勒）骑兵掩至，惊骇，率卫兵五千骑西走云中府，应行宫内三局珍宝库祖宗二百年所有珠玉金银匹帛皮毛之类，莫知其数尽为金人所掠。”（上海古籍本，151 页）

[11] 马文宽《辽墓辽塔出土的伊斯兰玻璃——兼谈辽与伊斯兰世界的关系》，《考古》1994 年第 8 期，736－743 页。

[12]（宋）叶隆礼《契丹国志》卷二一《诸小国贡进物件》载：“高昌国、龟兹国、于阗国、大食国、小食国、甘州、沙州、凉州。已上诸国三年一次遣使，约四百余人，至契丹贡献。玉、珠、犀、乳香、琥珀、玛瑙器、宾铁兵器、斜合黑皮、褐黑丝、门德丝、怕里呵、硇砂、褐里丝。已上皆细毛织成，以二丈为匹。契丹回赐，至少亦不下四十万贯。”（上海：上海古籍出版社，1985 年，205 页）

[13] 陈述《契丹社会经济史稿》，北京：生活·读书·新知三联书店，1963 年，121 页。

[14]（元）脱脱等《金史》卷七六《完颜杲传》：“（天辅）六年正月，克高、恩、回纥三城，进至中京。”（北京：中华书局，1975 年，1737－1738 页）

[15]（元）脱脱等《辽史》卷三七《地理志》“上京临潢府”条：“（祖州城）西北隅有内城。……内南门曰兴圣，凡三门，上有楼阁，东西有角楼。东为州廨及诸官廨舍，绫锦院，班院祗候蕃、汉、渤海三百人，供给内府取索。”（北京：中华书局，1974 年，442 页）

[16] 魏良弢《西辽史纲》，北京：人民出版社，1991 年，48 页。

喀喇汗王朝治下突厥二十万帐崇奉伊斯兰教，并用阿拉伯字母书写回鹘文字。999 年灭萨曼王朝，从此奄有阿姆河以北中亚地区。1041 年，汗国分裂为东西两部，东部汗国以八剌沙衮为政治、军事都城，以疏勒为宗教、文化中心。西部汗国领有河中地区及费尔干纳西部，以布哈拉为都城[17]，其创立者即著名的桃花石可汗。1134 年、1141 年，东、西黑汗国先后臣服于西辽耶律大石。喀喇汗王朝虽是操突厥语的民族建立的第一个穆斯林王朝，但力图保存东方王朝的特色，特别是强调与中原的传统联系[18]。

喀喇汗王朝与辽聘问频繁，并结为姻亲，一直保持着友好，贸易往来不断[19]。其治下的蒲华（布哈拉，Bukhara）、萨末鞬（撒马尔干，Samarkand）正是唐代昭武九姓胡之安国、康国故地，也就是撒答剌欺的原产地和主产区。按前述国际学界的看法，10 世纪后撒答剌欺的生产虽近尾声，但丝织业也并非瞬间完全衰落。北宋熙宁以来，于阗使者频繁来朝，礼物中常见西锦[20]。于阗黑汗王也数次贡胡锦[21]。可知汗国境内仍有丝织生产。那么，此时撒答剌欺能传入契丹境内就不难理解，甚至辽拥有的“蕃匠”也会织造这类产品。

灭辽以前，女真人手工业基础薄弱，所以在战争中大肆劫掠工匠。这从靖康之难时，金人掳掠大量北宋工匠可见一斑。平辽中，相信也是采取同样政策，以前为辽驱使的“蕃匠”或许归入金朝生产机构。金与西域的关系虽比不上辽，但那时还是有中亚人移居到其境内，并且人数不少，如大定十五年（1176），康里部三万余户内附[22]。在此情况下，金墓中能出现与西域相关的丝织物就不难解释了。

二

辽代织物迄今已发现不少，虽难指认哪些确属于撒答剌欺，但与西域的联系还是有迹可循，这就是联珠纹的继续使用。联珠纹即以连续的圆珠组成的纹样，它或连成条带，或组成菱格，或围绕圆形主题图案的边缘，后一种是织物中联珠纹的典型样式，即所谓联珠圈纹。内填单独或对称纹样的联珠圈纹曾是撒答剌欺的典型特征，这种样式来源于萨珊波斯琐罗亚斯德教的教义。在向东、西方传播的过程中，内填纹样的题材和组织形式发生了改变，体现的是不同地域、不同民族基于自身文化语境的解读和重构[23]。8 世纪以后，联珠纹淡出中原地区的装饰主流，

[17] 魏良弢《西辽史纲》（54 页）称其建都于萨末鞬（今中亚之撒马尔干）。

[18] 张广达《黑汗王朝》，《中国大百科全书·中国历史卷》（光盘版），北京：中国大百科全书出版社，2002 年。

[19] 魏良弢《喀喇汗王朝史稿》，乌鲁木齐：新疆人民出版社，1986 年，38—41、148—152 页。

[20]《宋史》卷四九〇《外国六·于阗》：“熙宁以来，远不逾一二岁，近则岁再至。所贡珠玉、珊瑚、翡翠、象牙、乳香、木香、琥珀、花蕊布、硇砂、龙盐、西锦、玉秋辔马、腽肭脐、金星石、水银、安息鸡舌香，有所持无表章，每赐以晕锦旋襕衣、金带、器币，宰相则盘球云锦夹襕。”（14108 页）又及，黑汗朝分裂后，其东汗国灭于阗，并于大中祥符二年（1009），自于阗遣回鹘罗斯温聘问宋朝。此后宋朝文献中的于阗即东黑汗。

[21] 参见《宋会要辑稿·番夷七》，于阗国黑汗王曾于天圣三年十二月四日、熙宁三年十二月二十六日、熙宁十年四月八日三次贡胡锦（7840—7850 页）。

[22]《金史》卷一二一《粘割韩奴传》“是岁（大定十五年），粘拔恩君长撒里雅寅特斯率康里部长孛古及户三万余求内附，乞纳前大石所降牌印，受朝廷牌印。诏西南招讨司遣人慰问，且观其意”（2637 页）。

[23] 陈彦姝《六世纪中后期的联珠纹织物》，《故宫博物院院刊》2007 年第 1 期，78—95 页。

再也难觅的踪迹，只在青海等西北地区少有收获。但是在辽代丝绸上，联珠圈纹又数次出现。

时代较早的收获得自辽中期的哲里木盟小努日木墓葬，出土联珠圈纹丝绸共 3 件，第一件是联珠团花绫（图 3），联珠圈内填以单朵俯视的莲花，莲花中心为球路纹。第二件是联珠四鸟纹锦（图 4），其联珠圈边缘相切，圈内填“十”字对称的四只禽鸟，居中的团花同样是球路纹为中心的复瓣莲花，四鸟之间有抽象的植物纹隔开。联珠圈间填以同圈内相似的团花。第三件为刺绣残片，现存的局部有以白色细小联珠形成的弧线边框，中间绣以树木花草，并点缀蜻蜓蜂蝶。

图 3　联珠团花绫（花纹模写），辽，内蒙古哲里木盟小努日木辽墓出土

图 4　联珠四鸟纹锦，辽，内蒙古哲里木盟小努日木辽墓出土，中国丝绸博物馆藏

图5　红罗地联珠鹰猎纹绣，辽，内蒙古巴林右旗庆州白塔出土，内蒙古巴林右旗博物馆藏

与小努日木辽墓时间相当或略晚，在建于重熙十八年（1049）的庆州白塔天宫中，也收获联珠纹刺绣若干。其中，“红罗地联珠鹰猎纹绣”夹层经袱（图5）的主题图案即为联珠圈，圈窠内人物侧骑正视，戴帽穿袍，着棕色靴，双手高擎，立鹰两只。马亦披挂，马尾扎成花状。其余空隙处散布杂宝，如犀角、双钱、竹磬、法轮、珊瑚等，还有白色小圆点若干。辽人建国之后仍保持渔猎骑射的传统，皇帝四季游猎，其行在称为“捺钵”。春暖之时聚于江畔，纵鹘捕鹅；秋高之季围猎于林，射鹿伏虎。反映这种四时捺钵生活的“春水秋山”题材是辽金艺术的重要母题。因此，这件刺绣往往被认为是辽人春捺钵的真实写照。

必须看到的是，驯鹰捕猎不仅流行于中国，在中亚和西亚地区亦有悠久传统。几乎在同时或稍晚的伊斯兰艺术中，类似的图像也多次出现，甚至极其接近。土耳其伊斯坦布尔的托普卡普宫殿博物馆藏有一件约13世纪塞尔柱王朝时期制作于安纳托利亚的铜镜（图6），镜中心同样是骑马架鹰的人物向左行进。特别值得注意的细节是，骑手向上飞扬的帽缯、挽花的马尾和庆州白塔的联珠纹刺绣一模一样。另外，骑手左臂架鹰，右手执缰，右手上方的空地填有一只飞翔的雁鹄，这也使得图像乍看上去和庆州白塔刺绣几乎相同。然细思之，一手架鹰，一手执缰才符合狩猎的实际。同时，天上飞鹰逐雁、地下走马奔犬也就构成了驯鹰捕猎的完整写实叙事。庆州白塔刺绣的双臂架鹰，若不是艺术的夸张，则是源于对粉本的误读，至少我们在其他辽代架鹰图像中尚未再见双臂架鹰的例子。在10—13世纪的中、西亚，类似的图像还能找出好几例，如美国大都会博物馆收藏的制作于伊朗或中亚11—12世纪铜镜（图7），瑞士阿贝格基金会收藏的出土于埃及的11世纪法玛蒂王朝陶盘（图8），伊朗国家博物馆收藏的13世纪初陶盘（图9）。此类图像在构成上的极为接近，应该是源自相同的粉本系统，可知当年流布之广。这提示着庆州白塔联珠纹绣的图像，或许也同域外有着联系。

图 6　带柄铜镜，13 世纪，土耳其托普卡普宫殿博物馆

图 7　铜镜，11－12 世纪，美国大都会博物馆藏

图 8　狩猎纹盘，11 世纪，瑞士阿贝格基金会藏

图 9　彩绘骑马人物纹钵，13 世纪初，伊朗国家博物馆藏

诚然，联珠纹在辽代的再现还需考虑北方草原的装饰传统与中土不同。那里的装饰会因其上层珍视受赐物而保留较早时代的汉地传统，这在辽早期的金银器上十分明显。但更值得重视的，还是在展示同西方世界的联系。因为迄今的辽代丝绸考古发现集中在辽前期，虽数量大、精品多，却不见联珠纹，时间较为确定的联珠纹织物都出在辽中期以后的墓葬。辽与喀喇汗王朝虽早有往来，但双方结为舅亲关系却是在太平元年（1021）。表明在辽中期之后，双方的联系才更为频繁和密切。

辽代虽仍可见联珠纹的踪迹，但与前代相比，构成上又出现若干变化，体现出新的时代特征。联珠圈纹在北朝－唐时期的布局，多呈二方或四方连续，相邻的大珠圈用小珠圈或几何图案为纽连接，四个珠圈之间的空隙填以“十”字花形辅饰，内填单独或对称纹样。但是从辽墓的收获看，联珠圈大都独立，不见相互勾连；除了保留典型的联珠圈纹，联珠还可以散排以勾勒图案的边缘，或是构成四边形框架；内填的纹样较多是“十”字对称，单独、对称纹样较少，出现团龙等典型的中国题材。

例如，庆州白塔的联珠云龙纹绣方帕（图10），主题图案是中式的龙与祥云，中心为四个内填团龙的联珠圈，左、上方的两个龙首右向，右、下方的两个龙首左向。龙身蟠曲，戏一火焰宝珠。图案外左、右、下三边白色小联珠作边，呈马鞍形。类似的边框也见于另外两件花卉题材的方帕（图11）。宁夏贺兰县拜寺口双塔始建于西夏，塔中出土的方胜婴戏印花绢（图12）

图10　联珠云龙纹绣方帕，辽，内蒙古巴林右旗庆州白塔出土，内蒙古巴林右旗博物馆藏

图11　红罗地联珠梅竹蜂蝶绣，辽，内蒙古巴林右旗庆州白塔出土，内蒙古巴林右旗博物馆藏

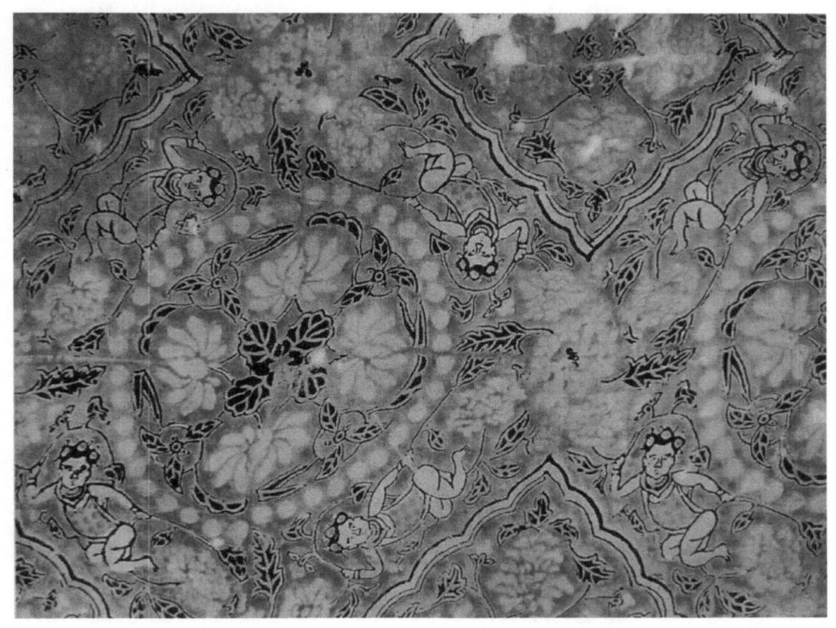

图12　方胜婴戏印花绢，西夏，宁夏银川市拜寺口双塔出土，宁夏博物馆藏

上的联珠圈内即填以“十”字对称的莲花。这种对称方式在辽代丝绸上常见，应是当时流行的“簇四”骨架。中国丝绸博物馆收藏的辽菱格花卉奔兽纹锦（图 13），联珠改作方形框架，内填簇四宝相花。瑞士阿贝格基金会收藏的辽代高翅帽（图 14），也是在竖翅的边缘用联珠装饰。

宋辽夏金时代，民族关系复杂，蔡文姬和王昭君的故事一再成为画题。这些绘画中的“匈奴”形象往往借鉴辽金风俗，画面上也几次出现联珠纹，如传世陈居中《文姬归汉图》（图 15）的地毯上，有双线白联珠边框；李唐《胡笳十八拍》中高辕驼车的车帘和右边帐篷内的屏风也有黑地白联珠边饰，这应反映的是北方民族对联珠纹的喜爱。

图像的固定构成源于对特定寓意的表达，而寓意来自文本、经典，更深层的是某一特定的文明。当文明背景的影响减弱之后，图像就仅仅作为一种美的元素而存在。少了意义的牵绊，形式可以随意改变和发挥。随着伊斯兰文明的兴起，原来流行于中亚的琐罗亚斯德教日渐势弱，根源于其教义的联珠圈也就失去了原来的寓意。不论是在原产地，还是输出到其他地区之后，联珠圈都不再强调往昔的固定结构，而是有了新的改变。特别是在其他地方，这种改变往往联系着当地的艺术形式和内容。

图 13　菱格花卉奔兽纹锦，辽，中国丝绸博物馆藏

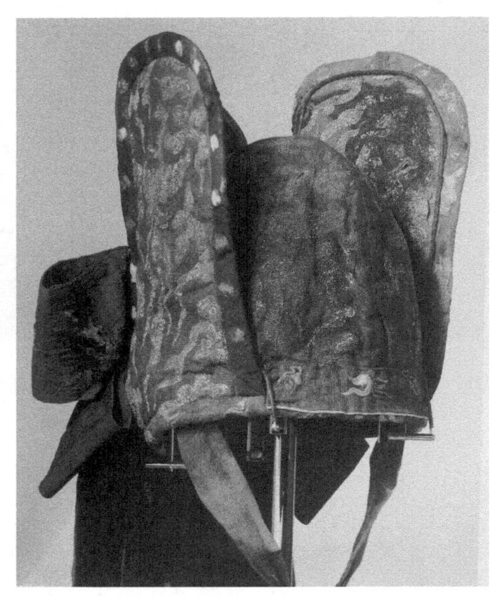

图 14　高翅帽，辽，瑞士阿贝格基金会藏

图 15　（传）陈居中《文姬归汉图》（局部），南宋，台北“故宫博物院”藏

所以，辽代联珠纹的若干变化，是契丹人根据自己的审美需求和当时其他的流行元素相组合的产物。类似的例子在12—13世纪克什米尔地区Alchi村的佛寺也能找到。在这里，联珠纹和当地的印度文明结合在一起，珠圈中出现了印度式的舞女形象（图16）。当然，这些新改变首先还是依赖于“原版”的输入，即中亚织物或其他艺术品的输入。Alchi村所在的拉达克地区，地处青藏高原西部边缘，曾是古丝路的重镇。佛寺天花板上的彩绘原是对纺织品的模仿[24]，说明带有联珠圈纹的织物在12—13世纪曾经出现在此地。这也从侧面表明当时仍有联珠纹图案的纺织品东传，那么，它们再进入辽金境内就理所当然了。

图16 联珠舞女纹，12—13世纪，印控查谟—克什米尔邦拉达克Alchi村佛寺木板彩绘

三

材料贫乏，使辽金时期的撒答剌欺不能确指，但要提请注意的还有新疆阿拉尔的收获。

20世纪50年代，新疆若羌阿拉尔地区曾收获织绣数件。1961年，魏松卿先生撰文介绍这批织物，将墓葬年代定为北宋至南宋绍兴年间。其中联珠双鸟锦袍、灵鹫对羊锦夹袍和一片联珠双羊回文锦的图案明显不同于中国风格[25]。

联珠双鸟锦袍（图17），《中国美术全集》收录时，定名为“灵鹫球纹锦袍”。主题花纹是由双层小联珠组成大团窠，两层小珠圈之间填充龟背纹，以及四个内含鸟纹的小圆珠。团窠内以生命树为中轴，两侧是相背昂首扬翅的禽鸟。大团窠按四方连续形式排列，四边相连接处有小联珠圈，其中水平方向珠圈内填柿蒂纹，垂直方向珠圈内填“十”字对称的四只小鸟。大团窠间形成的空白由一个小联珠圈补足，其内填纹样与水平方向连接珠圈基本一致，只是作45°旋转。

[24] Roger Goepper, “Dressing the Temple: Textile Representation in the Frescoes at Alchi”, Jill Tilden, *Asian Art: The Second HALI Annual*, London: Hali Publications, pp.100-117.

[25] 魏松卿《考阿拉尔木乃伊墓出土的织绣品》，《故宫博物院院刊》1960年第2期，153—156页。

联珠双羊回文锦（图 18）构图与前者基本相同。双层小珠圈之间填阿拉伯字母，团窠内为相对的翼羊，其脚下是变形的生命树。用于连接团窠的小联珠圈，在水平方向上的填充四叶花饰，垂直方向的内填“十”字对称的四只雁鹅。

图 17　联珠双鸟锦袍，11—12 世纪，新疆阿拉尔出土，故宫博物院藏

图 18　联珠双羊回文锦（花纹模写），11—12 世纪，新疆阿拉尔出土，新疆维吾尔自治区博物馆藏

粟特商旅沟通东西，艺术也是受各方影响。捷露萨莉姆斯卡亚把粟特丝绸的演进分成三个阶段，其晚期（7、8 世纪之交至 9 世纪），继续向具有本地特征的方向转化，但拜占庭的影响已经大大加强，而这种影响是通过早期输入粟特的织物实现的。作者本人的学术背景是拜占庭艺术，关于粟特艺术中的拜占庭因素分析自然熟悉。

阿拉尔织锦的图案，几乎也都透露出同拜占庭－伊斯兰艺术的联系。

在一件 8 世纪的拜占庭锦（图 19）上，心形围成的团窠内填驷马车和人物，团窠衔接处留下的“十”字空白填以对羊。山羊的长弯角，前蹄抬起，脚下辅以花饰的做法同联珠双羊回文锦相似。不同则在于后者的羊肩生双翼，而各种翼兽正是中亚不衰的主题。

图 19　人物驾车纹锦，8 世纪

伊斯兰文明兴起之后，逐渐向西扩张。摩尔人是中世纪伊比利亚半岛、西西里岛和西非等地的穆斯林居民，他们征服和统治伊比利亚半岛长达 7 个多世纪。穆斯林的早期装饰常借用拜占庭的艺术形式，随着摩尔人的西迁，源自中亚的联珠圈纹也传到当地，使 8－14 世纪的埃及—地中海—西班牙织物上保留有明显的拜占庭－伊斯兰特征。

图 20 是西班牙 Sigüenza 大教堂圣物箱中保留的一件 12 世纪上半叶丝绸，大珠圈由两层细小的联珠组成，其间填有相对的异兽。珠圈中的主题纹样是生命树和背对而立、相互回视的格里芬，其前爪下方各有一只瞪羚，相邻珠圈间的辅花是为异兽围绕的八角星图案。另一件 12－13 世纪西班牙摩尔人织物上，团窠外层有一圈小联珠，内层为阿拉伯文。圈中主纹是以生命树作轴对称双兽（羊？）（图 21），连接大团窠的四个小珠圈，其内填花纹在水平、垂直方向分别相同。类似的还有被推测是 13 世纪制作于西西里的织物（图 22），只是双层珠圈上的小珠已经渐渐被弱化，只在骨架上留有传统联珠圈纹的痕迹。

图 20　西班牙 Sigüenza 大教堂丝织物残片，12 世纪上半叶，美国大都会博物馆藏

图 21　联珠对兽纹织物，12—13 世纪

图 22　联珠对鸟纹织物残片，13 世纪，美国大都会博物馆藏

这几件织物和阿拉尔的联珠双鸟、联珠双羊有着一致的构成因素：小联珠组成的双层珠圈，中间填有图案或阿拉伯文字；主纹为生命树和对称动物的组合；连接大珠圈的四个小珠圈，其内填花纹在水平、垂直方向上分别相同。可是，两组图案又有区别：西班牙摩尔人织物的主纹动物都背对回视或对立背视，即单体都是回首的“S”造型，阿拉尔的动物身首却并未扭转；摩尔人织物的辅花或链接纽中，都会出现伊斯兰的八角星，而阿拉尔的织物上不曾见到。

在时代较早的中亚撒答剌欺中，无论珠圈内的对称纹样还是相邻的两圈，动物都正视前方，没有回首的姿态，阿拉尔的动物正是保留了这种方式。另外，阿拉尔织物的联珠也延续了较早的样式，珠子圆大、排列紧密，加上两侧的细线，呈现黑地白珠的效果。而摩尔人的“联珠”已经退化减弱成小圆点，排列也更松散。这表明阿拉尔的图案虽然有着拜占庭－伊斯兰因素，但保留了更多的中亚渊源。联珠双鸟锦袍（图 17）上连接大团窠的小珠圈，内填十字对称的四只雁鹅，正与小努日木辽墓的联珠四鸟纹锦（见图 4）一致，又透露着与辽代丝织的关联。

阿拉尔的另一件“灵鹫对羊锦夹袍”（图 23），早年魏松卿先生将主题辨识为展翅的双头鹰，赵丰先生等最近的研究则将其指认作孔雀[26]。鹰（孔雀）的上方有一道拱形花边，下方有一对相向而立的大角山羊。不过，赵丰先生用作对比的 11 世纪 Durham 孔雀丝绸，拜占庭丝绸史专家安娜・穆特修斯（Anna Muthesius）曾有深入的研究，她指出 Durham 的双头孔雀是正立孔雀与双头鹰形象的混合，而且，这一主题是当时西班牙的自创，并非源自他处[27]。还要注意的是，作为一个完整的图案单元，鹰（孔雀）的下方有两只对立的羊或瞪羚，Durham 孔雀的单位图案里却没有这一元素。双头鹰擒双兽的图像在拜占庭和塞尔柱王朝的艺术中都能找到踪迹，如 1200 年左右的法国天顶画（图 24）和美国大都会博物馆藏的一件 13 世纪西班牙织物（图 25）上都可见到这一题材。虽然阿拉尔的双头鸟并未用抓住双羊，但在基本构图上它还是更接近于双头鹰擒双兽的主题，所以这件丝绸的图案还需要更深入的分析。

图 23　灵鹫对羊锦夹袍，11－12 世纪，新疆阿拉尔出土，新疆维吾尔自治区博物馆藏

[26] 赵丰等《论青海阿拉尔出土的两件锦袍》，《文物》2008 年第 8 期，66－73 页。

[27] Anna Muthesius, “Silks and Saints: The Rider and Peacock Silks from the Relics of St Cuthbert”, Gerald Bonner, *St. Cuthbert, His Cult and His Community to AD 1200*, Boydell Press, 1989, pp. 343-366.

图 24　罗马式彩绘天花板（花纹模写），约 1200 年

图 25　双头鹰织物残片，11－12 世纪，美国大都会博物馆藏

赵丰先生的研究还指出，联珠双鸟锦袍、灵鹫（孔雀）对羊锦袍的织物结构沿用唐代以来的标准斜纹纬重组织，与撒答剌欺锦相同。两者的幅宽分别为约 89 厘米和 100 厘米，与中原织锦的尺寸有较大差异，更接近西域织锦的规格。因此，无论工艺，还是装饰，阿拉尔的发现都与中亚地区有密切联系。

结　语

通过文献材料，可知辽金时代的丝绸中有撒答剌欺的存在，赞叹宁是其译名。

黑龙江阿城金齐国王夫妇墓里的异文锦袍，以及新疆阿拉尔发现的几件锦袍可能属于 11—12 世纪的中亚撒答剌欺，图案显示出拜占庭—伊斯兰特征。

辽地丝绸上联珠纹的再次出现表明中亚对辽的影响。庆州白塔的联珠鹰猎纹刺绣，其粉本应该源自中亚。辽代联珠纹出现新变化，是与时代艺术相融合的结果。

文献中虽有中亚织锦进贡到北宋的记载，但这时的丝路为回鹘势力所控制，贸易形式由唐代的长途贩运改为中继贸易。中亚织锦不再直接进入中原，而是作为异国的奇珍有少量的赠送。兼以宋“抑武修文”的国策和西、北方终有强敌，使得工艺美术基本在中国文化的滋养下发展，对域外的物质需求集中在玉石和香药上。所以，未见中亚织锦对宋产生明显的影响。相反，西边广阔的疆域、畅通的贸易，以及同中亚密切的政治联系，使得中亚织物和织工能够进入辽，并对其丝织产生影响。

入华粟特人葬具上的翼兽及其中亚渊源

康马泰　Matteo Compareti
（纽约大学古代世界研究所）

一、入华粟特人葬具

入华粟特人葬具的发现是过去十五年中国考古学取得的最令人瞩目的成果之一。这些石椁和石棺床属于特定的外国人，他们的墓志揭示了其确切身份。碑铭研究者已将这些外国人的故乡追踪到索格底亚那（Sogdiana），这是中亚历史上的一个地区，主要包括泽拉夫善（Zerafshan）和卡什卡（Kashka）河流域，该区域由今天的布哈拉（Bukhara）、沙赫里·沙巴兹（Shahr-e Sabz）、塔什干（Tashkent）、片吉肯特（Penjikent），以及几乎处于中心位置的名义首都撒马尔干（Samarkand）来界定[1]。

遗憾的是，发现的入华粟特人葬具非常少，并且有些未经过科学地发掘。在某些情况下（如虞弘墓石椁），墓主甚至并非我们严格意义上所说的粟特人，尽管其葬具上的图案明显表现出的浓郁的非汉地装饰元素无疑可与当时那个地区存在的粟特人联系起来。

不仅在装饰元素方面，在年代方面这些葬具也表现出是同一组艺术品。事实上，它们均属于6世纪，即南北朝（420－589）晚期至隋代（581－618）早期。在这一时期，粟特人在中国“胡族”朝廷中的重要性日益增长，直至隋代中原王朝的大一统，以及稍后唐代（618－907）的“黄金时代”。

入华粟特移民依据当地传统埋葬，但又混合了他们自己中亚渊源的伊朗因素，对此学界已多有研究。粟特人实际上是说一种东伊朗语言，信仰琐罗亚斯德教（Zoroastrianism）的一种特殊分支，即汉文史料中的“祆教”[2]。他们从未形成统一的王国，而是集聚成若干大城市如撒马尔干和布哈拉等，并控制一定的领土范围，就像古希腊的“城邦”一样。粟特人主要从事国际贸易，而在其本土基本的经济形式一直是农业。

粟特人是一个适应性很强的民族，他们采用中国当地葬俗无疑是为了得到上层阶级的认可，从而准许他们从事侍卫工作和很好的经商。因此，在中国发现的相关粟特人墓葬总体上的构想属于中国传统，只是石椁和棺床上的装饰表现出许多与墓主生活（或死后的生活）相关的伊朗元素。在粟特本土，粟特人通常将死者的尸体暴露于野外，让狗、鸟类等动物吃掉肉体；然后

［1］É. de la Vaissière, *Sogdian Traders: A History*, Leiden-Boston, 2005; M. Compareti, *Samarcanda centro del mondo. Proposte di lettura del ciclo pittorico di Afrāsyāb*, Milano-Udine, 2009, pp. 27-50.

［2］P. Riboud, “Réflexions sur les pratiques religieuses designees sous le nom de *xian*”, É. de la Vaissière, É. Trombert, *Les Sogdiens en Chine*, Paris, 2005, pp. 73-91.（黎北岚《祆神崇拜：中国境内的中亚聚落信仰何种宗教？》，毕波、郑文彬译，荣新江、华澜、张志清《粟特人在中国——历史、考古、语言的新探索》，北京：中华书局，2005年，416－429页。）

将骨头装殓于叫做纳骨器（*astodan*/ossuary）的特殊赤陶容器中。安置纳骨器的地方（在阿拉伯历史文献里有时被称作 *naus*）距离居民区不远[3]。

为了分析这些入华粟特人葬具上的装饰元素，有必要对目前发现的所有 11 件葬具材料进行分类整理（表 1）。下面的分类统计主要基于乐仲迪（J. A. Lerner）的研究成果[4]，只是在必要的地方作了稍许订正。

本文将着眼于这组入华粟特人葬具上的某些复合翼兽形象。目前尚无铭文材料提供这些怪兽的确切名字，但显然它们是由别的动物的一部分复合构成的。在英语里，这类复合怪兽通常被称作“喀迈拉”（chimeras），该名源于古典神话中被英雄柏勒罗丰（Bellerophon）杀死的著名怪物。本文不会涉及若干入华粟特人葬具上出现的所谓的“鸟祭司”（bird-priest），因为黎北岚（P. Riboud）已经就这一主题作了详细的研究[5]。另外，许多入华粟特人葬具上经常出现的一种鸟的母题，它们的脖子上挂着丝带，头后有光环或者嘴里衔着一株植物，笔者曾撰文论及[6]。

一个十分有趣的现象是，这些复合怪兽形象中的某个成分无疑植根于古典艺术。正如它在希腊罗马艺术（以及其他文化圈）中一样，它们通常出现在墓葬美术中。此外，这类奇异的怪物可以被积极或消极看待。为了更好地理解最后一点，考虑整个背景是很重要的。通常地，当复合翼兽出现在葬具上时，它们被认为是积极的。

在表 1 中，笔者把本文所要讨论的葬具上出现复合翼兽的葬具名字用下划线标示出来。

表 1　入华粟特人葬具统计表

名称	下葬时间	发掘情况	功能	现收藏单位
<u>库洛斯（Vahid Kooros）藏品</u>	北周（550—577）至隋	非正规发掘	棺床	巴黎吉美博物馆（Musée Guimet）借展
天水	唐代早期	正规发掘	棺床	甘肃天水市博物馆

[3] F. Grenet, *Les pratiques funéraires dans l'Asie centrale sédentaire, de la conquête grecque à l'islamisation*, Paris, 1984.

[4] J. A. Lerner, "*Aspects of Assimilation: The Funerary Practices and Furnishing of Central Asians in China*", *Sino-Platonic Papers*, 2005, P. 168; J. A. Lerner, "Yidu: A Sino-Sogdian Tomb?", in: P. B. Lurje, A. I. Torgoev, *Sogdians, Their Precursors, Contemporaries and Heirs*, St. Petersburg, 2013, pp. 129-146. 斯卡利亚（G. Scaglia）、卡特（M. Carter）和影山悦子对入华粟特人葬具的详细研究见乐仲迪文章的参考书目（也有电子版 www.academia.edu）。安备石棺底座已经由黎北岚发表：P. Riboud, "Bird-Priests in Central Asian Tombs of 6th Century China and Their Significance in the Funerary Realm", *Bulletin of the Asia Institute*, 21, 2007, pls. 4-5. 影山悦子最近从一座新发现的棺床上发现了一些新证据，此棺床的简讯刊载于 2010 年 6 月出版的《取向》杂志（*Orientations*）。

[5] 值得注意的是，在一小组可能于前 1 世纪至 1 世纪在布哈拉打制的粟特钱币上，发现有类似的“鸟祭司”，它拥有焰肩，执矛，旁边还有一行讹误的希腊文铭文，可译作“圣火卫士”。这组钱币目前保存于莫斯科，Alexander I. Naymark 在第六届中东和中亚钱币学研讨会（The Sixth Seminar on Middle Eastern and Central Asian Numismatics in Memoriam Boris Kochnev at Hofsra University (New York) on March 8th 2014）上对其进行了探讨。Naymark 曾就这种尚未发表的钱币图案与我讨论，在此谨致谢忱！关于这些钱币的复制品，请参看：M. Musakaeva & Monety Girkoda, *Istorija Material'noj Kul'tury Uzbekistana*, 34, 2004: 76-87.

[6] M. Compareti, "The Painted Vase of Merv in the Context of Central Asian Pre-Islamic Funerary Tradition", *The Silk Road*, 9, 2011, pp. 26-41. 天水石棺床太阳的左侧描绘有一只十分有趣的怪兽，它有着狗头，持一件三叉戟。目前尚未见将其比定为某种中国或伊朗神兽的意见：B. I. Marshak, "La thémaique sogdienne dans l'art de la Chine de la seconde moitié du VIe siècle", *Comptes Rendus de l'Académie de Inscriptions et Belles-Lettres*, 1, 2001, p. 261.

续表

名称	下葬时间	发掘情况	功能	现收藏单位
安伽	579 年 10 月（北周）	正规发掘	棺床	陕西省文物考古研究所（西安）
康业	约 571 年（北周）	正规发掘	棺床	西安市文物保护考古所
河南安阳	北齐（557—581）	非正规发掘	棺床，石基座	波士顿美术馆（Museum of Fine Arts, Boston）；吉美博物馆；科隆东方艺术博物馆（Museum für Ostasiatische Kunst, Köln）；华盛顿弗利尔美术馆（Freer Gallery of Art, Washington）
美秀博物馆（Miho Museum）	北齐	非正规发掘	棺床，石基座	日本信乐美秀博物馆；纽约列维私人藏品（Shelby White-Leon Levy private collection, New York）
安备（?）	589 年	非正规发掘	不完整的石基座	大唐西市博物馆藏品
虞弘	592 年或 598 年	正规发掘	石椁	山西太原市博物馆
史君	580 年二月二十三日（北周）	正规发掘	石椁	西安市文物保护考古所
益都	573 年（北齐）	非正规发掘	石椁	山东益都市博物馆
维多利亚和阿尔伯特博物馆	6 世纪下半叶（北齐）	非正规发掘	石基座	伦敦维多利亚和阿尔伯特博物馆（Victoria & Albert Museum）
列维藏品（Shelby White-Leon Levy Collection）	6 世纪晚期至 7 世纪早期	非正规发掘	石基座	纽约列维私人藏品

二、入华粟特人葬具上的翼兽

本文所研究的全部六件装饰有翼兽的入华粟特人葬具均属于 6 世纪晚期，且来自中国北方，在“正统”的隋朝重新统一之前该地区由非汉渊源的“胡族”王朝统治。根据经正规发掘的葬具，可以判断未经正规发掘的同类品有着类似的源出地。应当指出，这类鉴别都是假设性的，需要谨慎对待。将一件未经正规发掘的归为这组入华粟特人葬具的主要证据不仅仅是复合飞兽，也包括其他元素如石椁或石棺床浮雕画面中的中亚人物形象。

在康业石棺床上，描绘有一只非常有趣的复合生物（图 1）。它是一只不明确的动物，其后部为公羊，嘴里叼着一些植物，背部上大概也是植物。它似乎带有如同不清晰植物般的翅膀，尽管不能排除它的某些部分确实呈云朵状。显然，这在北魏时期是一种流行元素[7]。

在美秀石棺床的石基座上，可以看到一些翼兽：带翼的鹿（抑或野山羊？）、马和公羊各一只，分别雕绘于绶带状的圆圈纹之中（图 2）。这种圆框在安阳和列维收藏的石基座上也可发现，里面雕刻的是许多别的题材。这些母题可能来自纺织品上的装饰纹样，与这里考察的其他怪物

[7] 在此笔者要感谢林圣智，他提醒笔者注意一篇发表在中文期刊上的日文文章（高桥宗一《北魏墓志石に描かれた凤凰・鬼神の化成》，《美术史研究》第 27 册，1989 年，87—104 页），其中也讨论了由这种云状元素构成的动物。

图 1　康业墓石棺床浮雕上的复合动物

西安市文物保护考古所《西安北周康业墓发掘简报》，《文物》2008 年 6 期，图二二

图 2　美秀石基座浮雕上的翼兽

M. L. Carter, “Notes on Two Chinese Stone Funerary Bed Bases with Zoroastrian Symbols”, Ph. Huyse, *Iran Questions et connaissance. Vol. I: la période ancienne*, Paris, 2002, fig. 5.

并不相似。圆圈纹结构是粟特织物中最常见的装饰题材。装饰有这种纹样的织物被认为是萨珊制品，但我们尚不清楚它在前伊斯兰时期的波斯的流行范围。另外，圆圈纹结构为粟特人所钟爱，他们将其贩卖，甚至在国外制作[8]。

库洛斯藏品石棺床上也有一只有趣的动物。它是一只复合翼兽，鸟的身体（母牛的脚？），狗头，嘴里衔着一株植物。在它对面是一个人面鸟身形象，手里拿着一株幼苗或一朵大花（图 3）。目前尚不清楚这只复合动物是不是原有的粟特创作物，而非该时期中国墓葬艺术中广泛流行的一种母题的改造物。这种中国创造物与库洛斯石棺床上的怪兽非常相似，不过它总是以鹿头的形象出现[9]。

---

[8]根据一些汉文文献，粟特人受雇生产异域纺织品，它们被皇帝用来表示对外国王室人员的尊敬：M. Compareti, “The Role of the Sogdian Colonies in the Diffusion of the Pearl Roundel Design”, M. Compareti, P. Raffetta, G. Scarcia, *Ērān ud Anērān. Studies Presented to B. I. Maršak on the Occasion of His 70th Birthday*, Venezia, 2006, p. 163.

[9] 康马泰《对北朝粟特石屏所见的一种神异飞兽的解读》，毛民译，张庆捷、李书吉、李钢主编《4－6 世纪的北中国与欧亚大陆》，北京：科学出版社，2006 年，166－189 页。值得注意的是，此鸟人（man-bird）既非上文提到的鸟祭司，也与中国的带翼仙人形象无任何关系。这种鸟人似乎是一种外来文化因素，不见于公元 2 世纪之前的中国艺术里：R. E. Bradford, “An Egyptian Contribution to A Late 5th Century Chinese Coffin”, *The Silk Road*, 11, 2013, p. 93.

图 3　库洛斯石棺床浮雕上的翼兽

C. Delacour & P. Riboud, *Lit de pierre, sommeil barbare*, Paris, 2004, fig. 3.

在虞弘墓石椁上，可以见到两只翼马，带有鱼尾，颈部缠有绶带（图 4）。该石椁的另一块石板上也有一只翼马，表现的似乎是它被一个带着一条狗的人用套索捕获的情景[10]。

图 4　虞弘墓石椁浮雕上的翼马

B. I. Marshak, "La thémaique sogdienne dans l'art de la Chine de la seconde moitié du VIe siècle", *Comptes Rendus de l'Académie de Inscriptions et Belles-Lettres*, 1, 2001, figs. 22-23.

史君墓石椁是最近发现的石椁之一，在若干块石板上装饰有翼马和带有光环的裸体丘比特（putti）（图 5）。然而，最有趣的复合怪物是一只带有鱼尾的翼马，其脖子上缠绕着绶带，头上有一个新月形饰物。另外，该石椁上还有一个由一对展翼支撑的公羊头。

史君墓石椁上的第二例复合生物是一只公羊，其后部明显由植物元素构成。此兽与上述康业墓石棺床上的（见图 1）有所不同。实际上，它的后部无可置疑表现为树叶和一棵植物的成分。这种有关动物身体的处理方式令人想到古代印度艺术中的一种特殊手法，特别符合笈多-伐迦陀迦风格（Gupta-Vakataka style，4—6 世纪）[11]。半植物半动物（Half-vegetal animal）在阿旃陀（Ajanta）佛教石窟壁画（5 世纪中期）和笈多雕塑中相当普遍（图 6）。不仅是动物，怪物有时也描绘有植物部分。粟特人与印度有着紧密联系，他们吸收了多个印度神祇的肖像来表现其祆教系统之神。采用半植物半动物是他们在 6 世纪与印度的这种密切关系的线索之一。

在益都石椁上，可以见到一只在空中飞翔的翼犬（？），饰有绶带，嘴里衔着一株植物。这只怪兽很独特，并且只出现在该石椁上的一块板上（图 7）。

[10] 山西省考古研究所等《太原隋虞弘墓》，北京：文物出版社，2005 年，图 19。

[11] J. G. Williams, *The Art of Gupta India. Empire and Province*, Princeton (NJ), 1982, figs. 45, 71, 176, 226, pp. 238-240.

图 5　史君墓石椁浮雕上的翼马

西安市文物保护考古所《西安北周凉州萨保史君墓发掘简报》，《文物》2005 年第 3 期，图五〇（照片由康马泰拍摄）

图 6　史君墓石椁浮雕上的半植物半动物

图 7　益都石棺床浮雕上的翼犬

J. A. Lerner, "Yidu: A Sino-Sogdian Tomb?", P. B. Lurje & A. I. Torgoev, *Sogdians, Their Precursors, Contemporaries and Heirs*, St. Petersburg, 2013, fig. 7.

这些怪物中的元素是否有助于建立“致畸风格”（terathological style）演变的较好的年代序列？它们可以拿来与粟特艺术特别是片吉肯特的壁画上的怪兽做比较。在粟特本土，这类怪物似乎保留着古典传统的一些古老特征。

三、粟特壁画中的翼兽

我们都清楚地知道，粟特人知道许多其他的用于织物纹样的复合动物，如带有孔雀尾的翼狗（即所谓的森莫夫/Senmurv）、翼狮、野猪头，等等[12]。然而，我们只考察其中一些复合飞兽。在晚期粟特绘画中，它们以飞翔的形象相当频繁地出现在重要人物的面前。

首位关注该问题的学者是阿扎佩（G. Azarpay）[13]。这位美国学者注意到在粟特绘画中，某些人物的面前会出现一只怪兽。在绘画场景中，它是一种突出主体重要性的标记。这类主体包括神祇、史诗英雄和富商，尽管有时候甚至在恶魔面前也有飞兽。怪兽暗示着神佑（divine protection），或中古波斯语（Middle Persian）的 *xwarrah*，粟特语的 *farn*，该术语可译作“荣耀”（glory）或“神授能力”（charisma）。*xwarrah* 在伊朗文化中是一种核心观念，它在史诗作品（主要是 10 世纪菲尔多西/ Firdusi 的《列王记》/*Shanmaeh*）中被频繁提及，因为一位波斯国王（神

[12] 关于粟特绘画上的纺织品纹样的研究，见 V. I. Raspopova, "Textiles Represented in Sogdian Murals", R. Schorta, *Central Asian Textiles and Their Contexts in the Early Middle Ages*, Riggisberger Berichte, 9, Riggisberg, 2006, pp. 61-73.

[13] G. Azarpay, "Some Iconographic Formulae in Sogdian Painting", *Iranica Antiqua*, 11, 1975, pp. 168-177.

话的或现实的）若不具有来自某个神祇的神授能力，他就不能统治天下[14]。在索格底亚那，琐罗亚斯德教的当地教派拥有多种神祇，但不清楚是否每种怪兽总是与一种特定神祇关联。

Xwarrah 并不总是仅仅作为一种观念。在贵霜钱币背面，有时印有一种巴克特里亚语（Bactrian）称之为 *Pharro* 的神祇的拟人形象。他是 *xwarrah* 概念的人格化形象，这在伊朗民族中是一个孤例。他的属性看起来经常变化，*Pharro* 神似乎也没有一个固定的形象（其他一些贵霜神祇也是如此）[15]。

在琐罗亚斯德教文献里，*xwarrah* 之观念有时被描述成具有多重面貌的真实"事物"（thing）。在《密赫尔·耶什特》（*Mihr Yasht*）10.27、《扎德斯普兰选集》（*Wizidagiha i Zadspram*）5 以及《宗教行事》（*Denkard*）7.2.7 中，它被说成是一种火。然而，在阿维斯陀语伊摩神话（Avestan Myth of Yima）《耶什特》19.30-34 中，它是一种鹰或隼。最后，在《宗教行事》816.13 和《巴列维语故事集》（*Pahlavi Rivayat*）22.10 中，提到 *xwarrah* 的形象为一种不确切的飞兽，很可能是一种龙[16]。最后一种形式对于本文的研究来说特别重要，因为在 6 世纪中亚流通的一些萨珊钱币或类萨珊钱币上，那种飞兽带有粟特语铭文 *farn*。这是 *xwarrah* 的粟特语形式，而且它也是荣耀、神赐能力、神佑等伊朗观念与某种复合翼兽相关联的确切证据。那么，将那种飞兽比定为波斯神话中的森莫夫/西摩鸟（Simurgh）是错误的[17]。

据阿扎佩考察，在粟特绘画上，飞翔于相关人物面前的最有趣的怪兽有：带卷圈鱼尾的翼牛，带鱼尾的翼马（该形象亦见于一件赤陶纳骨器），带鱼尾的翼驼（亦见于鎏金银罐），带鱼尾的翼狮，以及长颈龙。除了复合怪兽外，在一些绘画中也可以见到嘴里衔着圆环的带有绶带的鸟。还有其他一些非常令人感兴趣的元素，如手持项圈的裸体丘比特（putto），有两个例子是一只飞翔的手拿着缠绕绶带的圆环。还应进一步指出，这最后两个元素是从西方，特别是从拜占庭艺术中引进的。至少从 5－6 世纪起，一种我们称之为"古典复兴"（classical revival）的现象在拜占庭帝国悄然发生，尽管拜占庭在早些时候已经皈依了基督教。在重要粟特人物面前飞翔的这些复合怪兽包含的古典成分可能正是这种"复兴"的结果，这些复兴流行于古代晚期（Late Antiquity）的世界各地，从地中海世界经科普特埃及（Coptic Egypt）和波斯一直到中亚[18]。

非常奇怪的是，我们在粟特绘画（以及金属器和赤陶纳骨器）上见不到带翼的公羊，而这

---

[14] G. Gnoli, "Farr(ah)", E. Yarshater, *Encyclopaedia Iranica*, vol. IX, 3, Costa Mesa CA, 1999, pp. 312-319.

[15] M. L. Carter, "Trifunctional Pharro", *Studia Iranica*, 15, 1, 1986, pp. 89-98.

[16] M. A. Shenkar, "Ob ikonografii Xvarenah i ego roli v ideologii drevnih irancev", *The Last Encyclopedist. The Issue in Honor of the 90-Anniversary of Boris Litvinsky*, Moskow, 2013, pp. 427-451.

[17] M. Compareti, "The So-Called *Senmurv* in Iranian Art: A Reconsideration of an Old Theory", P. G. Borbone, A. Mengozzi, M. Tosco, *Loquentes linguis. Linguistic and Oriental Studies in Honour of Fabrizio A. Pennacchietti*, Wiesbaden, 2006, pp. 185-200; M. Compareti, "Due tessuti centrasiatici cosiddetti '*zandaniji*' decorati con pseudo-*Simurgh*", M. Compareti, R. Favaro, *Le spigolature dell'Onagro. Miscellanea composta per Gianroberto Scarcia in occasione dei suoi ottant'anni*, Venezia, 2013, pp. 17-37.

[18] M. Compareti, "Sogdiana and the 'Others': Specimens of External Borrowings in Pre-Islamic Sogdian Art", M. Espagne, Sh. Mustafaev, S. Gorshenina, C. Rapin, F. Grenet, Y. Karev ed., *Cultural Transfers in Central Asia. Before, During and After the Silk Road*, Samarkand, 2013, pp. 74-79.

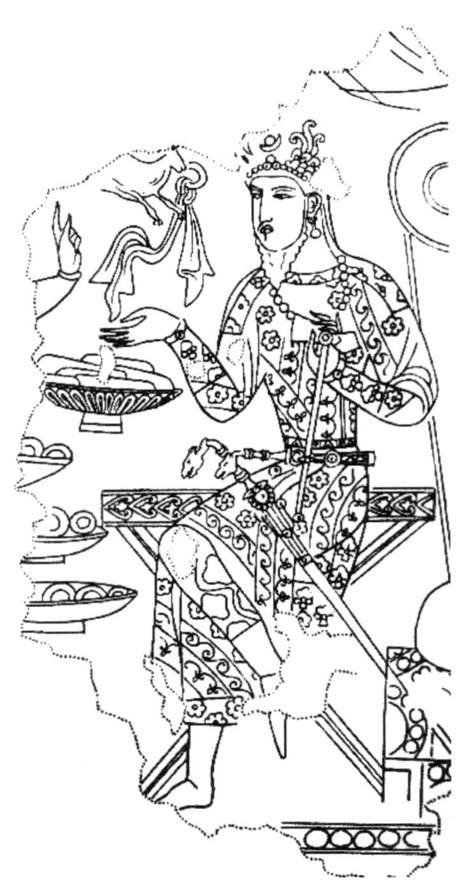
图 8　片吉肯特 VI 发掘区的 1 号房址
G. Azarpay, “Some Iconographic Formulae in Sogdian Painting”, *Iranica Antiqua*, 11, 1975, fig. 6.

种复合怪兽却表现在一些入华粟特人葬具上。翼羊、翼马（即珀伽索斯/Pegasus）和龙（希腊语 *ketos*）是古希腊一伊特鲁里亚（Etruscan）一罗马墓葬艺术中最常见的复合怪兽。实际上，这些怪兽通常被认为是 *psychopompi*，即在阴间陪伴死者灵魂的标志性怪兽。它们在非基督教徒（pagan）雕花石椁上十分常见，且与阴间的冥水（chthonian waters）有关联[19]。后来在基督教时期，龙（*ketos*）被用来表现圣经故事中吞下约拿（Jonah）的所谓的“鲸”[20]。这种母题在古代晚期和中世纪也曾兴盛：它经常出现在基督教雕花石椁上。古典复兴现象可能归因于中亚非基督教复合怪兽的传播；当然，也不能低估自亚历山大大帝（Alexander the Great）入侵以后，曾深深植根于巴克特里亚（Bactria）和西北印度的古典元素的存在。复合怪兽如龙（*ketos*）的形象在巴克特里亚艺术中出现甚早，它们在所谓的犍陀罗“黛砚”（toilet-trays）上经常可以见到[21]。

粟特艺术中的大部分飞兽在片吉肯特壁画中都可以找到。VI 号发掘区 1 号房址出土的一块壁画残片描绘了宴会场景，其中也有一位重要人物（可能是一位国王？），他的面前就有一只飞翔的动物（图 8）。阿扎佩将这只飞兽鉴别为一头翼牛，嘴里衔着一只饰有绶带的圆环。该壁画的翼兽部分侵蚀严重，因此不能完全确认。

片吉肯特 XXV 号发掘区 12 号房址里有一块壁画，目前仅刊布了一份线图（图 9）[22]。其中可见另一处宴会场景，里面出现了多只飞兽。从左至右，依次是一只握着绶带的飞翔手臂，一匹饰有绶带的带有鱼尾的翼马以及一头翼驼。除去翼马，在列席宴会的重要人物面前表现有这类元素时，饰有绶带的手臂和翼驼似乎是一种常见的组合。

十分类似的怪兽（或元素）出现在片吉肯特 XXIV 号发掘区 1 号房址（约 8 世纪中期）的一处壁画上（图 10）。在一位列席宴会的相关人物脸的旁边，可以见到一头翼驼，以及一只握着

[19] K. Shepard, *The Fish-Tailed Monster in Greek and Etruscan Art*, New York, 1940. 龙（*ketos*）也是珀耳修斯（Perseus）在营救安德洛默达（Andromeda）时搏击的怪兽，参 L. Stančo, *Greek Gods in the East. Hellenistic Iconographic Schemes in Central Asia*, Prague, 2012, pp. 160-176.

[20] J. Boardman, “Very Like a Whale-Classical Sea Monsters”, A. E. Farkas, P. O. Harper, E. B. Harrison, *Monsters and Demons in the Ancient and Medieval Worlds. Papers in Honor of Edith Porada*, Mainz on Rhine, 1987, pp. 73-84.

[21] C. Lo Muzio, “Gandharan Toilet-Trays: Some Reflections on Chronology”, *Ancient Civilizations from Scythia to Siberia*, 17, 2011, pp. 331-340. 关于巴克特里亚金属器上的龙（*ketos*），参 M. Pfrommer, *Metalwork from the Hellenized East*, Malibu CA, 1993, figs. 4A-C.

[22] V. I. Bauolo & B. I. Marshak, “Silver Rhyton from the Khantian Sanctuary”, *Archaeology, Ethnology and Anthropology of Eurasia*, 3 (7) 2001, fig. 4. 影山悦子提醒我注意这篇文章，在此谨致谢忱！

圆环的手。翼驼是粟特艺术中的一种流行母题，根据汉文史料，它与安国的王室有着特殊关系。不排除它可能也是一种神祇的本相，但不能确定是哪种粟特神祇。

最后的一例飞兽可能是所有粟特绘画作品中最著名者之一。在片吉肯特 VI 号发掘区 1 号房址所谓的“鲁斯塔姆（Rustam）绘画程式”中有一只飞兽，由一头狮子和一条鱼尾组成（图 11）。这只飞翔的复合怪兽很可能是鲁斯塔姆荣耀/神授能力的表现，而非必须在这位伊朗英雄处于险境时才出现的森莫夫/西摩鸟。实际上，森莫夫/西摩鸟更可能只是一只鸟：它在同一绘画程式中至少出现过一次[23]。

图 9 片吉肯特 XXV 号发掘区 12 号房址壁画线图

V. I. Bauolo & B. I. Marshak, “Silver Rhyton from the Khantian Sanctuary”, *Archaeology, Ethnology and Anthropology of Eurasia*, 3, 7, 2001, fig. 4.

图 10 片吉肯特 XXIV 号发掘区 1 号房址壁画细部
（康马泰拍摄于埃尔米塔什博物馆）

图 11 片吉肯特 VI 号发掘区 1 号房址壁画细部
（康马泰拍摄于埃尔米塔什博物馆）

［23］Compareti, “Due tessuti centrasiatici cosiddetti ‘*zandaniji*’ decorati con pseudo-*Simurgh*”, p. 27.

四、本土与异乡的粟特人

晚期粟特绘画中的这些飞兽无疑是所有粟特材料中最令人感兴趣的部分，它们与入华粟特人葬具上的飞兽有许多共同之处。然而，后者的年代要早一些。实际上，它们全部属于 6 世纪下半叶，比粟特绘画上的怪兽要早至少两个世纪。在这较早的时期，那些飞兽仍然流露出较浓郁的古典风格。由于它们有时也见于一些粟特赤陶纳骨器——与入华粟特人石棺一样，这也是一种葬具，因此，不排除它们最初装饰于这类器物之上。关于粟特纳骨器，一些学者提出了一个很有意思的假设：至迟从 4 世纪末开始，粟特人根据贵金属或象牙材质的拜占庭骨灰盒仿制了纳骨器。他们进口了这类器物，仅仅将那些盒子上面装饰的宗教题材替换成他们自己的神祇，并且主要使用印纹赤陶材料[24]。

这种假说对本文的研究来说很有意义，因为它有助于解释入华粟特人葬具上古典元素的存在，特别是龙和其他复合怪物。实际上，这些怪物题材可能在一个很早的时期——4 世纪末至 5 世纪初——被粟特人借入，从地中海世界经波斯、高加索（Caucasus）到中亚。在这个早期阶段，古典元素可能被引进到异教（pagan）、基督教甚至犹太教的艺术品中；随后，它们可能被借到迁徙入华的粟特人的葬具上。然而，同样的复合怪兽直到 7－8 世纪才被粟特本土居民采用，即片吉肯特等粟特遗址出土壁画上的飞兽。

通过这种方式，5－6 世纪的古典复兴也影响到中亚特别是粟特地区（包括粟特本土和在中国的粟特聚落）。在此复兴的时代，粟特人很可能已经了解到许多古典装饰元素。这促使某些元素被吸收，并从中亚传播到中国。

奇怪的是，这个过程并未引起塔里木盆地粟特移民的兴趣，因为迄今，在该地区的考古工作中尚未发现包含有复合飞兽的装饰题材。可能的原因是，在 5－8 世纪塔里木盆地的佛教环境下，那些复合怪兽不符合当地人的口味。粟特人主要因商业而徙居塔里木盆地，他们并不经营那些带有当地人不欣赏的装饰的奢侈品（主要是金属器和纺织品）。另外，与伊朗神祇或观念相结合的复合飞兽出现在入华粟特人葬具上，因为这些葬具属于粟特人自己或吸收了许多粟特文化特质的其他中亚民族。

（罗帅 译　荣新江 校）

［24］T. Mktrychev & A. Naymark, “Ossuary”, K. A. Abdullaev, E. V. Rtveladze, G. V. Shishkina, *Culture and Art of Ancient Uzbekistan*, 1991, pp. 64-70.

Sogdian Women in the Diaspora

Desmond Durkin-Meisterernst
(Turfanforschung, Berlin)

One of the features of a diaspora that distinguishes this phenomenon from the travels and/or trading activities of individuals outside of their country of origin is whether families can be found. In the context of the trade-routes which we call 'Silk Road(s)' we can, in the records, see quite a large number of male traders. With reference to Sogdian traders the question then is were women present and, if so, were these Sogdian or local women? The establishment of a diaspora, an "exiled" or an "expatriot" community (both terms are probably too modern and may not reflect the way Sogdians saw themselves) will depend on the presence of families. The ethnic or linguistic origin of the partners in these families will determine the degree of Sogdian continuity: If the Sogdian trader marries a local woman from any community between Sogdiana and China the children will be bilingual in Sogdian and at least one local language; if the woman is herself from Sogdiana there is presumably a higher degree of fidelity to Sogdian, i.e. it is more likely that the children will be primarily speakers of Sogdian, although they will, like their parents (or just the male?) need some command of local languages. Bi- and multilingualism is the trademark of traders in any case.

There are various pieces of evidence for Sogdians, including settled communities, in Chinese sources, but I want to concentrate here on what Sogdian documents themselves tell us.

1. Among the Sogdian Ancient Letters (AL) from a watch-tower to the west of Dunhuang and dating to ca. 314, AL I and III are both from a Sogdian women in Dunhuang, AL I is to her mother, AL III is to her husband.

The Sogdian woman is Miwnay (*mywnʾyh*), daughter of *cʾtʾysh*, to whom she writes in AL I. Note that in AL I she is not writing to a man, either her father or a brother. Due to the fact that the letter is from her, she does not give her own name and genealogy (except for a short from on the address side of the letter), but her father was probably dead because he is not mentioned in AL I nor in AL III, where her brothers are mentioned—but it at least implies some amount of self-determination amongst women. It is likely that AL I is a request for money, though this is not said specifically, but the request made there for a quick reply also points to this. Does it imply that her mother had money, or simply that the request was more likely to succeed if it was addressed to her mother? AL III, 21-22 shows that Miwnay's mother (and brothers) were against her going to Dunhuang to join her husband: *ʾḤRZY prmʾ(n)h pr(ʾ)w srw ptγry<β>t ʾ(Ḥ)RZY ʾʾγtym ʾt δrwʾn ʾʾḤRZ(Y)m Lʾ ʾwy (mʾ)δryh sxwn kšt Lʾ (ʾ)[w](y) ʾ(Ḥ)YN* "I obeyed your command and came to Dunhuang and I did not observe (my) mother's bidding nor (my) brothers" (Sims-Williams 2005, 186). It also says that she came to Dunhuang three years previously *ʾst 3 srδ ʾPZY δrwʾʾny ʾ(s)kwʾm pr twʾprn* AL III, 6-7 "it is three years that I have been in Dunhuang on Your Honour's account" (Sims-Williams 2005, 184). This implies that her marriage and family life (she has a daughter who is old enough to be able to write part of AL III) did not begin in Dunhuang but probably in Sogdiana or at least somewhere to the west of Dunhuang. Sims-Williams (personally) kindly pointed out that Henning 1948, 603 referred to "the apparent existence of cultural relations with the Indians of Shan-Shan" (Loulan). In n. 3 there Henning equated the anme of Miwnay's mother, *cʾtʾysh* with the name Catisa in Niya documents (s. Lurje 2010, p. 160). Miwnay may therefore be from a community of Sogdians or Sogdians and Indians in Loulan rather than from Sogdiana. The way there from Dunhuang is still quite a distance, ca. 400 km, but at the time most caravans from Dunhuang would have taken this route.

She is free-born *ʾʾzʾtch* "free", indicating that she is not a slave and has a certain status.

She is married to Nanaidhāt (*nnyδt* ～ *nnyδʾt*), she has a daughter *šʾynh* but we do not find out how old the daughter is.

She can write, it seems that her daughter can write too. Komel Ser Mohammed, a student in Berlin, was able to demonstrate by careful observation of the forms and ductus of the Ancient Letters I, II and III, that the script of AL I and of the mother's part of AL III are identical and different from AL II which was written by a man and also different from the daughter's part at the end of AL III. Being educated to write may not be a sign of status as much as a sign of pragmatism. In Durkin-Meisterernst 2011, I argued that the accessibility of Sogdian script is in stark contrast to the restricted nature of Middle Persian heterographic script (Pahlavi) and which probably also applied to Sogdian script at an earlier period, as the Kultobe texts seems to show when compared to the simpler script-system of the Ancient Letters and in particular of later Sogdian in general, where only about twenty heterograms are used.

However, Miwnay is in a difficult personal, legal and financial situation. Her husband has left her and her daughter in Dunhuang without the means to survive. Miwnay's preferred but apparently not workable solution to the developing catastrophe is to join a caravan going from Dunhuang to the west and basically walk all the way back to wherever she came from only three years previously. The Sogdian priest (*βγnpt-*) in Dunhuang is prepared to support her in this but she does not have the money she needs to pay her way. But her primary and immediate problem seems to be legal. She is married but her husband is not present in Dunhuang. The main topic in Letter I seems to be the unresolved question who is responsible for her and who can and might be willing to give her permission, in the absence of her husband, to go back home. It is not clear whether the men she asks in sequence for this permission are genuinely not empowered to give it or whether they are simply afraid of her husband and, in general, of taking on responsibility for her. Clearly, she does not have the legal status of a man, she cannot act on her own. She addresses the men with a polite request (*ptškwʾt*), which may or may not indicate that she had an inferior position to theirs; but she characterises their replies with the neutral verb for "to say" (*wʾβ*). The sequence of men she asks are *(s)γʾ[r](k)* - who has a title *βʾnkrʾm* "concillor"-, *ʾrtyβʾn* and *prnxwnt*. They refer to a hierarchy which may in fact be two hierarchies, the leadership of the local community (*βʾnkrʾm*) and a family hierarchy that is relevant to her (the last two names). Even if she could go, for which she does not have the financial means, she could, as a woman, only go if a man accompanied her, but that is clearly primarily for pragmatic and logical reasons of protection.

Artiβān's (*ʾrtyβʾn*) statement rejecting her request uses the unclear word *ʾxšnyβnt* directly before a gap (AL I, 5-6: prnxwnt ZY *ʾxšnyβnt [... ...)*. Perhaps this means something like "Farnkhund [is] responsible/liable". Miwnay then speaks to Farnkhund, who in lines 7-8 says: kδZY *(ny)š ktʾwʾntk γwtm Lʾptsynt ʾPZYtn šwʾy pytsʾr ʾkʾw mʾth ʾYKZYt ʾzw škrʾn* "If (your) husband's relative does not consent that you should go back to (your) mother, how should I take you?" (Sims-Williams 2005, 187). This identifies *ʾrtyβʾn* as a relative of the husband *nnyδt*, showing that *nnyδt* is/was in Dunhuang within a family structure. A farther name *nmcwʾsʾn* also indicates an associate or perhaps even one more of *nnyδt*'s relatives. With his wife and child he has extended his family connections beyond his own side, but Letter III indicates that this did not find the approval of Miwnay's family in some way. In AL III, 10 Miwnay says that Farnkhund said: *LʾZY nnyδt βntk [ʾ]ym LʾZYš mʾtškh (δ)[ʾ]rʾm* "I am not Nanai-dhat's servant, nor do I hold his capital." (Sims-Williams 2005, 184). This does not clarify the relationship between Farnkhund and Nanaidhāt as it might refer to business partners rather than, say, to brothers, but in fact they are quite likely to be both.

The central statement of Letter I clearly concerns a divorce "that you go back to (your) mother". In AL III, 11-12 we find: *kδZYm ʾkʾw ktʾwʾntk Lʾnm(ʾ) ʾškʾrt ʾ(Ḥ)RZYm (m)ʾδ pytδʾr [...]wšt ʾPZYm ʾk(ʾ)[w] ʾMYh škrʾt* "If he refuses to take me to (my) husband, then [provide?] such support for me that he way take me to (my) mother" (Sims-Williams 2005, 184) showing the sequence of legal responsibility for Miwnay: husband (*ktʾwʾntk)*, mother (*ʾMYh*), and in the use of the verb *ʾškʾr* "to lead, bring" an indication of her own personal immobility. Not only does she not get permission to leave Dunhuang, nobody will lend her money. This may suggest that despite the fact that relatives of Nanaidhāt are present, they do not trust him to return any money to them that they would lend to his wife, presumably because she might use the money to leave Dunhuang and Nanaidhāt would blame them for allowing this to happen. The priest (*βγnpt-*), who is prepared to help her, does not seem to have the reservations that the other men have.

What became of her and her daughter? In AL III, 34-35 it seems that they are losing their free status. There her daughter writes to the father: *ʾḤRZY prw prnxwnt pʾ(r)h ʾkrtʾy(m)n cynt(y) δʾyh* "Because of Farnkhund's debts we have become servants of the Chinese" (Sims-Williams 2005, 185). The word *δʾyh* is to a certain extent ambiguous, because it means "servant-woman" and "slave-woman". Here it may or may not indicate a loss of status. We do not know if that was reversible, if, for example, her husband came back to Dunhuang or one of the other men took on responsibility for her. The reference to Farnkuhnd's debts seem to imply that not only is he not able to help Miwnay and her daughter, they are made liable for him in some way.

Did Miwnay and/or her daughter eventually become like the slave-girl whose sale is documented in a contract from Goachang below?

Ancient Letter II, an extensive business letter, does not mention women though it does mention a sizeable group (colony?) of Sogdians in lines 19-20: 100 *ʾʾztpyδrk smʾrknδc* "a hundred freemen from Samarkand", literally "sons of freemen" – containing the term *ʾʾzt* "free(born)", as well as another group of "forty men" (Sims-Williams 2001, 269). In line 54 the following phrase occurs: *ʾḤRZYšy wδwh δβrʾ* "then give him a wife" (Sims-Williams 2001, 270), indicating that a man will provide for an orphan in his charge in this way.

The mention of a priest in Dunhuang in AL I (βγnpt-) and the references in the Chinese sources to permission given at various times to foreign traders to exercise their own religion(s) is of course an important indicator of the size of the merchant communities in various Chinese cities, but that on its own could still refer to an exclusively or predominantly male presence. It is only with women and families that the merchant community develops into a real diaspora.

2. Contract for a slave-girl in Gaochang (TAM135, XB9219), dated by the editors to 639 (Yoshida/ Moriyasu 1988).

This document tells us remarkably little, because it is a straightforward contract of sale. A girl is sold in Gaochang, which is clearly termed *cynʾncknδ* "Chinese city" in the document. Despite the Chinese context, it is remarkable that the document is in Sogdian, the seller and the witnesses are Sogdian.

KZNH ty xrʾyn ʾwy cynʾncknδʾy ʾwyh wʾrcnyh ptʾycw nʾβw šmny yʾnsyʾ(n) ʾxw ʾwtʾ BRY cʾn kwtr MN wxwšwβyrt MN twδʾkk BRY smʾrknδc δʾyh cwyʾkkh kwtrʾnch ʾwyh twrkstny zʾtcwh ʾwpʾch ty nʾmh pr 120 δrxm šyrw krʾnw pʾrsxwstw

"Thus, before the people in the bazaar of Gaochang (Cinankanth), a monk [by the name of] Yansyan, the son of Uta (ʾwtʾ), who is from the family of Chan (cʾn), bought a female slave by the name of Upach (ʾwpʾch), who is from the family of Chuyakk (cwyʾkkh) and was born in Turkestan, from Wakhushuvirt (wxwšwβyrt), son of Tudhakk (twδʾkk) originating from Samarqand, for [the price of] 120 drachms [coins which are] very pure [and were] minted in [Sasanian] Persia." (Yoshida 2003, 160).

The girl is *δʾyh* literally "servant", but clearly in this text "slave" who has no rights over herself. The document is called *δʾypwsty* "slave-letter". *δʾyh* is the same word that describes Miwnay and her daughter in AL III, though the context there is not specific enough to imply "slave". However, debt-slavery is presumably the ultimate destiny of Miwnay and her daughter, and *ʾwpʾch*'s slave status is presumably a result of being born into such circumstances. It is not clear if *ʾwpʾch* is a Sogdian name (Lurje 2010, 116 nr. 195 says "unclear" and refers to similar sounding names in Niya documents) but she was sold by a Sogdian *wxwšwβyrt*, son of *twδʾkk* from Samarkand. Her buyer, *yʾnsyʾn* a monk (*šmny*), bought her in *cynʾncknδ* at the public market and the witnesses are four

Sogdians whose names, fathers' names and regional origin in Sogdiana are given: *rty ʾwδ wmʾt tyšrʾt ʾxw cwnʾkk BRY mʾymryc nʾmδʾr ʾxw xwtʾwc BRY smʾrkndc pysʾk ʾxw krz BRY nwckndʾk nyzʾt ʾxw nnykwc BRY ʾkwšʾnyk* "[These people] were present there [as witnesses]: Tishrat (tyšrʾt), the son of Chuzakk (cwnʾkk) originating from Maymargh, Namdhar (nʾmδʾt), the son of Khwatawch (xwtʾwc), originating from Samarqand, Pesak (pysʾk), the son of Karzh (krz) originating from Nuchkanth, Nizat (nyzʾt), the son of Nanaikuch (nnykwc), oroginating from Kushaniya." (Yoshida 2003, 160).

Her buyer seems to be Chinese (Lurje 2010, 454 nr. 1497), and yet he had a contract in Sogdian. Does this mean that he was at least bilingual? The slave - girl or woman, her age is not stated, but her price is high, suggesting she was healthy and able to work - has a family name (*cwyʾkkh kwtrʾnch*) and was born in Turkestan (*ʾwyh twrkstny zʾtcwh*). Her ethnic identity is not clear, but it seems that she too will have spoken Sogdian. The document contains the usual formulae about the comprehensive nature of the sale, the new owner may hit, even kill her etc. These formulae are not aimed at describing her likely destiny but are legal formulae to confirm that the complete power over her, her life and death, has passed from the seller to the buyer, without any residual rights of the seller over her. She is essentially a legal object without status, without any self-determination.

3. Shatial (north-Pakistan)

The Sogdian grafitti from Shatial in the Upper Indus valley (Sims-Williams 1992) may be older than the contract from Gaochang or roughly contemporaneous with it. They contain some information on family units, including females.

No. 371 *xnsc δwytʾkkh cynʾnch*

"Chinanch (the) daughter of Khansach".

Sims-Williams 1992, 31 points to the inverted order here and the use of a diminutive *δwytʾkkh*. He suggests the inverted order may be due to the "higher status" of the father and implies that the woman or girl is not alone but travelling with her father. Her name, "Chinese", is possibly a reference to her mother. Presumably her father would not have taken a very young girl with him on such a difficult and dangerous journey, therefore she is likely to be an older girl or woman. We have no way of knowing if this was normal, but female names are rare in Shatial.

The following two grafitti are important as evidence for Sogdian family groups, even though only males are mentioned.

No. 304 *cwzʾkk ZK wnʾynk BRY ʾḤRZY šy ʾḤ(Y) šʾns ʾBY wkw(r) βyʾ*

"Chuzakk the son of Wanenak (came here), and (so did) his brother Shans (and his) father (and) the heads(?) of the family."

No. 254: *nnyβntk ZK nrsβ ʾʾyt-kym kw 10 ʾḤRZY MN kʾrt βyncytk yʾn ptʾyst ʾt xrβntn twxtr prʾysʾn rty Zkw ʾḤY pr šyr wynʾn ʾM wyšʾ*

"(I), Nanai-vandak the (son) of Narisaf have come (here) in (the year) ten and asked for a boon from the spirit of the sacred place Kʾrt that I may arrive at Kharvandan very quickly and see (my) brother in good (health) with joy."

Yoshida established that *xrβntn* refers to Tashkurgan. This, the only real text amongst the ca. 600 grafitti, again shows family members acting together in these trading activities.

4. The Xi'an inscription of Shi Jun records the death of a husband and wife in 579 in Xi'an.

The man was *wyrkʼk* son of *wnʼwk* and grandson of *rštβntk* and from a family from Kish (*kšyʼnʼk kwtrʼk*) in Sogdiana, living in *kcʼʼn* (Kachan, Guzang at the southern end of the Gansu corridor), where he became *srtpʼw*, like his grandfather. His grave in Xi'an indicates a farther rise in power and prestige. Yoshida 2005, 64 suggests that he is also characterised by *ʼstʼm δʼr* as a "power holder", a "grandee" and also refers there to an alternative but (as far as status is concerned) similar suggestion by Sims-Williams "landowner". The title *ʼʼzt* is not attested in this inscription, neither for the man nor for his wife, i.e. they were simply above this general status. Wirkak's wife (*ktyʼʼβr*, "mistress of the house") is from *synpyn* (*synpyn zʼtch*, lit. "Sinpin-born") and is called *wyʼwsyh*. They married in Synpyn. Yoshida 2005, 65 suggests that *synpyn* is Xinping, not far from Kachan. The couple were from neighbouring Sogdian settlements in the Gansu corridor. Apart from her age, the Sogdian inscription says no more about her, mentioning neither her family nor her parents. The Chinese inscription simply characterises her as "Lady Kang" with the character for a Sogdian from Samarkand and gives her a subordinate position. In the Sogdian version she is given greater precedence, but, apart from the indication of her place of birth, this is due to the interest in the Sogdian inscription in the longevity of the partners and the fact that the wife died exactly a month after her husband. Does it imply some sort of equality of status between the husband and the wife?

Yoshida 2005 points out that the three named sons of the couple *βrʼyšmnβntk*, *δrymtβntk* and *prʼwtβntk* all have Sogdian names with *βntk* "servant of" in the second part and that the first one may be a Buddhist name from Skt. *Vaiśravaṇa*. This contrasts to the clear Zoroastrian elements in the funeral panels and may indicate the conversion of Sogdians in China to Buddhism. No daughters are mentioned, but clearly this inscription does indicate a successful Sogdian family in China.

5. One piece of valuable information on the status of Sogdian women comes from the Mug documents Nov. 3 and Nov. 4 and accordingly not from the diaspora, but from Sogdiana itself. These two documents date to 709-710, the most recent edition and commentary is Yakubovich 2006. Rather than dealing with all the aspects of these legal documents, I will concentrate on questions of status, but it is important to point out that P. Zieme suggested that the reference made in the text to a certain kind of law, *swẓwn pδkh*, may be to Turkish oral law. Since the names of both partners seem to be Turkish (see Lurje 2010, p. 166 (nr. 386) and p. 119 (nr. 205)) and there is the real possibility that this contract does not reflect Sogdian but Turkish law, despite being written in Sogdian.

The woman is a ward: *zynβrʼnch ynch* "an entrusted woman". She is called *δywtywnch* (lit. "like a daughter"!) and *ctth* (with *pyšnʾmʾk* which Yakobovich interprets as "ordinary name"). She is daughter of *wyʾws*', which looks like the same name that Shi Jun's wife had, but, as N. Sims-Williams (personally) kindly pointed out to me, does not mean that the name is of a female here too. Lurje 2010, p. 4224 (nr. 1375) accordingly lists this attestation as referring to a male and makes the interesting suggestion that the name "possibly reflects the time of birth". Her mother's name is not mentioned, her father must be dead because she is the ward of *cyr*, *nwyktc xwβw* "lord of Nawēkat" and son of *wnxʾnʾkk* who is taking the role of her father.

Beyond *zynβrʾnch*, her initial status is not specified. The contract results in her becoming *wδwh* "wife" but it then becomes very explicit: *ZNH xypδ xʾnʾkh pʾtxšʾwnh wδwh ʾnywncyδ ʾYKZY ZK ʾʾztʾk mrty ZKwh ʾʾztch ynch wdwh δʾrt* "as a woman possessing authority in his own house, in the same way a noble man treats a noble woman, his wife" (after Yakubovich, but in particular replacing his misleading "lady" with "wife"). This confirms her free status. A farther clause repeats this from her perspective and other clauses confirm this in other ways, saying that if he becomes a slave *βntk* her status will not be affected by that, she will be *xwyckh* "free, released". In the parallel clause for the event that she become a slave, the word *δʾyh* is used. This is a legal document going through the alternatives. The alternatives also include, after the clause in which the possibility that the husband might divorce her, a clause describing a divorce initiated by her. This includes the possibility of remarrying. The second document, Nov. 4, is a guarantee letter, confirming the clauses of the contract and also stating that the husband will not give her away-thereby confirming her status-and, in case of divorce, will return her to *cyr*, her guardian. This confirms that Sogdian women were always in some sort of guardianship, of their fathers, or of another male, before marriage, and, at marriage, of their husbands. There is no indication that divorced women went into the guardianship of their mothers. The sentence quoted above from AL I, 7-8, about Miwnay going back to her mother is therefore probably not to be taken in a legal sense. Perhaps she is then the responsibility of her brothers or of an uncle.

6. At the very end of the attestation of Sogdian in China, in a Uigur-Sogdian context in Dunhuang, one of the letters published by Sims-Williams/Hamilton has a reference to a man's wife and children:

F 15-18: *δβtykw wʾxš wʾnwkt ʾzF020w ms ʾyl ʾʾsmy sʾr xrty mʾtym twʾxypδ δβʾmn ʾʾzwnt sʾt xwpʾk xnt ʾntwxs nʾxwrʾ* "Another matter from me: I went to El Asmï. Your wife (and) children are all well. Do not worry!"

No farther information is offered on the identity or ethnicity of the man's wife.

Another document, H (Stein 1360), with an obscene drawing, refers to a woman:

δʾβʾmʾn ymkycwr šwʾy ZYms tʾmʾr xʾwš ʾʾzw wʾny kʾmskn šwʾy pwskwnʾy

"Lady Yimkicor has arrived, and Tämär Quš also. He also had a (carnal) desire: 'May she come without delay!'" But it is by no means certain that the text refers to real persons.

Bibliography

D. Durkin-Meisterernst: Was the Sasanian king able to read? In: *Eurasian Studies* 10 [2011], 190-211.

W. B. Henning: The Date of the Sogdian Ancient Letters. In: *Bulletin of the School of Oriental and African Studies* 1948, 601-615 [= W.B. Henning: *Selected Papers* II, 315-329]

P. Lurje: *Personal Names in Sogdian texts*. Wien 2010 (Iranisches Personennamenbuch II, 8)

N. Sims-Williams: *Sogdian and other Iranian inscriptions of the Upper Indus II*. London 1992 (Corpus Inscriptionum Iranicarum, II, III, 2, ii).

N. Sims-Williams: The Sogdian Ancient Letter II, in: M. G. Schmidt, W. Bisang (ed.): *Philologica et Linguistica, Historia, Pluralitas, Universitas, Festschrift H. Humbach*. Trier 2001, 267-280.

N. Sims-Williams: Towards a new edition of the Sogdian Ancient Letters: Ancient Letter 1. In: É. de la Vaissière, É. Trombert: *Les Sogdiens en Chine*. Paris 2005, 57-72.

N. Sims-Williams, J. Hamilton: *Documents turoc-sogdiens du IXe-Xe siécle de Touen-houang*. London 1990 (Corpus Inscriptionum Iranicarum II, III).

SUN Fuxi: Investigations on the Chinese version of the Sino-Sogdian bilingual inscription of the tomb of Lord Shi. In: É. de la Vaissière, É. Trombert: *Les Sogdiens en Chine*. Paris 2005, 47-55.

I. Yakubovich: Marriage Sogdia Style. In: H. Eichner et al. (ed.): *Iranistik in Europa - gestern, heute, morgen*. Verlag der österr. Akademie der Wissenschaften. Wien 2006, 307-344 (Österr. Akademie der Wiss., phil.-hist. Kl. Sitzungsberichte, 739. Band).

YOSHIDA, Yutaka, MORIYASU, Takao, Xinjiang Uighur Autonomous Museum: A Sogdian sale contract of a female .... In: *Studies on the Inner Asian languages* IV, 1988, 1-50.

YOSHIDA, Yutaka: Appendix: Translation of the contract for the purchase of a slave gird found at Turfan and dates to 639. In: *T'oung Pao* 89 (2003), 159-161 (Appendix to an article by V. Hansen, New work on the Sogdians, *T'oung Pao* LXXXIX, 2003, 149-159).

YOSHIDA, Yutaka: The Sogdian version of the new Xi'an inscription. In: É. de la Vaissière, É. Trombert: *Les Sogdiens en Chine*. Paris 2005, 57-72.

侨居地的粟特女性

德　金　Desmond Durkin-Meisterernst

（柏林勃兰登堡科学院吐鲁番研究所）

将侨居地这一现象与人们在其祖国之外的旅行或贸易区分开来的特点之一即是否有家族被发现。在称为“丝绸之路”的商路环境中，我们可以从记录中发现大量的男性商人。随之而来的问题是，对粟特商人的记载中有没有女性存在，如果有，她们是粟特人还是当地女性？一个侨居地的建立，一个“背井离乡的”或“移居国外的”社区（这两个术语也许都太过现代化，不能反映粟特人看待自身的方式）依赖于家族的存在。这些家族成员在种族或语言上的来源将决定粟特语延续性的程度：如果粟特商人娶了一个出身于索格底亚那和中国之间任何社区的当地女性，子女就会是使用双语的，即同时使用粟特语和至少一种当地语言；如果女性自身来自索格底亚那，那么可能有更高程度的对粟特语的保真度，即子女更可能主要使用粟特语，即使他们会像他们的父母（或仅是男性？）一样需要使用一些当地语言。无论如何，操双语或多语都是商人的商标。

汉语文献中对粟特人，包括其定居的团体，有很多记载，但笔者想在此集中探讨粟特语文献本身所告诉我们的信息。

一

在出自敦煌以西烽燧的、年代约为314年的粟特语古信札（Sogdian Ancient Letters）中，第一封和第三封古信札均来自一位粟特妇女，古信札一是写给她的母亲，古信札三是写给她的丈夫。

这位粟特妇女叫妙奈（Miwnay，*mywnʾyh*），她是古信札一收信人蔡特思（*cʾtʾysh*）的女儿。请注意古信札一不是写给一位男性，即她的父亲或兄弟。此信（古信札一）事实上发自她本人，所以她并未给出自己的姓名和家族谱系的信息（除了在信的地址一面的一个简称），她的父亲很可能已经死亡，因为他既没有在古信札一中被提及，也没有在提及了她的兄弟的古信札三中被提及——但这至少体现出女性一定程度的自主性。古信札一可能是请求金钱支援，尽管没有特别指明，但信中请求尽快回复也与此吻合。这说明她的母亲拥有金钱呢？或者仅仅是因为向她的母亲提出这一请求更可能成功呢？古信札三的第21至22行表明妙奈的母亲（和兄弟）反对她前往敦煌投奔她的丈夫：*ʾḤRZY prmʾ(n)h pr(ʾ)w srw ptγry<β>t ʾ(Ḥ)RZY ʾʾγtym ʾt δrwʾnʾʾḤRZ(Y)m Lʾ ʾwy (mʾ)δryh sxwn kšt Lʾ(ʾ)[w](y) ʾ(Ḥ)YN* “我遵从了你的要求来到敦煌，而并未听从（我的）母亲和（我的）兄弟的命令”（Sims-Williams 2005，186）信中还称她在三年前来到敦煌，见古信札三第6至7行：*ʾst 3 srδ ʾPZY δrwʾʾny ʾ(s)kwʾm pr twʾprn* “因为您的缘故，我在敦煌已经三年”（Sims-Williams 2005，184）。这表明她的婚姻和家庭生活（她的女儿已经到了可以写信的年龄）并非始于敦煌，而很可能始于索格底亚那或至少敦煌以西的某地。辛姆斯-威廉姆斯（N.Sims-Williams）提示亨宁（W. B. Henning）在《粟特古信札的年代》（Henning 1948，603）一文中指出“（古信札）与鄯善（楼兰）的印度人有明显的文化关联”，在脚注 3 中，他提出妙奈之母的名字 *cʾtʾysh* 等同于尼雅文书中出现的 Catisa 一名（参 Lurje 2010, 160）。因此妙奈可能来自楼兰的一个粟特人社区或粟特人和印度人的混合社区而非索格底亚那。楼兰到敦煌仍有一定距离，约 400 千米，但当时大多数从敦煌出发的商队会选择经过那里的商路。

她出身平民（*ʾzʾtch*，“自由的”），说明她不是一个奴隶而有一定的地位。

她嫁给了那奈德（Nanaidhāt，*nnyδt*～*nnyδʾt*），有一个女儿莎恩（*šʾynh*），但我们并不知道此女儿的确切年龄。

她能写信，而她的女儿似乎也能写信。Komel Ser Mohammed，一位在柏林的学生，通过对古信札一、二和三的形式和笔锋的仔细观察而得出结论，即古信札一的文字和古信札三中母亲所写部分的文字出于同一人之手，而不同于某男性所写的古信札二，也不同于古信札三结尾部分女儿的书体。受到书写的教育也许并不一定是社会地位的标志而更是实用主义的标志，在 Durkin-Meisterernst 2011 中，笔者提出学习粟特文字的难度与中古波斯语的异拼字母（钵罗婆字母）体系的严格特点形成强烈对比，在更早的粟特字母中很可能也运用了这一体系，正如与古信札中更为简单的字母体系，特别是总体来说与仅仅使用约二十个异拼字母的较晚时期的粟特语相比，Kultobe 文献似乎支持了上述推论。

然而，妙奈当时处于个人的、法律上的和财务上的困境中。她的丈夫将她和女儿留在了敦煌，而母女两人无以维持生计。妙奈寄望于加入一个从敦煌向西行的商队，亦即基本上一路步行返回她三年前离开的地方，而这显然并不是一个可行的解决这个持续发展的悲剧的方式。敦煌的粟特教士（*βynpt-*）准备为此支持她，而她没有所需的金钱来支付旅费。但她的基本和迫切的难题似乎是法律上的。她已婚，但她的丈夫不在敦煌。古信札一的主题似乎是一个尚未解决的问题，即在她的丈夫不在的情况下，谁为她负责，谁有能力及有可能许可她回到家乡。她顺次请求的这些人是否真的无力给予许可，或他们只是害怕她的丈夫，或大概是担心会为她承担责任，这不清楚。清楚的是，她并无等同于男性的法律地位，她不能自主行动。她对这些人使用礼貌的请求（*ptškwʾt*），这可能、也可能并不反映出她处于下属的地位；她用中性动词“去说”（*wʾβ*）来表述这些人的回复。她提出请求的顺序是：有乡镇代表（*βʾnkrʾm*）头衔的萨格哈拉克（*(s)γʾ[r](k)*）、阿迪文（*ʾrtyβʾn*）和法克汉德（Farnkhund，*prnxwnt*）。他们涉及一个统治集团，事实上可能是两个统治集团，当地聚落的领导者（*βʾnkrʾm*）和与她相关家族的统治集团（最后两个名字）。即使她可以走，不考虑她没有经济手段这个问题，作为一个女性，也只能在有男性陪同的情况下才可行，但那也明显是出于实用主义及对人身安全保护的考虑。

阿迪文（Artiβān，*ʾrtyβʾn*）拒绝她请求的表述使用了一个语义不清的词 *ʾxšnyβnt*，紧接其后是一处残损（古信札一，第 5 至 6 行：prnxwnt ZY *ʾxšnyβnt [... ...]*），也许含义类似“法克汉德（是）负责/可靠的”。妙奈然后向法克汉德说明此事，法克汉德在第 7 至 8 行中说：k*δZY (ny)š ktʾwʾntk γwtm Lʾptsynt ʾPZYtn šwʾy pytsʾr ʾkʾw mʾth ʾYKZYt ʾzw škrʾn* “如果（你的）丈夫的亲戚不同意你回到（你的）母亲身边，我怎能同意？”（Sims-Williams 2005，187）。这就将阿迪文判定为其丈夫那奈德的一个亲戚，表明那奈德当时或以前处于敦煌的家族结构中。另一个名字 *nmcw' s'n* 也应与那奈德有所关联，或者甚至是那奈德的一个亲戚。因为他的妻子和孩子，他扩展了自己本身家族之外的家族联系，但古信札三表明这在一定程度上并没有得到妙奈家族的许可。在古信札三第 10 行中，妙奈说法克汉德曾说过： *L'ZY nnyδt βntk [']ym L'ZYš m'tškh (δ)[']r'm* “我不是那奈德的仆人，我也没有他的财产。”（Sims-Williams 2005，184）。这并不表明法克汉德和那奈德之间的关系，因为这里也许指商业伙伴而非兄弟关系，但实际上两人的关系很可能两者兼有。

古信札一的主要内容明确涉及离婚：“你回到（你的）母亲那里”。在古信札三第 11 至 12 行中：*kδZYm 'k'w kt'w'ntk L' nm(') 'šk'rt '(Ḥ)RZYm (m)'δ pytδ'r [...]wšt 'PZYm 'k(')[w] 'MYh škr't* “如果他拒绝把我带到（我的）丈夫那里，然后为我（提供？）支持，送我到（我的）母亲那里”（Sims-Williams 2005，184），表明在法律上为妙奈负责的人的顺序是：丈夫（*kt'w'ntk*），母亲（*'MYh*），而动词 *'šk'r* “引导”的使用说明她自己个人的不可移动性。她不仅没有得到离开敦煌的许可，也没有任何人会借给她钱。这可能表明尽管有那奈德的亲戚存在，他们并不相信他会归还任何他们借给他妻子的钱，大概因为她会用这些钱离开敦煌而那奈德会因为他们让此事发生而埋怨他们。这位准备帮助她的教士（βγnpt-）似乎并不像其他人那样有所保留。

她和她的女儿的情况如何呢？在古信札三第 34 至 35 行中，她们似乎正在失去自由人的地位。她的女儿在那里对父亲写道：*'ḤRZY prw prnxwnt p'(r)h 'krt'y(m)n cynt(y) δ'yh* “因为法克汉德的债务，我们变成了汉人的奴仆”（Sims-Williams 2005，185）。*δ'yh* 一词在一定程度上词义暧昧，因为它既指“女仆”，亦指“女奴”。在此它可能指地位的丧失，也可能不是。我们不知道情况是否可逆，比如说如果她的丈夫回到敦煌或者其他人为她负责。对法克汉德的债务的提及似乎表明不仅他无力帮助妙奈和她的女儿，她们还用某种方式为他负责。妙奈和她的女儿的最终变得像下文所述高昌契约中出售的女奴那样了吗？

古信札二是一封商业长信，没有提及女性，尽管它在第 19 至 20 行提及了一个相当大的粟特人团体（侨居团体？）：100 *''ztpyδrk sm'rknδc* “来自撒马尔罕的 100 个平民”，字面上意为“自由人之子”——包含术语 ''zt “自由的（出身）”，还有由“40 人”组成的另一团体（Sims-Williams 2001，269）。在第 54 行出现了以下短语：*'ḤRZYšy wδwh δβr'* “然后给他一名妻子”（Sims-Williams 2001，270），表明一个人可以用这样的方式供给他所管辖的孤儿。

古信札一中提及的敦煌的教士（βγnpt-）和汉语资料中记载的多次允许外国商人传播他们自己的宗教是推测很多城市中商团规模的重要线索，但它本身仍完全地或者说主要地记载了男性。只有在有女性和家族的情况下，商团才发展成为真正的侨居地。

二

高昌的一件女奴买卖契约（TAM135，XB9219），刊布者断代为 639 年（Yoshida/Moriyasu 1988）。

这件文书所告诉我们的信息并不多，因为它只是一件买卖契约。一个女孩在高昌被出售，高昌在这件文书里被记载为 *cyn'nckn δ* “中国城”。尽管拥有汉文化背景，值得注意的是这件文书是用粟特语书写的，卖家和证人均是粟特人。

KZNH ty xrʾyn ʾwy cynʾncknδʾy ʾwyh wʾrcnyh ptʾycw nʾβw šmny yʾnsyʾ(n) ʾxw ʾwtʾ BRY cʾn kwtr MN wxwšwβyrt MN twδʾkk BRY smʾrknδc δʾyh cwyʾkkh kwtrʾnch ʾwyh twrkstny zʾtcwh ʾwpʾch ty nʾmh pr 120 δrxm šyrw krʾnw pʾrsxwstw

“因此，在高昌（Cinankanth）的市场里的人们面前，一个〔名叫〕延相（Yansyan）的出自张（Chan，cʾn）家的僧侣、Uta（ʾwtʾ）之子，购买了一个出自 Chuyakk（cwyʾkkh）家而出生于突厥斯坦的名叫 Upach(ʾwpʾch)的女奴，购自来自撒马尔罕的 Tudhakk(twδʾkk)之子 Wakhushuvirt（wxwšwβyrt)，〔价格〕是 120 德拉克马，〔这种货币〕非常纯正，铸造于〔萨珊〕波斯。”（Yoshida 2003，160）

这个女孩是 *δʾyh*，字面意思为“奴仆”，但在这个文本中明确是没有人身权利的“奴隶”。这件文书被称为 *δʾypwsty*“买奴契”。*δʾyh* 也是古信札三中用来描述妙奈和她的女儿的词，尽管在那里的语境中并不足以特指“奴隶”，而 *ʾwpʾch* 的奴隶地位大概主要源于出身环境。*ʾwpʾch* 是否是一个粟特名字并不清楚（Lurje 2010，116 nr. 195 称“不清”，且提及了尼雅文书中类似发音的名字)，但她是被来自撒马尔罕的 *twδʾkk* 之子粟特人 *wxwšwβyrt* 所卖。她的买主 *yʾnsyʾn* 是一个僧侣（*šmny*)，在“中国城”的公共市集购买了她，证人是四个粟特人，文书记载了他们的名字、他们父亲的名字和在粟特的祖籍地：*rty ʾwδ wmʾt tyšrʾt ʾxw cwnʾkk BRY mʾymrγc nʾmδʾr ʾxw xwtʾwc BRY smʾrknδc pysʾk ʾxw krz BRY nwcknδʾk nyzʾt ʾxw nnykwc BRY ʾkwšʾnyk* “〔这些人〕在那里〔作为证人〕：Tishrat（tyšrʾt)，Chuzakk（cwnʾkk）之子，祖籍弭秣贺（Maymargh)；Namdhar（nʾmδʾr)，Khwatawch（xwtʾwc）之子，祖籍撒马尔罕；Pesak（pysʾk)，Karzh（krz）之子，祖籍新城（Nuchkanth)；Nizat（nyzʾt)，Nanaikuch（nnykwc）之子，祖籍屈霜你迦（Kushaniya)”（Yoshida 2003，160)。

她的买主似乎是汉人（Lurje 2010，454 nr. 1497)，但他有一份粟特语的契约。这意味着他至少是操双语的吗？这个奴隶女孩或女人的年龄不清，但是价格昂贵，表明她是健康的且能够工作——她有家族的姓（*cwyʾkkh kwtrʾnch*）并且出生于突厥斯坦（*ʾwyh twrkstny zʾtcwh*)。她的族属不清，但似乎也操粟特语。这件文书包含了囊括买卖的全面要素的常用模板，这位新的主人可以打，甚至杀了她，等等。这些套辞并不意在描述她可能的命运，而是法律上的模板，用以确认对她的完全拥有，她生死的掌控权毫无保留地从卖家转移到了买主。她基本是一个没有地位和任何自主决定权的法律客体。

三

夏提欧/Shatial（巴基斯坦北部)。

出自印度河流域上游的夏提欧的粟特语铭文（Sims-Williams 1992）可能年代早于高昌的契约文书或大致同时代。它们包含了一些关于家族单元，包括女性在内的信息。

No. 371 *xnsc δwytʾkkh cynʾnch* “Chinanch，Khansach 之女”。

Sims-Williams 1992，31 指出了这里的倒序和昵称 *δwγtʾkkh* 的使用。他认为倒序可能是因为父亲“更高的地位”，说明这个女人或女孩不是独自而是与他的父亲一起旅行。她的名字“中国的”可能与她的母亲有关。她的父亲应该不会带着一个年纪非常小的女孩去一个这么艰难而危险的旅程，因而她可能是一个年纪稍大的女孩或一个女人。我们无从得知这是否常见，但在夏提欧女性名字很少见。

接下来的两个刻划是粟特家族的重要证据，尽管只记载了男性。

> No. 304 *cwzʾkk ZK wnʾynk BRY ʾḤRZY šy ʾḤ(Y) šʾns ʾBY wkw(r) βyʾ* “Chuzakk，Wanenak之子（到此），而他的兄弟Shans（也是），（还有他的）父亲（及）族长们（？）”
>
> No. 254: *nnyβntk ZK nrsβ ʾʾyt-kym kw 10 ʾḤRZY MN kʾrt βyncytk yʾn ptʾyst ʾt xrβntn twxtr prʾysʾn rty Zkw ʾḤY pr šyr wynʾn ʾM wyšʾ* “〔我〕，纳里萨夫（Narisaf）之〔子〕娜娜槃陁（Nanai-vandak）于十〔年（？）〕至〔此〕，并请圣地*K'rt*之魂予以恩赐，让我快些顺利到达渴槃陀（*xrβntn*），去看望〔我〕健康愉快之兄长。”

吉田豊认为*xrβntn*（渴槃陀）指塔石库尔干。这个在约600条铭文中唯一算得上文本的铭文，再次说明家族成员在商贸活动中是一起行动的。

四

西安史君墓石刻题铭记载一对夫妇在579年死于长安。

男性是尉各伽（*wyrkʾk*，Wirkak，史君），阿奴伽（*wnʾwk*）之子，阿史盘陀（*rštβntk*）之孙，来自索格底亚那史国（Kish）的一个家族（*kšyʾnʾk kwtrʾk*），居住在*kcʾʾn*“姑臧”（在河西走廊的东端），在那里他像他的祖父一样成为了萨保（*srtpʾw*）。他在西安的墓葬表明势力和声望的进一步提升。Yoshida 2005，64 提出他也被描述为*ʾstʾm δʾr*“掌权者”，“贵族”，那里也可能指Sims-Williams所说的“地主”。*ʾʾzt*这一头衔并未在题铭中出现，不管是对于男性墓主还是他的妻子，意味着他们高于这一地位。史君的妻子（*ktyʾʾβr*，“房屋的女主人”）来自*synpyn*（*synpyn zʾch*，字面意思为“出生于Shinpin的”），被称为维耶尉思（*wyʾwsyh*）。他们在Synpyn结婚。Yoshida 2005，65提出*synpyn*就是西平，离姑臧不远。这对夫妇来自河西走廊邻近粟特聚落。除了她的年龄，粟特语题铭对她的记载不详，既未提及她的家族也未提及她的父母。汉语题铭只是将她记为“康氏”，用一个出自撒马尔罕的粟特姓氏加上附属词。粟特语版本对她除出生地以外的记载更详，这是因为粟特语题铭偏好更长寿的伴侣，而实际上妻子的去世晚于丈夫一个月。这是否反映了夫妇在地位上有一定的平等性？

Yoshida 2005 指出这对夫妇的三个儿子分别名为毗黎沙漫盘陀（*βrʾyšmnβntk*）、射勿盘陀（*δrymtβntk*）和拂露吐盘陀（*prʾwtβntk*），这三个粟特语名字均在第二部分包含“盘陀”（*βntk*）“……之仆”，第一个名字可能是一个佛教名字，源于梵语毗沙门（*Vaiśravaṇa*）。这与椁板上清晰的琐罗亚斯德教因素形成了对比，可能表明粟特人在中国皈依了佛教。题铭没有记载女儿的信息，但这个题铭清晰地呈现了一个在中国成功的粟特家族。

五

来自粟特本土而非侨居地的穆格山文书 Nov. 3 和 Nov. 4 是关于粟特女性地位的一条珍贵材料，这两件文书断代于 709 年至 710 年，最新的刊本和注释出自雅库布维奇（I. Yakubovich）的《索格底亚那式婚姻》（Yakubovich 2006）一文。我不会面面俱到地分析这些法律文书，而将着眼于地位的问题，但需要指出的是，茨默（P. Zieme）称这个文书可能与一种特定的法律 *swẓwr pδkh*，即突厥口头律法有关。由于文书中的双方都是突厥人名（参 Lurje 2010，119、166），尽管用粟特语书写，这个契约反映的可能确实不是粟特律法，而是突厥律法。

这位女性是一位被监护者：*zynβrʾnch ynch*“一位被交托的女性”。她的名字是 *δγwtγwnch*（字面意思为“像一个女儿”！）和 *ctth*（此名被称为 *pyšnʾmʾk*，雅库布维奇认为是“常用名”）。她是 wyʾws'之女，这个名字看起来与史君夫人的名字一样，但正如 Sims-Williams 所提示的，该名在此处并不一定是一个女名，《粟特语文献中的人名》（Lurje 2010，4224）一书中列出了这个名字作为男名的例子，称这个名字“可能反映出生的时间”。她母亲的名字未被提及，而她的父亲应该已经去世，因为她被 *cyr* 监护，这个代替她亲生父亲的人是 *nwyktc xwβw*“Nawēkat 之主”，*wnxʾnʾkk* 之子。

除了 *zynβrʾnch* 之外，她原本的地位没有被详细说明。这份契约的结果是她成为 *wδwh*“妻子”，接下来显而易见：*ZNH xypδ xʾnʾkh pʾtxšʾwnh wδwh ʾnywncyδ ʾYKZY ZK ʾʾztʾk mrty ZKwh ʾʾztch ynch wdwh δʾrt*“像一个女性在他自己的房子里拥有的权利那样，一位贵族男性也同样的对待一位贵族女性，他的妻子”（引自 Yakubovich 2006，将他令人误解的表述“女士”替换为“妻子”）。这证明了她的自由人的地位。另一个条款从她的角度进行了复述，而其他条款以另外的方式确认了这一点，说如果他变成了一个奴隶（*βntk*），她的地位将不会因此受到影响，她将会 *xwyckh*“自由，被豁免”。在假定她沦为奴隶的平行条款中，使用了 *δʾyh* 一词。这是一件列举了各种假定情形的法律文书。在这个条款之后，还列举了丈夫与她离婚的可能性及她引发离婚的情形。在此还包括了再婚的可能性。第二件文书 Nov. 4 是一份保证书，确认契约的条款且申明丈夫不能将她送与他人——因而确认了她的地位——而且，假如婚姻破裂，会将她送回 *cyr*，她的监护人处。这说明粟特女性总是处于某种监护下，婚前在她们的父亲，或是另一位男性的监护下，而婚后则由她们丈夫的监护。

没有材料表明离婚的女性由她们的母亲来监护。因而引自古信札一第 7 至 8 行的关于妙奈回到她的母亲那里的句子可能不能从法律层面来理解。也许她接下来由她的兄弟们或一位叔伯来负责。

六

粟特人在中国活动的末期，在敦煌的回鹘—粟特语文献中，由 Sims-Williams/Hamilton 刊布的书信之一提及了一个男子的妻子和子女：

F 15-18：*δβtykw wʾxš wʾnwkt ẓw ms ʾyl ʾʾsmy sʾr xrty mʾtym twʾ xypδ δβʾmn ʾʾẓwnt sʾt xwpʾk xnt*

ʾntwxs nʾxwrʾ“我还有一事：我去了 El Asmï。你的妻子（和）子女都安好。勿念！”关于这个男子之妻的身份和族属没有进一步的信息。

另一件附有淫秽图画的文书，H（Stein 1360），提及了一位女性：*δβʾmʾn ymkycwr šwʾy ZYms tʾmʾr xʾwš ʾʾẓw wʾny kʾmskn šwʾy pwskwnʾy*“Yimkicor 夫人已经到了，还有 Tämär Quš。他还有一种（肉体的）欲望：‘愿她速速到来！’”但无法确定这个文本记载的是真实的人物。

参 考 书 目

D. Durkin-Meisterernst: Was the Sasanian king able to read? In: *Eurasian Studies* 10 [2011], 190-211.

W.B. Henning: The Date of the Sogdian Ancient Letters. In: *Bulletin of the School of Oriental and African Studies* 1948, 601-615 [= W.B. Henning: *Selected Papers* II, 315-329]

P. Lurje: *Personal Names in Sogdian texts*. Wien 2010 (Iranisches Personennamenbuch II, 8)

N. Sims-Williams: *Sogdian and other Iranian inscriptions of the Upper Indus II*. London 1992 (Corpus Inscriptionum Iranicarum, II, III, 2, ii).

N. Sims-Williams: The Sogdian Ancient Letter II, in: M. G. Schmidt, W. Bisang (ed.): *Philologica et Linguistica, Historia, Pluralitas, Universitas, Festschrift H. Humbach*. Trier 2001, 267-280.

N. Sims-Williams: Towards a new edition of the Sogdian Ancient Letters: Ancient Letter 1. In: É. de la Vaissière, É. Trombert: *Les Sogdiens en Chine*. Paris 2005, 57-72.

N. Sims-Williams, J. Hamilton: *Documents turoc-sogdiens du IXe-Xe siécle de Touen-houang*. London 1990 (Corpus Inscriptionum Iranicarum II, III).

SUN Fuxi: Investigations on the Chinese version of the Sino-Sogdian bilingual inscription of the tomb of Lord Shi. In: É. de la Vaissière, É. Trombert: *Les Sogdiens en Chine*. Paris 2005, 47-55.

I. Yakubovich: Marriage Sogdia Style. In: H. Eichner et al. (ed.): *Iranistik in Europa - gestern, heute, morgen*. Verlag der österr. Akademie der Wissenschaften. Wien 2006, 307-344 (Österr. Akademie der Wiss., phil.-hist. Kl. Sitzungsberichte, 739. Band).

YOSHIDA, Yutaka, MORIYASU, Takao, Xinjiang Uighur Autonomous Museum: A Sogdian sale contract of a female .... In: *Studies on the Inner Asian languages* IV, 1988, 1-50.

YOSHIDA, Yutaka: Appendix: Translation of the contract for the purchase of a slave gird found at Turfan and dates to 639. In: *T'oung Pao* 89 (2003), 159-161 (Appendix to an article by V. Hansen, New work on the Sogdians, *T'oung Pao* LXXXIX, 2003, 149-159).

YOSHIDA, Yutaka: The Sogdian version of the new Xi’an inscription. In: É. de la Vaissière, É. Trombert: *Les Sogdiens en Chine*. Paris 2005, 57-72.

（胡晓丹 译 荣新江 校）

粟特商队到于阗

——BH4-135之于阗文书的解读

段　晴

（北京大学外国语学院）

本文将重点讨论中国国家图书馆藏编号BH4-135之于阗语文书以及与其相关联的粟特语签封字条。在进入对此文献的讨论之前，关于粟特人在于阗王国所遗留的痕迹等，首先概要说明如下。

一、关于于阗的粟特人聚落

于阗王国，处于古代中亚往中原的交通要道，如果有粟特商队往来，于阗是必经之路，必然要安营扎寨的地方。所以在于阗王国的地域内，曾经有粟特人的聚落，这在情理之中。最直接的证据来自中国国家图书馆藏BH1-15之于阗语、汉语双语文书。依据此文书，粟特人的聚落在于阗语名曰Suttīnāṃña，在汉语则被称为"速底囊村"。同一文书提到的人名有7人，人名带有明显的粟特人名特征[1]。"速底囊村"下列人名中有字"偏奴"者，又出现在俄罗斯圣彼得堡藏《某年正月六城知事牒为偏奴负税役钱事》之汉语文书，该文书提到另一人名"安达汉"，据此，张广达、荣新江已经指出，此人当属当地粟特族落中人[2]。还是依据圣彼得堡的这件汉文书，暗示粟特人的聚落就坐落在古代杰谢的地域范围之内，粟特族落的税收由杰谢所由负责。另有《大历十六年六月廿一日契》也提到偏奴[3]，说明至少直到8世纪末期，于阗地区仍有粟特人的聚落。这里应强调，于阗的粟特人名前冠有"安"姓，而一般认为"安"姓的粟特人来自布哈拉[4]。族落冠以姓氏"安"，似显示了此族落至少在当时当地的汉人眼中，具有明显的异域意识。

以下进入本文的正题。

二、粟特商队留下的签封

中国国家图书馆馆藏BH4-135和BH4-136分别是两件文书。其中BH4-136上书有粟特文字。

[1] 例如Śirvaṃdai，汉译"失饭台"，吉田豊指出，此人名应是粟特字šyrβntk。BH1-15号双语文书已经多次刊布，如Duan Qing, "Bisā- and Hālaa- in a New Chinese-Khotanese Bilingual Document", *The Journal of Inner Asian Art and Archaeology*, Vol. 3, 2009, pp. 65-73.（以下简称Duan 2009）

[2] 张广达、荣新江《于阗史丛考》（增订本），北京：中国人民大学出版社，2008年，279页。

[3] 关于这两件汉语文书，详见张广达、荣新江《圣彼得堡藏和田出土汉文文书考释》，《于阗史丛考》（增订本），267－288页，特别是278、279页。

[4] Edwin G. Pulleyblank, "A Sogdian Colony in Inner Mongolia", *T'oung Pao*, 41.4/5, 1952, pp. 317-356. 详见320页。

该藏品是一狭长的纸条，保存完好，长13.8厘米，宽1.2厘米。粟特语一行，书写在封泥两侧。这些文字已经由日本吉田豊教授解读，详文见附录二。将吉田豊的解读翻译出来，大致如下："此文件由Tagran（或者Uran）签封，是为萨宝，Akutakk（之子）。"

此件藏品十分蹊跷：签封表层书有粟特文字，明确提及萨宝。按照常识，萨宝是粟特商队的首领。仅凭此字条，已经可以得知，曾有粟特商队经过于阗，并且在此签署了文件。还是按照常识，表面有签封的，基本是契约。而签封仅仅起到提示的作用，一般来说，被封住的纸上应详尽书有契约的内容。

此件封签的形制也十分值得琢磨。仔细观察后，发现这细长的纸条以折扇方式经过双层对折，中间部位用棉线绳简单缝住，背面可见"一"字形针脚，正面用封泥封住剩下的线绳。封泥呈现椭圆形（图1）。

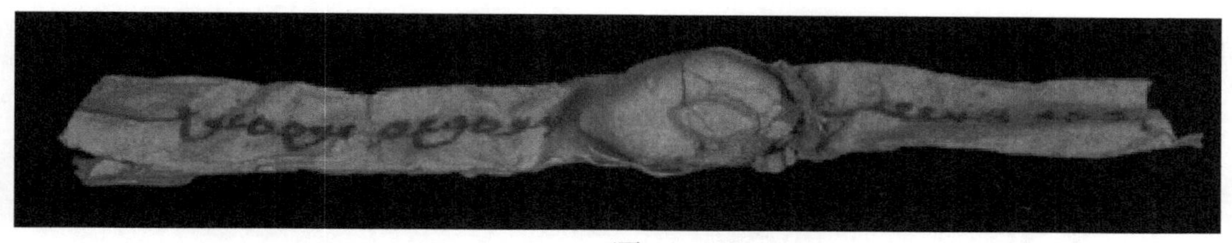

正面

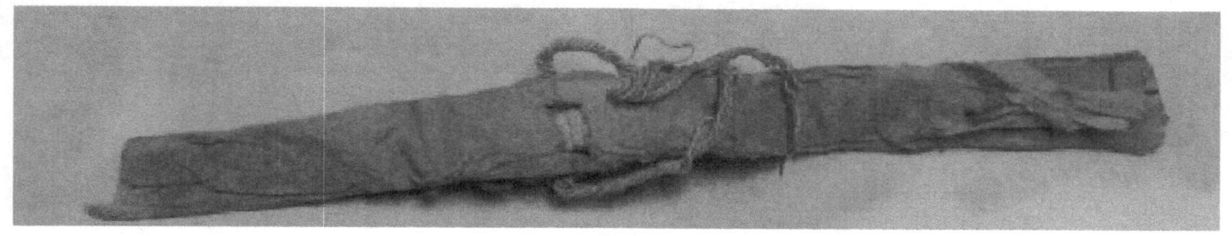

背面

图1

这带有泥封的纸条之蹊跷处在于，虽然封面上写有萨宝"签封"的字样，但打开几层对折的纸，发现其中没有任何文字。那么，当年萨宝为什么留下这样的签封？其真实用途何在？

三、BH4-135之于阗语文书的外观

与BH4-136之粟特语泥封纸条同时入藏中国国家图书馆的，还有一件于阗语文书，双面书写，四周有线缝的痕迹，有些地方还留有棉线的残余。这件文书纸型较大，长46.2厘米，宽22厘米，该文书的国图编号为BH4-135。当年笔者曾亲自参与鉴定这批入藏的胡语文书，见到BH4-136之粟特语签封条，与此件于阗语文书褡裢在一处，当时认定，这件粟特语签封条与于阗语文书之间必然相关联。但当时未能详细检查两件文书是如何连接的，今日再查，已不能从外形上合理解释两件文书的缀合。因此，本文将分别从外观、内容两个角度入手，意在指出BH4-135与BH4-136之间有必然的联系。

对外观的描述：BH4-135之于阗语文书具有鲜明的特点。原本是一张大纸，四周却经过针线加工，缝线的目的，似不在于缝合，而是在加强纸的边框，更具有强调形制的意义。BH4-135

和 BH4-136 两件文书所用线绳是一致的。仅从外观判断，两件文书可以连接缀合的痕迹虽不明显，仍可认为是同一时期所遗留的。

BH4-135 所用纸，曾经按照折扇的方式折合起来，折成长条形。这些针对形制的制作，似乎是在迎合某种制式的要求。在目前已经发现的于阗语契约中，有一种契约书写在长条纸上，写好之后，卷起，用泥印封住（图 2）。如下面这一件：

1. || śnatsalo mūrä hodä stāñaṃja drai haṃbā 1000 500
2. spāta rramena nāte ttī ṣa saṃ(ja) pramāna hämä kuī spāta
3. rramena pyaśtä

Śnatsalo 给付了总数三匹种马的铜钱，1500 文。萨波 Rramena 收讫。这件契约随即生效，当萨波 Rramena 印封之时。

图 2

目前此件文书还散落在民间。这是一件买卖马匹的契约，字体古老，而交易金额达 1500 文。此类书于长条形纸上的契约目前已经发现多件。这说明，于阗王国曾经流行这样一种形制的契约。但是，和田地区出土的古代于阗语契约，如果涉及成交的数额较高，尤其涉及人口买卖时，却更为常见使用木制的案牍。目前所发现的案牍数量已将近 20 件。可以说，案牍类似古代鄯善社会所使用的佉卢文尺牍，应该曾经是古代于阗通用的契约制式。

但所发现的于阗语长条形买卖契约为数也不少，而与此形制相类似者，也见于古代伊朗文化区域，如伊朗库姆地区出土的 7 世纪后半叶的巴列维语经济文书，写在长条形的布料上，也有相同模式的泥封[5]。

类似的契约的形制指向说明，古代于阗语长条形纸制经济文书，应代表了于阗王国以外其他中古伊朗文化圈的特征（图 3）。如上述马匹交易，虽然是用于阗语所书，但出钱购买马匹的，应该不是于阗当地人。

BH4-135 之于阗语文书实际上也显示了非于阗传统的特征。这件文书虽然书写在一张大纸上，但纸却明显折叠成狭长形，这显然是为了迎合不同于于阗的做契约传统而进行的特殊制作。

[5] 图版引自 Gignoux 2013, p. 158，他的文章中还展示了更多长条形的契约文书。

Catalogue

Document 8

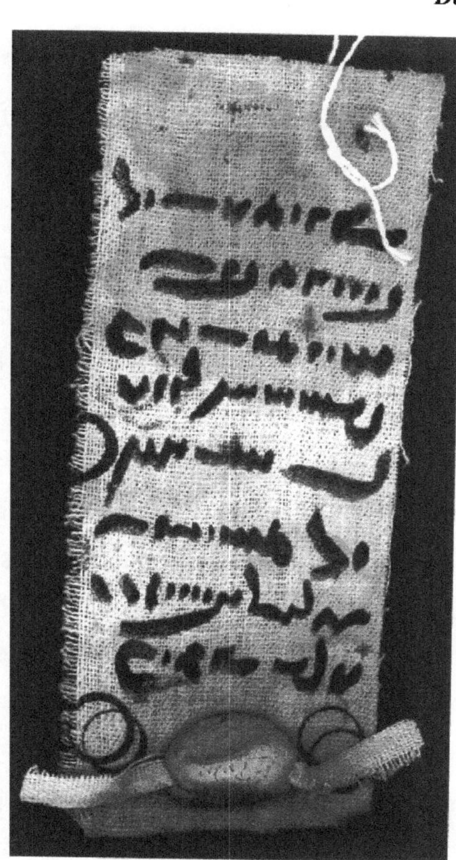

Tissu en lin (?), 5,4×13 cm, comportant une inscription de huit lignes et une bulle fixée au bas du document avec une seule empreinte représentant un oiseau, de part et d'autre de laquelle se trouvent deux séries de deux cercles entrelacés.

Translittération

1. d'ṭyn' MN Z̲K Y 'L
2. bwn' Z̲NH BYRḤ
3. spndrmṭ Y ŠNṬ
4. 40–3-3–3 lwčyk
5. l'd Ḥg G+3
6. 'L m'hwnd'ṭ Y
7. z'wld'l YḤBWNṭ' čk'
8. pl'd ḤṬYMWNṭ

Transcription

1. *Dādēn az ān ī ō*
2. *bun ēn māh*
3. *Spandarmad ī sāl*
4. *49 rōzīg*
5. *rāy gandum 3 grīw*
6. *ō Māh-vindād*
7. *Zōrdār dād čak*
8. *Frāy āwišt*

Traduction

(1) Dādēn, de ce qui (est) dans (2) le patrimoine, ce mois de (3) de Spandarmad de l'an (4) 49, comme ration (5) a remis trois grīw de blé (6) à Māh-vindād fils de (7) Zōrdār. Le document, Frāy l'a scellé.

图 3

四、BH4-135 之于阗语文书的内容

BH4-135 之于阗语文书的内容是账务。一些关键语句虽因文书的残破而已缺失，但仍可识别出三笔入账钱及物品的出账，一笔笔开销记录得十分明晰。

第一笔，支出名目，由乡长老、法师友贤，以及两个分别叫做 Māṃmattī、Vämausa 的人所安排。这笔钱的支出集中在正面第一栏。所购置的清单物品如表 1。

表 1　第一笔支出名目

支出项目	单位/Mūra	备注
土地	1500	
	1600	
Pacha	300	
酒	280	
	270	
丝绸	150	特给慷慨者
未知	50	特给慷慨者
总计	4150	

这其中需要对一些语句及词汇做详细解释。

第一栏第 2 行：

ṣo vā ttyāṃ mūrāṃ naraṃ[x]“这是那些钱的出（账）。”

naraṃ[x]的末字节无法识别。但于阗语有动词 narām-“从……出去，外出”，其过去分词：naranda- (*SGS*, 49)。这一句的语境清晰，所以可以认为 naraṃ[x]是基于过去分词 naranda-而构成的名词，词义“出账，支出”。

出现在第 3—5 行的动词 gäryāṃdū（词根 gän-）、nādū（词根 nās-）皆使用了完成时复数第三人称，而且末音皆显示加了第二人称代词复数的粘着式缩略语-ū。在 BH4-135 正面最上端，提到未出现名字的乡长老（haṃdastä）及法师友贤等多人，所以复数当指这些人。使用了-ū 词缀则显示，这份出账是报告给某人的。

第 8—9 行皆提到 mäḍāṃ一词。例如第 8 行：

mūrä 100 50 śaṃcī gärye mäḍāṃ vaska x x x -ā kulä“钱 150 文买了丝绸，以送慷慨者，……”

“慷慨者”缘对 mäḍāṃ，是 mäḍe, mäṣḍān(a)的单数属/为格。关于这个词，Sims-Williams 和 Wright 曾经做了详尽的探讨。前者认为，出现在贵霜迦腻色迦一世大夏语铭文的 μοζδοοανο 应是一个大夏神灵的名字，与吠陀语 mīḍhváṁs-“慷慨的，仁慈的”同源。有实证表明，μοζδοοανο 应该是印度湿婆神者的名号之一，而这一名号通常出现在贵霜王的钱币上。但这个神一般叫做 οηþο（=Av. vaiiuš, 中古伊朗语 way，粟特语 wyšprkr），是贵霜人所供养的主要的神灵之一。他的形象手持三叉戟，坐骑是双头的马[6]。Wright 继而论述道：吠陀文献的 mīḍhvás 正是印度教 Rudra 神与湿婆神的名号之一。依据在吠陀文献出现的语境，这个词更适宜翻译作英语的 bountiful, generous[7]，而非 gracious。

正是受益于两位学者的论说，笔者将文书中出现的 mäḍāṃ 译作“慷慨者”。于阗语 mäḍe, mä(ṣ)ḍān(a)“慷慨的、宽宏大量的”作为形容词通常与 gyasta-连用。于阗语称“佛”为 gyasta-balysa-，即“天佛”，所以 mä(ṣ)ḍān(a)最常见用来作为佛的修饰语。在世俗文书中，于阗国王被尊称为 gyasta-“天”，常见的表述：miḍānä gyastä hvaṃnä mistä ruṃdänu ruṃdä “慷慨的天，于阗伟大的王中王”。

BH4-135 出现之前，这个词作为尊称单独出现的，仅见于《佛本生赞》[8]，本生故事中的“佛”被称为“慷慨者”。但在真实的古代于阗佛教界，寺院的高僧最多被尊为法师，没有法师被尊称为“慷慨者”的记录。所以，BH4-135 中两次单独使用的此尊称，应不是针对某位法师的。但也不应是针对于阗王的，因为仅此称谓似不足以表述于阗王的尊严，于阗王还拥有“天”的称谓，实例很多。再看上文，表 1 所列数额巨大，其中两项巨大支出，是购买土地的用钱。文书中，这个慷慨解囊的人有资格被称为“慷慨者”。而这个慷慨者，或许所指正是商队的头领。关于给他的“丝

----

［6］M. J. Geller, Nicholas Sims-Williams & J. C. Wright，“Notes and Communications”，*Bulletin of the School of Oriental and African Studies*, 60, 2 (1997), pp. 327-343.对 Sims-Williams 的具体引文见 pp. 337-338.

［7］同注［6］，对 Wright 的具体引文在 340 页。

［8］《佛本生赞》= Mark J. Dresden, “The *Jātakastava* or ‘Praise of the Buddha's Former Births’: Indo-Scythian (Khotanese) Text, English Translation, Grammatical Notes, and Glossaries”, *Transactions of the American Philosophical Society*, New Series, Vol. 45, No. 5 (1955), pp. 397-508.具体引用见 431、432 页等。

绸”，见后文的论述。

第二笔，有物物交换的记录，作为支付手段的，全部是 namata。这是个古老的伊朗语词汇，已经出现在楼兰、尼雅所出土的佉卢文文献当中，Bailey（1957，53-54）有详细的论述。这个词汇与英语词汇所收入的 numdah 同源。本文译作“毡毯”。

需要讨论的词语：mararu，出现在正面第一栏，第 11 行。这一行原图后半截字迹几乎无法辨认，但前半截清晰，读出如下：

|| namatä saṃ hämya 40 6 mararu byaudā*du* ma*ta* x x x x [......]“毡毯总计 46 件，为您入于账中。”

mararu 应是出现在佉卢文当中的 maravara。Burrow (1935, 785)曾详尽论证，认为这个出现在佉卢文/犍陀罗语的词汇来自伊朗语，可还原为古伊朗语的**mąϑraβara*，词义应该相当于现代语言的“会计”，或者“账房”。Bailey 进一步提供了来自萨珊铭文的同源词汇，认为 āhumārakār 和 hamārakār 与 maravara 有相同的词源，词义也作“会计”。Burrow 据此进一步判断，出现在佉卢文献的 maravara 应源起于*hmāraβara，词首的 h-脱落，犹如阿维斯塔文献的√mar，并可参照现代波斯语的 mar 以及 āmār。

mararu 在于阗语现存文献中还是首次被观察到，依据上下文，确实与账务有关，但如果译作“会计、账房”，则文意不通。应将文书中出现的 mararu byaudā*du*（完成时第三人称复数，词根 byev-“获得”）作为搭配理解，句义“入账”。入账的全部是“毡毯”。

表 2 反映毡毯收购及卖出

大宗入账	零星收购（12—18 行）	卖出
14 + 46	10	53（r1#19）

其中第一栏第 18 行，字迹模糊，剩余文字显示，一件毡毯抵消了 7 硕的糜[9]。所卖出毡毯，5 次（r1#13-16）[10]用于买入 drāysaṃjsa，不知何物。

自正面第一栏第 20 行起，尽是小额铜钱的支出，用来购买的物品如下：

（1）罐子 pharha 1。

（2）drāysa“葫芦，葫芦”，多次购入。其中第 2 栏第 5 行，价格明确，花费了 7 文。

（3）小麦 5 硕，3 斗。（r2#9）

（4）酒。

（5）红花。（r3#13）

（6）付给工匠。（r3#7）

（7）草。（r3#8、10）

（8）为 ūtcārrai 支出 2 次。

（9）兔子，价格在 5、6 文，多次。（v1#2, 11）

（10）蔬菜。（v1#3, 12）

[9] 笔者案：原卷写作“床”，本文使用“糜”替代。但是否为一种谷物，尚不可确知。

[10] 使用符号说明：r 表示正面，v 表示反面，#指行数。例如 r1#13-16，表示正面第一栏第 13 至 16 行。

（11）箭。（v1#8）

（12）泥土。

（13）粗面粉。

（14）鞋。

（15）兔子。

（16）锦 37 文。

（17）涉及 ūtcārrai。

（18）器皿 很多。背面四栏 20 行。

（19）泥土。

关于其中一些物品的阐释，见下文。

第三笔，从背面第三栏开始。第一句话，先记录了乡长老、法师友贤、māṃmattī、vämausa 在媲摩收到的税钱。仅以可读出的部分计算，这笔收入在 2200 文以上。背面第 4 栏，是这笔钱的出账。这笔出账与上文小额出账相比，数额较大。可以读出的大宗支出如下：

1. 酒

可以数出 8 笔，相对前文小额支出部分，这一部分用来购买酒的款项巨大。从字迹清晰的几处，可以读出 150 文、140 文、190 文（v4#2,13;v5#3）。另外以“罐”为盛载酒的器皿，并作为计量单位。例如第 4 栏第 19 行：

mūrä 70 5 mau gärye śā jsūrā sagäna“钱 75 文，购买了酒一罐，从 Saga 那里。”

这件文书在第三笔支出之下，可以读出有四处使用了 jsūrā 作为酒的计量单位，而且价格是一致的，尽管字迹模糊，但至少两处可以互为参照，显示出一 jsūrā 的酒价是 75 文。以 jsūrā 作为盛酒的器皿并作为计量单位，曾经出现在敦煌藏经洞出编号为 P 2739 的于阗语文献中。相关语句：

aṇūtcä mau nau jsūre“无水酒，9 罐”[11]。

因为是孤例，当年这一句没有得到正确的阐释。Bailey (*Dict.* 116)以为 jsūre 即没有经过发酵的葡萄汁。现在有 BH4-135 提供的例证，jsūrā 之前出现了反复出现数词“一”的阴性形式，加之有 P 739 的 nau“九”作为限定词，可以确认，这个词的原形是 jsūraā-，阴性，指装酒的“罐子”。在 BH4-135 代表的年代，在古代于阗，一罐子酒的价格是 75 文（mūras）。

除了 jsūraā-“罐子”，在于阗当地还有其他计量酒、盛酒的器皿。例如在背面第四栏第 13 行、第五栏第 3 行，可以读出 khūrä，价格分别为 140 文、190 文。价格至少两倍于一 jsūraā-。其容量，可以想象也应是“罐子”的两倍多。

2. drrāysa“葫芦，胡瓜”

这个词未见于已知于阗语文书。但是在于阗语医药类文献，ttrūysa 是个常见的词汇，《医理

[11] 于阗语原文见 Bailey 的转写，*KT* II，第 85 页，P 2739 第 27 行。

精华》相应梵语 trapuṣa，藏译 gru-sa[12]。但是在《翻译名义大集》[13]，trapuṣa 的藏译是 Ga-gon，汉译作“胡瓜，水瓜”。《翻译名义大集》的 Ga-gon 提示，相应藏文版《医理精华》的 gru-sa 是个音译词汇，而相比梵文的 trapuṣa，藏译的 gru-sa 其实更接近于阗语的 drrāysa，因为藏文的辅音组合 gr- 与 dr-互换的例子颇为常见，如 gru gu 也写作 dru gu“突厥”。笔者倾向认为 drrāysa，即 ttrūysa，而藏文的 gru-sa 很可能是从于阗语借的词汇。

正面第二栏记录的小额支出部分记录，购买葫芦所用支出少，例如第二栏第 5 行可以读出，用于购买葫芦的钱为 7 文。但背面第 4 栏显示，曾经用 50 文购买了葫芦。而一只兔子的价格在 5－6 文。一硕小麦的价格在 12 文上下，如背面第四栏第 12 行。

drrāysaṃjsa 反复出现于正面第一栏。尚不知是何物品。于阗语有词缀-jsa-，用来构成名词，表示“拥有……的”（Degener 1989, 213）。但认定 drrāysaṃjsa 是加了-jsa-词缀而构成，似乎也有问题，因为几次出现时，皆可见到前面还有鼻音字符 ṃ。目前这个词汇的构词以及意义，待议。

3. 蔬菜、葱头

背面第一栏第 3 行可以清楚读出 sākä，可以推到梵语的 śāka“菜”。记录显示，用于购买蔬菜的钱较多，一次性购买高达 45 文。

背面第四栏第 15 行可以清楚读出 pau，即“葱头”。记录显示，为购买葱头使用了 100 文，而且是在拔伽地区购买。100 文，按照比价，可以买入 10 硕小麦。

4. 小麦

小麦，最多的一笔记录在背面第四栏第 15 行：120 文购入 10 硕。有唐开元时代的于阗语、汉语之双语文书证明，于阗语的计量单位 kūsa，相当于汉语的“硕”，即“石”；而于阗语的 kha，相当于汉语的计量单位“斗”[14]。而同一栏第 16 行读出，7 kha 小麦售价 14 文。古代于阗的 kūsa 与 kha 之间的换算，似乎不是汉度量系统之“石”与“斗”的关系。

5. 未知词汇

pachä“羊”？已知于阗语表示“羊”语汇有两个：buysa-“山羊”，pasä“绵羊”。一般来说，没有必要再提出假设，以为 pachä 是 pasä 的其他拼写形式。但是，在此文献中，pachä 是大宗款项购买的，出现两次，一次在正面第一栏，在记录了购买了土地的金额之后，这宗商品是以 300 文购入的。另一次出现在背面第四栏第 3 行，价值 85 文。

kaḍä “匕首”（？）。可以读出两次：背面第一栏第 8 行、第四栏末行。其中后一次提到购买了许多这个物品。这是笔者首次在于阗语文献中遇到这个词汇，最直接的解决思路，kaḍä 来自 Avesta 的 karəta-，粟特语有 krt,“小刀，匕首”。于阗语已知表示“刀”的词汇：kāḍara，而

[12] 藏译未经核实原文，直接引自 Bailey *Dict.* 144。

[13] 榊亮三郎编著《翻译名义大集》，台北：华宇出版社，1985 年，第 5748 条目。

[14] 荣新江、文欣《和田新出汉语一于阗语双语木简考释》，《敦煌吐鲁番研究》第 11 卷，上海古籍出版社，2008 年，45－69 页，引用部分见 64 页。

kāḍara 更多或指武器级别的“大刀，刀剑”之类。

ūtcārrai 多次出现。两次可以清楚读出后面跟随的介词 vaska。正面第一栏两次使用到这个介词，而介词前均指 miḍāṃ，即 mäḍe 的单数属/为格，本义“慷慨者”。因此，同样的句式，在 vaska 之前的 ūtcārrai 应该是类似“慷慨者”的尊称，特指一类人。类似的用法曾经出现在 Hedin 50，Bailey 认为出现在该处的 haudye ūtcāṃ是指七名拥有高官头衔的人。看来 Bailey 的分析是对的[15]。

五、BH4-135 之于阗语文书的时代

判断这件文书的书写年代，从两个方面入手：其一，从价格入手，价格体现年代；其二，以互见人名为参照。

1. 文书体现的价格

文书写作的年代，是古代于阗社会价格低廉的时代。文书反映出，当时的于阗社会颇为富足，小麦等粮食的价格很低，约 12 文钱便可购入 1 硕。最好的参照物是锦的价格。背面第四栏第 11 行记录了锦的价格为 37 文。于阗锦，一般按张计算。中国的丝绸专家如是说：“中原地区的织锦自古以来就采用匹的规格，至唐未变。……相比之下，西域地区或是说中亚系统的织锦规格则有很大的不同，它们所采用的规格称为张。”[16]以张作为锦的单位，是西北丝绸生产在规格上的独树一帜之处。

在古代于阗，丝绸的价格不是一成不变的，而是随着时代的变迁而升降。笔者曾经以现有于阗语文献为基础，对 8 世纪于阗絁䌷的价格涨幅做过调查[17]。这里仅引用一张表来说明价格的波动（表 3）。

表 3

年代	絁䌷（每尺价格）	锦（每尺价格）	依据文书
安史之乱前?	12.5 文钱		Hedin 48
773 年		150 文钱	Hedin 26
781 年	150 文钱		Godfrey 2
801 年	62.5 文钱	450 文钱	Hedin 13

表中数据显示，于阗特产絁䌷，曾经每尺 12.5 文钱，而在 781 年时，上涨到最高点，801 年时又回落到 62.5 文钱一尺。这个价格波动，与中原丝绸价格的波动是一致的[18]。参照 801

[15] Bailey 的分析见 *KT* IV，156 页。

[16] 赵丰、王乐《敦煌丝绸与丝绸之路》，北京：中华书局，2009 年，218 页。

[17] 详细的论述参阅《于阗絁䌷，于阗锦》，《伊朗学在中国第 4、5 次会议论文集》（待刊）。

[18] 相对应的唐代丝绸价格浮动，可参阅李锦绣《唐代财政史稿》第 5 册，北京：社会科学文献出版社，2007 年，158 页。

年锦/尺的价格与绝䌷/尺的价格比，锦价几乎是绝䌷价格的 7 倍[19]。还是依据 Hedin 13 等于阗语文献，我们知道于阗的一张锦大约在 3.2 尺。以这些熟悉的于阗语文献为参照，再来看 BH4-135 背面第 11 行所记录的锦，以 37 文所购得。甚至没有必要讨论锦的尺寸，仅以这一处的价格而论，显然与 Hedin 13 非出自一个时期，如此低廉的价格，说明此件文书的书写年代，发生在安史之乱之前。

这里要回过头来说给“慷慨者”的丝绸。正面第一栏第 8 行记录用钱 150 文买了 śaṃcī 给一位“慷慨者”。śaṃcī 已经是第三次出现了。首次见到，是在 Or.9268B，那是件案牍，收藏在英国图书馆。我们称之为《裴捺托孤》案牍，该案件发生于 783 年，其中提到“三尺 śaṃcī”价值 300 文(Duan 2013, 443)。第二次见于中国国家图书馆藏犹太波斯古信札，用到这个词[20]，未给出价格。BH4-135 中再次遇到这个词，未指出尺寸而有 150 文的价格。同一文书中，一张于阗锦的价格是 37 文。150 文，显然是高价。于阗特产绝䌷，已知绝䌷的于阗语 thauna-，于阗锦 thaunaka-。śaṃcī 应是特殊的丝绸，且在当时当地较为名贵，所以才特别供给“慷慨者”。

2. 互见的人名

这是显示此文书写作年代的关键。这件文书中出现的人名众多，有些是熟悉的。文书两次提及 āśirī mättrabhadrä“法师友贤”，他是关键人物。此人名连同他的称谓“法师”几次出现在于阗语文书中。一幅壁画的残余部分，保留了法师友贤的名字，这幅壁画是当年斯坦因在塔里什拉克发现。题记有如下语句：

> KT 3, 148, Tarishlak I. 009：āśir’rī mittrabhadri pasti pīḍi “法师友贤令人书写”。

“法师”尽管是古代于阗地区常见的对佛教高僧的称谓，但发现题记的这幅壁画，却带有浓郁的非佛教色彩。题记旁带有光环的保护神，他的脸廓以及眉眼显示为武士，手持的物件也不寻常[21]（图 4）。

图 4

Mittrabhadrä 之名，又见于英藏 H.147 MBD 23a 文书[22]。与这件文书内容连贯的是 H.147 MBD 24a，其

[19] Hedin 13 的原文，见 *KT* IV, 29 页。但 Bailey 的译文有误。对于 Hedin 13 最新解读，参阅 Duan Qing & Helen Wang, “Were Textiles used as Money in Khotan in the Seventh and Eighth Centuries?” *Journal of the Royal Asiatic Society*, 23. 2, 2013, pp. 307-325，具体在第 323 页。

[20] 张湛、时光《一件新发现犹太波斯信札的断代与释读》，载于《敦煌吐鲁番研究》第 11 卷，上海古籍出版社，2009 年，71—99 页，具体引文见 94 页。

[21]原图见 Aurel Stein, *Serindia, detailed report of explorations in Central Asia and Westernmost China*, vol. iv, Plates, Oxford, at the Clarendon Press, 1921, XII。

[22] 见 IOL Khot 1651a 之下，*Catalogue*，368 页。

中第 12－13 行显示，上述这两件文书是写给屋悉贵的僧团（Ustāka[ji bi'saṃ]gä）。同一件文书（H.147 MBD 23a）被提及的还有一系列以-bhadra-结尾的名字，如 prrabhākarabhadrä（阳贤），udayabhadrä（起贤），suprrabhadrä（妙光贤）等。众多以-bhadra-结尾的名字显示，屋悉贵的僧团流行“贤”字辈。但在此“贤”字辈人中，友贤的地位略高于其他人，因为他的名字率先被提及。

众多“贤”字辈当中，“起贤”是我们所熟悉的。国图藏编号 BH4-66 的是一件于阗语案牍，是一件契约。契约的生成时间是在 694 年，签署地发生在著名的杰谢。契约涉及人口买卖，买主正是来自屋悉贵寺院的起贤。《高僧买奴》契约显示，屋悉贵寺院非常有钱，起贤出资 4000 文买了一名供他差使的男子[23]。

BH4-135 的主要出场人的法师友贤与《高僧买奴》的法师起贤交集于英藏来自屋悉贵寺的文献中，不能不认为他们是来自同时代同一个寺院的佛僧。既然根据线索，已知法师起贤生活于 7 世纪后半期，也有理由将法师友贤的生活范围大致置于 7 世纪后半期。

友贤以外，也有在 BH4-135 出现的个别人名又见于《高僧买奴》契约者。互见者如下：

Kaṃsa 多次出现，出售了红花(r3#13)、葫芦(v1#7)等，并且缴纳了 50 钱(v3#5)。此人也是《高僧买奴》的证人。

kūlapuñä 出售了酒等，是《高僧买奴》的证人。

Vaśärakä 在 BH4-135 出现三次以上。他出售了葫芦(v1#10,)、酒(v4#6)等，也曾缴纳钱(v3#4)。相同人名作为证人出现在《高僧买奴》。

Suhaṃ是《高僧买奴》案牍的封印人，这里一笔价值 1500 文的土地是从同一人名购买。

Māṃmattī也是BH4-135重要人物之一。相同的名字又见于Hardinge 073 I 1 (*Catalogue*, 123)。这件文书虽然不能提供有关年代的准确信息，但是其中特别提到 Māṃmattī 是屋悉贵人，暗合法师友贤来自屋悉贵的寺院。

六、综 合 印 象

以上从外观到内容，分别对 BH4-135、BH4-136 进行了分析描述。结论为这二者之间的联系是必然的，综合理由如下：

其一，BH4-136 之粟特语泥封签条当然属于曾经到达于阗的粟特商队。泥封纸条内，没有任何内容，这说明带有个人签字的封条本身即是它的用途。这粟特语的签条如同授权书，目的在于一方面授权他人处理事务。

其二，如上文第三节中所示，惯常泥封应封住的是一宗买卖契约。由此可知，这件粟特语泥封签条的目的，也应是封住书有实际内容的文书。而 BH4-135 之于阗语文书内容刚好涉及大宗物品的购买，如土地、酒、粮食、蔬菜等，涉及统一物品的入账及出账，如毡毯。这些所购入的物品，似与商队到达后的所需相关。受到商队委托的乡长老、法师等，出面委托人买入、

[23]《高僧买奴契约》一文收入段晴《于阗・佛教・古卷》，上海：中西书局，2013 年，244－266 页。

卖出物品，这些出账、入账当然也是契约的内容，是使用了多笔款项的契约。这些足以构成被签封的内容。BH4-135 所用纸张的周边皆有针缝过的痕迹，明显在按照一定的规格制作特殊的形制，这些都是制定契约时必不可少的步骤。所以，BH4-136 实际上要封住的，正是 BH4-135 号文书。

其三，第三笔钱的入账最是意义绵长。这一笔看似与商队无关，显示是法师友贤等在媲摩地得到税款。但是寺院是否有权异地收税？目前所见的于阗经济文书，征收税款者是于阗王、唐朝势力、吐蕃势力，未见寺院收税款。交纳税款的人，部分是卖了东西给记账者的。唯有一个推断似可说明纳税的原因。这些媲摩的纳税人，应属于于阗当地粟特族落，与粟特商队之前有经济的附属关系，当商队到达时，他们应纳税，以供商队首领支配。

其四，BH4-135 文书当产生于 7 世纪后半期。

其五，粟特商队到达于阗，需要在于阗生活一段时间，这件文书似反映了商队落脚的情形，委托寺院的法师等协助办理购买土地以及生活必需品等。

参 考 书 目

Bailey 1957:

H. W. Bailey, “Adversaria Indoiranica” , *Bulletin of the School of Oriental and African Studies*, University of London, Vol. 19, No. 1 (1957), pp. 49-57.

Catalogue:

P. O. Skjærvø, *Khotanese Manuscripts from Chinese Turkestan in the British Library, a Complete Catalogue with Texts and Translations*, The British Library, 2002.

Degener 1989:

Almuth Degener, *Khotanische Suffixe*, Alt- und Neu-Indische Studien, herausgegeben vom Institute für Kultur und Geschichte Indiens und Tibets an der Universität Hamburg. Stuttgart: Franz Steiner Verlag, 1989.

Dict.

H.W. Bailey, *Dictionary of Khotan Saka*. Cambridge: Cambridge University Press, 1979.

Duan 2013,

Duan Qing, “Puñadatta’s life as reflected in Khotanese documents”, in: *Commentationes Iranicae*, Сборник статей к 90-летйю В. А. Лившица, Санкт-Петербург，2013，pp. 435-445

Gignoux 2013:

Philippe Gignoux, “Les documents de *Dādēn* dans l’Archive de Berkeley/Berlin”, in: *Commentationes Iranicae*, Сборник статей к 90-летйю В. А. Лившица, Санкт-Петербург，2013，pp. 157-165.

KT I-III

H. W. Bailey, *Khotanese Texts* I-III, Cambridge: Cambridge University Press, reprinted 1980.

KT IV

H.W. Bailey, *Khotanese Texts* vol. IV, Cambridge: Cambridge University Press, 1961.

SGS

Ronald E. Emmerick, *Saka grammatical studies.* London: Oxford University Press, 1968.

附录一　BH4-135 之于阗语文书的拉丁字母录文及汉译

正面（图 5）

第一栏：第 10 行、11 行长

录文	汉译
1. || khu ma*ra* haṃ*da*stä āśirī mättrabhadrä västā u māṃmattī vämau......	如乡长老、法师友贤所安排，以及 Māṃmattī、Vämausa……
2. || *ṣo vā* ttyāṃ mūrāṃ naraṃ[x]	这是那些钱的支出……
3. || mūrä 1000 500 śaṃdā gäryāṃdū suhaṃ*na*	钱 1500 文，他们为您从 Suhaṃ那里购买了土地。
4. || mūrä 1000 600 śaṃdā nādū duṃ*s*[l]ā*na* khaṃsana	钱 1600 文，他们为您从 Dumsāna 的 Khaṃsa 那里收讫土地。
5. || mūrä 300 pachä gäryāṃdū 4......	钱 300 文，他们买了羊（?），4……
6. || mūrä 200 80 mau gärye x *kha 5* kūlapuñāna	钱 280 文，从 Kūlapuña 处买来酒 5 kha(?)。
7. || mūrä 200 70 mau gärye *kha 7* śaraṃ x x	钱 270 文，从……买来酒 7 kha(?)。
8. || mūrä 100 50 śaṃcī gärye mä*ḍāṃ* vaska x x x -ā kulä	150 文从……处买来丝绸给慷慨者。
9. [|| mūrä] 50 ś[--]ārä gärye mäḍāṃ vaska	50 文为慷慨者购买了……。
10. || ttya vā ma [na]ma byaudāṃdū śī 10 4 usthaṃga – ī x śta*ña* [......] -th- x	他们在此处为您获得毡毯，白色，14 件，是……所贡献。
11. || namatä saṃ hämya 40 6 mararu byaudā*du* ma*ta* x x x x [......]	他们共获得毡毯 46 件，已为您入账……
12. || namatä 3 tra brīdä nātä u ma'dūscä	毡毯 3，三，Brīdä 收讫，并……
13. || nama 1 x x nātä drā*ys*aṃjsa gäryi *60 5*......	毡毯 1，……收下，购买了…… 65。
14. || nama 1 mutsa nātä drāysaṃjsa gärye	毡毯 1，Mutsa 收下，购买了……
15. || nama 1 ttalä nātä [ś]raujsaṃjsa gärya paha xx.......	毡毯 1，Ttala 收下。购买了……
16. || nama 1 buguracä nātä drāysaṃjsa gärya drāysaṃjsa gäry[e] *100*	毡毯 1，Buguraca 收。购买了（?）……
17. namatä 2 mara paśādū skāra	毡毯 2，他们留给您，豆子……
18. || nama 1 ttä *r*thuārä gärye 7 kūsa ā'ysa vī	毡毯 1，购买了这些……，替代了 7 硕糜。
19. || namatä 50 3 parāta -ī thī ī x vī *pra drä* vī lasta.......	毡毯 53，卖掉……
20. || x na pa -ā pa x x x 30 2 mūrä sagaba mau gärya	……32 文，Sagaba 买了酒。
21. || x [x] x x *naṃ* gu x [x] dū padedä puñadarma	……Puñadarma 制作了……

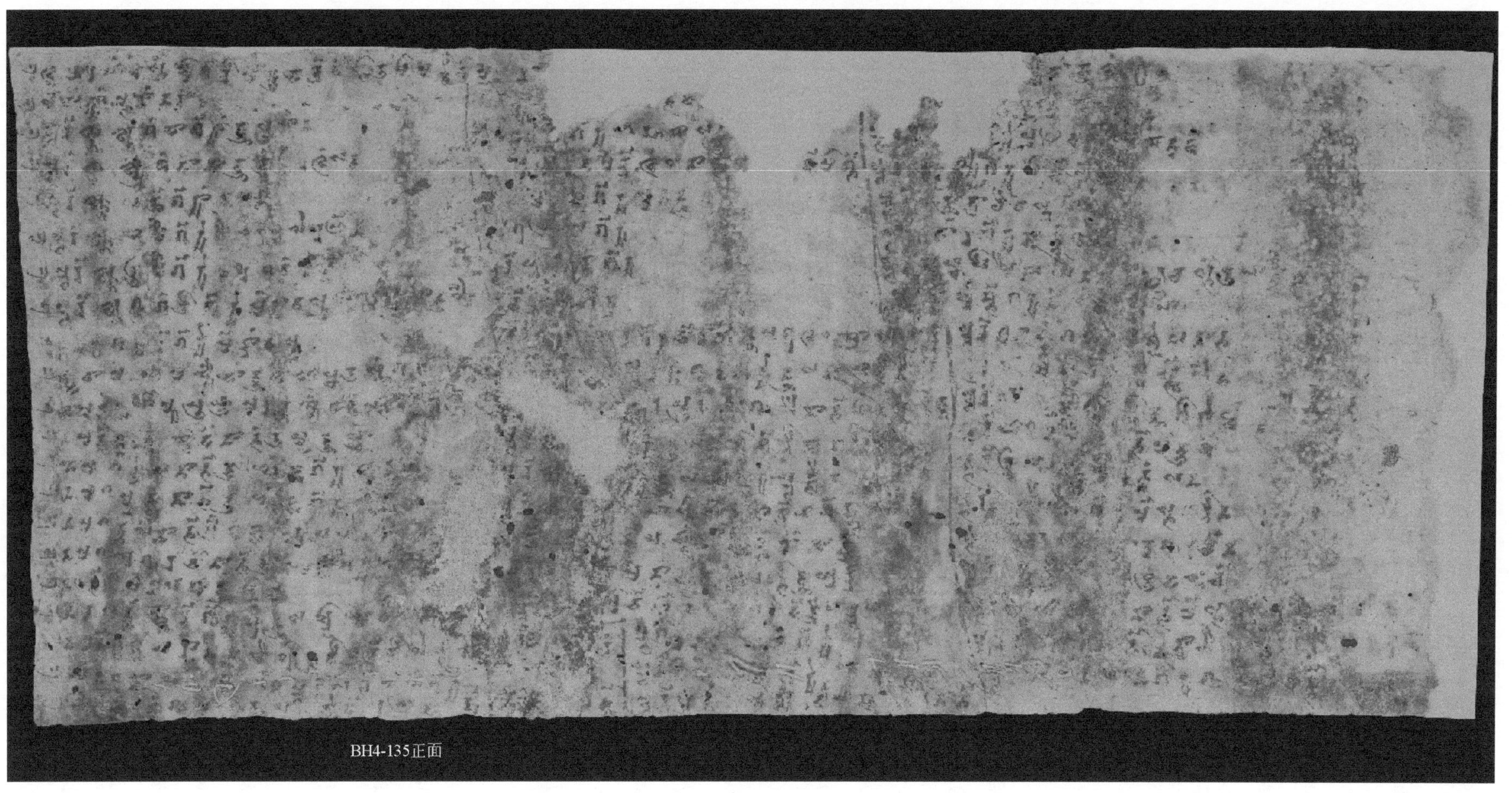

图5

第二栏：第 9、10 行缩进较多

1. mū[......]taja[	文钱……
2. ......gārya pharha śā sa -kr- [	买了一个罐子，从……
3. ......namauḍä khaṃsa nāta [......]jä māśtä	Namauḍa 与 Khaṃsa 收下，于……月。
4. mūrä....drāysa gärya mutsana	……文钱买了葫芦，从 Mutsa 那里。
5. mūrä 7 *drrāysa* gärya	钱 7 文，买了葫芦。
6. mūrä 10 x x ḍa gärya	钱 10 文，买了……
7. mūrä *5* x x gärya	钱 5 文，买了……
8. mūrä ...... ra gärya cätu x kūsa 7 kha 1 brāsa *hauḍä*	钱……文，买了……，买了……7 硕，1 斗，给了 Brāsa。
9. mūrä *50* ganaṃ gärye kūsa 5 kha ttrī nai	钱 50 文，买了小麦，5 硕，3 斗。
10. mūrä 40 *5* x gulai nātä hāna ba x jsa	钱 45 文，……gulai 收讫，缸……
11. mūrä x[......] gärye kūsa 3 āśārī -ā ga -ī	钱……买了……，3 硕，法师……
12. mūrä *100* [......] gärye kūsa 10 gärya mūjsaina	钱 100 文，买了……，10 硕，从 Mūjsa 那里。
13. mūrä *100* ...... hastā x x nātä *padarmu* padai*da*	钱 100 文，……拿走，制造了……
14. mūrä x 6 x x hastā x x śtä x dākä	钱……6 文……，已有令……
15. mūrä...... mau *kā* x x x pastāṃdū yuḍä	钱……，酒……已令……，
16. mūrä 200 *mācāñä* x ......*pade*dä drai pamūha	钱 200 文，酒……，制衣三件。
17. mūrä 60 ......x girye	钱 60 文，购买了……
18. mūrä *60* ......rrä gärye	钱 60 文，购买了……。
19. mūrä *70* ......*ska tsā* x *di* pharṣa x x x -ī nātä	钱 70 文，……破沙……拿走。

第三栏

1. ......]x dāṃdū 100 50 ·	……150 文。
2. ......]dū kī	……
3. mūrä x [......]gärye puñada [......] bakajä	钱……文，购买了……，从 Puñada……Bakaja 处。
4. mūrä *60* x lya gärya pā*j*āñä	钱 60 文（?），买了……
5. mūrä x ūtcārrai vaska hi......	钱……文，为了……。
6. mūrä x *vā*ra gärya 5 *tsaṃ* 7	钱……，买了……，5……7。
7. mūrä 100 4 pīsai bayauna nā[tä x] *rṭh*arvastä u ha -au tta	钱 104 文，工匠 Bayauna 收讫，……
8. mūrä x *au*śtä gärya naṃ ...... hau	钱……，购买了……
9. mūrä 20 -ā x ga x [...] śe'sa nāta	钱 20 文，……收讫。

10. mūrä auśtä gär[ye] x *skhämana*	钱……文，买了……草，从……处。
11. mūrä *30* ha[24] jästā hvādū gīrāma	钱 30 文，……说，我们购买……
12. mūrä 10 1 na -au...... tä mittr*ana*	钱 11 文，……从……tämättra 处。
13. mūrä 70 ysa*rjsuṃ* ......kaṃsana	钱 70 文，（购买了）红花，从 Kaṃsa 处。
14. mūrä [x] x ysai gärya mästa x rīna	钱……，购买了……，从大……处。
15. mū[rä x] drā[ysa] *gärya* būśū x [x] na	钱……，购买了葫芦，从各种……
16. mūrä [x] ...... u da x lä	钱……
17. mūrä 100 10 ......nātä mästa ......mausa	钱 110 文，……收讫。大……。
18. mūrä x ....[nā]tä *ū*tcārrai vaska	钱……文，……收讫，为了给……。
19. mūrä ....gärya gū x x dattäna	钱……，……，从……datta 那里。

背面（图 6）

第一栏

1. || mūrä [x] uskaṃja gärya *davyacya*	钱……文，Uskaṃja 买了……
2. || mūrä 5 sahaicä gärya pgunakäna	钱 5 文，从 Pgunaka 处买了兔子。
3. || mūrä 40 5 sākä gärye *ttuī pu*ñajana	钱 45 文，……从 Puñaja 处买来蔬菜。
4. || mūrä 10 5 .... ñä pastā x *suhara* x [......]	钱 15 文，……令……。
5. || mūrä ...... gärye kūsa 2 kha 3 ā......	钱……文，买了……，2 硕，3 斗。
6. || mūrä x ganaṃ gärye kūsa x suya......	钱……文，买了小麦……硕，从 Suya……那里。
7. || mūrä x drrāya[25] gärya *kaṃ*sana	钱……文，从 Kaṃsa 那里买来葫芦。
8. || mūrä x kaḍä gärya	钱……文，买来匕首……。
9. || mūrä x uysma gärya na x tāṃ vaska *ta*la pūñä*da* x	钱……文，买了泥土，为了……，从 *ta*la pūñä*da* 处。
10. || mūrä 50 drāysa gärya vaśärakäna	钱 50 文，买了葫芦，从 vaśäraka 处。
11. || mūrä 6 sahaica gärye su*haṃ*na	钱 6 文，买了兔子，从 Suhaṃ处。
12. || mūrä 5 sā*kä* gärye haṃ x x	钱 5 文，买了蔬菜，从……处。
13. || mūrä 10 7 grauja gärya khaṃsana	钱 17 文，买了粗面粉，从 Khaṃsa 处。

第二栏

1. || tta x ra [.......]stä āśārī mätrabhadrä māṃmattī vämausa	这些是法师友贤、māṃmattī、vämausa 所

---

[24] 小字，在下方。

[25] 或应写作 drāysa “葫芦”

BH4-135背面

图 6

phema mūrīna thaṃgä nādä	收讫的媲摩钱税。
2. || mūrä 400 [x] kharakä hauḍä	钱 400 文……，Kharaka 缴纳。
3. || mūrä 200 30 1 *pa*rauku x hauḍä |	钱 231 文，……缴纳。
4. || mūrä 200 *30* 5 *su*hakä hauḍä	钱 235(?)文，Suhaka 缴纳。
5. || mūrä 200 40 vaśäri hauḍä	钱 240 文，Vaśäri 缴纳。
6. [||] mūrä 100 30 5 suna hauḍä caṃ......	钱 135 文，Suna 缴纳，……
7. [||] mūrä 70 khanausa hauḍä dāṃsalāṃ	钱 70 文，Khanausa 缴纳，来自 dāṃsala 聚落。
8. [||] mūrä 100 [...] īrväkä hauḍä...	钱 100……文，īrväka 缴纳。
9. || mūrä 90 [……] hauḍä caṃdra b……	钱 90 文，……缴纳，月……
10. || mūrä [……] hauḍä dāṃsalāṃ	钱……文，dāṃsalāṃ聚落的……缴纳，来自。
11. [|| mūrä...] 8 suna hauḍä dāṃsalāṃ	钱……8 文，dāṃsalāṃ聚落的 Suna 缴纳。
12. || ttya vā āskūrya hauḍādä	这些是 Āskūrya 的人缴纳。
13. || mūrä 60 5 bukala hauḍä	钱 65 文，Bukala 缴纳。
14. || mūrä 70 x x rrya hauḍä	钱 70 文，……缴纳。
15. || mūrä 50 [...]x hauḍä	钱 50 文，……缴纳。
16. || mūrä 70 [x] suyaṃ hauḍä	钱 70 文，Suyaṃ缴纳。
17. || mūrä 10 [x] naukä hauḍä	钱 10 文，Nauka 缴纳。
18. || mūrä 30 x [x] nīkä hauḍä	钱 30 文，……nīka 缴纳。
19. || mūrä [x x] dejāṃ hauḍä	钱……文，Dejāṃ缴纳。
20. || mūrä 10 x[...] -āṃ hauḍä	钱 10……文，……缴纳。
21. || mūrä [	钱……
22. || mūrä 4 [	钱 4……文……

第三栏

1. || mūrä 20 supīkä hauḍä	钱 20 文，supīka 缴纳。
2. || mūrä 100 80 sudarä hauḍä	钱 180 文，sudarä 缴纳。
3. || mūrä 60 5 śehvarrnä hauḍä	钱 65 文，śehvarrnä 缴纳。
4. || mūrä 60 5 vaśärakä hauḍä	钱 65 文，vaśärakä 缴纳。
5. || mūrä 50 kaṃsa hauḍä	钱 50 文，Kaṃsa 缴纳。
6. || mūrä 20 5 pu [x] ha x hauḍä	钱 25 文，……缴纳。

第四栏

1. || ṣo vā ttyāṃ mūrāṃ	这是那些钱的（出账）。
2. || mūrä 100 50 mau gärya kha x 1 muts*ana*	钱 150 文，购买了酒，……斗，从 Mutsa 那里。
3. || mūrä 80 5 pachä gärya bryāsai vaska	钱 85 文，购买了羊（?），为了 Bryāsai
4. || mū[rä] [x] 5 mau gärye śā jsūrā makalna	钱……5 文，购买了酒，一罐，从 Makala 那里。
5. || mū[rä x] 5 mau gärye śā jsūrā x hva[-]näna	钱……5 文，购买了酒，一罐，从……处。
6. || mū[rä x] 5 mau gärye śā jsūrā vaśārakäna	钱……5 文，购买了酒，一罐，从 vaśāraka 处。
7. || mū[rä] 50 5 khauṣa x x dū *ste cu nvak*āṃ	钱 55 文，……鞋
8. || mūrä x x mau [gärya] x 3 haṃga x nā	钱……文，购买了酒，共 3……
9. || mūrä 50 drrāysa gärya x sana	钱 50 文，买了葫芦，从……处。
10. || mūrä 5 sahaicä gärye	钱 5 文，购买了兔子。
11. || mūrä 30 7 thaunakä gär[ye] puñadarmä *sīcadä*	钱 37 文，购买了锦，从 puñadarmä 处，以及……处。
12. || mūrä 100 20 ganaṃ gärye [kū]sa 12 busvārä jsa	钱 120 文，购买了小麦，12 硕，从居民那里。
13. || mūrä 100 40 mau gärye x khūrä *syasna sana*	钱 140 文，购买了酒，……
14. || mūrä 60 drrā gärya	钱 60 文，买了……
15. || mūrä 100 pau gärye *bä*rgaṃdarä	钱 100 文，买了葱头，在拔伽。
16. || mūrä 10 4 ga*naṃ* [gä]rye kha 7	钱 14 文，买了小麦，7 斗。
17. || mūrä 40 5 [......] u ūtcārrai	钱 45 文，购买了……以及……。
18. || mūrä 10 [......] x 2	钱 10……文，……2。
19. [||] mūrä 70 5 mau gärye śā jsūrā sagäna	钱 75 文，购买了酒一罐，从 Saga 那里。
20. [|| mūrä ……] kaḍā gärye *pha*rākä	钱……文，购买了许多匕首（?）

第五栏

1. || mūrä x 5 ganaṃ gä[ry]e kūsa *2* [	钱……5 文，购买了小麦，2 硕。（2）从……处。
2. x *ha*stäna	
3. || mūrä 100 90 [m]au gärye khūr[ä	钱 190 文，购买了酒，……缸。
4. [......] uysma gärya	钱……文，购买了泥土。

附录二 BH4-136 read by Professor Yoshida

(Private Communication)

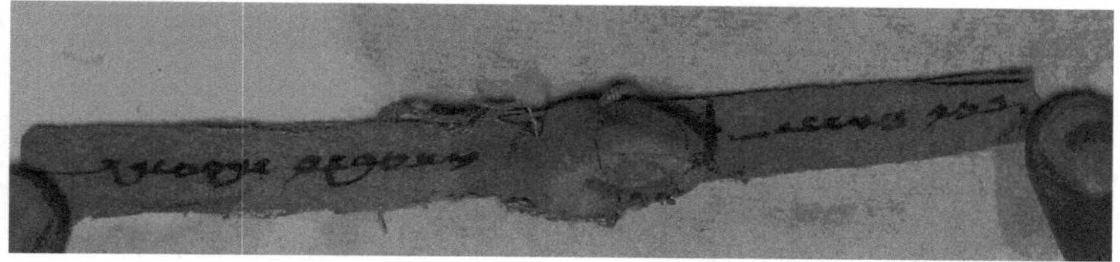

图 7

I tried to read the four words as follows:

(t)bty (t)gr'n <mud seal> srtp'w'kwt'kk

The first word does look like rty but the shape of what you read r looks more like b and one can see a chip of the preceding letter. Since we really have a seal, it is advisable to read tbty "sealed" here.

The third word is clear: *srtp'w* "sartpaw or caravan leader". The spelling is the same as that found in the Shijun inscription. It is a later form of *s'rtp'w* attested in one of the Ancient Letters.

The fourth word reads *'kwt'kk*. It is a personal name derived from *'kwt-* "dog". The name itself is encountered also among the Upper Indus inscriptions. In view of the script, they cannot be the same person. The Upper Indus inscriptions are much older. Your fragment is written in archaic cursive script possibly dating back to the 7th century.

The most difficult is the second word. I assume it is either a title or another personal name. In the former case it may be a misspelling of *trx'n*. The translation would be "[This letter/document] was sealed by tarkhan and sartpaw (named) Akutakk". However, what I read (*t*) can also be (*w*). If it is a personal name, it would be translated as "[This letter/document] was sealed by Tagran/Ugran, [son of] Akutakk the sartpaw".

丝绸之路青海道上的粟特人

——从《康令恽墓志》看鄯州西平康氏一族

福岛惠

（日本学术振兴会）

本文主要的论据《康令恽墓志》，是以王育龙于2000年所发表的《唐长安城东出土的康令恽等墓志跋》为据[1]。这是该跋文第一次也是唯一的报告。根据这个报告，康令恽墓的发掘情况如下。

康令恽墓1998年5月在西康（西安—安康）铁路施工时被发现，位置在唐代墓葬重要分布区域的西安市东郊国棉六厂东侧，马家沟村北部。墓葬形制由长斜坡墓道、五个过洞、五个天井、六个壁龛和墓室所组成，墓中的壁画已全部脱落。不幸的是，多年前已遭盗墓，所有随葬品早已被盗，所幸在墓室西部的棺椁之下，发现一铜盆，盆中盛放有镀金的铜走龙、龟和摩羯。另外，还发现两头锈蚀严重的铁牛。从五个天井的墓葬规格上，亦足见墓主人的生前地位非同一般[2]。

由该墓志的墓主人一族的"康"姓，可以看出他们是粟特人[3]。然而王育龙未指出康氏乃粟特人。笔者认为该墓志展现了至今因史料的限制未能确定的青海丝绸之路上，陇右地方的粟特人的具体生态与安史之乱前的粟特人一族的具体情况，是十分重要的史料。此前并未基于粟特人的墓志之认识对该墓志进行详细的考察。因此，本稿首先译解《康令恽墓志》，然后附考察，阐明该墓志的意义。

一、康令恽墓志

根据王育龙的报告，《康令恽墓志》为方形，边长72厘米，厚13厘米，四侧线刻蔓草，志文共30行，满行30字，纵横有浅刻方格界线，每格边长2.5厘米，共900格，其中空白格71个。又从同一墓中发掘的志盖为盝顶方形，在上面篆刻"大唐故康府君墓志铭"，四刹线刻四神（上刻青龙，下刻白虎，左刻朱雀，右刻玄武）图案，下底边长77厘米，上底边长52厘米，厚8.2厘米，刹长13厘米[4]。不幸的是，因为拓本的照片未公开，根据王育龙的报告再现的墓志录文，内容如下[5]。

---

［1］王育龙《唐长安城东出土的康令恽等墓志跋》，《唐研究》第6卷，2000年，395－405页。

［2］王育龙《唐长安城东出土的康令恽等墓志跋》，395、397页。

［3］笔者于前稿综合性地分析了康姓墓志的结果，指出"唐代康姓之人，可以说基本上都是粟特人"，福岛惠《唐代ソグド姓墓志の基础的考察》，《学习院史学》第43号，2005年，149－150页。

［4］王育龙《唐长安城东出土的康令恽等墓志跋》，396页。

［5］在第6、15、16、27行应该有空格，不过因为王育龙《唐长安城东出土的康令恽等墓志跋》，396－397页中未注明几格、空在何处，同时在26－27、29－30行的改行位置上可能存在错误，因此本稿暂时将之插入笔者认为最恰当之处。又及，王育龙认为第27行"青门"和"枕头皇宫"之间脱"兮"字，故补上。另外，笔者于第二届丝绸之路国际学术讨论会"粟特人在中国：考古发现与出土文献的新印证"（于中国宁夏银川，2014年8月13日）进行研究报告之际，询问是否有人知道关于《康令恽墓志》目前的情况，得知该墓志目前收藏于陕西考古研究院。

又，本章的墓志解释部分，收入了2014年度早稻田大学大学院文学研究系的石见清裕教授课的讨论成果。担当部分到第6行“安”为平林美理氏，至第11行“卒岁”为洪性珉氏，至第14行“宁伏”为植田喜兵成智氏，至第19行“幕府”为渡边美树氏，至第24行为林美希氏，铭文为笔者。

（一）录文

1 大唐范阳郡节度副使都知兵马使冠军大将军左威卫大将军上柱国山阴

2 县开国子康府君墓志铭并序

3 君讳令恽,字善厚,其先汲人也。昔武王伐殷,康叔封卫,耿光烈以文著口绩,蔚

4 其康兴。周之宗盟,异姓为后。世济其美,因而氏焉。汉、魏踵继,晋、宋肩仍,皆佩宠

5 光,不勦堂搆。本枝百代,桑梓永怀。虽三秦汉京,而漆沮周土,不忘旧国,家于长

6 安。曾祖朝,王佐岳秀,侯度玉立。属随季天压, 唐初日跻。 天子龙飞于晋阳,

7 诸侯骏奔于寰宇。亦犹高祖起沛,先议萧何之功,成汤自陑,必酬伊尹之效。以

8 公折冲樽俎,拜为骠骑将军。名遂功成,乐天知命,以保终吉,歿无其他。祖慈感,

9 孝廉擢第,名以彰于拾芥,荣不登于起草,行藏委命,卷舒任时。解褐拜西平郡

10 椽曹,且鸿渐有阶,而骥足未展,官卑未能利俗,禄薄其可代耕。遂高卧丘园,以

11 自卒歳。公天地纯粋,山河精氛,挺生殊材,资 国武用。杨祐识环之岁,以蓄性

12 心;项王学剑之辰,早怀秘略。愿弘信布之武,志运张陈之谋。岂能读颜孔之书,

13 面为腐儒耳!乃束发从官,不徒言哉?东逾冷邢,拊林胡之背;西蹈积石,扼犬戎

14 之喉。自授钺 禁中,分麾塞外。不怒刑而三军敬悚,不振威而七戎宁伏。笑

15 起翦为儿戏,轻卫霍如弱人。每建勋庸,皆异今古,不数军实,让功归

16 君。臣道克明, 帝念是属。特承优渥,起拔等伦。 敕赐金银器有千

17 品,锦绮缯帛,向盈万端。形寄丹青,名载良史。方材楚将,空负拔山之名;比德汉

18 臣,虚窃寻河之绩。彼苍不憗,歼我将军,未至梦楹之秋,俄临易箦之夜。艾官之

19 岁有五,忽寝疾于漳滨;大蔟之月旬七,乃薨年于幕府。嗣子积石军副使、昭武

20 校尉、右骁卫翊府中郎将内供奉、上柱国承献,抚膺流血,叩地无声。久而不苏,

21 几为灭性。所为奉先思孝,不忘宁亲,侍护亡灵,西归 京兆。五月而葬,同盟之

22 限已过;一纪不茔,安厝之仪未备。权殡于胜境寺,暨天宝四载二月十四日,迁

23 窆于灞陵原。礼也。高天降兆,摇悲子晋之棺;广野开坟,永痛滕婴之马。尚虑海

24 移桑变,代移人亡,岸谷不分,高卑莫辩,托文纪德,刊石勒铭,其词曰;

25 惟岳降神兮,飞将雄雄;自天生德兮,惟孝惟忠。威謐北狄兮,风靡西戎;夷虏即

26 叙兮,车书混同。聚米生妙兮,画地成功;彼苍不憗兮,歼我康公。白鹿原西兮素

27 浐东,密迩 青门枕 皇宫。大 融融兮深泉中,落日沉沉兮昏碧空。不

28 见鼓鼙增猛气,唯闻楸梧起悲风。 东海梁仆射孙徐昂相地袭吉,敢附铭曰:

29 胜气朝浮,佳城郁郁,华盖吐云,龙岗抱日,众灵扶护,永居此室,施于子孙,乃为

30 至弼。

（二）译现代语

大唐范阳郡节度副使都知兵马使、冠军大将军（正三品，武散官）、左威卫大将军（正三品，职事官）、上柱国（正二品，勋官）、山阴县开国子（正五品上，爵官），康府君的墓志铭并序。

君讳令恽，字善厚，其祖先是汲（现在河南省汲县）人。古时，武王讨伐殷朝，康叔封建卫。祖先的光辉德行和功绩显著……创建昌盛了“康”氏。周系结盟之时，因为（同姓优先）异姓随后（故一族得到优待）。代代传承其伟大的功绩，因此以康为姓。汉、魏传承不断，晋、宋比肩相随，无论哪个时代都获君主宠爱，继承了父祖的业绩。一族长期繁荣，维持着对祖先的敬意。三秦之地虽为汉代的都城，然漆水、沮水之滨是周的故地，不忘建国的基业，家在长安。

曾祖朝，高洁之士辅助王室，谨守作为诸侯本分。隋朝灭亡，唐朝建国。天子（李渊）于晋阳举兵，家臣为平定天下而奔走。此便像汉高祖于沛举兵，首先推举萧何的功绩，殷朝的成汤起兵于陑，必定回报伊尹的功劳一样。与敌人的交涉而获得胜利后，拜为骠骑将军。赢得名声取得功绩，顺应天命享受人生，得获善终，未留遗恨。祖父慈感，举孝廉及第，其名广为人知，然而此一荣誉未能留于文书，因此委身天意，顺其自然。拜命西平郡椽曹（西平郡的属官），晋升至有品之官，但却未能得到机会发挥才能，因为官职低微不能改变大势，俸禄仅少不耕不能吃。终隐居乡下，直至去世。

令恽（的气质）如天地般纯粹，像山河那样深远，天赋异禀，有经邦济国的优秀武人气质。当年晋羊祜识金环的时候（五岁左右），已经具备了四端和四德，楚霸王项羽在学剑的年纪时，便已胸怀兵法韬略。只愿广传如韩信英布般的武略，志在运筹像张良陈平一样的文韬。怎可读颜回孔子之书成为腐儒！于是束发从官，并非大言不惭。向东跨过冷邢山（今内蒙古巴林右旗西北坝后），直捣契丹、奚之后方，往西踏上积石山（今甘肃省积石山保安族东乡族撒拉族自治县），紧锁吐蕃之咽喉。于皇宫授赐节钺，统兵塞外后，即便不用刑罚也能获得三军敬畏，就算不炫耀武力也照样使得异族降伏。讥笑白起和王翦犹若儿戏，轻视卫青和霍去病如同羸弱。每次建功立业，都前无古人，不数战利品，将功绩让给君主。深明为人臣子之道，皇帝对其十分赞赏。因此给予特别优厚的宠爱，拔擢迁升胜于同僚。下诏赐给金银器上千件，各类丝织品多达万疋。他的身姿被绘于画上，他的名字被记载于良史。与他的才能相比西楚霸王项羽，空有力拔山兮的虚名，与他的德行相较，后汉张骞枉有探寻黄河源头的功绩。然而苍天妒英才，夺走了将军的性命。还不到察觉死期的年龄，便突然危笃。五十五岁之时，忽然病倒于漳水之畔，正月十七日，去世于幕府之中。

嗣子积石军副使、昭武校尉（正六品上，武散官）、右骁卫翊府中郎将内供奉（正四品下，职事官的寄禄官）、上柱国（正二品，勋官）承献，捶胸泣血，悲伤得无法出声只是捶地。（悲伤过分）暂时绝息，险些一命呜呼。他为奉侍祖先心思尽孝，不忘让父母安心，于是守着亡父灵柩，向西回归都城长安。五月临下葬时，因同盟诸侯的使者下葬的期限已过，一纪无法建造墓地，丧礼未能如期进行。只能权且在胜境寺做假殡，直至天宝四载二月十四日迁至灞陵原落葬，符合礼仪。如同天帝以兆召唤王乔般，对棺而悲，又像夏侯婴下葬时的马那样，在荒野里设坟。只恐沧海变桑田，后世知道令恽的人全部去世，又怕高岸深谷的地形变化，贵贱区别不分般时间流逝，托为文章记录其功德，刻石勒铭，其词曰：

圣山生神下放凡间，出色的武将非常勇敢。自天而来的圣德，便是忠便是孝。威势安抚了北方异族，威风压服了西方异族。异族服从了正确的秩序，车幅和文字被统一。他熟悉地势的巧妙作战，画地为界的建功立业。然而苍天不悯，夺走了康公的性命。墓地在白鹿原之西，浐水之东，长安城的青门近邻，面临皇宫。墓好像深泉中一样地远大，日落夜深如同青绿色的天空。即使不见在战地战鼓振奋勇气，只听到对墓地的梓柏刮风悲伤之风之音。

东海梁仆射的子孙徐昂占卜墓地得到吉兆，斗胆附上铭文：

清晨胜气浮现，墓地上树木繁茂，如华盖的山生云，龙岗便似抱了太阳一般。诸神的守护，会长久地在这个墓室，并荫及后世子孙，成为无比的帮助。

（三）墓志文的构成和墓主人之生平

本墓志构成为志题（第1—2行），志序（第3—24行），铭（第25—28行），附铭（第28—29行）。志序构成为发辞（到第6行“安”），关于祖先的记述（到第11行“卒岁”），墓主人的功绩（到第18行“寻河之绩”），墓主人的去世（到第19行“幕府”），遗孤和朋友的悲哀。墓主人康令恽的生卒年月未记载在墓志中。但在墓志的记载中，其于天宝四载时落葬，而到落葬为止“一纪（=12年[6]）不营”（第22行），如果单纯地计算，则会得出他在开元二十二年（734）时死亡的结论。另外，根据“艾官之岁有五（=55岁）”发病，下正月（=很可能56岁）死亡，可以推算出他出生于调露元年（679），亦即他生活的年代是从高宗末期到玄宗的前半期。

二、康氏一族与吐蕃

（一）“丝绸之路青海道”与粟特人

如前言中所述，笔者认为该墓志展现了至今未能确定的青海丝绸之路上陇右地方的粟特人的具体生态，同时也体现了活跃在唐代对吐蕃最前线的粟特人一族的具体情况，是十分重要的史料。根据之一是墓志上记载了祖父慈感就任“西平郡椽曹”（第9—10行），墓主人的令恽“西蹈积石，扼犬戎之喉”（第13—14行），儿子承献是“积石军副使”（第19行）。“西平郡”即鄯州（今青海省西宁市乐都县）[7]，开元二十一年（733），为陇右节度使在青海东部设立的中心城

---

[6]《国语》卷一〇《晋语》四：“文公在狄十二年，狐偃曰：‘……吾不适齐、楚，避其远也。蓄力一纪，可以远矣’。”韦昭注曰“十二年，岁星一周，为一纪”（上海：上海古籍出版社，1978年，337—338页）。除此以外尚有1年（《楚相孙叔傲碑》（清）马邦玉《汉碑录文》，《石刻史料新编》第2辑，台北：新文丰出版公司，1979年，6152—6154页）、4年（《黄帝内经素问》卷一九《六微旨大论》，《四部丛刊初编》021，上海商务印书馆缩印，台北：台湾商务印书馆，1967年，140页）、30年（《黄帝内经素问》卷一九《天元纪大论》，131页）、1520年（《诗经》卷一六《大雅·文王之什》序，疏（《十三经注疏·整理本》6《毛诗正义》，北京：北京大学出版社，2000年，1117页））。如下所述，从关于墓主人儿子康承献的情况来看，无论是30年，还是1520年，时间上都不吻合。因为本墓志引用《诗经》《书经》《论语》《春秋左氏传》等的古典，所以作为12年现在最妥当。

[7]《通典·州郡典》四《古雍州》下“西平郡”：“后魏置鄯州。后周置乐都郡。隋初郡废，置鄯州；炀帝初州废，置西平郡。大唐因之”（北京：中华书局，2003年，4551页）。

市。“积石军”在鄯州东南的廓州（今青海省化隆回族自治县西）领内，仪凤二年（677）设置[8]，位于今青海省贵德县。因为两州都位于祁连山的南侧，接触着唐朝的邻国吐蕃，必然成为对吐蕃作战的最前线。由此亦可判断出康氏一族世世代代都在陇右地区面临与吐蕃的战争。

与此国境地区接壤的吐蕃一侧是663年时被吐蕃征服的吐谷浑故地。松田寿男在《吐谷浑遣使考》中指出[9]，吐谷浑作为东西交通与贸易的媒介或中转者，对5—7世纪的东亚国际关系起到了非常巨大的影响，青海地区连接中亚、中原（华北和华南）、西藏和蒙古地区，可以称得上是古代亚洲的五岔路口，是传统上十分重要的地方。史书中明确记载了吐谷浑无论对北朝还是南朝都大量遣使，其中特别值得注目的是《北史》卷九六《吐谷浑传》（3187页）中以下的记载[10]：

> 是岁（西魏废帝二年，即553），夸吕又通使于齐。凉州刺史史宁觇知其还，袭之于州西赤泉，获其仆射乞伏触状、将军翟潘密，商胡二百四十人，驼骡六百头，杂綵丝绢以万计。

关于这段记载，松田进行了如下论述：“（西魏凉州刺史）史宁在凉州的西面俘获的吐谷浑使者一行，能确认由仆射、将军等级别的吐谷浑重臣率领。另外，一行中至少有240人的商胡，且运送规模上万匹的丝绸，从这两点来看，不得不说这非常明显地体现出吐谷浑在东西陆路贸易上所起到的作用。说到原因，因为前者肯定是根据吐谷浑的指引前往北齐进行贸易的西域商贾，而后者则是一行从北齐带回来的主要商品。”[11]上面史料中的“商胡”和松田所说的“西域的商贾”一般认为是“粟特商人”，由此也可以看出粟特人进入青海地区，而承担了吐谷浑的东西交通与交易。关于他们经由哪条路线到达的吐谷浑，可以从北魏神龟元年（518）受胡太后所命，为寻求佛教经典前往乌苌（Udyāna）、乾陀罗（Gandhāra）的宋云和惠生的游记《宋云行记》中找到答案[12]。他们并非经由武威、张掖、酒泉、敦煌即所谓河西走廊路线，而是通过祁连山脉以南的青海地区，也就是的吐谷浑的领地。其路线是从西宁地方经过青海的南部，到达柴达木盆地，于罗布（Lop）地方的鄯善到达塔克拉玛干沙漠南面的丝绸之路的西域南道[13]，该路线被称为“青海道”。

松田认为，从宋云等赴北印度以前到唐朝的太宗期为止，吐谷浑一直支配着罗布地方的鄯善、且末，由此“可以肯定经由西域南道的西方商贾和货物并不经过鄯善到达敦煌，而是进入吐谷浑境内，被更转送至中原”，此事使吐谷浑在国际贸易上的地位变得不可动摇。并且，他指出，隋唐朝的吐谷浑征讨的目的“可以断言是为了破坏占据南道一角，中断中原和西域贸易，并垄断该贸易利益的吐谷浑商业势力，同时经营鄯善、且末，试图直接将河西与南道各国连接

[8]《通典·州郡典》二《序部》下中列举积石军为陇右节度使下的军队之一，记载有“宁塞（＝廓州）西百八十里，仪凤二年置，管兵七千人，马一百疋”（4482页）。

[9] 松田寿男《吐谷浑遣使考》，《史学杂志》第48编第11、12号，1937年；收入《松田寿男著作集·东西文化の交流II》4，东京：六兴出版，1987年。

[10]《周书》卷五〇《异域传》下《吐谷浑传》也有同样的记载（北京：中华书局，1971年，913页）。

[11] 松田寿男《吐谷浑遣使考》，102页。

[12]《洛阳伽蓝记》卷五，《洛阳伽蓝记校释》，香港：中华书局，1976年，182—227页。

[13] 本稿包括从Lop Nor（蒲昌海）到鄯善（今新疆若羌县）、且末（今新疆且末县）的地域。

起来的贸易开拓的运动”[14]。青海地区通过西域南道与罗布地方连接，作为连接欧亚大陆地域，其重要性一跃上升。另外，松田还指出，从7世纪末到8世纪吐蕃在西域和在西北地区的活跃，便是因为663年歼灭吐谷浑从而得到青海地区所致[15]。

然而，粟特人因在交易的目的地和途中植民形成聚落（=胡人聚落、粟特人聚落），展开了一张网络[16]。位于青海地区的东部陇右地方的中心，且连接中华地区的最重要城市的鄯州西平，虽然该聚落的规模和人口不明，但是从以下事例中可看出北朝以后可以确认有粟特人聚落的存在。

2003年在陕西省西安市北郊发现的《史君墓志》（北周大象二年，即580）的粟特文中，记录了墓主Wirkak的妻子康氏（Wiyāushī）的出生地，以及519年夫妻成婚的地点synpyn，吉田豊解释说这是“西平”的粟特语表记[17]。荣新江、石见清裕列举了和西平有关系的粟特人的其他事例，大致从东晋十六国时期（至迟北朝时期以后），作为该处存在着一定户数的粟特人聚落[18]。例如，1981－1995年在宁夏回族自治区的固原共计7件史氏一族（史射勿系统和史索岩系统的两系统）的墓志被发掘[19]，在《史索岩墓志》（显庆元年，即661）中记载有“曾祖罗，后魏宁远将军、西平郡公，食邑八百户。……祖嗣，镇远将军、通直散骑常侍，袭爵西平郡公，鄯廓二州诸军事、鄯州刺史”[20]，另一个系统的《史道洛墓志》（显庆三年，即663）中也有“祖多悉多，周鄯州刺史、摩诃萨宝”。荣新江认为从西宁发现的大量萨珊波斯卑路斯王（459－484年在位）的银货，也可以作为粟特人在此经商的佐证[21]。

如上所述，“青海道”通过罗布地方连接着西域南道，因此重要性一跃上升，同时在此须要

[14] 松田寿男《吐谷浑遣使考》，114页。

[15] 松田寿男《青海史论》，《东洋学术研究》第3卷第2号，1964年；收入《松田寿男著作集・东西文化の交流Ⅱ》4，145－146页。

[16] 池田温《八世纪中叶における敦煌のソグド人聚落》，《ユーラシア文化研究》第1号，1965年；荣新江《北朝隋唐粟特人之迁徙及其聚落》，《国学研究》第6卷，1999年；收入氏著《中古中国与外来文明》，北京：生活・读书・新知三联书店，2001年；荣新江《北朝隋唐粟特人之迁徙及其聚落补考》，《欧亚学刊》第6辑，2007年；修订版收入《中古中国与粟特文明》，北京：生活・读书・新知三联书店，2013年；荒川正晴《ユーラシアの交通・交易と唐帝国》，名古屋：名古屋大学出版会，2010年，336－340页。

[17] 吉田豊《西安新出史君墓志的粟特文部分考释》，荣新江等编《粟特人在中国——历史、考古、语言的新探索》（《法国汉学》第10辑），北京：中华书局，2005年，34页；吉田豊《附论西安出土北周〈史君墓志〉ソグド语部分》，森安孝夫《ソグドからウイグルへ》，东京：汲古书院，2011年，101页。

[18] 荣新江《北朝隋唐粟特人之迁徙及其聚落补考》，28－30页；石见清裕《西安出土北周“史君墓志”汉文部分译注・考察》，《ソグドからウイグルへ》，84－86页。

[19] 罗丰《史氏墓志考释》，《固原南郊隋唐墓地》，北京：文物出版社，1996年；收入《胡汉之间——“丝绸之路”与西北历史考古》，北京：文物出版社，2004年。

[20]《史道德墓志》（仪凤三年，即678）记“曾祖度，河、渭、鄯三州诸军事”。史索岩祖父嗣与史道德墓志的曾祖父度的名讳记载有差异，官职也不是全部相符，但其间依旧能找出共通性，应该是同一人物（罗丰《史氏墓志考释》，467页）。ソグド人墓志研究ゼミナール《ソグド人汉文墓志译注（7）固原出土〈史道德墓志〉（唐・仪凤三年）》，《史滴》第32号，2010年，74－75页。

[21] 荣新江《北朝隋唐粟特人之迁徙及其聚落补考》，28－30页；夏鼐《青海西宁出土的波斯萨珊朝银币》，《考古学报》1958年第1期。

明述的是罗布地方曾有过粟特人聚落。根据《沙州伊州地志》残卷（敦煌文件 S.367）和《晋天福十年写本寿昌县地镜》，在贞观年间（627—649），粟特人的首领康艳典修筑过这个地方的石城镇、新城、蒲桃城、萨毗城等城，吐谷浑人和吐蕃人频繁地来到其中的萨毗城[22]。在《沙州图经》（敦煌文件 P.ch.2005）"祥瑞 • 蒲昌海五色"条中记载有天授二年（691）石城镇将康拂躭延及其弟地舍拨的名字，他们被认为是粟特人。虽然该聚落的规模不明，但可以推知至 7 世纪末期粟特人也存在于罗布地方[23]。根据森安孝夫的研究，罗布地方至 710 年属于唐朝的势力下，但安史之乱前的 8 世纪 40 年代已经在吐蕃统治下[24]。即是说，至迟到 8 世纪 40 年代以前的"青海道"，夹隔着吐蕃领地柴达木盆地，罗布地方和陇右地方都在唐朝的势力之下。此时是否因不同势力的犬牙交错而导致网络被截断呢？并非如此。这一点可以在柴达木盆地的青海省都兰县热水和德令哈市郭里木的吐蕃墓发现的文物中得到确认。从 7 世纪后半到 8 世纪的都兰吐蕃墓群中出土的金银器皿被判断为属于粟特系统[25]。大量出土的丝绸产品中，有萨珊波斯锦和粟特锦等来自西方的产品，同时也包括在四川省成都出产的蜀锦。由于高昌出土了同样图样的蜀锦，因此可以认为蜀锦从四川通过"青海道"从西域南道被运往高昌等地[26]。仝涛指出，8 世纪末的德令哈吐蕃墓出土的木棺画近似北朝期的粟特人的石棺床（安伽、Miho Museum 所藏等）的图像和粟特地区的壁画，又认为木棺画里的吐蕃人穿的衣服是采用粟特人的[27]。虽然从唐朝向西域主要渠道是全部为唐朝所支配的河西走廊，但这等文物表示这一时期"青海道"也维持着其作用，很可能粟特人应该依旧在该处往来，如此则可以判断粟特人的网络依旧维持着。另外，吐蕃乘安史之乱时唐朝的混乱，于广德元年（763）攻陷了鄯州西平、廓州宁塞，翌年更获得凉州武威，占据河西、陇右地方，截断了唐朝向西域的通道，垄断了这一地域的交通、交易。

综上所述，通过《康令恽墓志》有关祖父慈感、墓主人令恽、子承献的记载，康氏一族的根据地应该在陇右地方，很可能是该地区中心的鄯州西平，是将世世代代据点置于此一地域的粟特

[22] 羽田亨《唐光啓元年书写沙州 • 伊州地志残卷に就いて》，《小川博士还历记念地学论丛》，弘文堂书房，1930 年；收入《羽田博士史学论文集》上卷（历史篇），京都：京都大学文学部东洋史研究会，1957 年；森鹿三《新出敦煌石室遗书特に寿昌县地镜について》，《东洋史研究》第 10 卷第 2 号，1947 年；收入《东洋史学研究 • 历史地理篇》，京都：同朋社，1970 年；森安孝夫《吐蕃の中央アジア进出》，《金沢大学文学部论集 • 史学科篇》第 4 号，1984 年，26—27 页。

[23] Paul Pelliot, "Le 'Cha-tcheou-tou-fou-t'ou-king' et la colonie sogdienne de la región du Lob Nor", *Journal Asiantique*, 11-7, 1916, pp.115-121；池田温《沙州图经略考》，《榎博士还历记念东洋史论丛》，东京：山川出版社，1975 年，460 页。

[24] 森安孝夫《吐蕃の中央アジア进出》，48 页。

[25] 许新国《都兰吐蕃墓中镀金银器族属粟特系统的推定》，《中国藏学》1994 年第 4 期。又，有研究认为都兰吐蕃墓出土的附银制装饰（粟特制）的木质容器与粟特的纳骨器有着相同用途（霍巍《粟特人与青海道》，《四川大学学报》2005 年第 2 期，96—97 页；阿米•海勒（Amy Heller）撰，霍河译《青海都兰的吐蕃时期墓葬》，《青海民族学院学报》2003 年第 3 期，34 页）。

[26] 许新国、赵丰《都兰出土丝织品初探》，《中国历史博物馆馆刊》总第 15—16 期，1991 年；横张和子《サミット（纬锦）の成立とその展开》，长泽和俊编《シルクロード染色史》，东京：讲谈社，2001 年，177—182 页；Tong Tao（仝涛）, *The Silk Roads of the Northern Tibetan Plateau during the Early Middle Ages (from the Han to Tang Dynasty) : As Reconstructed from Archaeological and Written Sources*, BAR International Series, 2521, Oxford : Archaeopress, 2013, pp. 112-116

[27] Tong Tao, *The Silk Roads of the Northern Tibetan Plateau during the Early Middle Ages (from the Han to Tang Dynasty) : As Reconstructed from Archaeological and Written Sources*, pp. 151-160.

人一族的第一个具体事例。然而必须注意的是，本墓志中未写明本贯地名，且在第 5−6 行记载有“家在长安”。虽然迁居长安的时期并未明确记载，但是从曾祖父康朝所就任的“骠骑将军”一职来看，康朝应该是带领长安的粟特人军府、军团归顺了李渊（参照本书山下将司论文）。然而，本墓志中的康氏一族，与鄯州西平为中心的陇右地方有着密切联系一事，从下文中墓主人之子康承献的动向中也能明显看出。

（二）康承献的动向

本墓志的墓主人康令恽，无法在既有史料中找到他的名字，但其子承献之名，却能在墓志以外找到。以下【史料 A】和【史料 B】，整理后内容如下。

【史料 A】魏季随撰《灵岩寺记》[28]：

> 开元十九春三月龙集未六□□……使、御史大夫、上柱国、魏县开国侯崔琳，判官、鸿胪寺丞王攸……吏部选何献鼎……□州金□府别将康思暕……品子康胡子……云□（骑）□（尉）、绯鱼袋康承献……上柱国史元信……陇右节都（度）支度营田副大使、云麾将军、右羽林将军□御史中丞、检校鄯州都督上柱国张守珪，朝散大夫、使持节河州诸军事、试河州刺史兼知平夷五门守捉及当州营田使上柱国王谞。

【史料 A】《灵岩寺记》是开元十九年（731）唐朝派遣至吐蕃的使者留下的炳灵寺石窟的摩崖碑刻，位于炳灵寺下寺区北部第 148 窟的外面北墙，高 1.32 米，幅 0.98 米，以楷书阴刻，刻全 30 行，一行 43 字前后[29]。我们从本文末的开元十九（731）春三月的记录中推测出碑的制作年代，也能从本文中确认使节团代表崔琳以下 72 人的名字，其中陇右节度使张守珪、河州刺史王谞等在既有史料中也能找到他们的名字[30]，康承献之名亦被收入其中。还有，康承献以外尚有何献鼎、康思暕、康胡子、史元信等粟特姓之人，他们很可能也是粟特人。

该石碑记载的康承献的“云骑尉”是正七品上的勋官，“绯鱼袋”表示身份贵贱的绯红色衣衫及装有鱼符的佩袋。绯红色官为四品和五品之官，佩鱼袋则为四品或者五品之官[31]。总之，“绯鱼袋”表示五品以上的身份，但却与正七品上的云骑尉官阶不符。不能否定其兼领云骑尉以

---

[28] 魏文斌、吴荭《炳灵寺石窟的唐蕃关系史料》，《敦煌研究》2001 年第 1 期，131−132 页。

[29] 魏文斌、吴荭《炳灵寺石窟的唐蕃关系史料》，131 页。

[30] 张宝玺《炳灵寺石窟大佛的创建年代及甘肃十代大佛》，《炳灵寺石窟》，兰州：甘肃人民出版社，1993 年；收入王亨通、杜斗城主编《炳灵寺石窟研究论文集》，甘肃，1998 年，190 页。

[31] 关于衣服的颜色，在《唐会要》卷三一《舆服》上“章服品第”条，贞观四年（630）八月十四日诏勅记“于是三品已上服紫，四品、五品已上服绯，六品、七品以绿，八品、九品以青”，又，上元元年（674）八月二十一日的诏勅有“文武三品已上服紫……四品服深绯……五品服浅绯……六品服深绿……七品服浅绿……八品服深青，九品服浅青”（上海：上海古籍出版社，2006 年，663−664 页）。关于鱼符，在《唐六典》卷八“符宝郎”条中有“随身鱼符，所以明贵贱，应徵召”，又关于“随身鱼符之制”附注“随身者，仍着姓名，并以袋盛。其袋三品已上饰以金，五品已上饰以银。六品已下守五品以上者，不佩鱼”（北京：中华书局，2008 年，253−254 页）。根据《唐会要》卷三一《舆服》上“鱼袋”条，此制度始于永徽二年（651）四月二九日“开府仪同三司及京官文武职事四品五品，并给随身鱼袋”，景云二年（711）四月二十四日的敕文记“鱼袋，着紫者金装，着绯者银装”，与衣服的颜色服一起表示来身份（676−677 页）。

外的官职的可能性，不过唐中后期，特别到了开元年间，为了解决使职、散官的地位降低等原因造成的官职和官品不符的问题，频繁的将高阶官员的官服及鱼袋赐给原本来没有资格使用的官员[32]。此处的康承献估计也是如此。

及至【史料 A】所述的遣使吐蕃为止，唐朝和吐蕃的关系如下。中宗景龙四年（710），应吐蕃一直以来的要求，金城公主下嫁吐蕃王（弃隶缩赞）。但与7世纪中间文成公主下嫁吐蕃时不同，因为被金城公主的入藏，并未带来唐朝和吐蕃之间的和平，此后唐朝和吐蕃之间依旧经常展开激烈的战斗。在开元十七年（729）唐朝的信安王祎夺回了激战地区的石堡城以后，吐蕃采用和平路线，两国使者重新开始往来。作为对开元十八年十月（730）从吐蕃派遣到唐朝的使者的回礼，于开元十九年正月（731）被派遣的使节，是留下了【史料 A】《灵岩寺记》的以崔琳为代表的遣吐蕃使[33]。此时唐朝和吐蕃进行了和平谈判，吐蕃要求在赤岭（今青海省湟源县西南日月山）换马，在甘松岭（今四川省松潘县界）互市。唐廷采用了宰相裴光庭“甘松中国阻，不如许赤岭”的意见，将赤岭作为唐朝和吐蕃的边界，并决定在该处竖立石碑记下盟约[34]。开元二十一年（733），在赤岭立盟竖碑[35]，其后数年间双方相安无事。

如上所述，此一遣吐蕃使节团除康承献以外尚包括了4名粟特人。粟特人作为各国的使者被派遣的事例尚有其他数处。譬如，从突厥派遣到萨珊王朝波斯和东罗马的Maniach[36]，北魏、东魏和柔然之间作为双方的使者往返的安吐根[37]，从西魏派遣到突厥的安诺槃陀[38]。参考这些事例可知，唐朝遣至吐蕃的使节中包括康承献和其他数名粟特人之事无丝毫不可思议之处。同时，此时论及关于马的交换和互市交易的事被收入记录一事，并非单纯的偶然。

能找到康承献之名的另一处史料如下。

【史料 B】《册府元龟》卷一二八《帝王部》“明赏”条，1397页[39]：

---

［32］布目潮沨《唐代符制考——唐律研究（二）》，《立命馆文学》第207号，1962年；收入《布目潮沨中国史论集》上卷，东京：汲古书院，2003年，267—272页；石晓军《隋唐时代における对外使节の假官と借位》，《东洋史研究》第65卷第1号，2006年，67页。

［33］《旧唐书》卷八《玄宗本纪》上：“（开元）十九年春正月……辛卯，遣鸿胪卿崔琳入吐蕃报聘。……二月甲午，以崔琳为御史大夫。三月乙酉朔，崔琳使于吐蕃”（北京：中华书局，1997年，196页）。崔琳被派遣出使吐蕃之事，除此以外尚有《旧唐书》卷一九六上《吐蕃传》上，5231页；《新唐书》卷二一六上《吐蕃传》上，北京：中华书局，1997年，6085页；《册府元龟》卷六五四《奉遣部》“恩奖”条，南京：凤凰出版社，2006年，7543页等。

［34］《新唐书》卷二一六上《吐蕃传》上：“帝遣御史大夫崔琳报聘。吐蕃又请交马于赤岭，互市于甘松岭。宰相裴光庭曰：‘甘松中国阻，不如许赤岭。’乃听以赤岭为界，表以大碑，刻约其上。”（6085页）

［35］关于赤岭碑建碑的时期，参照后注［52］。另，盟约文的内容，在《册府元龟》卷九七九《外臣部》“和亲”条，11334页。

［36］东罗马的历史学家Menandros的记录，见内藤みどり《东ローマと突厥との交涉に关する史料——Menandri Protectoris Fragmenta译注》，《游牧社会史探究》第22册，游牧社会研究グループ，1963年；增订版收入《西突厥史の研究》，东京：早稻田大学出版部，1988年。

［37］《北史》卷九二《恩幸传·安吐根传》，3047页。

［38］《周书》卷五〇《异域传》下《突厥传》，908页；《北史》卷九九《突厥传》，3286—3287页。

［39］《资治通鉴》卷二一七“唐玄宗天宝十三载”条也有哥舒翰部下武将们的褒赏记录，但却未提到康承献的名字（北京：中华书局，1995年，6926页）。

（天宝）十三年（754）三月，陇右节度使哥舒翰破吐蕃洪济、大莫门等城，并收九曲，其将咸来策勋，翰採摭具奏。……陇右同经略副使、右金吾卫员外大将军、兼宁塞郡太守康承献……并加云麾军将军，余如故。

【史料B】是关于天宝十二载哥舒翰带领的唐军攻陷吐蕃的洪济、大莫门等城，夺占九曲后获褒奖的记载，康承献作为哥舒翰部下武将之一，其名亦被收入其中。

康承献跟随哥舒翰的时期，可能是天宝六载哥舒翰成为陇右节度副使、都知关西兵马使、河源军使前后的时期。根据《康令恽墓志》第19－20行，康承献在墓志制成的天宝四载时为“积石军副使”，此时关于积石军有如下的记录。吐蕃每到麦穗成熟之时，都会来积石军掠夺，唐朝、吐蕃双方称呼积石军为“吐蕃麦庄”。哥舒翰遣王难得、杨景晖等带兵在积石军伏击吐蕃军，取得了吐蕃兵无一生还的大胜[40]。虽无法确定在此一积石军之战是在何时，但可以推测为哥舒翰就任陇右节度副使等的天宝六载前后数年之事。此时很可能适逢康承献任积石军副使的时期，他是在积石军之战后成为哥舒翰部下之事。

在【史料B】中，康承献的官职是陇右同经略副使（陇右节度使下的使职）、右金吾卫员外大将军（正三品）、宁塞郡太守。其中实质上的官职是“宁塞郡太守”。“郡太守”是天宝元年（742）时玄宗改州为郡，改长官的刺史为太守而来。另外宁塞郡就是廓州[41]，宁塞郡太守即为廓州刺史（正四品下[42]）。如上所述，墓志第19行所记述的康承献担任军副使的积石军便在廓州。

在此尝试推算一下康承献的年龄，假定承献是调露元年（679）父令恽25岁时所生之子，则承献生于神龙元年（705），被派遣出使吐蕃时的开元十九年（731）是29岁，制作《康令恽墓志》的天宝四年（745）是43岁，作为哥舒翰的武将获得褒奖的天宝十三年（754）是52岁。可以说他一生都在青海地区对吐蕃政策的最前线。

另外，哥舒翰的军队在天宝十四年（755）安史之乱的时被调遣去镇压叛乱。此时的武将中有【史料B】也记载的王思礼、火拔归仁、管崇嗣等人[43]，不过很遗憾的是，其中并没有康承献的名字。或许其实际随军，但却未在史料上留名，又或者根据上述的年龄推算，承献此时已经超过50岁，辞官隐居并未随军。总之，他在安史之乱时的行踪不明[44]。

哥舒翰和粟特人的关系，并不仅仅局限于康承献。当时在前线与吐蕃作战的哥舒翰为陇右

---

[40]《旧唐书》卷一〇四《哥舒翰传》，“天宝六载擢授右武卫员外将军，充陇右节度副使、都知关西兵马使、河源军使。先是，吐蕃每至麦熟时，即率部众至积石军获取之，共呼为‘吐蕃麦庄’，前后无敢拒之者。至是，翰使王难得、杨景晖等潜引兵至积石军，设伏以待之。吐蕃以五千骑至，翰于城中率骁勇驰击，杀之略尽，余或挺走，伏兵邀击，匹马不还”（3212页）。《新唐书》卷一三五《哥舒翰传》也有同样的记载（4569－4570页）。

[41]《通典·州郡典》四《古雍州下》“宁塞郡”条“大唐复为廓州，或为宁塞郡”（4550－4551页）。

[42]根据《元和郡县图志》卷三九“陇右道上·廓州”条，廓州是下州，开元时户数三九六四（北京：中华书局，2005年，993页）。

[43]《新唐书》卷一三五《哥舒翰传》，“（天宝）十四载，禄山反，封常清以王师败。帝乃召见翰，拜太子先锋兵马元帅，以田良丘为军司马，萧昕为判官，王思礼、钳耳大福、李承光、高元荡、苏法鼎、管崇嗣为属将，火拔归仁、李武定、浑萼、契苾宁以本部隶麾下，凡河、陇、朔方、奴剌等十二部兵二十万守潼关”（4571页）。

[44]如前节所述，森安孝夫认为，罗布地方直至710年为止属唐朝疆域，8世纪中期已经被并入吐蕃的版图（森安孝夫《吐蕃の中央アジア进出》，44－50页）。这事也有可能对康承献的动向带来影响。

节度使，同时也兼任河西节度使，以凉州武威为根据地。武威位于河西走廊，是连接中原和西域主要通道上的重要城市，北魏以来该处被认为存在粟特人的聚落[45]。哥舒翰的麾下也有武威的粟特人。中田美绘认为，哥舒翰在天宝十三年（754）招聘凉州武威的粟特人佛僧不空在此为哥舒翰属下的兵卒全部都授予灌顶，安史之乱哥舒翰死去之后，曾为哥舒翰部下的凉州粟特系武将们依旧支撑着不空在长安的佛教事业。又认为，不空在武威授予灌顶的人中安氏一族的安重璋（以后的李抱玉）亦在其中[46]。康承献与这些武威粟特人一起在哥舒翰的麾下与吐蕃交战。

另外，时代向上逆溯，根据史料记载，武威的安氏在与吐蕃作战中表现活跃。据《河西节度副大使安公碑铭》[47]，武威安氏的安忠敬在永昌元年（689）以后的唐朝和吐蕃的攻防战中被起用，此后也历任总括与吐蕃的边界地带的工作，其中就任牧马官的理由，是因为安氏世世代代在河西经营马产业的经验，对河西一带的守备来说有着十分重要的功绩[48]。

鄯州西平和凉州武威位于交通的要冲，从两处各设置有陇右节度使和河西节度使一事上也能看出，两处都属于唐朝西方军事和经济的重要据点，传统上一直存在着粟特人聚落的地方。西平和武威的粟特人都处在对吐蕃作战的最前线，同属哥舒翰的麾下，相互之间存在关联。唐朝成立，粟特人聚落被置于唐朝的州县体制下，聚落的粟特人与汉人没有区别，同属唐朝的州县“百姓”[49]，上述武威和西平的粟特人间的关系，是殖民聚落间的粟特人相互关联的一个事例。

（三）康令恽与范阳

墓志第 1 行的志题记载墓主人康令恽是“范阳郡节度副使”。范阳郡比定为如今的北京，如上所述，本墓志的康氏一族生活在陇右地方对吐蕃的最前线，这里出现了一个问题，为何墓主人会有范阳郡的官职。

原本“范阳（郡）节度使”是天宝元年时从“幽州节度使”改名而来[50]。如前所述，康令恽的死亡年并未记载于墓志上，不过因为《康令恽墓志》制成在天宝四年（745）落葬之际，在第 22 行有“一纪不茔”（12 年间不营造墓），逆向推算的话死亡年应该是开元二十二年（733）。如果“范阳节度副使”不是死后赠官的话，康令恽死亡的开元二十二年（733）时，应该尚不是“范阳节度副使”，而是“幽州节度副使”，但墓志所记载的是制成时的官职名称。也就是说，康令恽的上司的幽州节度使便是在【史料 A】中担任陇右节度使派遣至吐蕃的张守珪。张守珪从陇右调动到幽州的时期，是监督前述的赤岭的盟约碑树碑之后的事[51]，更严密的时期则根据《册府元

[45] 吴玉贵《凉州粟特胡人安氏家族研究》，《唐研究》第 3 卷，1997 年，300 页；荣新江《北朝隋唐粟特人之迁徙及其聚落》，72 页。

[46] 中田美绘《不空の长安佛教界台头とソグド人》，《东洋学报》第 89 卷第 3 号，2007 年。

[47]《张说之集》卷一六，《四部丛刊初编》035，台北：台湾商务印书馆，1967 年，102－103 页。

[48] 山下将司《唐の监牧制と中国在住ソグド人の牧马》，《东洋史研究》第 66 卷第 4 号，2008 年，553－558 页。

[49] 荒川正晴《北朝隋・唐代における“萨宝”の性格をめぐって》，《东洋史苑》第 50-51 号，1998 年。

[50]《新唐书》卷六六《方镇表》：“更幽州节度使为范阳节度使”（1836 页）。

[51]《册府元龟》卷九七九《外臣部》“和亲”条，“时李暠使于吐蕃，金城度其还期暮秋，故有是请。及树之日，诏张守珪、李行祎与吐蕃使莽布及同观树焉。既树，吐蕃遣其臣随汉使分往剑南及河西、碛西，历告边州使曰：‘两国和好，无相侵掠。’汉使随蕃使入蕃，告亦如之”（11334 页）。《新唐书》卷二一六《吐蕃传》上：“帝又令金吾将军李佺监赤岭树碑，诏张守珪与将军李行祎、吐蕃使者莽布支分谕剑南、河西州县曰：‘自今二国和好，无相侵暴’”（6085 页）。

龟》卷九七九《外臣部》“和亲”条“（开元）二十一年二月，金城公主上言：‘请以今年九月一日树碑于赤岭，定蕃汉两界’（11334 页）”中的记载，他被调动的时期是开元二十一年九月（733）以后[52]。在墓志第 13－14 行有“东逾冷邢，拊林胡之背；西蹈积石，扼犬戎之喉”，以此推断，康令恽有在东方与林胡（＝契丹、奚）和在西方与犬戎（＝吐蕃）的战斗经历。此处的记载东方为先，西方为后，不过这是习惯性的按东西先后顺序排列，并非实际的时期前后。墓志第 19 行的“乃薨年于幕府”，记述他在幕府死亡，而第 21 行记“西归京兆”记载以其遗体搬移到西方的都城长安，就是他的死亡地在长安的东方。即是说，康令恽的“范阳节度副使”并非赠官，而是康令恽跟随以西平为根据地与吐蕃战斗的张守珪，成为他的直属部下，并于张守珪调往幽州时同行，最终死于其幕府之中时的官职。又，墓志第 19 行记“忽寝疾于漳滨”，在漳水（起源于今山西省平定县东南的沾岭，与清漳水和长子县发鸠山为起源的浊漳水在河南省涉县东南汇合，在河北省沧州市与永济渠合流，在天津市流入渤海）之畔发病。“漳滨”一词因《文选》刘公干《赠五官中郎将四首》中的“余婴沉痼疾，窜身清漳滨”[53]一文，在唐时用于病倒之际，但就本墓志而言，若跟随张守珪调往幽州的途中或者到达后发病，则其位置应该就是真正的“漳水之边”。

然而幽州节度使时代的张守珪，因起用其后发动安史之乱的安禄山而闻名，若康令恽跟随张守珪的话，则安禄山和康令恽同为张守珪的部下。虽然如上所述康令恽与张守珪一同调往幽州后不日即亡，然若其略为长命的话，很有可能也会被纳入安史军中。也就是说这事情表明，有必要考虑安禄山麾下的粟特人，就是安史之乱时的安史军内粟特人的势力中，有着像康令恽那样地世世代代以粟特人的殖民聚落为据点的粟特人的可能性[54]。

---

[52]《旧唐书》卷八《玄宗本纪》记载开元二十二年六月（734）建立了赤岭的盟约石碑（201 页），不过，佐藤长因为《册府元龟》卷九七九《外臣部》“亲善”条收录的赤岭的碑文中有“开元二十一年”（11334 页），菅沼爱语因为张守珪是开元二十二年（734）被任幽州节度使，所以两人都指摘这是开元二十一年（733）之误（佐藤长《古代チベット史研究》，京都：同朋社，1958 年；再版：1977 年，466 页）；菅沼爱语《唐・吐蕃会盟の历史的背景とその意义——安氏の乱以前の二度の会盟を中心に》，《日本西藏学会々报》第 56 号，2010 年；增订版收入《安史の乱以前の 2 つの唐・吐蕃会盟——神龙会盟と开元会盟》，《7 世纪后半から 8 世纪の东部ユーラシアの国际情势とその推移——唐・吐蕃・突厥の外交关系を中心に》，广岛：溪水社，2013 年，137－141 页。又，何格恩《张九龄诗文事迹系年考》（《张九龄集校注》，北京：中华书局，2008 年，544－545 页），张守珪上任后不久发出的敕书《诏敕幽州节度（副大）使张守珪（等）书》（《曲江集》卷八；《张九龄集校注》，543－545 页），是在开元二十一年八月（733）前后。

[53] 刘公干《赠五官中郎将四首》，《文选》卷二三，上海：上海古籍出版社，1986 年，1111 页。

[54] 譬如，将安史之乱以来的军队原封不动的维持着的藩镇之一，成德节度使李宝臣麾下的康日知，其祖父便是平定在六胡州勃发的康待宾之乱时表现活跃的康植。因为发动叛乱的六州胡里有向唐朝归顺的人，故康植也被归入其中，又《新唐书・康日知传》记在他的本贯是灵州，从灵州到夏州的南境是设置六胡州的地方，所以一般认为他是“粟特系突厥”。另外，因为康日知被封为会稽郡王（《新唐书・康日知传》），其子志睦为会稽郡公（《康志睦墓志》），志达则被记载为会稽人（《康志达墓志》）等，因此康日知一族之始反倒被认为是会稽。此处的会稽，虽也有越州会稽郡（今浙江省会稽）的可能性，不过唐代的瓜州中也有会稽这一地名（《晋书・地理志》“凉州”条；《通典》“瓜州”条）。瓜州位于河西走廊，一般认为有粟特人聚落。如果是后者的话，则康氏一族并非六州胡，而可能是粟特人聚落的出身。关于这个问题参照以下。小野川秀美《河曲六胡州の沿革》，《东亚人文学报》第 1 卷第 4 号，1942 年，199 页；荣新江《北朝隋唐粟特人之迁徙及其聚落》，59－62 页；荣新江《安史之乱后粟特胡人的动向》，纪宗安、汤开建主编《暨南史学》第 2 辑，广州：暨南大学出版社，2003 年，114 页；森部豊《ソグド人の东方活动と东ユーラシア世界の历史的展开》，大阪：关西大学出版部，2010 年，135－144 页。

到目前为止，一般认为安史之乱时安史军内的粟特人势力的中心，是由随着东突厥的崩溃逃亡到唐朝的粟特人所组成的“六州胡”和因为突厥第二帝国的骚乱亡命至唐朝的粟特人基本上这两部分所构成[55]，这些在突厥习得骑射等的游牧文化的粟特人被称为“粟特系突厥（突厥化粟特人）”[56]。也就是说类似康令恽这样出于贸易目的，以北朝以来构筑的殖民聚落为据点的粟特人未被列入其中。但近几年，以殖民聚落为据点的粟特人也有担任武职的事例被判明。山下将司分析了北朝至唐初粟特人带领殖民聚落的乡兵参加军事活动的情况[57]。笔者从《史多墓志》（开元七年，即719年）中推测出，属禁军武官的墓主人史多，出身于东突厥灭亡时亡命至唐朝的伊吾（今新疆哈密）粟特人聚落，在唐后期就任武官的粟特人里也有殖民聚落出身的人[58]。另外，关于他们就任唐朝武官后，是否依旧从事易活动的问题，从武威安氏的事例中可以看出，唐代成立后他们从唐王朝得到着武官职务的同时也从事着私人养马的牧马业，更将那马匹作为商品与交易的手段来进行贸易活动[59]。

当然，如上所述，安史之乱时，河西陇右节度使哥舒翰被任命为讨伐部队的将领后，其麾下的河西、陇右兵（含异族兵）也同时被动员，其中包括了居住在粟特人聚落成为唐朝的百姓的粟特人。总之，河西、陇右的粟特人殖民聚落的民众属于唐军阵营。

然而，若说安史军与粟特人的传统殖民聚落无关的话[60]，也并非如此。目前已知安禄山让各地粟特人买卖商品积蓄资金，因此不如说安禄山利用着他们的交易网络[61]。同时，至德二年（757）正月，武威发生了可能是为了响应安史之乱而发动的叛乱。这场叛乱是九姓商胡（粟特商人）的安门物和河西兵马使的盖庭伦所发动的，武威7城被粟特人攻占5处的大规模叛乱，然而唐朝派遣的支度判官崔称鼓舞残余两城中的官兵，于叛乱爆发17日后即完成了平定镇压[62]。

---

[55] 小野川秀美《河曲六胡州の沿革》，201—202页；森部豊《安禄山——“安史の乱”を起こしたソグド军人》（世界史リブレット18），东京：山川出版社，2013年；附注版：《“安禄山”研究篇》，《ソグド人の东方活动に关する基础的研究》平成21—24年度科学研究费补助金（基盘研究（B）研究成果报告书），研究代表者森部豊，2013年，30—31、38—39页。另外，也有在安史之乱前后，（从中亚粟特直接）从属安禄山的粟特私人雇佣兵部队“柘羯（赭羯）”（森部豊《“安史の乱”三论》，森部豊、桥寺知子《アジアにおける文化システムの展开と交流》，大阪：关西大学出版部，2012年，30页）。

[56] 森部豊《ソグド人の东方活动と东ユーラシア世界の历史的展开》。但，中田裕子认为，突厥和粟特人进一步混血后的结果，出现了以粟特姓为名的突厥人，即“粟特系突厥”（中田裕子《唐代六胡州におけるソグド系突厥》，《东洋史苑》第72号，2009年）。

[57] 山下将司《隋·唐初の河西ソグド人军团——天理图书馆藏〈文馆词林〉〈安修仁墓碑铭〉残卷をめぐって》，《东方学》第110辑，2005年；山下将司《唐の太原拳兵と山西ソグド军府——〈唐·曹怡墓志〉を手がかりに》，《东洋学报》第93卷第4号，2012年。

[58] 福岛惠《唐の中央アジア进出とソグド系武人——〈史多墓志〉を中心に》，《学习院大学文学部研究年报》第59辑，2013年。

[59] 福岛惠《〈安元寿墓志〉（唐·光宅元年）译注》，《ソグドからウイグルへ》，166页。

[60]《安禄山事迹》卷上，北京：中华书局，2006年，83页；《新唐书》卷二二五《逆臣传》上《安禄山传》，6414页。

[61] 森部豊《安禄山——“安史の乱”を起こしたソグド军人》；附注版：《“安禄山”研究篇》，24—28页。

[62]《旧唐书》卷一〇《肃宗本纪》：“（至德）二载春正月……丙寅，武威郡九姓商胡安门物等叛，杀节度使周佖，判官崔称率众讨平之”（245页）。《资治通鉴》卷二一九“唐肃宗至德二年”条，“河西兵马使盖庭伦与武威九姓商胡安门物等杀节度使周泌，聚众六万。武威大城之中，小城有七，胡处其五，二城坚守。支度判官崔称与中使刘日新以二城兵攻之，旬有七日，平之”（7015页）。

关于这场叛乱，森安孝夫认为“叛乱主谋之一的安门物明显乃粟特商人，叛军的中心势力也是胡人，从这两点来判断，也不得不认为此事不可能与安史之乱无关。安门物所率领的……除‘凉州的粟特人军团’再无其他可能，应该打着与安史之乱合流的计划”[63]。如果安史军中有河西和青海的殖民聚落出身的粟特人，则相互间的联络亦不成问题。森安译解的“5 名 Hor 人的报告”（敦煌文件 P.t.1283[64]），是证明当时粟特人的网络十分牢固一事的史料证据。该史料是 8 世纪中叶至迟到 60 年代后半或 70 年代时，受 Hor 国王所命 5 名 Hor 人所作的对欧亚北方形势的报告，森安认为此处的 Hor 人便是凉州武威的粟特人[65]。从该史料可推测出，当时殖民聚落的粟特人收集着十分广泛且详细的信息，同时如此庞大的信息量仅靠 5 个人是绝无可能的，应该是通过延伸到各地的网络的粟特人所收集的信息。如上所述，一般认为安禄山使用了粟特人的网络，若是如此，相比起“粟特系突厥”，有殖民聚落出身的粟特人存在的话，岂非更为直接有效？总而言之，安史之乱时安史军内粟特人势力中存在着如康令恽般的粟特聚落出身者的话，则可以推测出安史军连接与各地传统殖民聚落的粟特人网络有着更为直接的联系。

同时在此须引起重视的是，有见解认为安禄山在张守珪任陇右节度使时代便在河西为其部下。一般认为安禄山在开元四年（716）前后，因突厥第二帝国的默啜可汗之死导致的混乱时期亡命至唐朝（岚州：今山西省吕梁市岚县）[66]。亡命至唐以后，安禄山除了担任“诸蕃互市牙郎（与异国和唐的商人的中间人；任地不明）”之外，及至约开元二十一年（733）成为张守珪麾下的军人前，他的动向无法在现存史料上判明。一说认为，安禄山从青年时期便开始盘踞东北地方（关于具体地点，《旧唐书》等史料中为安禄山的本贯所记载的“营州柳城”（今辽宁省朝阳市）），由于曾在该地担任“诸蕃互市牙郎”，他应该熟悉奚、契丹的情况，亦因此得以惊人的速度升迁[67]。不过另一方面，因为与安禄山一起亡命唐朝的叔父的安波注（安波主、波至）与其子安思顺有在河西从军于唐的经历[68]，又有史料记载安禄山受安波注抚养[69]，因此也有分析认为安禄山为投靠他们而前往河西。蒲立本（Pulleyblank）说，“安禄山先与叔父一起前往西北，到了适龄阶段便加入了那里的唐军的可能性也很大……张守珪于 733 年自西北来到河北了，有可能安禄山也是同时来到河北的，安禄山和东北的关系是从此时候开始的”[70]。此说的

---

[63] 森安孝夫《唐帝国とシルクロード》（兴亡の世界史），东京：讲谈社，2007 年，332 页。

[64] 森安孝夫《唐帝国とシルクロード》，316－334 页。

[65] 森安孝夫《唐帝国とシルクロード》，331－334 页。

[66] E. G. プーリィブランク（Pulleyblank）《安禄山の出自について》，《史学杂志》第 61 编第 4 号，1952 年，49 页。

[67] 藤善真澄《安禄山と杨贵妃：安史の乱始末记》，东京：清水书院，1984 年，27－35 页；荣新江《安禄山的种族、宗教信仰及其叛乱基础》，黄正建《隋唐辽宋金元史论丛》第 1 辑，北京：紫禁城出版社，2010 年；收入《中古中国与粟特文明》，274 页。

[68] 根据《河西破蕃贼露布》记载，天宝元年（742）安波注作为河西节度使下的武将参与对吐蕃的战事（《文苑英华》卷六四八，北京：中华书局影印，1966 年，3333－3334 页）。又，《旧唐书 · 玄宗本纪》（173 页）和《王忠嗣传》（3197 页）及《新唐书》的《王忠嗣传》（4551 页）记，开元二年（714）七月吐蕃入寇陇右之时，安思顺作为薛讷的部下，与杜宾客、郭知运、王晙等人之名一同出现。

[69]《代郭令公请雪安思顺表》：“安禄山牧羊小丑，本实姓康，远自北番，来投中夏。思顺亡父波主，哀其孤贱，收在门阑。”（《文苑英华》卷六一九，3210－3211 页）

[70] E. G. プーリィブランク（Pulleyblank）《安禄山の出自について》，50 页。

根据之一是开元二十一年到翌年的冬天之间发出的敕书《诏敕幽州节度（副大）使张守珪（等）书》[71]的文首部分有“敕张守珪、安禄山”一文[72]，由此可以看出，这一时期尽管张守珪刚刚获得在东北的地位，但当时的安禄山明显属于有着极为重要地位的将校，蒲立本指出“如果安禄山在 733 年末已经就任如敕书中所说高阶地位，则张守珪不可能在来到东北之后才‘找到了安禄山’”[73]。

另外，《大唐博陵郡北岳恒山封安天王之铭》[74]（天宝七年，即 748）中记载以安禄山为“常乐安公”。“常乐”是唐代瓜州（今甘肃省瓜州县）的属县。在此事上，虽然有研究认为，常乐是安禄山的先祖或安波注、思顺所居的“族望”[75]，但森部豊认为“安禄山亡命至唐之后的一个时期若居住在河西的话，把常乐作为本贯的事也就能理解了”[76]。同时，荣新江、笔者指出也有许多粟特人把常乐作为本贯[77]。

如上所述，如果安禄山亡命至唐之后的某个时期住在河西的话，那么他已经筑起了与当地殖民聚落的粟特人的关系。又，如果安禄山从张守珪调往幽州之前便是他的部下的话，那么康令恽和安禄山的关系则更旷日长久，且两人都属于随同张守珪一同调动的直属部下，因此有着更为紧密的关系。此事表示，安史军很可能与粟特人网络有着密切的联系。

三、结　　语

综上所述，从《康令恽墓志》中能得出如下结论：

位于青海地区东部陇右地方中心城市的鄯州西平，至迟在北朝时期以后存在着粟特人的殖民聚落。因为在《康令恽墓志》中所记载的祖父和儿子的官职、墓主人的战斗经历，都在以鄯州西平为中心的陇右地方，所此可以说出康氏是世世代代以此地方为据点的粟特人。特别是关于墓主人之子康承献的记录，在《灵岩寺记》所记开元十九年（731）从唐派遣至吐蕃的使者中能找到他的名字，在《康令恽墓志》完成的天宝四载时，他在距离吐蕃国境不远的“积石军”担任军副使，《册府元龟》中则记载其为陇右节度使哥舒翰部下的一员武将，在天宝十三载获得对吐蕃作战的褒奖。由此也可以看出他一生都在陇右地方从事着对吐蕃攻防最前线的任务。

通过上述《康令恽墓志》，可以看出粟特人聚落间的相互关联。同时可以获知鄯州西平和在河西走廊中心城市凉州武威所建立的北朝以来的粟特人殖民聚落的粟特人，一同参与了对吐蕃

[71]《曲江集》卷八；《张九龄集校注》，545－456 页。

[72] 何格恩《张九龄诗文事迹系年考》认为可能是开元二十二年十月的敕书，即便如此安禄山的升迁之快也是惊人的（《张九龄集校注》，546 页）。

[73] E. G. プーリィブランク（Pulleyblank）《安禄山の出自について》，54 页。

[74]《金石萃编》卷八八，《石刻史料新编》，台北：新文丰出版公司，1977 年，1486－1491 页。

[75] 唐长孺指出，“禄山祖先和他自己似乎都没有和这个常乐郡发生关系……禄山既自称安氏，并与思顺为兄弟，则常乐这个族望必就是安波主、思顺的族望”（唐长孺《跋唐天宝七载封北岳恒山安天王铭》，《山居存稿》，中华书局，1989 年；再版：《山居存稿》，北京：中华书局，2011 年，296－297 页）。荣新江认为安禄山诞生以前，他的先祖在常乐，从此搬迁到突厥（荣新江《安禄山的种族、宗教信仰及其叛乱基础》，271 页）。

[76] 森部豊《安禄山——“安史の乱”を起こしたソグド军人》；附注版：《“安禄山”研究篇》，29－30 页。

[77] 荣新江《北朝隋唐粟特人之迁徙及其聚落》，59－62 页；福岛恵《唐代ソグド姓墓志の基础的考察》，150 页。

的战事。特别是世世代代总括武威的粟特人聚落的安氏一族中，安重璋（以后的李抱玉）与其他许多的粟特人一起隶属河西陇右节度使的哥舒翰的麾下，而在同一时期康承献也在哥舒翰的麾下与吐蕃交战。另外，由于鄯州西平和西域南道上的罗布地区连接，形成了丝绸之路青海道，而使其价值大为增加。同时也可以确认从 7 世纪末到开元年间罗布地方出现了粟特人的殖民聚落。于柴达木盆地出土的自 7 世纪后半到 8 世纪的吐蕃墓中的文物表示，当时连接着鄯州西平与罗布地方的丝绸之路青海道还维持着其作用。因此能判断青海道作为与连接唐朝和西域的主要渠道的河西走廊一起联动，维持着粟特人的网络。

另外，墓主人的康令恽在墓志上记载为“范阳郡节度副使”，由此可推知他与其后引起安史之乱的安禄山一同属于张守珪的直属部下。也由此可以推断出，到目前被认为是安史之乱粟特人中心势力的“粟特系突厥”外，还包括像康令恽般的粟特人殖民聚落出身之人的可能性，同时，这也表示安史军与各地殖民聚落的传统粟特人网络有着更为直接的联系。

（福岛惠 译　许家晟 校）

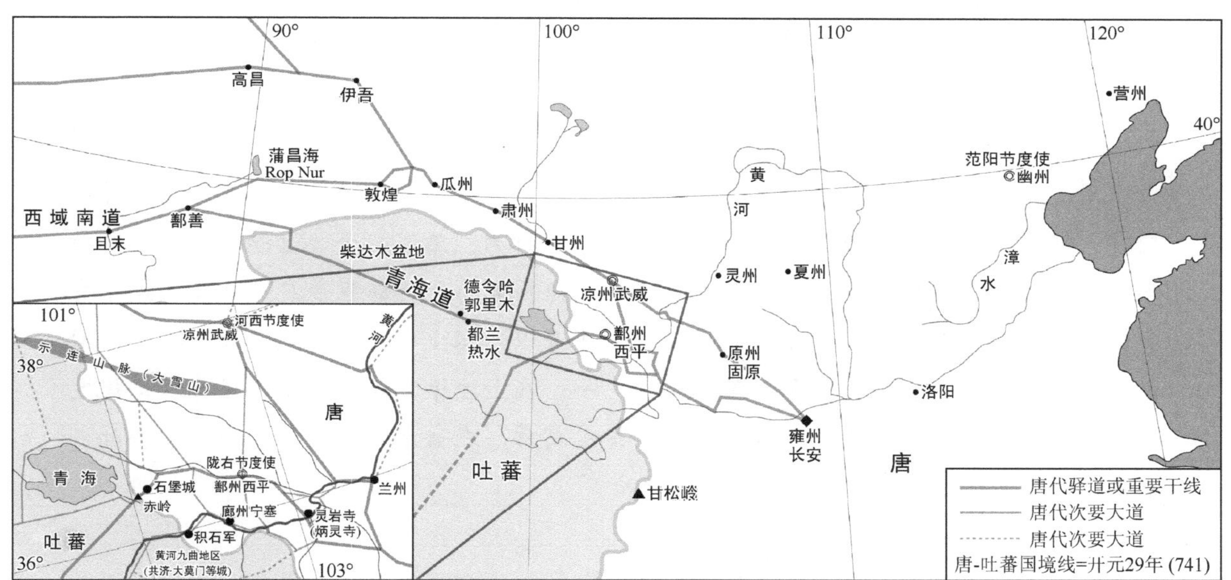

附图　康令恽墓志关系地图

根据谭其骧《中国历史地图集》第 5 册（北京：中国地图出版社，1996 年）、严耕望《唐代交通图考》第 2 卷（台北：“中央”研究院历史语言研究所，1985 年）制作

附记：本稿是日本学术振兴会科学研究费补助金若手研究（B）《隋唐期における墓志史料の研究基盘情报の整理と分析》、特别研究员奖励费《北朝隋唐朝期のソグド人——墓志史料を中心に》的成果之一。

吐蕃“告身制度”的考古学新印证*

霍　巍

（四川大学中国藏学研究所）

一

史载唐文成公主进藏时，“弄赞亲迎于河源，见王，行子婿礼甚谨，叹大国服饰礼仪之美，俯仰有媿沮之色”[1]。这段文字虽然带有汉族史家的文化优越感色彩，但反映出吐蕃君臣对于唐朝服饰礼仪表现出仰慕之情却是可能的。吐蕃王朝建立之后，松赞干布施行“告身制度”来划分社会等级，这一制度，学术界一般认为，是受到唐朝仪制的影响[2]。但是，究竟何为“告身”？在文物考古上是否遗留有实物痕迹可与文献相互参照比定？对此历来有不同认识。

日本学者山口瑞凤认为，此种告身是使用金、银、铜、玉石等各种材料研磨成粉，然后用这样的粉汁将等级官位书写于纸上或绢帛之上，以辨别身份地位：

> 用宝石或贵金属的粉末书写告身，授予有勋爵者。告身分为六个等级，每个等级又有大与小之分，总共分为十二级。六等级的名称为：玉石、金、瑟瑟石、银、黄铜和赤铜。根据《通典》介绍，获得告身的人，其衣服的上膊部佩带有三寸多长表示告身的肩章，玉石告身以“瑟瑟”代替，瑟瑟告身以“银上饰金”来代替表示之。一般说来五等的“黄铜”告身，是不被称颂的。……在上述十二等级之下，还有特别规定的大告身等级，和有名的作为勇士标志的虎皮肩章，在姓名之前冠以“虎”字样的，也许就是受“勇士之章”的勇士[3]。

若结合文献记载来看，除了文书形式的告身之外，也有其他形式的告身存在的可能性。唐人杜佑《通典》记载吐蕃官之章饰制度云：“其官章饰有五等，一谓瑟瑟，二谓金，三谓金饰银上，四谓银，五谓熟铜，各以方园三寸，褐上装之，安膊前以辨贵贱。”[4]《新唐书·吐蕃传》载：“（吐蕃）其官之章饰，最上瑟瑟，金次之，金涂银又次之，银次之，最下至铜止。差大小，

---

* 本文系国家社科基金重大招标项目“文物考古中西藏与中原关系资料的整理与研究”（项目批准号 11&ZD121）阶段性成果之一。

[1]（宋）王溥《唐会要》卷六“和蕃公主”条，上海：上海古籍出版社，2006 年，86 页。

[2] 陈楠《吐蕃告身制度》，载于《藏史丛考》，北京：民族出版社，1998 年。林冠群也认为“（吐蕃）又仿唐朝的告身制，订立位阶制度”，参见氏著《唐代吐蕃史研究》，台北：联经出版事业公司，2011 年，526 页。

[3]〔日〕山口瑞凤《吐蕃——传承と制度から见の性格》，《历史教育》第 15 期第 9、10 号，1967 年，45 页。此条资料系转引自林冠群著《唐代吐蕃史研究》，526 页。

[4]（唐）杜佑《通典》卷一九〇《边防》六“吐蕃”条载，北京：中华书局，1988 年，5171 页。

缀臂前以辩贵贱。”[5]《册府元龟·外臣部·土风三》载：“自号吐蕃为宝髻，爵位则以宝珠、大瑟瑟、小瑟瑟、大银、小银、大鍮石、小鍮石、大铜、小铜等为告身，以别高下。”[6]同书又载：“（吐蕃）大略其官章饰有五等，一谓瑟瑟，二谓金，三谓金饰银上，四谓银，五谓熟铜。各以方圆三寸褐上装之，安膊前，以别贵贱。”[7]同书还记载唐贞元十二年（796）三月，韦皋收降蛮七千户，“得吐蕃所赐金字告身五十五片”[8]。

从上述汉文文献记载可知，唐宋时期对吐蕃社会官阶章饰已有相当认知，归纳起来有三个显著特点：其一，是用瑟瑟、金、金上饰银、银、铜等五种质地的材料制作的标识性徽章来表现其等级差别；其二，告身的形状、大小各有差别等次，或方或圆，从上文中以“片”作为计量单位的情形推测，似形状扁平，尺寸以“三寸”为多；其三，其安装使用的方法是缀于织物“褐”上，位置多在“膊前”或“臂前”。

在藏文文献中，对于吐蕃告身也有记载。例如，《敦煌本吐蕃历史文书》P.T.1287《赞普传记》中记载松赞干布与臣下韦氏义策的盟誓中称：“义策忠贞不二，你死后，我为尔营葬，杀马百匹以行粮，子孙后代无论何人，均赐以金字，不会断绝。”[9]此外，另一份敦煌古藏文写卷P.T.1071 为《狩猎伤人赔偿律》，规定按照吐蕃社会等级，赔偿命价的高低等次共分为九等，其中第二等为玉字告身，第三等为金字告身，第四等为“颇罗弥”告身，第五等为银字告身，第六等为黄铜告身，第七等为红铜告身，第八等为红铜告身。持有红铜告身以上者为吐蕃上层社会成员，不仅本人具有身份地位，还可荫庇其氏族；红铜告身以下者则为社会下层成员；最高等级者即第一等级者大论、大内臣、赞普舅氏平章事、副大论等四种大尚论及其祖、父没有具体的告身规定，可能不必赐以告身[10]。按照敦煌古藏文写卷的记载，吐蕃社会实行的等级与告身之制虽然可分为若干等级，但实际上作为标识系统的告身共有六种，即玉、金、银上金（颇罗弥，实际上即银鎏金）、银、黄铜、红铜。在时代更为晚近的藏文典籍《贤者喜宴》当中，也记载了六种质地的告身：“所谓告身，最上者为金、玉两种，次为银与颇罗弥，再次为铜与铁文字告身。总为六种，告身各分大小两类，总共十二级。”同书中还特别解释称：“作战勇士赐以铁文字告身，灰白色硬木并画以水纹的文字告身授予一般属民。”[11]

十分明显，藏文文献中所记载的告身制度要比汉文文献所记更为复杂，除了玉石瑟瑟、黄金、银上鎏金、银、铜等五个大的类别之外，还出现了铁、硬木等不见诸汉文文献的告身。曾经有学者试图对此现象做出解释，认为吐蕃告身制度中的“六告身”应为瑟瑟、金、颇罗弥（金涂银）、鍮石、铜六等，与汉文史籍涉及的六种告身吻合。铁告身也当存在，但只授予勇士，不

[5]（宋）欧阳修、宋祁撰《新唐书》卷二一六上《吐蕃传》，北京：中华书局，1975 年，6072 页。

[6]（宋）王钦若、杨亿编纂《册府元龟》卷九六一《外臣部·土风三》，北京：中华书局，1960 年，11307 页。

[7]《册府元龟》卷九六一《外臣部·土风三》，11307 页。

[8]《册府元龟》卷九八七《外臣部·征讨六》，11589 页。

[9] 王尧、陈践《敦煌本吐蕃历史文书》，北京：民族出版社，1992 年，164 页。

[10] 参见陈楠《吐蕃告身制度》，载于《藏史丛考》。

[11] 巴卧·祖拉陈瓦著，黄颢、周润年译注《贤者喜宴——吐蕃史译注》，北京：中央民族大学出版社，2010 年，35－36 页。

排在“六告身”之内[12]。笔者认为，吐蕃时代告身制度实行的情况可能远比文献记载的要复杂得多，从若干迹象观察，告身既有常设性质者，也有临时性颁发者（如上文中所引铁质告身）；在每一类告身之中，可能又存在大小、等级的区别，所选用的制作材料除了上述瑟瑟等宝石类及金、银鎏金、银、铜等质地外，还可以根据需要制作铁质、木质的告身颁发贵族、官员之外的有功之勇士或平民。汉文文献与藏文文献之间存在的这些差异性，既有可能与时代不同相关，也可能与不同文化之间在理解上的差异有关，不必强求两者之间对应整齐。从总体上看，至少我们可以肯定，既使我们承认当时颁发的“告身”当中不排除有山口瑞凤先生提出的那种采用纸质、绢帛类书写的类型存在，但同样也不能排除使用各种质地的材料制作的可以佩戴于衣物显著位置之上、具有类似今天“军衔”标识意义的徽记式的告身的存在。

二

那么，这类“告身”的实物形态是否能够被考古发现的文物所证实呢？笔者注意到，在青海、西藏等地的吐蕃墓葬中，曾经出土过一批被定名为“金牌饰”的黄金饰件，它们一般均为方形或长方形，制作工艺十分精美，分别采用了捶揲、掐丝、錾刻、钻孔、抛光、焊接、镶嵌等各种工艺，在铜质的底板上用金丝做成联珠纹、鱼子地纹，牌饰表面用金片做成金花，并在花瓣内镶嵌绿松石之类的宝石。兹列举数例：

（1）联珠纹鱼子纹地镶嵌绿松石金牌饰（编号不详）　青海都兰热水 M1 封土内出土。略呈方形，用金丝做成鱼子纹地，边框饰以联珠纹，中央用金片做成三瓣花叶纹，花瓣中镶嵌以绿松石[13]。

（2）联珠纹镶嵌绿松石金牌饰（编号不详）　青海都兰热水吐蕃 M1 封土内出土。方形，周边饰以联珠纹，中央用金片做成金花，花瓣内镶嵌以绿松石[14]。

（3）卷草纹镶嵌绿松石金牌饰（99DRNM3︰1）　青海都兰热水河南岸吐蕃第 3 号墓盗洞扰土中出土。长方形，长 4.2 厘米，宽 3 厘米，主题纹样为三叶卷草纹，呈“品”字形。金牌四角有四个錾孔，直径 0.4 厘米，原镶嵌有四颗绿松石，现存三颗，形状不甚规则，表面磨光。金牌饰背面四角用焊药（尚可观察到焊药中的铜锈）焊接了四根金丝（直径约 0.1 厘米），均残，推测是做装饰之用。金牌系捶揲制成，捶印清晰可见，表面经过抛光[15]。

与上述金牌饰形制相同者在青海都兰墓葬当中还发现有数例，但均系从被盗墓葬中所获的采集品，无明确出土单位，现均收藏于青海省文物考古研究所内。此外，据林梅村、齐东方两位先生在都兰吐蕃墓发掘期间的调查，被盗后现存于都兰县公安局的吐蕃墓葬出土文物中，也有同类牌饰[16]。

[12] 赵心愚《吐蕃告身制度的两个问题》，《西藏研究》2002 年第 1 期。

[13] 许新国《西陲之地与东西方文明》，北京：燕山出版社，2006 年，图版九：2。

[14] 许新国《西陲之地与东西方文明》，图版九：1；北京大学考古文博学院、青海省文物考古研究所《都兰吐蕃墓》，北京：科学出版社，2005 年，附录五。

[15] 北京大学考古文博学院、青海省文物考古研究所编著《都兰吐蕃墓》，图四二：4。

[16] 北京大学考古文博学院、青海省文物考古研究所编著《都兰吐蕃墓》，附录五“调查记录”所录图片“都兰县公安局收缴的部分文物”中的两件金饰件，167 页。

对于这类牌饰的用途，目前尚无定论，但笔者观察注意到，在吐蕃时期出土的众多金银器当中，这类金牌饰虽然体形较小，但造型却十分精美，从其四角或边缘上带有小孔，或在背面带有扣饰这一点来加以判断，似乎可以缀系于衣物、织物或者带饰之上，故笔者推测其有可能是一种用于人物服饰上的饰件[17]。对照文献记载来看，这类牌饰形状扁平，制作精良，上面镶嵌有绿松石等宝石，背面有穿孔或扣饰可以缀系，标识性特征显著，这和文献所载的吐蕃“告身”似乎十分接近。虽然我们目前还没有确凿的证据证明其就是告身，但这种可能性却是不能排除的，至少可备参考。

吐蕃的“告身之制”是其等级制度和服饰礼制的重要组成部分，得到汉、藏文献两个方面的佐证。究其来源，笔者认为有两个途径值得注意：其一，是来源于北方游牧民族的服饰习俗；其二，是受到唐朝官服制度的影响。据《唐会要》记载，上元元年（675）八月，唐朝敕定：“一品以下文官并带手巾、算袋、刀子、砺石，其武官欲带者亦听之。文官三品以上服紫，金玉带，十三銙。四品服深绯，金带，十一銙。五品服浅绯，金带，十銙。六品服深绿，七品服浅绿，并银带，九銙。八品服深青，九品服浅青，并鍮石带，八銙。庶人服黄铜铁带，七銙”。同书又载：“景云二年（711）四月二十四日制：令内外官依上元元年敕，文武官咸带七事。谓刀、刀子、砺石、契苾真、哕厥针筒、火石袋、鞊韘等。其腰带，一品至五品并用金，六品至七品并用银，八品九品并用鍮石。”[18]唐代官服采用的这种“革带之制”，系受北方游牧民族之影响，宋人沈括《梦溪笔谈》卷一讲得十分透彻：“中国衣冠，自北齐以来，乃全用胡服。窄袖、绯绿短衣、长靿靴，有鞢韄带，皆胡服也……带衣所垂蹀躞，盖欲佩带弓剑、帉帨、算囊、刀砺之类。自后虽去蹀躞，而犹存其环，环所以衔蹀躞，如马之鞦根，即今之带銙也。”[19]如沈括所言，所谓“蹀躞带”，系在革带之上系挂各种小件器物，这是源于北方游牧民族的服饰特点，后为汉民族所吸收改造，在陕西、河南等地考古出土的陶俑、壁画中遗有大量图像材料可以佐证。吐蕃与北方游牧民族有着密切的联系和交往，受其影响在所难免。但是，若从整个吐蕃“告身之制”在选用材料上形成的严格等级制度来看，却又明显是受到唐代官服制度的影响。从上引唐代官服制度来看，以金、银、鍮石、黄铜、铁等五种质地形成銙带上的装饰物，并结合以銙带的多少来表现其等级制度的区别，若将吐蕃的“告身之制”与之比较，可以发现两者之间颇具共同之点。

但是，这里有一个值得关注的问题。按照《唐会要》的记载，用金、银、鍮石、黄铜、铁等五种质地制成饰件，显然是作为革带上的装饰物件使用的。所谓“金玉带，十三銙”，是指革带上的銙件以金、玉制成，附着在革带之上，其数量按唐代官制规定为十三个銙件形成一套组合。而“金带，十一銙”，也是指革带上的銙件用黄金制成，数量按等级规定为十一个銙件组成一套。以此推之，“银带，九銙”“鍮石带，八銙”“黄铜铁带，七銙”，都是指革带上用不同质

[17] 霍巍《吐蕃系统金银器研究》，《考古学报》2009年第1期。

[18]（宋）王溥撰《唐会要》卷三一“舆服上”，664—665页。

[19]（宋）沈括著、金良年点校《梦溪笔谈》卷一，北京：中华书局，2015年，3页；另可参见孙机《中国古代的带具》所论“带扣与鞢韄带”一节，收入氏著《中国古舆服论丛》（增订本），上海：上海古籍出版社，2013年，258—277页。

地制作的銙件及其数量而言的。而吐蕃的“告身之制”按照前引汉文文献的记载，其使用方式却是“缀臂前以辩贵贱”；“安膊前，以别贵贱”，与唐代官服使用于革带之上的饰件在装饰部位上似乎有所不同。然而问题在于，这些记载目前也并未得到考古实物资料或图像资料的证实。前文中笔者根据青海都兰等地出土的一批金银饰件推测其用途有可能是缀系于衣物、织物或者带饰之上，但却无法肯定其装饰的部位仅仅限于服饰上的“臂前”或“膊前”。

那么，有无可能吐蕃“告身”的使用方法之一也和唐代官服制度一样，也有可能是革带上某种类似于“銙”一类的饰件呢？近年来的考古发现，提供了一些重要的线索。首先可以确认的是，吐蕃王朝的服饰制度中，存在着与唐代官服革带之制极为相似的“鞢韄带”和“銙带”式样。在藏东昌都地区芒康县境内发现的一处名为“朗巴朗增（意即毗卢遮那）”的吐蕃时期佛教石刻造像，题材为大日如来和八大菩萨，虽然造像属于佛教形象，但在衣饰上却反映出吐蕃王朝时期王室贵族服饰的特点，此殿堂中的大日如来和八大菩萨像都是头扎高髻头巾，身穿带有三角形大翻领的长袍，腰间束带。而正是在石像腰间的带饰上，我们可以清晰地观察到上面装饰有长方形或椭圆形的多个带銙。据 2009 年的调查资料报告，此殿现存的大日如来像身着三角翻领阔袖袍服，腰系宽带，浅浮雕出平直的带缘，上面再用一层浅浮雕雕出方形的带銙，銙与带几乎同宽，带尾从左侧腰部伸出后插入带下，然后从带下伸出，斜向右下方。带尾可观察到铊尾。另外，在其左右两侧排列的八大菩萨像上，也可观察到相同的带饰，其中有的浅浮雕 6 块长方形带銙，有的带銙的形状为椭圆形，带尾均是从腰部左后方伸出后插入带下，斜向右下伸出，可观察到尾部的铊尾。其中带饰较为复杂的为殿内左侧东向第 4 尊菩萨像，带上有 7 个带銙，自左而右分为两组，各组外侧的銙下分别垂有“鞢韄带”，带尾从左后侧腰部插入腰带内向右下垂，一柄直带鞘小刀也从右上向左下斜插入带内，刀柄上有一细带与腰带相连[20]。

青海郭里木发现的一批吐蕃时期的木棺板画上，不少吐蕃贵族和骑士腰间所系革带上也可以观察到装饰有数个方形的銙片，甚至还可以观察到从銙片上穿系垂悬下来的“鞢韄带”，上面挂系着箭囊等物[21]。

与上述考古图像资料上反映的带饰可以相互对应的，是这种装饰在革带上的金、银带銙的实物，近年来也有发现和流传，如香港梦蝶轩收集到的一批吐蕃金银器当中，就有若干组这样的带饰。兹列举数例如下：

（1）鹿纹金带饰一组七件。此组带饰由带扣、方形銙片和铊尾组成，主纹为一卷土重来伏成团的鹿纹，铊尾和方形銙片四角和中心有镂空的孔洞，孔洞内有的还残存着打磨光洁的绿松石珠。值得注意的是，在方形銙片的下方，均有一长方形的孔洞，应是供穿系皮带垂挂物品之用[22]。

---

［20］有关调查资料参见霍巍《试析西藏东部新发现的两处早期石刻造像》，《敦煌研究》2003 年第 5 期；熊文彬《唐蕃古道上吐蕃时期的大日如来造像》，《第三届汉藏佛教美术国际学术研讨会论文集》，2006 年。

［21］有关这批吐蕃棺板画的资料及其相关研究情况可参见霍巍《吐蕃时代：考古新发现及其研究》，北京：科学出版社，2012 年，108－161 页。

［22］苏芳淑主编、霍巍撰《金曜风华·赤猊青骢——梦蝶轩藏中国古代金饰·II》，香港：香港中文大学出版社，2013 年，204－207 页。

（2）花瓣纹金带饰一组十六件。这组带具由带扣、弧形、方形的銙片及心形的饰片等组成。銙片均做成花朵形，花瓣中空，部分孔洞内残存着一颗镶嵌的绿松石，在每块銙片的下方，有一长方形的穿孔，如同上例也应当是供穿系皮带垂挂物品之用[23]。

（3）镶宝石花纹带饰一组。这组銙片由不同的纹饰组成，均系花瓣纹构成一层图案，花瓣纹的中央和四片叶瓣的中央各留出一孔，在孔内镶嵌以绿松石、红宝石等，宝石的表面打磨光洁，略突出于纹饰之外，更具立体感。在较大的四块方形銙片下方，也可以观察到长方形的穿孔，用途与上述两例带饰应相同。这组带饰中有两件是皮带尾部的銙片，纹饰为花瓣纹，中有圆形镂空，露出残存在銙片内的一段皮带。这两片带饰的可贵之处正在于它和原配的皮带连接在一起，可以让人观察到这类金属銙片是如何使用于皮带之上的。从残存皮带背面观察，銙片四角上有金钉，穿透皮带后弯曲固定于皮带之上[24]。

（4）团花镂空带饰一组。这组带饰也是由带扣和饰牌（銙片）两部分组成，其中带扣由一个呈椭圆形的扣框与活动的扣舌组成，后接一个花瓣形的銙片。尤其珍贵的是，在这组饰牌上有两件銙片的后面残存有皮腰带（鞓）的残段，这也为我们提供了观察皮腰带与金带饰之间安装方式极好的参考资料。可以观察到，其安装方法为：在横向的皮腰带上面缝缀以銙片，銙片与銙片之间间隔有一定的距离，銙片下方开有一长方形的小口，用较窄的皮带从中穿过，再用金扣括结于腰带之上。过去发现的考古材料由于皮质的腰带和其他带子均已腐朽不存，仅存金属带扣，无法推知革带与金属饰件之间具体的系结方法，这组带饰的出土，是一个很好的实例[25]。

以上举出这几组带具共同的特点在于：它们都可以穿系在皮带之上作为革带的装饰性金属附件；带具的带扣、铊尾和銙片有金、银鎏金、银等不同质地；在金属器表之上，往往还镶嵌以绿松石等各类宝石。目前对于这批金银器的时代和民族属性，由于缺乏考古出土背景，还不能完全加以判定，但结合过去在青海、西藏等地吐蕃墓葬中发现的金银器加以比较，笔者推测其应当属于吐蕃王朝时代（7—9 世纪）吐蕃高级贵族的器用[26]。类似梦蝶轩所藏的这类金银器，近年来在大陆一些博物馆中也有收藏，来源很可能都是出自一批被盗掘的吐蕃大墓。北京大学林梅村教授曾提供给笔者一批流散在国内某省级博物馆内的吐蕃金银器资料，当中也有成组套的“金牌饰”，其形制特点和前举青海都兰热水吐蕃墓葬中所出的金牌饰完全相似，很可能在使用方法上也是相同的。

这里，我们附带还要讨论一个与之相关的问题，前引山口瑞凤关于吐蕃告身制度的论述时，他曾注意到：在上述吐蕃告身的十二等级之下，还有特别规定的大告身等级，和有名的作为勇士标志的虎皮肩章，在姓名之前冠以“虎”字样的，也许就是受“勇士之章”的勇士。他所论及的“虎皮肩章”，也称之为“大虫皮”，是与告身制度联系密切的一种授予有功武士的标识。新疆米兰遗址中曾出土一件有关吐蕃告身的古藏文文书（大英图书馆东方文献部藏

[23] 苏芳淑主编、霍巍撰《金曜风华·赤猊青骢——梦蝶轩藏中国古代金饰·II》，212—215 页。

[24] 苏芳淑主编、霍巍撰《金曜风华·赤猊青骢——梦蝶轩藏中国古代金饰·II》，218—221 页。

[25] 苏芳淑主编、霍巍撰《金曜风华·赤猊青骢——梦蝶轩藏中国古代金饰·II》，190—193 页。

[26] 霍巍《梦蝶轩藏吐蕃金银器概述》，刊于苏芳淑主编、霍巍撰《金曜风华·赤猊青骢——梦蝶轩藏中国古代金饰·II》，2—13 页。

Or.15000/269），其内容经托马斯、武内绍人、杨铭、索南才让等的释读，确认其为发现于米兰地方的“唯一的一件古藏文告身文书”。文书的内容为古藏文 14 行，汉文译文如下：

于噶瓦之旺格地方，授予虎符……
大金字告身、虎千户……，论赞松……
被授予大金字告身、虎皮绶带，论格协尔被授予银字告身……
大银字告身、虎……
被授予红铜字告身、黄牛皮……
盖桑孟拉被授予小黄铜字告身、虎皮……
被授予小黄铜字告身、小黄铜与中虎皮……
达桑拉孙、华丹琉协、鲁华桑卡拉……
勒朵甲拜等被授予大黄铜字告身、虎皮绶带，加桑拉多、达赛过咱孙……
（rgod[btsan?]bzang）协瓦桑真、拉鲁松大赞、玉桑萨桑……
周赞钦巴、金桑达贡等被授予小黄铜字告身、小红铜字告身……
黄铜字告身。呈赞桑赤列、玉协……
玉朵赞。此乃论赞桑若塞……
专门请示报告，……恩准……[27]

由此可见，与这类告身可以同时授予的还有虎皮绶带、黄牛皮绶带等物件，虎皮绶带中又可分为大虎皮、中虎皮等不同规格与等级。吐蕃将士以虎皮为尊贵象征在文献典籍中不是孤证，如敦煌古藏文写卷 P.T.1089《大蕃官吏诉请状》中，其中也有与告身一起或单独授予各级官吏的记载，种类有“带大虎皮饰章肩者”“小虎皮饰章肩者”[28]。

这种“大虫皮”制度在受吐蕃影响的南诏也曾十分流行，唐人樊绰《蛮书》卷十记载：“南诏异牟寻衣金甲，披大虫皮，执双铎鞘”[29]。据《南诏德化碑》碑文可知当时虎皮通称为“大虫皮”，并与“大金字告身”“锦袍金带”“二色绫袍金带”“紫袍金带”“小银告身”等一同代颁发给有功将领[30]，从一个侧面佐证了本文所论告身制度中“金带”与“大虫皮”之间的密切关系。樊绰《蛮书》卷七还记载：“蛮王并清平官礼衣悉服锦绣，皆上缀波罗皮。……南蛮呼大虫为波罗密。”[31] 樊绰在《蛮书》卷八蛮夷风俗第八当中，还十分详细地记载了有关“大虫皮”具体的披戴方法：“贵绯紫两色，得紫后有大功则得锦。又有超等殊功者，则得全披波罗皮；其次功则胸前背后得披，而阙其袖；又以次功则胸前得披，并阙其背。谓之

[27] 杨铭、贡保扎西、索南才让编译《英国收藏新疆出土古藏文文书选译》，乌鲁木齐：新疆人民出版社，2014 年，258—259 页。

[28] 赵心愚《吐蕃告身制度的两个问题》，《西藏研究》2002 年第 2 期。

[29]（唐）樊绰著、向达校注《蛮书校注》卷十，北京：中华书局，1962 年，251 页。

[30]《南诏德化碑》碑阴全文可参见汪宁生著《云南考古》（增订本），昆明：云南人民出版社，1992 年，163—166 页。

[31]（唐）樊绰著、向达校注《蛮书校注》卷七，174 页。

大虫皮，亦曰波罗皮。"[32]

与《蛮书》相同的记载也见于正史，如《新唐书·南诏传》载："（南诏）自曹长以降，系金佉苴，沿绛紫，有功加锦，又有功加金波罗，金波罗，虎皮也，功小者，衿被不袖，次止于衿。"[33]至于为何又称虎皮为"波罗皮"，目前学术界还没有一个较为令人信服的结论。笔者推测，之所以称为波罗皮，很可能与吐蕃人的历史记忆中，这种习俗是来自与吐蕃相毗邻的中亚某地的传说相关，这类用狮皮或虎皮作为勇士服饰的做法，和西亚、中亚一带武士、战神的服饰特点可能有密切的关系。吐蕃人采用来自西方的某个地名的译音作为狮皮或虎皮的地域特征代称不是没有可能的。如果认真加以梳理，与"波罗"这种译音相近的地名为数不少，如《新唐书·西域传下》记载："大勃律，或曰布露，直吐蕃西，与小勃律接，西邻北天竺、乌苌。地宜郁金。役属吐蕃。"[34]《魏书·西域传》中记载，在莎车西南有"波路国"，其西南为小月支[35]。又《旧唐书·西戎传》载："又有勃律国，在罽宾、吐蕃之间，开元中频遣使朝献。八年，册立其王苏麟陀逸之为勃律国王，朝贡不绝。二十二年，为吐蕃所破。"[36] 这里的"勃律""布露""波路"等西域的国名、地名，或有可能便是吐蕃人"波罗"一词直接或者间接的来源。当然，这个推测是否成立，笔者试请方家贤达进一步论证。

三

将上述文献和考古材料所提供的线索整合起来考虑，笔者认为可以得出这样几点基本的认识：

其一，文献记载的吐蕃"告身之制"，在考古发现的实物中很可能已经涵括其中，只是目前我们还没有从中明确加以指认而已。其中较大的一种可能性，即是这批被一般泛称为"牌饰"的金属饰件当中，就有吐蕃"告身"的存在。因为从其质地上看，目前发现的牌饰至少已有金、银鎏金、银、铜等几种金属材质制成，这和文献记载"告身"使用的材质及其等级划分基本可以对应。"鍮石"作为一种贵重材质在中亚和西域各国曾经十分流行[37]，用银、"鍮石"等材质制作腰带的做法也曾在吐鲁番出土文书中被证实[38]。吐蕃与西域关系密切，所以这种贵重材质被吐蕃所接受的可能性甚大。究竟"鍮石"为何物学术界还有争论，大多数学者倾向于黄铜[39]。

[32]（唐）樊绰著、向达校注《蛮书校注》卷八，208页。

[33]《新唐书》卷二二二《南蛮上》，6269页。

[34]《新唐书》卷二二一《西域下》，6251页。

[35]《魏书》卷一二〇《西域传》，北京：中华书局，2276页。

[36]《旧唐书》卷一九八《西戎传》，北京：中华书局，1975年，5310页。

[37]林梅村《鍮石入华考》，收入其论文集《古道西风——考古新发现所见中西文化交流》，北京：生活·读书·新知三联书店，2000年，210—230页。

[38]吐鲁番出土文书《唐残书牍》记载："……///贤信，即欲作银腰带……/……///且带偷（鍮）石腰带，待///……"，此条材料系转引自饶宗颐《说鍮石——吐鲁番文书札记》，收入其论文集《饶宗颐史学论著选》，上海：上海古籍出版社，1993年，384页。

[39]林梅村《鍮石入华考》，《古道西风——考古新发现所见中西文化交流》，210—230页。

至于《唐会要》等文献记载中提及的吐蕃“告身”最高等级为“瑟瑟”是最令人费解的，因为目前吐蕃考古材料中并未发现纯粹使用玉石制作的“告身”。过去在汉地出土的革带当中，由于文化传统的原因，的确发现过“玉带”一类的革带，如前蜀王建墓中所出[40]，但吐蕃并无将玉作为珍贵物品使用的历史，所以是否也使用玉作为和金银同等珍贵的材质来制作“告身”还须存疑，不排除是汉地史家出自传统汉文化观念的附会之词。如果联系到上述牌饰表面多采用红、蓝宝石和绿松石加以镶嵌的情况分析，是否有可能是指在金属材料的牌饰之上加饰以各种宝石而言，而并非纯粹用玉来制成“告身”？还须进一步加以辨析。至于文献记载中的“瑟瑟”究竟为何种宝石，也各有争议，但从考古实物材料观察，使用得最多的是绿松石、红宝石等种类，其中尤其以绿松石使用最为频繁，或许与之有关。

其二，吐蕃“告身”的实物形态，有可能具有不同的表现方式。从文献和考古两方面结合起来考虑，它既可能有如同山口瑞凤推测的书写在纸质或织物上的形态，类似于今天的“委任状”；同时，也有可能存在着缀系在服饰之上（“臂前”“膊前”）的章徽一类的形态，类似于今天的军衔标识；还有可能存在着如同唐人服饰制度一样，缀系于革带之上的不同质地制成的“銙”带的形态。从目前发现的考古实物证据来看，至少后两类形态或许已经存在于吐蕃时期的出土物当中。因此，我们不必完全拘泥于文献记载，片面、僵化地来理解和比对吐蕃“告身之制”。陆离、陆庆夫二位先生曾经推测：“吐蕃告身制度应是在其给官员授予不同规格的金、银等质地的环状饰物为身份标志的传统做法的基础上，对唐朝官员的服饰制度和告身制度进行借鉴模仿而成。”[41]这个看法与考古发现的情况有相当的吻合度。当然，我们也不必将这类各种质地的标识物限定在“环状饰物”这个范围内，它的形态可能应当具有多样性特点。

其三，吐蕃“告身之制”作为吐蕃王朝区别社会等级差异的一种制度，看来的确在吐蕃实行并颁发过，虽然在若干具体的实施细节上我们今天已经不得而知，但其大体上以不同质地的贵重金属和宝石来标识社会不同等级的基本特征，很可能是客观存在的事实，通过吐蕃墓葬中出土的各类牌饰，或许可以从一个侧面反映出这种制度的历史遗痕。

其四，吐蕃的“告身”这种制度很明显是受唐代官服制度的影响最为直接。虽然唐代官服制度在其形成和发展的过程当中吸收了大量来自中亚和北方“胡服”特点的因素（如采纳“鞢韘带”、使用金、银等贵重金属器制作标识系统等），但是将衣冠革带作为一种成体系的、制度化的服色礼制颁发实施，则是唐王朝在融合了自北朝以来若干北方民族服饰与制度因素的基础上才最终成型的，这在唐代典礼中有十分清楚的记载，在考古图像上也遗留下来大量遗痕[42]。因此，吐蕃“告身之制”最为直接的来源，应当是唐朝官服制度，当然也可理解为间接地来源于其他北方民族。

其五，吐蕃告身制度还与虎皮肩章、帽子、衣甲等共存，其来源有可能系受到唐代服饰的影

[40] 冯汉骥《王建墓内出土“大带”考》，《考古》1959年第8期。

[41] 陆离、陆庆夫《关于吐蕃告身制度的几个问题》，《民族研究》2006年第3期。

[42] 马冬《唐代服饰专题研究——以胡汉服饰文化交融为中心》，陕西师范大学博士学位论文，2006年。

响，但究其源头，最终仍然可能是来自更为遥远的西方武士和战神对猛兽（狮、虎）装饰崇敬习俗的影响。

附记：在参加荣新江、罗丰先生所主办的“第二届国际丝绸之路研讨会：粟特人在中国”会议上，笔者曾以本文为要旨在大会上发言，并由张建林先生评议。后来又以本文为题在陕西师范大学中国西部边疆民族研究院举办的“纪念马长寿先生学术论坛”上做公开讲座，再次得到周伟洲先生、张建林先生的评议，以上诸位先生均提出了许多宝贵的意见，使笔者获益良多，在此谨向上述诸位先生表示衷心感谢！此外，在本文写作过程中，笔者的博士研究生李帅为我查核和补充了大量文献资料，在此也谨向他表示衷心感谢！

前伊斯兰时期欧亚大陆东部匕首与长剑的双附耳佩带法

影山悦子
（奈良文化财研究所）

本文将主要讨论带双附耳的匕首和长剑。日本正仓院库房中保存着几把带这种附耳的长剑，一般认为这种悬挂附耳是由萨珊帝国（Sasanian Empire）传入东方的。通过考查中亚艺术中所表现的匕首和短剑，笔者认为双附耳佩带法在欧亚大陆东部流行起来，可能与 5 世纪下半叶至 6 世纪上半叶嚈哒人（Hephthalite）占领中亚有关。

一、嚈哒占领中亚的近期研究

最近考古学、语言学、图像学、钱币学和历史学的研究，扩展了我们关于嚈哒在中亚的存在的认识。伊利亚索夫（J. Il'yasov）将出自苏尔汉河（Surkandar'ya）地区（乌兹别克斯坦南部）的一组赤陶小像归为"嚈哒时期"，这是基于他们的服饰和发型：一件带三角形右领的长袍；一顶有三枚新月的王冠；一顶带翼的王冠；一种独特的发型。他还进一步表明，具有上述特征的人像也见于索格底亚那（Sogdiana）、巴米扬（Bamiyan）和龟兹（Kucha）等地区，这与嚈哒人的统治范围一致（图 1，1—4）。他的观察很重要，因为他看出上述地区流传相同服饰的背后，是一种由嚈哒人创造的中亚政治和文化的统一，并且他拒绝将之视为萨珊帝国对东方的直接影响。受伊利亚索夫研究的启发，笔者在以前发表的文章中，以中国发现的粟特墓葬遗迹为根据，讨论过嚈哒人对粟特人可能的影响[1]。桧山智美（S. Hiyama）重新检查了库车克孜尔石窟（Kizil caves）壁画的年代，并令人信服地证明，印度—伊朗风（Indo-Iranian style）第一期的作品（约 500 年）直接受到了犍陀罗（Gandhara）雕刻的影响，这反映了嚈哒人统治下的巴克特里亚（Bactrica）和龟兹在政治上的一致性[2]。

除钱币外，嚈哒物质文化仅存有少量的实例，且表现嚈哒人的图像十分罕见。不过，近期的研究，从曾受嚈哒统治的人们的语言和图像中，发现了嚈哒文化要素。

---

[1] E. Kageyama, "The winged crown and the triple-crescent crown in the Sogdian funerary monuments from China: their relation to the Hephthalite occupation of Central Asia", *Journal of Inner Asian Art and Archaeology*, 2, 2007, pp. 11-22.

[2] S. Hiyama, "Study on the first-style murals of Kucha: analysis of some motifs related to the Hephthalite's period", *Buddhism and art in Gandhāra and Kucha* (Buddhist culture along the Silk Road: Gandhāra, Kucha, and Turfan, Section 1), 2013, Ryukoku University, pp. 125-141.

		Bactria	Sogdiana	Bamiyan	Kucha	China, Japan
1	Triple-crescent crown					
2	Winged crown					
3	Triangular collar					
4	Hairdo					
5	Dagger with two fixtures					

图 1　中亚、中国和日本图像资料中所见王冠、服装、发型及匕首

魏义天（É. de la Vaissière）发表了一篇关于哌哒人的“国籍”的文章[3]。通过分析首批出使北魏的哌哒使节所提供的材料，他不同意榎一雄（K. Enoki）所提出的观点——哌哒是来自喜马拉雅山西部的一个地方部落，他主张哌哒人是在 4 世纪下半叶，在匈奴人的大规模移民浪潮中，自阿尔泰山（Altai）移入中亚。

二、前伊斯兰时期欧亚大陆东部匕首和长剑的佩带方法

在其 1975 年出版的关于亚洲长剑及剑璏的书中，特劳斯代尔（W. Trousdale）总结道：“在

[3] É. de la Vaissière, “Is there a ‘Nationality of the Hephthalites?’ ”, *Bulletin of the Asia Institute*, 17, 2003 [2007], pp. 119-132.

过去的2500年里，亚洲只有两种主要的方法来悬挂长战剑。其中较早的一种方法是剑璏……在亚洲，剑璏被一种更有效的双附耳佩带法所取代。”[4] 图2的1展示了一把剑通过一条带子和一枚剑璏（桥型支架），悬挂在持剑者的腰带上；而图2的2展示了一把剑通过一长一短两条带子，以及附加在剑鞘上的两个鞘耳，悬挂在持剑者的腰带上[5]。特劳斯代尔指出，正如犍陀罗雕刻及早期萨珊银器所显示的，贵霜王朝（Kushan）和萨珊王朝早期曾使用剑璏，之后它被双附耳悬挂法所取代。萨珊艺术中这类剑的最早实例，是在塔奇·布斯坦（Taq-i Bustan）一处遗迹的浮雕中，年代属于库斯老二世（Khusro II，590—628）[6]。特劳斯代尔指出，双附耳佩带法可能是在嚈哒入侵时期传入中亚的，但由于缺乏支撑性的图像和考古证据，他未能进一步论述[7]。在以下小节中，笔者将利用这40年来的新获材料，来增进特劳斯代尔的观点。

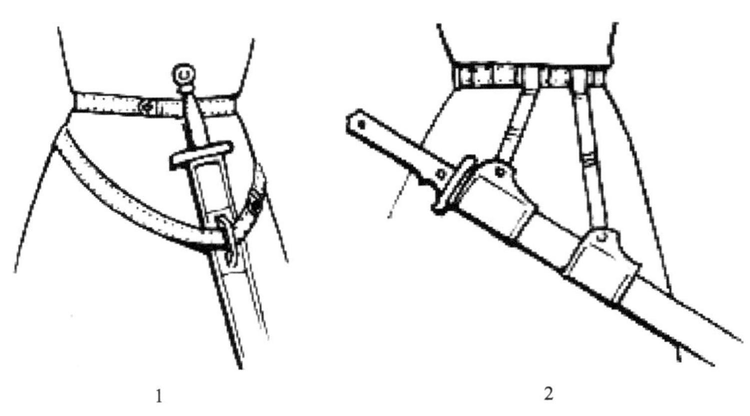

图2 亚洲剑璏及其悬挂法

1. 剑璏 2. 双附耳悬挂法

三、中亚艺术中带双附耳的匕首

上面所引用的伊利亚索夫的文章中，他提到身穿长袍的小塑像，长袍的右边有三角形衣领。这种风格的服装被认为是在嚈哒统治下的中亚流行起来的（图1：3；图3）。图3中有四幅图画着带双附耳的匕首，匕首横着或略斜着挂在人物的腰带上，如出自乌兹别克斯坦南部的巴拉雷克·特佩（Balalyk-tepe）（图3：3），出自克孜尔石窟（图3：6），库车出土舍利盒（图3：8），出自阿富汗北部的迪尔贝尔津（Dil’berzhin）遗址（图3：9），来自通常所说的“斯特罗加诺夫银碗”（Stroganov bowl）（图3：11）。这类匕首的其他例子，也见于达加尔提婆（Dzhartepa）、阿夫拉西阿卜（Afrasiab）、片治肯特（Pendzhikent）、瓦拉赫沙（Varakhsha）、巴米扬（Bamiyan）、和田（Khotan）和库车的壁画中，以及中国北部出土的粟特墓葬浮雕中。

虽然尚不清楚这些中亚壁画的绝对年代，但是基于考古学证据，片治肯特一座神庙出土的

[4] W. Trousdale, *The long sword and scabbard slide in Asia*, Smithonian contributions to anthropology, 17, 1975, p. 118.

[5] H. Nickel, “About the sword of the Huns and the ‘Urepos’ of the Steppes”, *Metropolitan Museum Journal*, 7, 1973, pp. 131-142.

[6] P. O. Harper & P. Meyers, *Silver vessels of the Sasanian period, volume one: royal imagery*, New York, 1981, p. 72.

[7]“或许我们可以猜测，双附耳装置大约是在嚈哒入侵时传入原贵霜之地，尽管其实际存在要到稍晚些时候才被展示出来”（W. Trousdale, *The long sword* ..., p. 95）。

图 3　穿三角形右领长袍的人物（Il'yasov 2001, pl. 2）

1—3. 巴拉雷克·特佩　4—5. 巴米扬　6—8. 库车地区　9. 迪尔贝尔津　10. 哌哒钱币　11. 斯特罗加诺夫银碗

一幅壁画被定为 500 年左右，壁画中描绘着两位佩带双附耳匕首的供养人（图 4）[8]。上面提到的"斯特罗加诺夫银碗"刻有一条粟特铭文，称该碗属于"德赫纳克，匈奴之子"（Dhenakk, the son of *xwn*<Hun>）[9]。魏义天已经证明，经过粟特人和寄多罗人（Kidarite）一段时期的融合后，5 世纪上半叶"匈奴"一词可能变成了一个粟特人名[10]。跟随这种意见，吉田豊（Y. Yoshida）认为该碗是一位粟特贵族委托制作的，当时索格底亚那已经处于哌哒人统治下。这些材料促使我们猜测，双附耳匕首在哌哒人统治期间开始在中亚流行，并且一经如此，便一直使用到 6 世纪中叶哌哒帝国崩溃之后。

[8] G. Azarpay, *Sogdian painting*, 1981, Berkeley, Los Angels, London, pp. 56-57. figs. 23-24.

[9] Y. Yoshida, "When did Sogdians begin to write vertically?", *Tokyo University Linguistic Papers*, 33, 2013, p. 382.

[10] É. de la Vaissière, *Sogdian traders: A history*, Leiden-Boston, 2005, pp. 81-82.

图 4　供养人，片治肯特壁画（田边胜美、前田耕作《世界美术大全集·东洋编》15，1999 年，图 173）

四、呎哒统治者（？）的匕首与剑

值得思考的是，有两幅图像可能表现的是呎哒统治者。其一是石棺浮雕中的一位人物，棺主是 580 年下葬于西安的粟特人史君（Wirkak）夫妇[11]。该人物似乎坐在一顶帐篷中，这和其他粟特墓葬浮雕中的突厥统治者一样，但他戴一顶有翼王冠而不是披长发。根据这些观察，吉田豊将该人物比定为一位受到萨珊文化影响的呎哒统治者[12]。可惜并未发现该呎哒统治者身佩匕首的描绘，但我们可以清楚地看到，坐在帐篷前面且被比定为史君的人物的身上，有一把匕首和两根带子。其二是一枚印章（高 22.8 毫米，宽 19.4 毫米）上的一位坐着的人物[13]。据一条大夏语（Bactrian）铭文可知，他的名字是“馨孽”（Khingila），这与一位呎哒君主同名[14]。他的长袍有一个三角形右领，正如前述，这是呎哒式服装。铭文与长袍使我们将其认定为一位呎哒统治者，但卡利埃里（P. Callieri）却将该印章归为寄多罗而非呎哒时期。我们可以清楚地看到一把剑的剑柄，但是未能看到该剑的佩带装置。

---

[11]《文物》2005 年第 3 期，25、29 页；西安市文物保护考古研究院，杨军凯《北周史君墓》，北京：文物出版社，2014 年，28 页。

[12] Y. Yoshida, “The Sogdian version of the new Xi’an inscription”, in: É. de la Vaissière, É. Trombert, *Les Sogdiens en Chine*, Paris, 2005, p. 63.

[13] P. Callieri, “The Bactrian seal of Khiṅgila”, *Silk Road Art and Archaeology*, 8, 2002, pp. 121-141.

[14] N. Simi-Williams, “The Bactrian inscription on the seal of Khiṅgila”, *Silk Road Art and Archaeology*, 8, 2002, pp. 143-148.”

在阿富汗北部昆都士（Qunduz）附近的沙赫·特佩（Shakh Tepe）遗址，发现了一百多座坟丘，且随后发掘了其中的一些[15]。基于其所采用的埋葬习俗，以及一座墓中出土的一枚东罗马君主阿纳斯塔修斯一世（Byzantine Emperor Anastasius I，491－518年在位）金币，这些墓葬已经被确信属于嚈哒人。在墓葬中发现了一把带鞘匕首，以及一枚装饰着珐琅（cloisonné）的金环。遗憾的是，这些文物的照片及其尺寸和形状，均未曾被发表过。

目前，没有直接的证据证明，嚈哒人使用双附耳悬挂法来佩带他们的匕首和剑。

五、双附耳匕首的起源与演变

北方草原的游牧族早在公元前二三世纪已经使用双附耳匕首，从乌克兰梭罗卡（Solokha）的斯基泰（Scythian）土墩墓中发现的一把带双耳的斯基泰短剑（akinakes，图 5）已经证明了这一点[16]。或许可以推测，双附耳匕首为北方草原游牧者所熟知，而4世纪下半叶嚈哒自北方草原进入中亚，将这种匕首传入了其统治下的中亚定居者中。

从韩国庆州（Gyeongju）鸡林路（Gyerim-ro）墓葬中发现的一把6世纪早期的著名匕首，就属于双附耳匕首[17]。其剑鞘末端加宽，呈梯形，上面巧妙地装饰着珐琅。同样风格的匕首发现于哈萨克斯坦，而且片治肯特和克孜尔的一些壁画中，以及安阳的粟特墓葬浮雕中，也出现了相似的作品[18]。这些装饰精美的匕首，可能是受嚈哒影响而产生的双附耳匕首的更复杂形式。

图5 从乌克兰梭罗卡发现的斯基泰短剑（Nickel 1973, fig. 14）

六、双附耳长剑

索格底亚那及丰都斯坦（Fondukistan）、和田等其他中亚地区的壁画显示，双附耳悬挂法随

[15] D. Schlumberger, “La nécropole de Shakh Tépé près de Qunduz”, *Comptes rendus des séances de l’Académie des Inscriptions et Belles-Lettres* 1964. pp. 207-211.

[16] H. Nickel, “About the sword of the Huns …”.

[17] Gyeongju National Museum, *Gyerim-ro Tomb No. 14 of the Silla Dynasty from Gyeongju*, Korea, 2010（韩语，附英文提要）。在该图录的提要中，作者指出该匕首和鞘可能是委托一群中亚人制作的——他们的匕首和鞘具有相似的形状，并且由来自东罗马帝国或“野蛮”欧洲的金匠加工。又见穴沢咊光、马目顺一《庆州鸡林路14号墓出土の嵌玉金装短剑をめぐる诸问题》，《古文化谈丛》7，1980年，245－278页（日语，附英语摘要）。

[18] 关于在哈萨克斯坦发现的匕首以及克孜尔壁画中所描绘的匕首，参看穴沢咊光、马目顺一《庆州鸡林路14号墓出土の嵌玉金装短剑をめぐる诸问题》；关于片治肯特壁画中所描绘的匕首，参看 V. R. Raspopova, “Ethnos and weaponry in the murals of Afrasiab”, in: *Royal naurūz in Samarkand*, 2006, p. 130, fig. 2；安阳出土的粟特石棺床，现存于波士顿（Boston），其中一块石板上有一位处于华盖下的骑马者，一把双附耳匕首垂直地挂在他腰上。

后被应用在了长剑上[19]。这些剑通过两根长度不同的带子，斜着挂在腰带上。长剑使用双附耳悬挂法，在地域范围和时间长度上都超过了匕首。

双附耳剑的最早例子，出自宁夏固原西郊的李贤墓（569 年卒）[20]。相似的剑也见于徐显秀墓（571）的壁画中[21]，以及安阳的粟特墓葬浮雕中[22]。双附耳剑肯定早在 6 世纪中叶就已传入了中国。

日本正仓院库房中保存有双附耳剑（图 6）。6 世纪时这类剑出现在日本，可能是由于这种武器在唐代宫廷的流行。双附耳悬挂法似乎成为佩剑的标准方式，正如 8 世纪时绘制的圣德太子（Prince Shōtoku，572—622 年）像所显示的那样，而且这种方法在日本一直延续到 19 世纪[23]。

图 6　正仓院东大寺藏宝剑（西川明彦《日本の美术》523 正仓院の武器・武具・马具，2009 年，图 11）

欧洲、美国和日本的收藏品中收藏着几件双附耳剑，据说其中一些发现于伊朗北部[24]。它们的剑鞘为金制或银制，装饰着“羽毛”状图案。尼克尔（H. Nickel）提到，大都会博物馆的一把剑上所出现的“羽毛”图案和其他装饰性特征，也见于匈牙利匈奴时代晚期（late Hunnish period in Hungary）的鞘耳及珠宝上，这暗示出该剑的匈奴起源。要弄清这种双鞘耳剑及鞘上的羽毛图案，是如何及何时传入萨珊伊朗的，有待进一步研究[25]。

需要指出的是，除来自伊朗、中亚和中国的双鞘耳剑的案例外，突厥人（Turks）在北亚（阿尔泰，图瓦 Tuva，蒙古和新疆）所立石雕像中的匕首和剑，大多也被表现为双鞘耳[26]。这些石雕属于 7 世纪至 9 世纪，可能反映了粟特文化对突厥人的影响，因为粟特贵族经常被表现为同时佩带一把匕首与一把剑[27]。在这种背景下，笔者将要提到俄罗斯阿尔泰科什阿加奇（Kosh-

[19] W. Trousdale, *The long sword* ..., fig. 64; S. Whitfield, *The Silk Road: Trade, travel, war and faith*, 2004, p. 160, no. 59.

[20] B. I. Marshak, “Sword in its scabbard”, A. L. Juliano & J. A. Lerner, *Monks and merchants: Silk Road treasures from northwest China*, New York, pp. 102-103.

[21] 太原市文物考古研究所《北齐徐显秀墓》，北京：文物出版社，2005 年，图 7。

[22] *Orientations* 32/8, October 2001, p. 54, fig. 1.

[23] Nickel, “About the sword of the Huns ...”. p. 135, fig. 11；白木原和美《天理参考馆藏イラン出土黄金装铁剑について：ササン朝剑装具と本邦刀装具の关连》，《オリエント》14/2，1971 年，55—78 页。

[24] *Splendeur des Sassanides*, 1993, Bruxelles, pp. 177-179, nos. 35-41.

[25] H. Nickel, “About the sword of the Huns ...”, pp. 135-138.

[26] 白木原和美《天理参考馆藏イラン出土黄金装铁剑について：ササン朝剑装具と本邦刀装具の关连》，67 页，图 4；S. Stark, *Die Alttürkenzeit in Mittel- und Zentralasien: Archäologische und historische Studien*, 2008, Wiesbaden, pp. 152-158.

[27] 安伽石棺床上的浮雕，表现了一位突厥领袖在其帐篷内接待安伽的情形。该突厥领袖以双附耳佩带他的匕首，但这个孤例似乎还不足以说明，6 世纪下半叶突厥人已熟知该种武器。图见陕西省考古研究所编著《西安北周安伽墓》，北京：文物出版社，2003 年，图 58。

Agach）地区一座突厥土墩墓中出土的一把双鞘耳剑。该剑剑刃之后有一条粟特铭文，年代为 7～9 或 10 世纪[28]。

七、索格底亚那和巴米扬的剑璏

在撒马尔罕（Samarkand）以东 43 千米处的达加尔提婆（Dzhartepa），发现一幅狩猎画，这是索格底亚那最早的壁画之一，年代为 4—5 世纪。从中我们可以看到一把很长的剑，其剑柄高过佩带者的腰带。剑鞘上的璏并不明显，但该壁画可能表现了一把剑通过一根带子和一个剑璏，来悬挂在腰带上[29]。在撒马尔罕西北 50 千米的奥尔拉特（Orlat）的一座墓墩中所发现的一块骨牌上，我们可以清楚地看到士兵所佩宝剑上的剑璏。同墓出土有一枚剑璏，以及一把剑或匕首。据伊利亚索夫和路撒诺夫（D. Rusanov）称，该墓可以定为 1、2 世纪[30]。

6 世纪中叶以后，绘画中表现剑璏的案例不多。这些案例或反映两种佩带方式的共存，或与史诗插图的方法有关——试图让观看者感觉，其所描绘的故事发生在古老的过去[31]。在阿夫西阿卜 7 世纪中叶的绘画中，我们可以确认剑璏（图 7）[32]。片治肯特和卡莱·卡赫卡赫一期（Kala-i Kakh-kakha I）的许多壁画中也描绘有剑璏，年代为 8 世纪中期，其中大多数是史诗插图[33]。绘制在巴米扬东大佛壁龛上的天神，佩带着一把剑，剑通过一根带子和一枚剑璏悬挂在腰带上。大多数研究者同意，巴米扬的艺术活动不早于 6 世纪晚期，而且最近据放射性

图 7　两位骑骆驼的人物，撒马尔罕阿夫西阿卜壁画（东京国立博物馆（他编）《シルクロードの遺宝》，1985 年，图 93）

[28] V. D. Kubarev, “Palash s Sogdijskoj nadpis’ju iz drevnetjurkskogo pogrebenija na Altae,” *Severnaja Azija i sosednie territorii v srednie veka*, 1992, Novosibirsk, pp. 25-36.

[29] A. Berdimuradov & M. Samibaev (avec des notes additionnelles par F. Grenet et B. Marshak), “Une nouvelle peinture murale sogdienne dans le temple de Džartepa II”, *Studia Iranica*, 30, 2001, pp. 45-66.

[30] J. Ilyasov & D. Rusanov, “A study on the bone plates from Orlat”, *Silk Road Art and Archaeology*, 5, 1997/98, pp. 107-159.

[31] V. R. Raspopova, “Ethnos and weaponry …”; I. A. Arzhantseva & O. N. Inevatkina, “Iranian people depicted in Afrasiab wall painting (7th century AD)”, A. Panaino A. Piras, *Proceedings of the 5th conference of the Societas Iranologica Europæa held in Ravenna, 6-11 October 2003*, vol. 1: Ancient & Middle Iranian studies, Milano, 2006, pp. 307-318.

[32] L. I. Al’baum, *Zhivopis’ Afrasiaba*, Tashkent, 1975, pl. 23, 27, 29, 30.

[33] A. M. Belenitskij & B. B. Piotrovskij, *Skul’ptura i zhivopis’ drevnego Pjandzhikenta*, 1959, Moskva, pl. 8; V. M. Sokolovskij, *Monumental’naja zhivopis’ VIII – nachala IX veka dvortsovogo kompleksa Bundzhikata, stolitsy crednevekovogo gosudarstva Ustrushany*, Sankt-Peterburg, 2009, fig. 21, 37,44, 49,55, 63, 115, 126.

碳测年法，东大佛被定为 6 世纪中叶[34]。笔者不清楚画师因何为这位天神选择古老的佩剑法，而画在佛龛两侧的施舍者却穿戴着哌哒风格的王冠和服装。前面提到的丰都斯坦的绘画中，描绘了一对武士，其中一位用一条长带子悬挂着佩带他的剑，带子肯定穿过了一枚剑璏——实际无法看到；另一位则佩带双附耳宝剑。

八、结　　论

本文通过对中亚艺术中双鞘耳匕首和长剑的考查，试图说明双鞘耳匕首，连同带三角形右领的长袍，以及带三枚新月的王冠等一起（图 1：5），是在哌哒时期开始流行的。之后，双附耳悬挂法又被应用在了长剑上，且传入了中国。要更确切得知它是何时、如何传入欧亚大陆东部的其他地区，包括伊朗、中国及突厥人中，则需要更进一步的研究。

（郑燕燕　译　荣新江　校）

[34] D. Klimburg-Salter, “Buddhist painting in the Hindu Kush ca. VIIth to Xth centuries”, É. de la Vaissière (ed.), *Islamisation de l’Asie central: Processus locaux d’acculturation du VIIe au XIe siècle*, Paris, 2008, pp. 135, 140.

纳尔逊艺术博物馆所藏 6 世纪早期石椁之真伪

——兼论中亚的石椁和石棺床

朱安耐　Annette Juliano

（罗格斯大学）

在 20 世纪 70－90 年代初这一段早期学术生涯中，笔者曾经对 4－7 世纪的中国北方石质葬具艺术和佛教造像进行过研究。大多数对这种材料感兴趣的西方学者将眼光集中于一组重要实物，这包括无围屏的葬台、石棺、石堂（或石椁）、石床（或石榻）及墓志[1]。6 世纪二三十年代或者说是北魏时期（386－535）的石葬具，因为包含了人物和风景图像而最引人注目，其中绝大多数图像都被认为是"传统"的汉式题材——孝子故事（图 1a、图 2）和神仙乘骑或牵驭四神（图 1b），它们的图案细节以极浅的浅浮雕形式表现在凸起的石面上，其线条优美而流畅（图 3）。西方学者认为这些设计为了解早期人物画和山水画的发展提供了重要线索[2]。

图 1a　元谧（贞景王）石椁（524）西壁拓片。这套石椁据称出自洛阳郊外的邙山，1946 年入藏明尼阿波利斯艺术博物馆，现存东、西两壁和底部石板，深灰色石灰岩质，高 60 厘米，长 223 厘米。（引自 Eugene Y. Wang, "Coffins and Confucianism－The Northern Wei Sarcophagus in the Minneapolis Institute of Arts", pp. 56-57）

---

［1］例如 Alexander C. Soper, "Early Chinese Landscape Painting", *Art Bulletin*, XXIII. 2, 1941, pp. 141-164; A. C. Soper, "Life-Motion and the Sense of Space in Early Chinese Representational Art", *Art Bulletin*, XXX. 3, 1948, pp. 167-186; Annette L. Juliano, *Art of the Six Dynasties*, New York: China Institute in America, 1975; Susan Bush, "Thunder Monsters and Wind Spirits in Early Sixth Century China and the Epitaph of Lady Yuan", *The Bulletin of the Museum of Fine Arts*, 1974, LXXII. 36 (Boston, 1973), pp. 25-54; Elinor Pearlstein, "Pictorial Stones from Chinese Tombs", *The Bulletin of the Cleveland Museum of Art*, 1984, pp. 302-331; Patricia E. Karetzky and Alexander C. Soper, "A Northern Wei Painted Coffin", *Artibus Asiae*, 51.1/2 1991, pp. 5-29; Eugene Y. Wang, "Re-Figuring: Visual Rhetoric of Filial Piety in Sixth Century Northern Wei China", in *Gu Kaizhi and the Admonitions Scroll*. Shane McCausland (eds), London: British Museum, 2003, pp. 88-101; Eugene Y. Wang, "Coffins and Confucianism－The Northern Wei (386-534) Sarcophagus at the Minneapolis Institute of Arts", *Orientations* 30 (6), 1999, pp. 56-64；郑岩《魏晋南北朝壁画墓研究》，北京：文物出版社，2002 年，209－235 页；等等。

［2］石棺长长的横向侧面上镌刻的浅浮雕，通常刻工流畅，让人联想到 6 世纪以来的横向卷轴画，而组成石床侧面和背面的石板则暗示着纵向卷轴画或是折叠式彩绘屏风，参 A. C. Soper, "Early Chinese Landscape Painting", pp. 141-164; A. C. Soper, "Life-Motion and the Sense of Space in Early Chinese Representational Art", pp. 167-186.

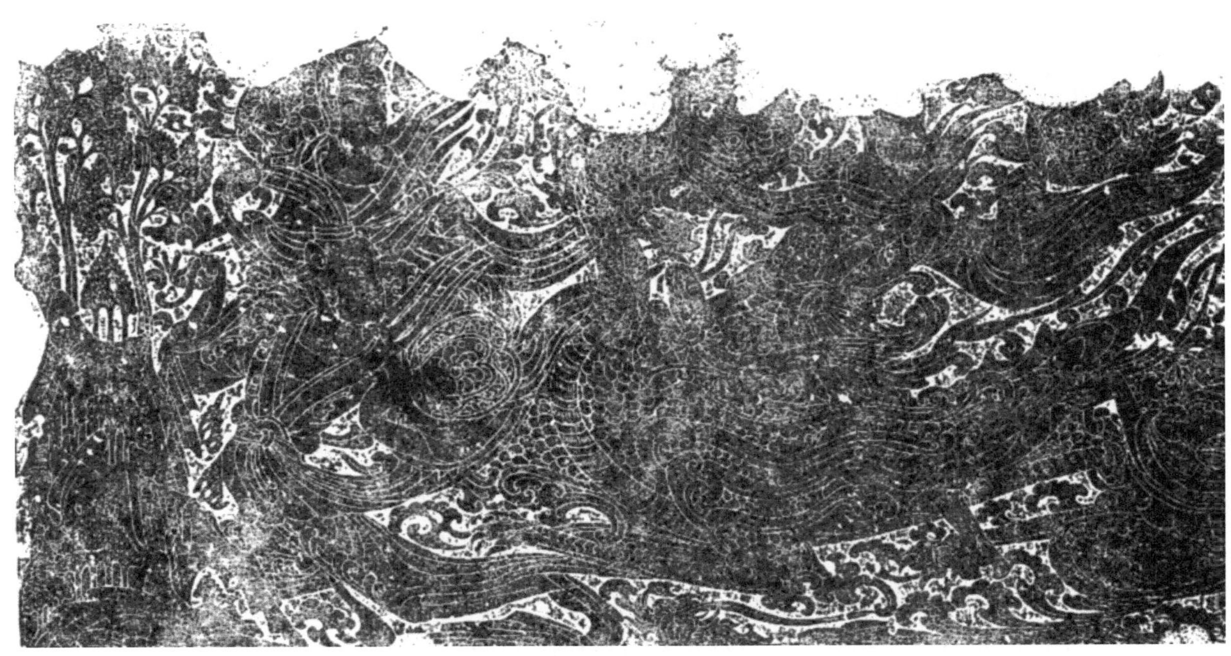

图 1b　邙山下海资村所出北魏石椁上的传统四神和道士图案墨拓，现藏开封市博物馆
（引自 Eugene Y. Wang, “Coffins and Confucianism”, p. 60, Figs. 4a, 4b；王子云
《中国古代石刻画选集》北京：中国古典艺术出版社，1957 年，图版六）

图 2　纳尔逊艺术博物馆石椁各壁墨拓，刻有构图复杂的孝子故事图及巧妙
交织在一起的山水画，年代为 6 世纪 20 年代。（引自 Annette L. Juliano,
Art of the Six Dynasties, Centuries of Change and Innovation, pp. 74-75）

图3　纳尔逊艺术博物馆石椁虞舜图细部，展示了其图案细节以极浅的浅浮雕形式表现在凸起的石面上，线条优美而流畅（Annette L. Juliano, *Art of the Six Dynasties*, 76, Fig. 48, IIc）

西方学者研究的这些6世纪的材料有许多是在20世纪二三十年代被美国、欧洲和日本收购，并成为相关博物馆的藏品，因此没有任何清楚的来源地和背景——这些葬具到底属于何人？一些墓志虽可以根据铭文来考订年代，然而，大多数石棺床和石椁只能通过与已发表的经科学发掘的材料进行风格和图像学方面的对比分析来断代。这些现存6世纪二三十年代的葬具据说大多出自邙山——洛阳城外的北魏贵族墓地，主导了西方学界对6世纪早期葬仪研究的视野[3]。不过，一组在今天很有名的石棺床和石椁，它们明确与“胡人”（粟特人，或者说是中亚人）墓葬有关，如西安地区出土的安伽墓（571）、康业墓（570）的石棺床和史君墓的石椁，改变了上述的研究视角[4]。

［3］请参考两张洛阳城外邙山墓地的地形图：中国社会科学院考古研究所洛阳汉魏故城工作队《西晋帝陵勘察记》，《考古》1984年第12期，1099－1101页，图二、四。

［4］关于这批考古发掘和非考古发掘所获的石棺床有相当多的论著。对它们的整体研究，见林圣智《北朝晚期汉地粟特人葬具与北魏墓葬文化——以北齐安阳石棺床为主的考察》，《历史语言研究所集刊》第81本第3分，2010年，513－596页；Annette L. Juliano & Judith A. Lerner, *Monks and Merchants, Silk Road Treasures from Northwest China, Gansu and Ningxia*, New York, 2001, pp. 304-311. 有关日本美秀美术馆秀明收藏品（Shumei Collection of the Miho Museum）石棺床围屏的全面研究，见 Annette L. Juliano, “Northern Dynasties: A Perspective”, in: J. J. Lally & Co, *Chinese Archaic Bronzes, Sculpture and Works of Art*, New York, 1992, pp. 1-16, pls. 1a-k and 2; Annette L. Juliano & Judith A. Lerner, “The Miho Couch Revisited in Light of Recent Discoveries”, *Orientations*, 32 (8), 2001, pp. 54-61. 有关休斯顿库洛斯收集品（Kooros Collection in Houston）中的石棺床，见其在吉美（Guimet）的展览图录：Musée National des Arts Asiatiques, *Lit de pierre, sommeil barbare*, Paris, 2004.

这些著名的葬具出现于 1991－2004 年，最初的一些得自古董市场，如美秀美术馆（Miho Museum）所藏的一套石围屏，随后，又有更多发现于北周、北齐和隋代都城内部及周边贵族墓地的考古发掘中。这些发现提供了一组不同的葬具材料，它们具有明确的来源地、背景，且常常带有 6 世纪 70 年代至 7 世纪初的铭文及吸引人的“胡人”图像，包括祆教仪式图和中亚人参与的狩猎、宴饮、乐舞图。毫无疑问，这些石棺床上的图像已经激起了人们关于其象征和意义的持续而热烈的讨论。

20 世纪上半叶，一具据说出自彰德府（安阳）的石棺床之石屏即已流入西方（图 4）[5]。其石屏分藏于波士顿美术馆（Museum of Fine Arts, Boston）和巴黎吉美博物馆（Musée Guimet, Paris），双阙则藏于科隆东方艺术博物馆（Museum für Ostasiatische Kunst, Köln）。由于是在美秀和天水石棺床之前很久的 20 世纪 50 年代收购的，彰德府石板及其“异域图像”看起来比较无关紧要。然而，由于彰德府石屏和双阙的背景清楚，且能够很好地归入这组“胡人”葬具中，因此不应继续被看成是不寻常的事物。

图 4　据称出自安阳彰德府的北齐石棺床的两块石板之一，藏于波士顿美术馆。另一块石板藏于巴黎吉美博物馆，双阙藏于德国科隆东方艺术博物馆（引自 Annette L. Juliano, “Northern Dynasties: A Perspective”, in *Chinese Archaic Bronzes, Sculpture, and Works of Art*, Figs. XI, XII）

现在，我们拥有了 6－7 世纪初的两组极其不同的葬具材料，它们均来自中国北方，但年代上相差 40－70 年，在图像和工艺方面也各不相同。这两组之间是否存在什么关系？它们是否代表着两条相互独立的不同的绘画发展脉络，而这又是否反映了中国北方多元化社会中的族群认同（图 5）？同时，二者之间确实存在交叉之处，特别是在空间和一些题材的图像表现上——其中一些笔者曾在写给马尔沙克（Boris Marshak）纪念文集（2006）的文章中进行了讨论，这

［5］参 Gustina Scaglia, “Central Asians on a Northern Ch’i Gate Shrine”, *Artibus Asiae*, 21, 1 (1958), pp. 9-28；林圣智《北朝晚期汉地粟特人葬具与北魏墓葬文化——以北齐安阳石棺床为主的考察》，568－570 页，图版 24－28。

些文章主要阐述了虞弘、安伽等石椁、石屏所体现的图像空间的汉人观念[6]。或许，这些图像作品不单纯是汉式的，而是一种复杂的多维过程的产物——正如苏立文（Michael Sullivan）在《中国山水画之诞生》里所指出的那样，它融合了各种西亚渊源的习俗[7]。

最近，当笔者在对康业石棺床的图像和风格进行研究的时候（图 5a、图 5b），关于这两组不同葬具之间的关系问题再次凸显出来[8]。因为该石棺床石屏上的雕刻图像与 6 世纪二三十年代的北魏实例密切相关，而且许多场景都描绘有穿着“传统”汉服的男女，所以笔者转向这些较早的材料进行对比研究。许多北魏葬具保存在西方博物馆和私人收藏家手中，包括明尼阿波利斯艺术博物馆（Minneapolis Institute of Arts）所藏的北魏洛阳元谧石椁（524）、堪萨斯城纳尔逊艺术博物馆（Nelson-Atkins Museum of Art, Kansas City）所藏的洛阳孝子图石椁、波士顿美术馆所藏的洛阳宁懋石椁；另外，在中国还有一些经科学发掘的北魏葬具。在此回顾过程中，罗杰伟（Roger Covery）在 2012 年发表的一篇具有争议性的文章引起了笔者的注意[9]。

图 5a 西安博物院所藏康业石棺床石屏图像
（引自《北周康业墓——2004 年中国十大考古发现申报材料》，75 页，图 15）

[6] Annette L. Juliano, “Chinese Pictorial Space at the Cultural Crossroads”, Matteo Compareti, Paola Raffetta and Gianroberto Scarcia, Venezia, *Ērān ud Anērān: Studies Presented to Boris Il'ič Maršak on the Occasion of His 70th Birthday*, 2006, pp. 293-316.

[7] Michael Sullivan, *The Birth of Landscape Painting in China*, Berkeley and Los Angeles, 1962, pp. 163-167.

[8] 参西安市文物保护考古所《西安北周康业墓发掘简报》，《文物》2008 年第 6 期，14—35 页；西安市文物保护考古所《北周康业墓——2004 年中国十大考古发现申报材料》，2004 年。2008 年，郑岩对康业石榻上的图像做了一些有意思的观察，它们反映了 6 世纪墓葬、道教和佛教艺术的山水画风格，见 Zheng Yan, “Notes on the Stone Couch Pictures from the Tomb of Kang Ye in Northern Zhou”, translated by Judy Chungwa Ho in *Chinese Archaeology*, 9, 1, 2009, pp. 39-46；其中文版为：郑岩《北周康业墓石榻画像札记》，《文物》2008 年第 11 期，67—76 页。

[9] Roger Covey, “Canon Formation and the Development of Western Chinese Art History”, Nick Pearce and Jason Steuber, *Original Intentions, Essays on Production, Reproduction, and Interpretation in the Arts of China*, Gainsville, 2012, pp. 38-73.

图 5b　纳尔逊艺术博物馆石椁郭巨图（引自 Annette L. Juliano , *Art of the Six Dynasties*, p. 78, IIc）

罗杰伟的文章对纳尔逊艺术博物馆所藏石椁的真实性提出了质疑。该石椁被研究中国美术的西方艺术史家看做是一件标志性的作品，对于中国美术史，特别是早期山水画和 6 世纪 20 年代葬具的研究至关重要。纳尔逊艺术博物馆石椁在质地、构图、技法、图像方面都是无与伦比的（图 2）[10]。该石椁并不完整，仅存较长两面的石板，上面描绘的被认为是一组精美的孝子图，其叙事结构复杂，由风景题材相连接。椁的足端石板尚存，但头端石板和椁盖已散佚。

这件石椁由史克曼（Laurence Sickman）在北京购得，于 1933 年入藏纳尔逊艺术博物馆，据说出自北魏都城洛阳郊外邙山的一处北魏贵族墓地。其制作风格与 6 世纪 20 年代的中国北方石葬具有密切联系——雕刻于深灰色的石灰石之上，具有极浅的浅浮雕和线刻图案——特别是，它看起来就像是石头上流畅的绘画，样式栩栩如生，给人以活泼而持续的动感，如同被风吹着一般，已故的索珀（Alexander Soper）博士称之为“气韵生动”（life-motion）……“构图与技法如此卓越，以致这件作品看起来似乎是某幅一流绘画的直接复制品”[11]。

这一质疑的提出者罗杰伟先生原先是一位知识非常渊博的电脑软件公司拥有者，后来成为一位独立的艺术史家，但在去年夏天不幸突然逝世，因此笔者没有机会与他交换看法和问题。他的文章阐述了他认为这件石椁是现代（20 世纪 20 年代）赝品的理由，使曾经的争论被重新挑起——

[10] 汪悦进对纳尔逊艺术博物馆石椁的叙述内容和组合顺序的解读方法进行了重构，但其研究颇具争议性，见 Eugene Y. Wang, “Re-Figuring”, pp. 88-101.

[11] A. C. Soper, “Early Chinese Landscape Painting”, p. 159.

这一公案似乎已在20世纪40年代被索珀博士和纳尔逊艺术博物馆的前东方部主任、馆长史克曼的系列文章解决[12]。一些较新的出版物也都不断重申了纳尔逊石椁的重要性，这其中包括巫鸿、汪悦进（Eugene Wang）、郑岩等的著作，以及王若兰在密苏里大学堪萨斯分校的硕士学位论文[13]。

虽然笔者不同意他对于纳尔逊石椁的结论，但是必须承认，他的文章对6世纪20年代带有传统题材的北魏墓葬美术提出了一些有趣而复杂的问题，以及将这一关键的标志性作品鉴定为现代赝品所使用的特有方法。或许更具启发意义的是，笔者通过对其观点的分析揭示了6世纪中晚期的石棺床与中亚人图像之间意想不到的交集。

根据罗杰伟的分析，纳尔逊艺术博物馆石椁被提到这种标志性地位的背景是，二战之前中国艺术领域在西方学界得到发展，学者将西方的方法论（偏见）应用到这一新生的领域，从而造成了一种西式的中国艺术史[14]。纳尔逊艺术博物馆石椁被视为从中国早期山水画到辉煌的宋代山水画之间缺失的一环。罗杰伟指出，学者创造出一种线性发展过程，即艺术品的复杂性越来越大，对空间维度的掌握也是渐进的。由于宋代以前的山水类艺术品和绘画留传极少，所以西方学者认为有必要找到这一环节，纳尔逊艺术博物馆石椁就充当了这一缺环。以下是他所讨论的一些主要问题，附上笔者反驳的意见、调查和分析。

1. 背景

罗杰伟断定纳尔逊艺术博物馆石椁是一件采用仿古风格的现代赝品，从根本上是因为觉得它太过精致，没有其他作品可以与之相提并论。然而，在过去的五十年中，学者已经在现存的石葬具，包括画像砖和壁画在内的墓葬装饰、佛教石窟中的绘画和雕塑、个别佛教石碑、顾恺之《女史箴图》，以及大同司马金龙墓木板漆画中找到了许多类似的作品[15]。虽然在现存的石葬具或类似材料中确实没有与之完全比肩的复杂的风景一人物作品，但是它的独特性并不能证明它就是一件现代赝品。

1991年当美秀石棺床开始知名于艺术品市场时，其真实性同样受到了质疑——“没有与之类似的东西”，但是随着一批刻有无与伦比的图画和形象的石床与石棺相继出土，这一情况最终发生了戏剧性的转变（图6）。就此而言，假如没有背景和来源地，任何出土材料如虞弘、安伽、康业、史君等石葬具也会遭受同样的境遇。

---

［12］A. C. Soper, “Early Chinese Landscape Painting”, pp. 159-163; A. C. Soper, “Life-Motion and the Sense of Space in Early Chinese Representational Art”, pp. 180-186; Laurence Sickman & Alexander Soper, *The Art and Architecture of China*, New York, 1971, pp. 138-140; Ludwig Bachhofer, *A Short History of Chinese Art*, London, 1947, p. 97.

［13］Wang Ruo-lan, “A Study of a Northern Wei Sarcophagus in the Nelson-Atkins Museum”, University of Missouri, M. A. thesis, 1996; Eugene Y. Wang, “Coffins and Confucianism — The Northern Wei Sarcophagus in The Minneapolis Institute of Art”, pp. 56-64; Eugene Y. Wang, “Re-Figuring”, pp. 88-101; Wu Hung, “The Origins of Chinese Painting”, in: Richard Barnhart et al., *Three Thousand Years of Chinese Painting*, London and New Haven, 1997, p. 55; Craig Clunas, *Art in China*, Oxford, 1997, second edition, pp. 39-41.

［14］Roger Covey, pp. 40-48.

［15］James C.Y. Watt , et al., *China, Dawn of a Golden Age, 200-750 AD*, New York and London, 2004, pp. 158-169, No. 38; 山西省大同市博物馆等《山西大同石家寨北魏司马金龙墓》，《文物》1972年第3期，20—33页，图版十二至十四。

图 6　日本信乐市美秀美术馆秀明收藏品北齐石棺床复原图，这套石棺床由 11 块白色大理石石板组成（引自 Annette L. Juliano & Judith A. Lerner, "Cultural Crossroads: Central Asian and Chinese Entertainers on the Miho Funerary Couch", *Orientations*, 28. 9, 1997, p. 72, Fig. 1c）

2. 拂动的树、宫廷女性

罗杰伟在董永图中找到了一处拂动的树和宫廷女性构成的成对题材（图 7b），认为这是一个重大问题。根据罗杰伟的说法，拂动的树和宫廷女性组合出现的题材并未出现在任何其他石葬具中。虽然这两者在 5、6 世纪的图像资料中都有单独出现（图 8a、图 8b），但它们却未曾成对出现过（图 7）[16]。罗杰伟认为它反映了明末清初的视觉文化，这在一幅木版画中得到了验证，

图 7a　吴骚木版画（引自 Roger Covey, "Canon Formation", p. 50, Fig. 2.7）

[16] Roger Covey, pp. 11-12.

图 7b　纳尔逊石椁董永图细部（引自 Annette L. Juliano, *Art of the Six Dynasties*, p. 76, Fig. 48, Ia）

图 7c　康业石棺床石板上所绘似乎拂动的树和宫廷女性（引自《北周康业墓》，69 页，图 9）

这也是他能找到的唯一的一幅类似组合的作品[17]。为何要将拂动的树和宫廷女性看作一组成对出现的题材呢？董永图中的树与石椁其他图像的树一样，通常在同一空间里相向拂动，有可能是在模仿 6 世纪初期的视觉文化吧[18]？

图 8a　河南邓县 6 世纪墓葬所出印花彩绘画像砖（引自 James Y. Watt, et.al. *China, Dawn of a Golden Age,200-750 A.D.*, p. 215, middle）

[17] Roger Covey, p. 12, Wu Sao He woodblock print, Fig. 7.

[18] 纳尔逊石椁的局部图，参 Roger Covey, p. 11, Fig. 5, Dong Yong scene.

图 8b　纳尔逊石椁董永图细部（Juliano, *Art of the Six Dynasties*, p. 76, Fig. 48, Ia）

3. 失误

在罗杰伟看来，纳尔逊艺术博物馆石椁在个别风景和人物元素制作上存在数量惊人的失误，如树、石、云、鞋、鸟等。根据笔者的观察，在几乎所有石葬具的雕刻图案中都存在那样的“失误”，并且在“传统汉式”和“中亚式”两种风格的图像中都有发现。大部分至少有一处失误，并且通常不只一处，如波士顿美术馆所藏宁懋石室、明尼阿波利斯的元谧石椁、康业石棺床等[19]。那么，到底多少失误才算过多呢？以下为一些图例：交叉和重叠的线条（图 9a—9c），树叶、鸟、马车和鞋子的线图（图 10a、图 10b）[20]。

［19］Wu Hung, “A Case of Cultural Interaction: House-shaped Sarcophagus of the Northern Dynasties”, *Orientations*, 34, 5, 2002, p. 36, Fig. 5 (Ning Mao sarcophagus in Museum of Fine Arts Boston); Eugene Y. Wang, “Coffins and Confucianism”, pp. 56-64 (sarcophagus in The Minneapolis Institute of Art).

［20］在纳尔逊石椁董永图中，马车的一个前轮雕刻在一个不合适的位置。罗杰伟认为这是现代伪造者的一个错误，是一处假的古风（Roger Covey, p. 52）。笔者认为这个中心刻有圆孔的车轮雕刻得非常粗糙，被工匠错误理解了；它很有可能是后来补刻的。石椁表面的某些地方可能被重新雕刻，但本文不拟进一步深入讨论。相似的问题也出现在纽约大都会艺术博物馆（Metropolitan Museum of Art, New York）收藏的著名的特吕布讷（Trübner）佛教石碑上。此碑于 1929 年入藏，其年代和真伪存在争议。2007 年的一篇文章对相关的铭文和文献证据进行了再考察，表明“特吕布讷石碑很可能经过重新雕刻，但并不是 20 世纪早期的赝品”，见 Eileen Hsiang-ling Hsu, “The Trübner Stele Re-Examined Epigraphic and Literary Evidence”, *Artibus Asiae*, 67, 2, 2007, p. 179.

图9a　明尼阿波利斯艺术博物馆石椁（鸟足）（引自 Roger Covey, "Canon Formation", p. 58, Fig. 2.22b）

图9b　覆盖在纳尔逊石椁卷边形牌匾上的树叶细部（引自 Roger Covey, 54, Fig. 2.14）

图9c　康业石棺床一块石板右边树后山峰的摹本细部（引自西安市文物保护考古所《西安北周康业墓发掘简报》，《文物》2008年第6期，33页，图三一第2幅）

图 10a　纳尔逊石椁董永图中误置的车轮细部
（引自 Roger Covey, p. 52, Fig. 2）

图 10b　波士顿美术馆石棺床马车细部
（引自 Roger Covey, p. 62, Fig. 2.26c）

4. 山和岩石

以顶部倾斜为基本形状的岩石在其他四个实例中也均有发现，但是罗杰伟指出，纳尔逊艺术博物馆石椁中岩石的形状被垂直地拉伸和扩大——伪造者意图创造一种仿古的风格（图 11a-11d）[21]。

康业石棺床各石板的岩石构造没有呈现出相同的切面形状，但却都被类似地垂直拉伸——假如康业石棺床不是经科学发掘的话，也会遭到质疑，因其岩石构造与尼泊尔木斯塘（Mustang）地区的非常相似[22]。

5. 水——类似的连贯性

纳尔逊艺术博物馆石椁孝子原谷图底部的流水刻绘方式与康业石棺床几块石板底部的情况相吻合（图 12a-12c）[23]。与之迥然不同的漩涡式水流则出现在史君墓石椁上，这在固原的漆棺、克孜尔的佛教壁画，以及犍陀罗佛教雕塑上也能见到[24]。

---

［21］Roger Covey, pp. 61-63.

［22］西安市文物保护考古所《西安北周康业墓发掘简报》，《文物》2008 年第 6 期，14—35 页，在多块石屏上都可见到有特色的山峰（29 页，图版二七第 1—3 幅；31 页，图版二九第 4、6 幅；33 页，图版三一第 1 幅）。

［23］原谷图底部所刻河水的流动与连贯性在康业围屏的许多画面中都可以看到，见西安市文物保护考古所《西安北周康业墓发掘简报》，33 页，图三一，第 1、2 幅。

［24］例如开伯尔-普赫图赫瓦省的穆罕默德·纳里石碑（Mohammed Nari Stele, Khyber Pakhtunkhwa Province）及其底部的流水细节，见 Lahore Museum & Pakistan, *The Buddhist Heritage of Pakistan*, *Art of Gandhara*, Asia Society Museum, New York, 2011, p. 68 and detail, p. 66, Fig. 2; 关于一块克孜尔壁画残片中的例子，见 Herbert Härtel & Marianne Yaldiz, *Along the Ancient Silk Routes*, *Central Asian Art from the West Berlin State Museums*, Metropolitan Museum of Art, New York, 1982, p. 75, Fig. 15.

图 11a　纳尔逊石椁（6 世纪 20 年代）局部
（引自 Roger Covey, p. 62, Fig. 2.26a）

图 11b　洛阳附近出土的升仙石椁（6 世纪 20 年代）
（Roger Covey, p. 62, Fig. 2.26b）

图 11c　元谧石椁（524 年）（引自 Roger Covey, 62, Fig. 2.26d）

图 11d　康业石棺床（571 年）石板局部（引自《西安北周康业墓发掘简报》《文物》2008 年第 6 期，31 页，图二九第 4 幅）

图 12a　纳尔逊石椁原谷图细部（引自 Anntte L. Juliano, *Art of the Six Dynasties*, pp. 77, 48, IIa）

图 12b　康业石棺床石板之一（引自《西安北周康业墓发掘简报》《文物》2008 年第 6 期，33 页，图三一）

图 12c　西安博物院藏史君石椁西壁图像局部（引自西安市文物保护考古所《西安市北周史君石椁墓》《考古》2004 年第 7 期，41 页，图四）

6. 铺满石块的地面图像

罗杰伟尤其质疑整个纳尔逊艺术博物馆石椁都利用小石块或卵石来界定地面，他声称，6 世纪二三十年代中国北方石棺床和石椁中并不以铺满石块的方式来界定地面，而是让画面元素自由散布于空间。有意思的是，西安郊外出土的安伽石棺床的室外场景也一致采用这种构图方法（图 13a、图 13b）[25]。

图 13a 安伽石棺床左侧屏风（绘有三幅竖图），地面布满石块（引自陕西省考古研究所《西安北周安伽墓》，北京，2003 年，图版二六）

图 13b 纳尔逊石椁蔡顺图细部（引自 Anntte L. Juliano, *Art of Six Dynasties*, pp. 76, 48, Ib）

---

[25] 关于安伽石棺浮雕画面里散布的石块，见陕西省考古研究所《西安北周安伽墓》，北京，2003 年，图版二六、三八；Roger Covey, pp. 58-59, Fig. 2.22a.

图 14a　陕西靖边县墓葬墓室北壁的胡人图像，北魏晚期至西魏（5 世纪晚期至 6 世纪早期）（引自《考古与文物》2013 年第 3 期，图版肆，3）

罗杰伟认为，这种石块构图法是西方传统中用来创造视角的方法。很明显，这种构图惯例存在后来的葬具中，如果这不是中国已存在的惯例，那么就是从西亚引进的。

安伽、康业石椁与纳尔逊艺术博物馆石椁中描绘了相似的树、云和山，它们是那一时期视觉文化和景观元素的特征。

笔者的初步分析也许不能完全证明纳尔逊艺术博物馆石椁不是一件赝品。但是，“传统汉式”和“中亚式”两组葬具艺术之间在构图和制作方面的联系反映了它们对待和描绘来世观念的共同目标。

尽管政治上不统一，但墓葬艺术中的“传统汉式”图像和文化价值观的框架却仍然延续下来。但是，这种视觉文化反映了包括孝子、四方神兽和乘龙虎随仙人进入天堂的逝者形象，以及天堂场景等“传统”汉式图像与不断汇入的新的佛教的、游牧民族的和西亚的观念和图像之间的张力。这种张力导致了视觉文化上的交叉、吸收、同化和转变（图 14a－14c）。

图 14b　康业石棺床胡人图像（引自《文物》2008 年第 6 期，31 页，图二九）

图 14c　据称出自安阳彰德府的北齐石棺床石板局部（引自 Annette L. Juliano, “Northern Dynasties: A Perspective”, Fig. XI）

对构图和雕刻风格的后续研究可能会最终帮助我们确定这些图像的来源，以及制造这些艺术品的工匠的工艺，或许能够解决再度产生的关于纳尔逊石椁真伪的争议。

（沈琛 译　罗帅、荣新江 校）

美秀（Miho）美术馆所藏石棺床上的粟特袄教女神：墓主线索新探

乐仲迪　Judith A. Lerner

（纽约大学古代世界研究所）

一切缘由来自朱安耐（Annette Juliano）的提示，因为她的提醒，笔者注意到了这套现藏于日本信乐美秀美术馆（Miho Museum）的石棺床，它开启了笔者一段从西域到中国内地的探索旅程，在此，笔者将以一位前伊斯兰时代的伊朗和中亚艺术史学者的视角，来重新审视这一纪念性作品（Juliano and Lerner 1997）。由于这套石棺床来自古董市场，艺术风格因此成为断代的唯一线索，其风格具有北齐特征，所以年代为 550－577 年。我们所有关于墓主人的信息都来自石棺床上的浮雕图像：墓主夫妇宴乐图中男主人的髭须和服装暗示他是一位中亚人（图 1）[1]，丧仪图中的“犬视”（sag-did）仪式则表明他至少在一定程度上遵循着马兹达教（Mazdaean）的习俗[2]。不过，我们对美秀石棺床主人的姓名一无所知（所有对这套围屏熟悉的人一定能想到还有另一幅宴饮图，居中是一位单独的没有胡须的人物，我们留待本文结尾处再讨论这幅图）。朱安耐与笔者曾为美秀美术馆藏品图录撰写了这套石棺床的条目，这促使我们在纽约亚洲学会博物馆（the Asia Society Museum in New York）举办了“僧侣与商人：甘肃与宁夏的丝路遗宝”（Monks and Merchants: Silk Road Treasures from Gansu and Ningxia）展，并出版了展览图录（Juliano and Lerner 2001）[3]。

在笔者介绍美秀围屏 22 年后的今天，笔者现在想集中检视其中一个以往笔者与其他学者研究都没有仔细思考过的画面：一块石屏的浮雕，下部表现的是人世间中国式的乐舞表演，上部则是两位演奏的天人，他们都被上方的四臂神注视着，神的下面两臂抓住围栏，上面两臂分别托举着日月象征物（图 2）。在前面所提到的美秀美术馆图录有关石棺床的条目中，笔者曾把这个神祇比定为女神娜娜（Nana）——粟特的主要神祇之一，同时也是片吉肯特（Panjikent）的城市守护女神（Juliano and Lerner 1997）。不过，现在笔者开始怀疑其粟特身份。虽然她与女神娜娜高度相

---

［1］当被拉利公司（James J. Lally）收购时，所有 11 块石屏据称都属于这套石棺床，上面其实有两幅宴乐图：此处的一对宴饮夫妇（Lally 1992: pl. Ie = Juliano and Lerner 1997: no. 125E）以及另一处的独自宴饮者（Lally 1992: pl. h = Juliano and Lerner 1997: no. 125G）。在美秀石棺床入藏美秀博物馆之前，笔者曾观摩过所有 11 块石屏的正背面，认为那块绘有独自宴饮画面的石屏属于同一或邻近墓葬所出的另一套石棺床。理由是，尽管复原石棺床的这块石屏与其他 10 块之间在人物和边缘植物纹样方面有很多相似之处，但这块石屏的尺寸与雕刻技法很不一样。

［2］Lally 1992: I6 = Juliano and Lerner 1997: no. 125F. 基于对这套石棺床的观察，朱安耐认识到多数石屏上表现的是中亚人，并且将戴口罩（*padam*）者与琐罗亚斯德教（Zoroastrianism）联系起来。笔者赞同她的看法，并认为戴口罩者即举行琐罗亚斯德教“犬视”（*sag-did*）丧仪的祭司（Lerner 1995）。

［3］借此机会笔者要指出，“僧侣与商人”展及图录离不开中国同行的帮助，其中几位也参加了此次会议。在此还要感谢罗丰教授与荣新江教授给予机会重回宁夏参加此会议。

似，但仍打算提出另一个关于她的出身之可能性，并借此提出有关美秀石棺床主人来历的设想。

众所周知，娜娜的形象在粟特绘画与雕刻中屡见不鲜，要么是坐在一头蜷伏的猫科动物（feline）身上，抑或骑乘在一头站立的猫科动物上面（Azarpay 1969; Tanabe 1995）；我相信没有任何人会认为这样的形象代表其他神祇。实际上，美秀石棺床上的神祇非常符合粟特的——或更广泛的说是中亚的——娜娜女神的显著特征：

图 1　美秀美术馆藏北齐石棺床白色大理石石屏之一（引自 Lally 1992: 1e = Juliano and Lerner 1997: no. 125E）

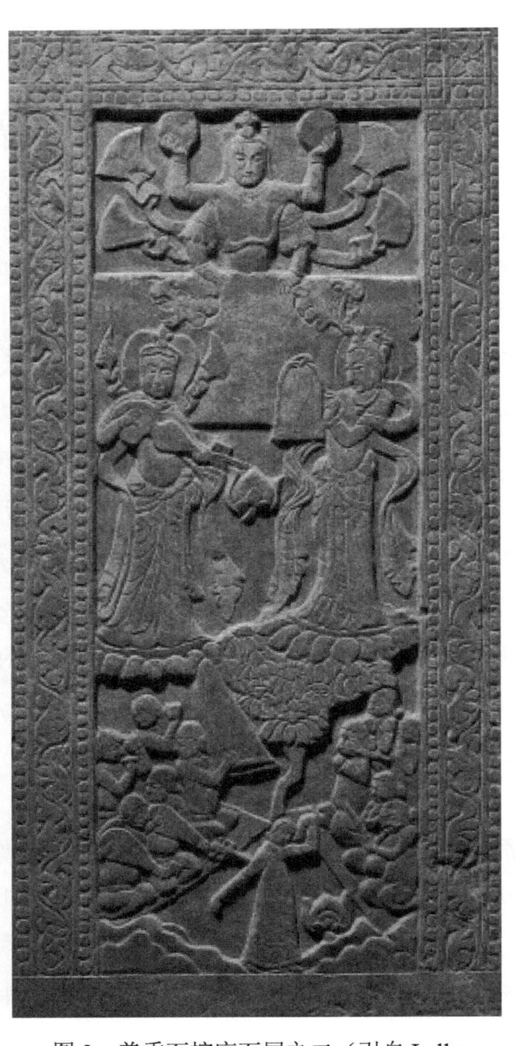

图 2　美秀石棺床石屏之二（引自 Lally 1992: 1c = Juliano and Lerner 1997: no. 125J）

（1）她的第二对手臂高举着两个代表日月的圆盘；

（2）围栏上雕刻（或意味拴着）的两个咆哮的狮子头，很可能是她坐或骑乘狮子之特征的一个指示；

（3）从她肩上垂下并覆盖胸前的外衣[4]。

然而，关于美秀石棺床上的娜娜，有一件事一直让笔者感到困惑，即她使用了“错误”的双手托举天体象征物！也就是说，如果我们顺着她肩膀的外侧轮廓观察，就很容易发现她托举

[4] 这第三个特征，类似于粟特娜娜的披巾，对此笔者打算将来另文详述。

日月的双臂与躯干相连，而她手抓围栏的较低双臂则从较高臂膀的下方伸出。这样的结构，即女神的“原生”手臂持日月象征物，几乎不见于其他的娜娜图像——在粟特和中亚西部的其他地区，中亚东部的和田等地，以及印度和中国的其他多臂神的经典刻画中，也找不到类似的例子。我们要如何解释这种反常的现象？

我们都知道，多臂神起源于印度。最早的多臂神形象发现于印度中部的马哈尔（Malhār），为四臂的毗湿奴（Vishnu），年代属于公元前 1 世纪（Srinivasan 1997, pl. 14.1）。斯里尼瓦桑（Doris Meth Srinivasan）曾全面讨论了印度宗教文献和艺术中的多身体部位现象（Srinivasan 1997），他将四臂神祇的上面两臂称作其“额外的手臂”，下面两臂称作其“原生的手”（或臂）。对本文的讨论至关重要的是，一个神祇最突出的法宝掌握在其额外的（即上面的）手臂里。因此，马哈尔的毗湿奴，表现为一个英雄的战士，用他额外的上部手臂拿着他标志性的法器——轮宝（*chakra*，一种战争武器）和金刚杵（*gadā*，统治权的象征），而他原生的双手/臂握着另一件器物，可能是他的另一件法宝即法螺（*śanka*）。后来，其他印度教神祇也出现了四臂甚至多臂，特别是湿婆神（Shiva）。

多臂神首见于印度本土之外是在 2—4 世纪发行于西北印度和巴克特里亚（Bactria）的贵霜钱币上：一位融合了《阿维斯塔》（*Avesta*）的伐由（Vayu）的四臂湿婆，币铭称之为乌什（Oesho）（Rosenfield 1967, Coins 158-164 and p. 93［一些湿婆的形象有三个头］; Grenet 1994 and 2006 [2010]; Compareti 2009, p. 177）；以及坐姿的四臂玛诺巴格（Manaobago）（Rosenfield 1967, Coins 96-99）[5]。但是，多臂的娜娜或其他女神的形象从未出现在贵霜钱币上，也不见于贵霜在巴克特里亚的直接继承者萨珊人（Sasanians）和贵霜—萨珊人（Kushano-Sasanians）的钱币上[6]。

四臂女神的形象很可能直接从印度进入粟特图像中（Compareti 2009; Westenholz 2013; 亦参 Diakonova and Smirnova 1967 和 Grenet 2006 [2010]）。她最早出现于粟特地区是在与片吉肯特 II 号神庙有关的一处小礼拜堂的两个相连建筑物中的第一个的壁画上，其年代为 5 世纪晚期（Belenizki 1980, pls. 19 and 20; Marshak 1990, fig. 8）。值得注意的是，壁画之红色底仗显示女神为四臂，但是在已完成的壁画上她只有两臂[7]。在 6 世纪重修的小礼拜堂的另一面墙壁上，绘有另一个四臂女神。与前述诸四臂女神类似，这个女神举起的手臂作为“额外”的手臂，出现在她较低手臂的后面。然而，这两幅神像都不是娜娜：在她们各自的突出特征之中，较早的女神坐在一个带翼的森莫夫（Senmurv）模样的怪兽（这种怪兽形象在绘画中只幸存下来一例）支撑的平台之上，而稍晚的女神直接倚靠在一条卧龙身上（Belenizki 1980, pl. 17）。

然而，确实有一个四臂娜娜形象存在于这一时期，而且正是在片吉肯特，就在 II 号神庙著名的哭丧图中。这幅壁画中的娜娜超过真人大小，站在低等级神祇与送葬凡人的中间，哀悼美索不

---

［5］克什米尔的斯玛斯特石窟（Kashmir Smast）出土的一枚胡毗色迦（Huvishka）钱币，上面表现有八臂毗湿奴形象，英国国家博物馆（British Museum）收藏有类似的一枚，但这可能只是犍陀罗（Gandhara）发行的一种地方性钱币而不在巴克特里亚（Bactria）流通（Nassim Khan 2008, no. 45 and p. 27）。在此笔者谨向克力勃（Joe Cribb）和坦登（Pankaj Tandon）对笔者在该领域的帮助和指导表示感谢！

［6］迄今所知的唯一例外是一位 4—5 世纪的贵霜—萨珊官员的印章，他崇拜四臂毗湿奴（或称财天/Vāsudeva）（Callieri 1997, pl. 57: U 7.3）。

［7］此信息归功于 Aleksandr Naymark，他当时参加了片吉肯特考古发掘队。

达米亚（Mesopotamian）神祇坦木茨（Tammuz）死去的妹妹（Belenizki 1980，第 50 页之插图）[8]。以后的娜娜图像表现为她的易辨识的经典程序：一位手持神圣法器的四臂女神，坐于其狮子坐骑身上（例如，Marshak 1990, fig. 15）。这种图像形式延续到 8 世纪，不只见于片吉肯特（Marshak and Raspopova 1991, fig. 3），也见于北边和东边的苏对萨那（Utrushana）的卡拉 • 卡赫卡哈（Kaleh Kakhkakha）和今哈萨克斯坦斯坦南部的奎鲁克特佩（Kuyruk Tepa）（Negmatov and Sokolovskii 1973, fig. 3; Bajpakov/ Grenet 1992, pl. VI, fig. 7）。

在邻近的花剌子模（Chorasmia），娜娜也是一种主要的神祇，有一组银碗上面表现有娜娜女神，也是四臂且坐于狮子坐骑之上，其“额外的”双臂高举着日月，年代很可能属于 6 世纪晚期至 8 世纪早期（图 3）[9]。这组银碗被认为是属于花剌子模人，主要是因为其中一些带有花剌子模语铭文，另一些则在风格和器形上与之类似（Azarpay 1969; Marschak 1986, figs. 170-172; Minardi 2013）。它们当中没有一件是在原地发现的。

进一步观察这些花剌子模娜娜的图像，我们还注意到她高耸的金城冠（mural crown），这很可能源自西方的国家或国王守护女神、幸运之神提喀（Tyche）的冠饰——提喀的形象曾在伊朗地区广为流传，并与伊朗人观念里的幸运（*xvarneh*/Good Fortune）融合在一起（Rosenfield 1967）。在冠饰的中央还附着一个典型代表着月亮的新月状物，以及三个圆点或小球。在粟特地区的绘画或雕刻上留存下来的娜娜头像上，其头饰绝不会像城墙[10]。此外，粟特娜娜的冠饰似乎搁放在一块布料之上，这块布料覆盖着她的头发并垂至后背；这样的长方形布料也出现在美秀石屏上娜娜头像的后面（图 2）。但是除了这块长方形布片，美秀娜娜的头饰完全不同于花剌子模和粟特娜娜，其显著特征是头饰中央为一花卉或精致珠宝。

迄今为止，我们所见到的归为花剌子模的碗表现的都是一致的娜娜图像。然而，有另一件碗，据其铭文也可归到花剌子模，现藏于圣彼得堡的艾米塔什博物馆（State Hermitage Museum, St.-Petersburg），上面的四臂娜娜女神的表现方式与美秀的相似（Azarpay 1969, “Choresmian No. 2”, pl. 3:c; Marschak 1986, no. 87, 同本文图 4）。也就是说，她托举太阳和新月的手臂是她的原生手臂，它们从她衣服的领口处自然而连续地延伸出来；她的另一双手臂是附加的，出现在其原生手臂的下方。据我所知，这是仅有的一例不使用经典程序（即用额外的手臂托举日月）的娜娜图像。

[8] 亦参 Azarpay 1976，尤其是第 539 页。这幅壁画进一步证实了美索不达米亚的伊南娜—坦木茨（Inanna-Tammuz）故事与伊朗及埃兰（Elamite）的娜娜—阿纳希塔（Nana-Anahita）的融合（Grenet and Marshak 1998；亦参 Potts 2001）。

[9] 不过，有趣的是，另一件花剌子模碗的装饰有一位乘龙的女神，她让人想起前文提及的片吉肯特 II 号神庙的四臂女神（Belenizki 1980, pl. 17），但她只有两臂（Mode 1991-1992, fig. 14b）。这位女神未托举日月象征物，坐骑也不是狮子，因此绝非娜娜，但她在花剌子模和粟特艺术中都有出现，很可能是一位尚未识别的重要神祇（参见 Marshak 1990, p. 297 与 Compareti 2009, p. 198）。

[10] 在较晚时期的可见头饰的娜娜形象中——主要是那些晚得多的，即 8 世纪上半叶的——她似乎戴一条有褶皱的头巾，其上又搁放一顶浅帽，帽子顶部向内弯曲从而形成倒置的新月状；新月竖立的尖端挂着一块白布，垂于她身后，让人联想到美秀娜娜脑后的布片。此外，有四个短的锥形突起物从头巾上伸出并垂下（片吉肯特的例子见 Tanabe 1995, fig. 8；卡拉 • 卡赫卡哈的例子见 Negmatov and Sokolovskii 1973, fig. 3）。在奎鲁克特佩（Tuyruk Tepa）雕刻里，娜娜的头饰像是由一些直线元素组成（Bajpakov/Grenet 1992, pl. VI, fig. 7）。

图 3　银碗，英国国家博物馆藏（1975 年入藏，编号：0516.1AN328770）

图 4　银碗，圣彼得堡艾米塔什博物馆藏（引自 Marschak 1986, pl. 87）

另一个反常之处是，尽管她戴着娜娜的金城冠与新月状头饰，但她并未乘坐狮子而是坐在一张萨珊式长椅宝座之上，双脚着地，两腿在膝盖处向外弯曲，这种姿势与岩画和金属制品上登基后的萨珊国王一致（Ghirshman 1962, figs. 214, 225-6, 242, 244, and 245）。她较低手臂的左胳膊肘下面可以见到一堆靠垫，从而表明这件特殊的家具为宴会用长椅，这种长椅在萨珊银器以及所谓的“库萨和之杯”（Cup of Khosro）或“所罗门之杯”（Cup of Solomon）上的王室图像上面也可以见到（图 5；Ghirshman 1962, figs. 245, 246, 259, and 401）。该花剌子模娜娜还有一个显著特点，即她穿着的是一件带有长袖的紧身连衣袍服，这与所有其他已知的娜娜图像截然不同。

图 5　“库萨和之杯”，法国国家图书馆像章陈列馆藏（Cabinet des Médailles, Bibliothèque Nationale）（引自 http://en.wikipedia.org/wiki/Cabinet_des_M%C3%A9dailles#mediaviewer/File:Coupe_de_Chosro%C3%A8s.JPG）

我们应该如何解释这些差异呢？与其他“花剌子模娜娜”相比，其平面和线条性的画面风格暗示这件特殊的碗来自一个更具地方性的作坊。再者，在所有可通过铭文断代的花剌子模碗中，它的年代可能是最早的（Azarpay 1969, pl. 3: a and b）。其年代铭文相当于 538 年，这被认为是刻工的失误，他原本想刻的是 638 年，这才是碗上要刻的年份[11]。然而，透过它迄今独一无二的图案，笔者认为没有任何理由可以将它与其他碗归在一起，其他的碗不仅属于 7 世纪的不同时段，而且在构思与风格上也与此碗很不一样。实际上，图 4 所示的这件艾米塔什碗恰好与美秀石棺床围屏的年代相近，仅比北齐创建的 550 年早约 20 年。

前文已论及，美秀石屏和艾米塔什碗是笔者所知的仅有的两处用原生手臂持日月的四臂娜娜图像；在同时期的北周粟特人史君（579 年卒）的石椁上，门侧的四臂卫士高举他们的次生手臂，而原生手臂则搭放在臀部（杨军凯 2014，图 90、91、94、95）。甚至连基座上的四臂天王（*lokapālas*）——笔者和朱安耐原先认为他们可以为美秀石屏提供支持——举起的手臂也出现于他们较低的原生手臂的后面（Juliano and Lerner 2001, fig. 5）。事实上，这种印度式手臂布置亦被用于同时期的中国佛教石窟，如云冈石窟 8 号窟里的多臂湿婆（云冈石窟　1977，图一三）。

美秀石棺床上的女神是否可能为花剌子模式娜娜？其他不符合典型娜娜形象的细节如她衣服的上部，可能也暗示了这种比定——或者至少说明她不是粟特式，这个问题我留待将来进一步研究。现在，我们可能会有一个疑问：假如此娜娜属于花剌子模式，那么墓主可能就是一个花剌子模人，而非粟特人？正如笔者在本文开头所指出的那样，在美秀石棺床的 11 块石屏中，有两块描绘了宴会场景：其一刻有一对宴饮者，其中的男子有髭须（图 1）；另一仅刻有一个无胡须的宴饮者（Lally 1992, pl. Ih = Juliano and Lerner 1997, No. 125G）。基于所有石屏的风格与整体尺寸（关于此问题笔者希望将来另文专述），笔者认为这里的第二块石屏并不属于美秀石棺床，而属于另一套很可能同时被发现的石棺床；这套石床中的一整块石屏被抽来拼缀今天所知的美秀石棺床。除去这块石屏，剩下的络腮胡须宴饮者即是石棺床的主人和墓主。

得益于留存的墓志，我们可以确信康业（571 年卒）、安伽（579 年卒）及史君（579 年卒，葬于 580 年）墓的墓主为粟特人。值得注目的是，他们三人在各自葬具上的形象与美秀石棺床的主人有很大的不同。首先，他们都不具有像他那样长而尖的胡须。更重要的是，这些粟特人的冠饰与他所戴的帽子大相径庭。作为社会地位和官职的标志，至少有两种不同的帽子类型可以从这三位粟特人的葬具上出现的冠饰中区分出来：正面垂有一条绳线或一道褶皱的硬质圆顶高帽，以及较软质的平顶浅帽[12]。第一种冠饰可见于安伽石棺床，在突厥人的穹帐中，有一位

［11］四件花剌子模银碗带有提及花剌子模历法中特定年代的铭文。其中三件属于 7 世纪中期（图 3），另一件——即此处所讨论的这件（图 4）——相当于 538 年，其纪年铭文被认为是刻工的失误（Livshits and Lukonin 1964, p. 160），这一观点已被广泛接受（Henning 1965, p. 647, n. 9, 不过恒宁认为其年代“相当于 570 年而非 670 年”）。

［12］影山悦子识别出史君所戴的第三种冠饰。这是一种中间带有一个小新月和一个圆形物的鸟翼冠（Kageyama 2007, pp. 12-13）。在仔细考虑前人研究成果之后，她将此冠的佩戴者比定为史君而非一位哌哒（Hephthalite）统治者，并援引虞弘（592 年卒）及宁夏固原九龙山墓墓主所戴的鸟翼冠作为佐证。尽管笔者曾指出鸟翼冠可以被粟特首领佩戴，虞弘即属此类（Lerner 2005, pp. 27-28, n. 70），但不能确信虞弘应该被归入“粟特人”，并相信他在其石椁上佩戴这种头饰的形象有其他含义。

与披长发突厥人并坐的蓄须者即戴此帽，他的一位坐在帐外紧靠门口的同伴亦戴此帽（陕西省考古研究所 2003，图 29）。这种帽子在史君石椁上也多次出现，由几位上层人士（他们其中之一就是史君本人?）佩戴，然而在某些画面中，佩戴者显然并非所绘人物里地位最高者（杨军凯 2014，图 107、108、120）[13]。此外，尽管我们不清楚安阳石棺床主人的身份，葡萄藤架下的持角杯者——很可能是这套石棺床的主人——也戴着这种帽子（Museum of Fine Art, Boston, 12.589; Lally 1992, fig. XI）。

至于平顶浅帽，我们在安伽的多块石屏都可见他佩戴，如宴乐图、猎狮图、马背上迎接骑马突厥人图，以及下面在亭中与披发突厥博弈图中（陕西省考古研究所 2003，图 26、28）。在第二幅猎狮图中，帽子较高，两边稍微向上收缩，但戴帽者毫无疑问就是安伽。实际上，这种帽子通常绘作白色；因此，它被认为与萨保之职有关，影山悦子在克孜尔石窟壁画的粟特商人图中就作了如是鉴定（Kageyama 2005, p. 365; cf. 2007, p. 14, n. 24）[14]。康业不是萨保，但也戴着一顶特别的帽子，不过他的冠饰无涉此处的讨论；而史君拥有此职，却未曾显示佩戴这种萨保浅帽。另外还须提及的是美秀石棺床上头戴平顶浅帽的其他人物形象：一位蓄有短须的身份较高的人，骑行于仆人们所撑阳伞之下；两位骑者，一位留着络腮胡须，另一位不蓄须，他们与一匹没有人骑的马占据着这块石屏的上部（Lally 1992, pl. Ic = Juliano and Lerner 1997: no. 125J; Lally 1992, pl. Ia=Juliano and Lerner 1997, no. 125B）[15]。美秀石棺床上的这几位男子也都戴着“萨保帽”，这可以强化我的观点，即墓主是蓄有髭须的宴饮者，因为这些男子及这套石屏上的突厥人和印度匈人（Indian Huns），代表着死者生前遇见的各个种族。

在粟特本土，这种平顶“萨保帽”并未出现过。在片吉肯特一些房间所绘的宴饮图中，男子一般没有胡须（即使有也仅局限于唇上部位），并且佩戴锥形软帽。影山悦子曾注意到一个例外，是一顶白色帽子，形状类似于上述入华粟特人葬具上的圆顶高帽[16]；不过，没有一例是浅帽或平顶帽。因此，我们在入华粟特人葬具上看到的扁平萨保帽，或者是汉地的一种用以区分中国境内胡人聚落首领的手段，或者是一种 6 世纪的粟特风尚，在这些片吉肯特壁画所属的 7

[13] 例如，史君石椁西壁第二幅浮雕（站在亭子左侧的人物，亭中则坐着一对头戴宝冠的夫妇，丈夫怀抱一婴儿）；北壁第一幅（跽坐于一椭圆形地毯上的人物，他陪一位头戴宝冠者对饮，后者坐于宴榻之上，位置显得比他高），北壁第三幅（伞盖下的骑马者，伞由另一位骑者侍执），以及北壁第四幅（此种帽子的一个变种［？］，由两位在葡萄园中宴饮者佩戴，周围有乐伎助兴）。

[14] 荣新江（2005）广泛讨论了克孜尔与敦煌的商人形象，把他们所戴的“白色尖顶虚帽、贝雷帽般的帽子”比作安伽石棺床上所戴的那种帽子（p. 211）。

[15] 笔者在前文已经提及，美秀石棺床中有一块石屏应该属于另一套石棺床，该石屏上的独自宴饮者也戴着这种浅帽，考虑到其外貌与所穿的卡夫坦（caftan），毫不怀疑这个宴饮者是粟特人。这件卡夫坦边缘饰有联珠纹，很像乌兹别克斯坦雅尔特佩（Jar-tepe）出土的银雕像以及上述安阳石棺床上所绘人物的服装。

根据早先的观察可知，安阳石棺床之一石板上的角杯饮者戴着与史君相似的圆顶帽。然而，在该石棺床的另一块石板上，绘有一亭，亭中一人头戴萨保浅帽，他身后的与宴者戴着跟角杯饮者相同的圆顶帽，而且穿着跟角杯饮者以及上文提及的无胡须宴饮者相同款式的带大联珠纹边饰的卡夫坦（亦参 Museum of Fine Arts, Boston, 12.588; Lally 1992, fig. XII）。

[16] Belenizki 1980, pl. 51。

世纪至 8 世纪早期，这种风尚已经过时了[17]。

在上文，笔者先讨论了唯一与美秀娜娜手臂的独特布置相似的例子，即一件 6 世纪中期的花剌子模碗，然后指出了美秀石棺床可能的主人的形象跟我们以往所认定的粟特人并不相似，借此，笔者倾向认为石棺床的主人是花剌子模人。至少早至隋代，花剌子模列为昭武九姓胡之一，被称为火寻。尽管他们既不像粟特人那样在丝绸之路东段活跃，其商业活动也不像粟特人那样出名，但无论如何，花剌子模人曾经在中国出现过（参见 Lin Ying 2000-2001; La Vaissière 2005）。如果美秀石棺床的主人是一位生活于中国北齐的花剌子模人，那么，他将“花剌子模式娜娜”表现在他的石棺床上也是合乎情理的。

参 考 书 目

山西省文物工作委员会、山西云冈石窟文物保管所《云冈石窟》，北京：文物出版社，1977 年。

陕西省考古研究所《西安北周安伽墓》，北京：文物出版社, 2003 年。

杨军凯《北周史君墓》，北京：文物出版社，2014 年。

Azarpay, G. “Nine Choresmian Bowls”, *Artibus Asiae* XXXI/2-3 (1969): 185-203.

Azarpay, G. “Nana, the Sumero-Akkadian Goddess of Transoxiana”, *Journal of the American Oriental Society* 96/4 (1976): 536-542.

Bajpakov, K. M. “Nouvelles données sur la culture sogdienne dans les villes médiévales du Kazakhstan (avec une note additionnelle par F. Grenet)”, *Studia Iranica* 21 (1992): 33-45; 46-48.

Belenizki, A. M. *Mittelasien Kunst der Sogdien.* Leipzig: VEB E. A. Seemann, 1980.

Callieri, P. *Seals and Sealings from the North-west of the Indian Subcontinent and Afghanistan* (*4th century BC-11th century AD*): *Local*, *Indian*, *Sasanian*, *Graeco-Persian*, *Sogdian*, *Roman*, Naples: Istituto Universitario Orientale di Napoli, 1997.

Compareti, M. “The Indian Iconography of the Sogdian Divinities and the Role of Buddhism and Hinduism in Its Transmission”, *Annali dell' Istituto Universitario Orientale di Napoli* (*AIUON*) 69/1-4 (2009): 175-210.

Cunningham, A. “Coins of the Kushâns, or Great Yue-ti. Class C”, *Numismatic Chronicle* ser. III, vol. XII (1892): 40-82; 98-159.

Diakonova, N. V. and O. I. Smirnova. “On the Problem of the Cult of Nana (Anahita) in Sogdia” [in Russian], *Sovetskaya Arkheologiya* 1 (1967): 74-83.

Ghirshman, R. *Persian Art. The Parthian and Sassanian Dynasties, 249 B.C.-A.D. 651.* Trans. S. Gilbert and J. Emmons (New York: Golden Press, 1962).

Grenet, F. “The Second of Three Encounters between Zoroastrianism and Hinduism: Plastic Influences in Bactria and Sogdiana (2nd-8th c. A.D.)”, in G. Lazard and D. R. Sardesal, eds. *James Darmesteter Commemorative Volume*, Bombay: The Asiatic Society of Bombay, 1994: 41-57.

Grenet, F. “Iranian Gods in Hindu Garb: The Zoroastrian Pantheon of the Bactrians and Sogdians, Second-Eighth Centuries,” *Bulletin of the Asia Institute* 20 2006 [2010]: 87-99.

Grenet, F. and Marshak, B. “Le mythe de Nana dans l’art de la Sogdiane,” *Arts Asiatiques* 53 (1998): 5-18.

Henning, W. B. “The Choresmian Documents”, *Asia Major* XI/2 (1965): 166-179.

J(uliano), A. L. and L(erner), J. A. “No. 125. Eleven panels and two gate towers with relief carvings from a funerary couch”, *Miho Museum, South Wing*, Shigaraki: Miho Museum, 1997: 247-257.

Juliano, A. L. and Lerner, J. A. *Monks and Merchants. Silk Road Treasures from Northwest China, 4th to 7th Centuries.* New

［17］还值得注意的是，这种平顶帽不见于这一时期或之后时期中国墓葬的明器上——尽管可以见到一些不同种类的白色冠饰。这些人俑包括奴婢、马夫、乐伎以及背负袋子的商人，他们的社会地位“低”于那些身为萨保的胡人。

York: Harry F. Abrams and The Asia Society, 2001.

Juliano, A. L. and Lerner, J. A. "The Miho Couch Revisited in Light of Recent Discoveries", *Orientations* 32/8 (October 2001): 54-64.

Kageyama, E. "Sogdians in Kucha, a Study from Archaeological and Iconographical Material", in É. de la Vaissière and É. Trombert, *Les Sogdiens en Chine.* Paris: ÉfEO, 2005: 363-375.

Kageyama, É. "The Winged Crown and the Triple-crescent Crown in the Sogdian Funerary Monuments from China: The Relation to the Hephthalite Occupation of Central Asia", *Journal of Inner Asian Art and Archaeology* 2 (2007): 11-22.

Lally, J. J. *Chinese Bronzes, Sculpture and Works of Art*, New York: J. J. Lally & Co., 1992.

La Vaissière, É. de. *Sogdian Traders. A History.* Trans. J. Ward. Leiden: Brill, 2005.

Lerner, J. A. "Central Asians in Sixth-century China: A Zoroastrian Funerary Rite", *Iranica Antiqua* XXX (1995): 179-190.

Lerner, J. A. *Aspects of Assimilation: The Funerary Practices and Furnishings of Central Asians in China.* Sino-Platonic Papers 168. Philadelphia: University of Pennsylvania, 2005.

Lin, Y. "Some Chinese Sources on the Khazars and Khwarazm", *Archivum Eurasiae Medii Aevi* 11 (2000-2001): 339-364.

Livshits, V. A. and V. G. Lukonin. "Middle Persian and Sogdian Inscriptions on Silver Vessels", [in Russian] *Vestnik Drevnei Istorii* 3 (1964): 155-176.

Marschak, B. *Silberschätze des Orients. Metallkunst des 3.-13. Jahrhunderts und ihre Kontinuituät.* Leipzig: VEB E. A. Seamann, 1986.

Marshak, B. I. "Les fouilles de Pendjikent," *Comptes Rendue de l'Academie des Inscriptions et Belles Lettres (CRAI)* 134/1 (1990): 286-313.

Minardi, M. "A Four-armed Goddess from Ancient Chorasmia: History, Iconography and Style of an Ancient Chorasmian Icon", *Iran* LI (2013): 111-143.

Mode, M. "Sogdian Gods in Exile--Some Iconographic Evidence from Khotan in the Light of Recently Excavated Material from Sogdiana", *Silk Road Art and Archaeology* 2 (1991-1992): 179-214.

Nasim Khan, M., E. Errington, and J. Cribb. *Coins from Kashmir Smast. New Numismatic Evidence.* Peshawar: Department of Archaeology, University of Peshawar, 2008.

Negmatov, N. and V. Sokolovskii. "Two Fragments from Wall Paintings with a Many-armed Goddess" [in Russian], *Soobshcheniia Gosudarstvennogo Ermitazha* XXXVII (1973): 58-60; 86 [English summary].

Potts, D. T. "Nana in Bactria", *Silk Road Art and Archaeology* 7 (2001):23-35.

Rong Xinjiang. "*Sabao* or *Sabo: Sogdian Caravan Leaders* in the Wall-Paintings in Buddhist Caves", in É. de la Vaissière and É. Trombert, *Les Sogdiens en Chine.* Paris: ÉfEO, 2005: 207-230.

Rosenfield, J. M. *The Dynastic Arts of the Kushans*. Berkeley/Los Angeles: University of California Press, 1967.

Srinivasan, D. M. *Many Heads, Arms and Eyes. Origin, Meaning and Form of Multiplicity in Indian Art*. Leiden: Brill, 1997.

Tanabe, K. "Nana on Lion. East and West in Sogdian Art", *Orient* XXX-XXXI (1995): 309-324.

Westenholz, J. G. "Trading the Symbols of the Goddess Nanaya", in P. Wick and V. Rabens, eds. *Religions and Trade: Religious Formation, Transformation and Cross-Cultural Exchange between East and West.* Leiden: Brill, 2013: 168-198.

（李昀 译　罗帅、荣新江 校）

粟特及后裔墓志铭文书写的程式意涵

——以三方墓志为样例

李鸿宾
（中央民族大学历史文化学院）

汉地出土的粟特人及其后裔墓志铭文书写的内容、行文格式，是人们据以判定其文化属性或族性是否转变的主要根据。由于粟特人人数无法与周边众多的汉人相比，而将他们的发展与衍变确定为“汉化”的趋势，也是众多研究者专注的中心，于是，不加分辨地将其视为“汉化”的转轨，似成为我们分析他们步入汉地社会出路的主要选项。这样的分析固然不无理据，而且从墓志的书写和文献存留的记载里均可获得充分的回应，但考虑到学术研究的递进，我们仍旧对此种观念支配下的研究范式需要保持一种自我警醒的态度，这似乎更有利于接触“真相”。于是，本文的目的就会落在对墓志铭文自身的记述内容与程式之上，看看这些记载究竟隐藏了，或者适应的是什么样的社会情境，易言之，本文试图要做的，就是墓志铭文的内容究竟是死者本人的还是书写者的？或者这样书写的动机与当时的社会之间有什么关联？为行文简便起见，笔者选择了三方墓志铭作为样例分析。

一

笔者选择这三方墓志的标准，主要是唐朝管属下的粟特人或其后裔身份基本不发生争执者[1]；其次包括唐初、安史叛乱之前与后三个时段（表1），旨在说明安史之乱为划分点的唐朝前后这些粟特人的文化、族属等是否有所差异，至于墓志内容多少、是否有价值之差别等，则不在考量之限，因此，所选择的从这个角度着眼，有点随机的味道。这三方墓志分别是《大唐故洛阳康（婆）大农墓铭》（贞观二十一年去世，647）[2]、《大唐故右威卫翊府左郎将康（庭兰）公墓志铭》（开元二十八年，740）[3]、《唐故试光禄卿曹（闰国）府君墓志》（大历十年，775）[4]。

---

［1］入唐后粟特人其身份有所不同，此处仅指已衍化成为唐朝之属民者。关于其分类，可参阅姜伯勤《敦煌吐鲁番文书与丝绸之路》，北京：文物出版社，1994年，154－183页；新近的研究参阅许序雅《从敦煌吐鲁番文书看唐朝对来华九姓胡人的管理》，《西域研究》2014年第2期。

［2］周绍良主编《唐代墓志汇编》上册，上海：上海古籍出版社，1992年，96页。按本文讨论的这几方墓志铊录文均依托周绍良主编的《唐代墓志汇编》，若出现问题时则参以他本，本方墓志其他收录者，参见〔日〕气贺泽保规《新版唐代墓志所在综合目录（增订版）》，东京：汲古书院，2009年，11－12页，番号299。

［3］《唐代墓志汇编》下册，1511页；本方墓志其他收录者，参见《新版唐代墓志所在综合目录（增订版）》，番号3382，131－132页。

［4］《唐代墓志汇编》下册，1787－1788页，大历〇四三；参见《新版唐代墓志所在综合目录（增订版）》，175－176页，番号4100。

表1 三方志主情况简历表

姓名	字号	籍贯	生卒年	妻、子	主要事迹
康婆	季大	博陵	75岁，573—647	长子须达	康国王后裔；高祖罗，于北魏孝文帝时举国内附，迁于洛阳，为洛阳人；祖陁，齐相府常侍；父和，隋定州萨宝、奉御；君于武德中任职大农
康庭兰	不详	有家谱，但不详	65岁，676—740	子韶、亘	曾祖匿，唐游骑将军、守左卫翊府中郎将；祖宁，归德将军、行右领军卫将军；父颀陁，云麾将军、上柱国；公壮武将军、行右威卫翊府左郎将、上柱国
曹闰国	闰国	含州河曲	47岁，729—775	夫人石氏、刘氏、韩氏，子晏清	公于天宝载，遇安禄山叛乱，陷从其中，任云麾将军、守左金吾卫大将军，后归附唐廷，不削官品，改授试光禄卿，属河北成德节镇，任马军都虞候

上述三方墓志的选择之所以具有随意性，首先是基于即使目前所能找到的超越万余方的墓志，也只不过是持续289年唐朝数千万人口（这个数据仅仅是一个静止时间点的统计，并非是前后延续的累积）中的九牛一毛，因此从现今统计学或抽样调查等各种方式进行研究，均已不可能奏效，于是，随机性的“任意”选择，是较悠远的历史学研究中的不得已而为之的方法[5]。此点必须说明，因为随机的方法获得的结论只能限定在一个具体的，或偶然的范围之内，我们由此得到的印象或总结也只能是一种情况而已。这是笔者想说的第一点。

其次，墓志的重要性，主要表现在对传世史书等官方记述缺佚的补充之上。后者关注视野的选择性（即重视朝廷、国家层面的社会性问题）使我们不容易看到组成那个社会基本面向的诸多细碎的环节，而这些恰恰是我们据以了解那个时代不可或缺的依托[6]。墓志作为资料无

[5] 墓志材料作为具有统计意义的依据去研究那个时代的某些问题，需要我们给予应有的注意。因为墓志本身的出土发掘并非依循规则，多数都是偶然发现且毫无章法的，建立在此基础上的统计学数据作为资料，无法克服这些不规则且偶然的缺陷。类似的想法可参阅蒲慕州《墓葬与生死：中国古代宗教之省思》（北京：中华书局，2008年，10页）。他以两汉400年间的3000方墓志资料的统计为例，说明依此而进行的相关统计数字的资料应遵循这样的原则：数字本身不一定具有意义，唯有经过比较之后始能透露某些信息（该书10—11页）。本文对墓志统计的说法与此相似。但本文并非否认目前学界就此进行的各种数据的统计并依此进行的研究，譬如以整理唐朝墓志资料著称的毛汉光教授在《唐代统治阶层下降变动之研究》（台北《人文及社会科学》1993年第1期，16—27页）、《唐代统治阶层父子间官职类别之变动》（《中正大学学报》第4卷第1期）等文中，利用墓志并与传世文献结合对唐代某些具体问题进行的研究，其依据的统计对论述的成立与否产生的直接影响给人以深刻印象。另一个值得指出的典型是美国加州大学伯克利分校的谭凯（Nicolas Tackett）教授，他曾花费5万个小时对唐朝墓志各种信息进行统计（他在中央民族大学历史文化学院2013年5月16日、6月5日举行的讲座中透露），所发表的“Great Clansmen, Bureaucrats, and Local Magnates: The Structure and Circulation of the Elite in Late-Tang China”, “The Great Wall and Conceptualizations of the Border Under the Northern Song”（*Journal of Song-Yuan Studies*, 38, 2008, pp. 99-138）等论文就是这些统计研究的结果。

[6] “细碎的环节”采用今日学界时髦的话语就是“碎片化”。之所以如此，是近年来盛行于大陆学术界历史研究的一种追求，其目的旨在探索具体的细节以更加清晰地阐释历史诸面相。从学术史的角度而言，这应当是20世纪80年代与域外联系之后，中国大陆学术界打破此前闭关锁国的局限而出现学术回归正业的合理性反弹。于此恰成映照的则是美国的学术研究（至少就中国学而言）则从费正清一代学者开创的中国历史叙事的宏大格局被“在中国发现历史”的区域性、阶段化和细致化研究所替代的趋势，其背后隐藏的社会史、人类学方法论的支配彰显无遗。中国大陆学界历史细节化的方式转轨，即脱离此前流行的社会进化论支配下的宏大关照，与美国中国学乃至其他国家细碎化的研究步骤，颇有异曲同工之妙。

疑具有拾遗补缺的功能。正因为如此，今人对墓志资料的重视显然超越此前不久的古人，如毛汉光所云“石刻资料所包含的内容，实际上与纸张布帛上记载的内容性质相同”[7]，他将这些不被官方重视的资料放置在与朝廷章奏和史馆修纂的宏文巨著同一水准，旨在突出这些民间资料的独特性，这样的观点也获得了学者的认可[8]。事实上，如果将墓志作为考古发掘的资料来理解，它在某种程度上能发挥验证文献资料中涉及的观念、理想和行为准则实施程度等作用[9]。本文的研究就是建立在这种逻辑的基础上。

二

墓志铭的本质是对墓主一生行为进行总结[10]，大体上由本人（及家族）基本情况的介绍、政治仕途与文化风貌（尤以仕途为中心）的展示、对其业绩的彰显三个层次构成[11]。上述三方粟特及其后裔墓志的书写内容与形式，大体遵循着这种程式，这就令我们不得不提出这样的问题：墓志书写的规则是由某种程式确立的吗？《唐令》中的《丧葬令》就曾十分明确地规定官员去世后“诸碑碣，其文须实录，不得烂有褒饰”[12]，联系到唐朝政府有关各级官员死后丧葬活动的严格而细致的规定[13]，像墓志这样有关官员行事的准确定位和记述，应该逃不出政府的掌控之内。在一个以文官为核心的文武精英集团主宰的早熟的官僚制政体为特征的王朝国家内[14]，朝廷对包括其官员自身的规范予以重视并通过文字记载明确地表现出来，是不言而喻的。这一套的行文规范，至少在秦始皇建立一统化王朝的时代就已确立了，相关学者的研究使我们对此有所把握[15]。墓志作为朝廷官员升迁活动和行为举止的记载，如何能够准确地反映国家权力的意识，也应当毫无保留地成为朝廷关注的对象。根据《唐六典》的描述，国家掌控官员墓志铭文的撰写，具体就落实在著作局的身上：“著作郎掌修撰碑志、祝文、祭文，与佐郎分判局事。”[16]碑志撰写的权力既然在著作郎手里，作为国家公职人员，其撰写的内容与格式就应当受到朝廷的

[7] 毛汉光《石刻分类与石刻集释》，《汉学研究》（台北）第7卷第2期，1989年，225—234页。

[8] 陆扬《从墓志的史料分析走向墓志的史学分析——以〈新出魏晋南北朝墓志疏证〉为中心》，《中华文史论丛》2006年第4辑，2006年，95—127页。

[9] S. South, *Research Strategies in Historical Archaeology*, New York: Academic Press, 1977, p. xxi.

[10] 关于墓志的起源与定型，学界说法参差，此处可参阅赵超《汉魏南北朝墓志汇编·前言》，天津：天津古籍出版社，1992年，2—3页。

[11] 刘城《唐代墓志的写人进程》，广西师范大学文学院硕士学位论文，2006年。

[12]〔日〕仁井田陞著，栗劲等编译《唐令拾遗》卷三二《丧葬令》，长春：长春出版社，1989年，766页。

[13] 参见《通典》卷八三《凶礼五》至卷九三《凶礼十五》的相关部分，王文锦等点校，北京：中华书局，1988年，2243—2540页；《唐令拾遗》卷三二《丧葬令》，741—776页。

[14] 新近有代表性的著作可参看〔美〕弗朗西斯·福山著，毛俊杰译《政治秩序的起源：从前人类时代到法国大革命》，桂林：广西师范大学出版社，2012年，109—134页。

[15] 马丁·科恩从对秦始皇巡游四方所立碑刻的规制和内容的分析中，认为这套标志承载的是王朝合法性地位的确立。这套宣示的承载物与王朝的建构紧密地结合在一起，从而被纳入到了官方有效地掌控之下。参见氏著，王秀君译《来自山岳的诏告——论秦始皇石刻》，〔德〕穆启乐、闵道安主编《构想帝国：古代中国与古罗马比较研究》，上海：复旦大学出版社，2013年，198—219页。

[16]《唐六典》卷一〇《秘书省》，陈仲夫点校，北京：中华书局，1992年，302页。

控制。实际上，著作局的本质是撰写本朝实录，充备国史，后虽因史馆的单独设立而有所减缓著述，但作为官方记述自身历史的专门性机构，著作郎的职责必然受如同李华《著作郎壁记》一文记载的那种规定：“化成天下，莫尚乎文。文之大司，是为国史。职在褒贬惩劝，区别昏明。”[17]这实际上就是孔子编纂《春秋》的传统，即史书承载的意义就在于对世事进行评判并纳入到自己的道德意识之中。上述列举的墓志的主人，作为朝廷辖属的文武官员，其墓志的书写应当在这个层面内去理解[18]。本着这个原则，我们逐一对三方墓志的内容做些分析。

首先是《康婆墓志》。

这方墓志撰写的格式与其内容相比，后者透露的外来因素使我们对其粟特人的身份确信无疑。其中“本康国王之裔”，“祖陁”，“父和，隋定州萨宝”这样的词句分明交代这个家族粟特人的属性，“萨宝”更是入华之后粟特人管辖自身并被纳入到朝廷职官体系的一个组成分支[19]。志文对康和的描述采用了“虽日磾归汉，由余适秦”的说法，前者是西汉时期匈奴休屠王之太子，归附汉庭后受武帝托孤辅佐太子（汉昭帝）即位，被视为倾心汉室的外族之典范[20]。康婆墓志这类记载，显然是外族归附唐廷的套路式描写。班固修纂《汉书》中各卷之后的史臣“赞曰”将金日磾的行为称誉为“笃敬寤主，忠信自著，勒功上将，传国后嗣，世名忠孝”[21]，进而将他个人的行为纳入到国家鼓励的外族尽忠朝廷的话语系统之中，其书虽系私人修纂，但官方的认可早已将其视为朝廷的意识系统，因而金日磾“侍汉”就成为这类现象的集中表达。康婆墓志的如此撰述，正是朝廷意识在当下的展演。易言之，这方墓志看似平实，其后隐藏的就是官方主流意识和话语的展现。不管墓志具体的撰写是何人，也不论其撰写代表了墓主还是其家人，但此种撰述套路的采纳，就是其时主流意识的反映，采用今日时髦的话说，这方墓志是“被”撰写的，约束其话语表述的就是当时社会的主流意向。它呈现的意涵就是：对入唐的外族人而言，他们在唐朝安身立命的根基，除了忠诚侍奉于朝廷之外别无他途。朝廷这种对外族投附者归属行为所给予的排他性的选项，应当是康婆墓志之撰述以及由此思路递进的制约因素。

至于这方墓志为什么选择金日磾做样例，应系墓主先人的地位与之比附的结果，显然也包藏了自抬身价之意。在这个思路指导下，墓志揭示出该家族是在康婆的高祖康罗一代，于北魏孝文帝主政时而“举国内附”并“朝于洛阳”的。跟随北魏拓跋氏步入中原的北方胡人早已成为人们熟知的内容[22]，康罗家族的归附，应当视为顺随这股潮流的一个案例。值得指出的是，数年前在太原出土的《虞弘墓志》曾记载出身鱼国的该家族转入北魏、柔然，又步入北齐、北周和隋朝的

[17] 李华《著作郎壁记》，《文苑英华》卷七九九《厅壁三》，北京：中华书局，1966年，4226页。

[18] 参见朱玉麒《〈葛啜墓志〉作者崔述考略》，《唐研究》第19卷，北京：北京大学出版社，2013年，477—486页。

[19] 参见罗丰《萨宝：一个唐朝唯一外来官职的再考察》，《唐研究》第4卷，北京：北京大学出版社，1998年，215—249页；荣新江《北朝隋唐粟特聚集的内部形态》《隋及唐初并州的萨保府与粟特聚落》，此据氏著《中古中国与外来文明》，北京：生活·读书·新知三联书店，2001年，111—179页。

[20] 参见《汉书》卷六八《霍光金日磾传》，北京：中华书局，1962年，2959—2962页。

[21]《汉书》卷六八《霍光金日磾传》，2967页。

[22] 参见李鸿宾《唐贺拔亮家族汉化取径之研究——〈唐贺拔亮墓志〉诸问题》，《唐研究》第17卷，北京：北京大学出版社，2011年，455—480页。

官员行列[23]，其中虞弘先人充任的“领民酋长”则属于北魏拓跋氏联络依附自身的其他部族或部落首领一种特殊的职任[24]，虞弘家族的仕职，明确地将他们与北魏连接起来，不失为我们理解康罗家族“举国内附”的一个参照。而魏孝文帝迁都洛阳一向是拓跋人汉化的典型表征[25]，按此推测，康罗一家的文化转型也应当被裹挟在这股趋势当中。然而由于墓志所在的墓葬发掘情形全无踪迹，我们无从对该家族文化转轨甚至族性转移做出更具体的揭示，在此情况下，列举类似的其他事例不乏成为理解这个家族的参照，其中北周的安伽和隋朝的虞弘两方墓志是我们选中的两个极好的案例，似乎能够弥补康婆家族（文化的转变）与入华粟特人早期情形衔接的中间缺环。

这两方墓志的重要与其说是墓志铭本身，不如说是墓葬所揭示的粟特人文化转轨中间存在的本土文化与汉地文化的相互渗合的特性。根据考古发掘报告提供的信息，安伽墓葬最具典型性的围屏石刻图案艺术，其内容涉及的人物造型、衣饰服装、宗教祭司活动、生活场景展现等各方面无不浸透着中亚粟特人的鲜明特性[26]；虞弘墓中石椁雕绘的人物同样有深目高鼻的粟特人形状[27]，画面揭示出的迎送往来、宴饮歌舞、骑马射箭、动物造型等，亦很鲜明地展示出了西域和中（内）亚的要素[28]。与此对应的是，两方墓志铭文的内容涉及西域粟特或当地人的写照，也充斥着墓志本身，安伽仕职同州萨保即为明证；虞弘墓志更加清晰地描述了祖孙三代仕任北朝诸代的履历，从西域到北方，再步入中原[29]。这些文字表述和画面中西域本土文化的彰显，在进入汉地之后面临中原主流文化包裹的气氛下，无疑表明这些外族人交织在两种（甚至多种）迥异文化网络内的颉颃性挣扎：作为西域腹地的民族，其文化与生活习俗的保持，原本是他们安身立命的基础，然而一旦进入与他们迥然有别的汉地社会里，且这种社会又成为支配他们活动的不可分离的场景，他们就不得不面对和因应文化差异带来的“麻烦”[30]。重要

[23] 参见张庆捷《〈虞弘墓志〉中的几个问题》，《文物》2001 年第 1 期；《虞弘墓志考释》，《唐研究》第 7 卷，北京：北京大学出版社，2001 年，145－176 页。

[24] 参见周一良《领民酋长与六州都督》，原载于《历史语言研究所集刊》第 20 本，此据氏著《魏晋南北朝史论集》，北京：北京大学出版社，1997 年，190－214 页。

[25]参见 Albert Dien（丁爱博），“Elite Lineages and the T'o-pa Accommodation: A Study of the Edict of 495”, *Journal of the Economic and Social History of the Orient*, No. 19-1, 1976, pp. 61-88；孙同勋《拓跋氏的汉化及其他：北魏史论文集》，台北板桥：稻乡出版社，2005 年，49－153 页。

[26] 参见陕西省考古研究所《西安发现的北周安伽墓》，《文物》2001 年第 1 期；荣新江《北朝隋唐粟特聚集的内部形态》，111－168 页。

[27] 关于虞弘的族属，学者有争议，多数人认为它是粟特，也有稽胡、柔然的推测，参见林梅村《稽胡史迹考——太原新出隋虞弘墓志的几个问题》，《中国史研究》2002 年第 1 期；余太山《鱼国渊源臆说》，《史林》2002 年第 3 期；罗丰《一件关于柔然民族的主要史料——隋〈虞弘墓志〉考》，《文物》2002 年第 6 期。

[28] 山西省考古研究所等《太原隋代虞弘墓清理简报》，《文物》2001 年第 1 期；张庆捷《虞弘墓志考释》，145－176 页。

[29] 安伽、虞弘墓志铭的最初录文见陕西省考古研究所《西安发现的北周安伽墓》，《文物》2001 年第 1 期；张庆捷《〈虞弘墓志〉中的几个问题》，《文物》2001 年第 1 期；《虞弘墓志考释》，145－176 页。

[30] 这种处在从西域本土到汉地之间文化过渡性的转变，常常被学者解释作“汉化”（趋势），安伽墓葬“汉化”的表述可参阅韩伟《北周安伽墓围屏石榻之相关问题浅见》，《文物》2001 年第 1 期；西人的论述可参考〔美〕韩森（Valerie Hansen）《〈丝路新史〉序》，王锦萍译，单国钺主编《当代西方汉学研究集萃 • 中古史卷》，上海：上海古籍出版社，2012 年，171－172 页。

的是，康婆和其他两方墓志铭传递给我们的信息是，这些家族均是通过北方诸如拓跋、柔然这些非汉人的政治势力的南向发展而进入汉地社会的，这应当是西域粟特与内亚草原游牧势力结成密切关系的展现，又通过内亚势力与中原的农耕社会得以关联起来[31]。这种趋势，无疑是东汉王朝解体之后，至少中原王朝控制力丧失后周边非农耕势力崛起并向中原挺进潮流中的一股趋势。

在这种趋势中，族性与文化的变迁常常与政治体的衍化结合在一起，即不同的族群和部落，在各种势力兴衰的角逐中，某些族群和部落可能受利益支配彼此结合，也因此而拆散，通过同一的政治目标而将不同的族群、部落抟成一体，如同陈寅恪阐释的“关陇集团”那样[32]。现在看来，“关陇集团”给我们新的启发就在于，通过有明确政治目标的集团的建立，宇文泰试图消泯来自不同地区和不同族群之间产生的差异，从而构建一种与此目标相适应的政治文化，进而统合其属下的各类人群，追寻共同的强国目标而达成一致，以图抗衡东魏，统一北部中国[33]。这个集团及其追寻的目标，正是全国一统性王朝解体之后周边外围非汉人势力重新集结而取向中原进程的典型写照，由此而形成的新兴的政治势力，是此一时代发展的重要特征。这些聚集起来的力量所裹挟的各个部族、族群，通过共同的目的而凝聚在一起，构成了新的族体，由此我们才能够理解为什么匈奴在东汉解体之后被分割成各支势力而进入汉人书写的不同支系[34]，说白了，这个时期至少在北方地区，所谓新出现的族群、民族这类称号，其实质就是通过政治角逐而重新洗牌并依托于政治体发展而凝结的群体[35]。康婆家族前后的发展与演变，就是这种政治进程的一个缩影。正因为如此，我们从墓志铭所看到的主旨精神，就是通过康罗投附北魏进入朝廷系统的官职而导致其家族随后的走向，与跟随宇文泰步入西魏不同的则是，这个家族到了康罗之子康陁则随高欢进入到了东魏，而后者恰恰是北魏分裂之后多数人的选择。如同我以前讨论的贺拔亮案例一样，康婆家族在北朝的发展，同样是以任官仕职的方式而进入北魏、东魏、北齐和隋唐的主流趋势中，这进一步证明他们的文化与族性的转变，同样是由政治性要素支配和决定的。

---

[31] 笔者在《唐贺拔亮家族汉化取径之研究——〈唐贺拔亮墓志〉诸问题》一文里讨论了源自高车的该家族如何进入拓跋并拓跋化的，又如何随拓跋南下而汉化的路径，指出这个家族文化与族性的转型主要依托于通过任职所展现的政治依附这种渠道实现的。这应当是我们了解北方民族文化转轨的一个有效的途径。

[32] 陈寅恪《唐代政治史述论稿》，上海：上海古籍出版社，1982年，15页。

[33] 陈寅恪提出“关陇集团”的概念后，有学者续有申述，其中吕春盛的《关陇集团的权力结构演变——西魏北周政治史研究》（板桥：稻乡出版社，2002年）一书，就西魏北周依托这个政治集团而呈现的衍化直至取代北齐的过程做了详细的考察，可视为此一领域的代表性作品。

[34] 笔者的这个想法是说，东汉解体之后，北方地区伴随着诸族的介入而出现了民族、族群等组织的重新洗牌的浪潮，这就避免不了原有族群（如匈奴等）的衰解和新族群的成立。促使他们兴衰的因素并非单一，但多受制于政治强力则是显而易见的。有关这方面的论述尚不多见，于此姑备一说。此时期有关族群政治体的衍化之研讨，多有学者涉及，近期的研究成果可参见陈勇《汉赵史论稿——匈奴屠各建国的政治史考察》（北京：商务印书馆，2009年）、陈琳国《中古北方民族史探》（北京：商务印书馆，2010年）的相关部分。

[35] 参见裴士凯（Scott Pearce）、司白乐（Audrey Spiro）、伊沛霞（Patricia Ebrey）《〈文化与权力：魏晋南北朝时期华夏世界的瓦解与重建〉序》，吴捷译，《当代西方汉学研究集萃·中古史卷》，117－151页。

三

其次是《康庭兰墓志》。

此方墓志较诸《康婆墓志》，粟特痕迹已明显消泯，志文中所谓“康氏家谍详焉，今可略而言”，在盛行家世谱牒之学的中唐时代[36]，如此简略，似可证明其家世之不显，而其粟特之源，亦非如安菩、石崇俊家族那般本国大首领显赫的身份[37]，或如康婆、何文哲等托付于西域王族的地位[38]，证实康庭兰其族一般性家庭的基本特质。至其曾祖康匿始现于志文，充任唐游骑将军、守左卫翊府中郎将；祖康宁为归德将军、行右领军卫将军；父康烦陁系云麾将军、上柱国；到康庭兰本人，亦承此“将军”传统，任职壮武将军、行右威卫翊府左郎将、上柱国。由此可知，其家族之命运与唐朝的政治相连，康庭兰家族前后辈仕任朝廷宿卫系统，是唐朝禁军招收外族成员的惯例，这方面的事例颇多[39]，如陈寅恪所说，胡人充任唐朝军职前期和后期呈分明之别，前期多以部族首领协同本部成员参与唐军，中期以后则转化为首领或部属个人性的行为了[40]。笔者认为，康庭兰家族任职禁军系统，应当属于个人参与的案例，而禁军之父子相承，也是当时的习惯现象[41]。

按康庭兰卒于开元二十八年（740），虚岁 65 岁，他应生于 676 年，即高宗上元三年和仪凤元年之间，这年的十一月改元仪凤。由此看出，康庭兰的一生经历高宗（650－683 在位）、武则天（690－704 在位）、中宗（683 年年底－684 年年初、705－710 在位）、睿宗（684、710－712 在位）和玄宗（712－756 在位）几任皇帝。假如从 20 岁以后步入宫廷禁军系统算起，应在武则天当政之后期[42]，这期间宫廷相继发生了张柬之等发动的旨在推翻武则天的复唐政变，中宗即位后随之出现了韦皇后干政导致的另一次宫廷政变，以及武则天之女太平公

［36］参见毛汉光《中古家族之变动》《敦煌唐代氏族谱残卷之商榷》，此据氏著《中国中古社会史论》，上海：上海书店出版社，2002 年，54－69、426－445 页。

［37］参见拙文《安菩墓志铭再考——一个胡人家族入居内地的案例分析》，《唐史论丛》第 12 辑，西安：三秦出版社，2010 年，160－181 页。《唐故张掖郡石（崇俊）府君墓志铭》，《唐代墓志汇编》下册，1892－1893 页。本方墓志其他收录者，参见《新版唐代墓志所在综合目录（增订版）》，番号 4429，191－192 页。

［38］参见魏光《何文哲墓志考略》，《西北史地》1984 年第 3 期；卢兆荫《何文哲墓志考释——兼谈隋唐时期在中国的中亚何国人》，《考古》1986 年第 9 期。

［39］如《旧唐书》卷八《玄宗纪上》开元十年（722）闰五月，“敕诸番充质宿卫子弟，并放还国”（北京：中华书局，1975 年，183 页）。参阅章群《唐代蕃将研究》，台北：联经出版事业公司，1986 年，97－102 页；拙文《论唐代宫廷内外的胡人侍卫——从何文哲墓志谈起》，《中央民族大学学报》1996 年第 6 期。

［40］陈寅恪《唐代之蕃将与府兵》，氏著《金明馆丛稿初编》，上海：上海古籍出版社，1980 年，246－276 页。

［41］参见张国刚《唐代禁卫军考略》，《南开学报》1999 年第 6 期；陈志学《试论唐代武官的入仕途径》，《中华文化论坛》2002 年第 3 期。

［42］唐青年进入禁军的年龄似无规定，新近发现的回鹘葛啜王子墓志，讲述他于贞元十年（794）“五月来朝，秩班禁卫（应属质子宿卫之列）”，第二年去世时年仅 20 岁，根据墓志记载的惯例，这 20 岁也是虚岁，所以他进入禁军，实际上只有 18 岁。墓志的录文见罗新《〈葛啜墓志〉研究专栏 • 编者按》，《唐研究》第 19 卷，423－424 页。

主与睿宗三子李隆基之间的权力斗争，然后才进入玄宗稳定政局的所谓“开元盛世”[43]。这些涉及朝廷高级官员的内斗，作为一名没有根基的基层禁军成员，康庭兰所能做的，就是直接听从他的顶头上司的指挥，如果他所在的禁军卷入了这些宫廷政变的话。从何文哲的墓志提供的信息看，墓志将他作为禁军成员参与的每一项包括宫廷斗争在内的政治活动所做出的贡献均一一罗列，他因此而获递次的晋升[44]；而他之前随唐军征讨突厥降部复叛的契苾嵩之兄，墓志也有“凶奴（此处指突厥）大下，公兄频胜，短兵相接，为虏所擒，荒外身亡，骸留不返”的生动记载[45]；同为粟特人的康磨伽，参与唐军征讨突厥骨笃禄的叛乱，同样有“以公为检校果毅，言从薄伐……一举而扫龙庭，再战而清翰海。军回，授游击将军、上柱国”的细致描写[46]。与此对照，康庭兰在任职中的表现则是“出身入仕，移孝成忠；或执锐蹈坚，或争锋绝漠；克谋而宦达，守道而名扬；宿卫阙庭，多历年所；罕闻他吝，用选尔劳”[47]，这句缺少具体内容的虚幻之语，与上述墓志具体生动的描写形成对照的因由，只能由墓主参与活动的缺少所能解释。我们再看这句话中下属层次包含的内容，第一个层次“出身入仕，移孝成忠”彰显的是他对朝廷的忠诚；“或执锐蹈坚，或争锋绝漠”算是对忠诚态度的描写，尽管如此，这两个句子也很空疏，大致上可以看到的情景是他作为禁军成员参与活动的两个方面，前者涉及的是宿卫，后者蕴示了他曾参与唐军深入草原的征战；“克谋而宦达，守道而名扬”又是一句不明确内涵的有关他的谋略和品行端正的赞誉；“宿卫阙庭，多历年所”算是他宿卫宫廷的长年写照，但也没有具体内容做依托；“罕闻他吝，用选尔劳”同样是对他品性的抽象赞美。如此看，康庭兰一生在唐朝宫廷禁军服役的主要活动首先是执勤宿卫，其次是参与北征大漠，而这两句的描述都缺少具体内容，使我们无从了解他活动的细情而只能获得模糊不清的大致印象。即使从“宿卫阙庭，多历年所”再度考索，也看不出他发挥了什么样的作用，作为彰显其功效的墓志，此处采用的这八个字应当就是对康的最大功绩的表述，但若与何文哲等记述的细致入微相比则不可同日而语，由此我们有理由认为，虽历经宫廷政争的频繁，康庭兰所获并非显著的“功勋”表明，他参与和发挥的作用十分有限，其缘故就在于他的职位不显。

至于他参与的“争锋绝漠”，“绝漠”的方向应当是北方的草原和沙碛地带。《资治通鉴》在描述突厥降众阿史那伏念、阿史德温傅起兵反唐，唐廷调派裴行俭率军镇压之时，他遣派属下阿迦密等袭击对方之中选择“通漠道”[48]，此道就是进入康磨伽墓志所谓的“大漠”之道[49]。这一地带最重要的势力首推680年前后兴起的后突厥政权，它与武则天当政的周朝乃至随后的

[43] 参见黄永年《六至九世纪中国政治史》，上海：上海书店出版社，2004年，196—220页。

[44] 参见拙文《何文哲墓志铭再考——兼论粟特人汉化问题》，拙著《唐朝的北方边地与民族》，银川：宁夏人民出版社，2011年，305—368页。

[45] 参见《契苾嵩墓志》，吴钢主编《全唐文补遗》第6辑，西安：三秦出版社，1999年，413—414页。

[46]《康磨伽墓志》，《唐代墓志汇编》上册，694—695页。参见《康留买墓志》，《唐代墓志汇编》上册，694页。

[47]《唐代墓志汇编》将此句之间全部逗号。细查原文，这句中间应由不同的层次构成，笔者采用分号标明。

[48]《资治通鉴》卷二〇二唐高宗开耀元年（681）闰七月条，北京：中华书局，1956年，6403—6404页。

[49]《康磨伽墓志》，《唐代墓志汇编》上册，694—695页。

唐廷一直处于对抗的状态中[50]，这期间发生的唐军向北征战的事例如表 2 所示：

表 2

时间/年	主要事迹	史料来源
调露元年（679）	十月，突厥阿史德温傅及奉职二部反叛，唐廷遣单于大都护长史萧嗣业等讨之，失败。十一月，裴行俭为定襄道大总管率军 30 万征讨。二年三月，裴行俭擒其首领奉职	《旧唐书》卷五《高宗纪下》，105－106 页
永隆二年（681）	正月，裴行俭率军讨突厥温傅部落。闰七月，破阿史那伏念部众，伏念执温傅来降，裴行俭平定突厥	同上，107－108 页
永淳元年（682）	四月，裴行俭为金牙道行军大总管征讨突厥阿史那车薄，未行而卒。安西副都护王方翼破车薄等，西域平	同上，109 页
永淳二年（683）	四月，绥州部落稽白铁余据成平县反，唐命将军程务挺征讨。十一月，程务挺为单于道安抚大使，招讨突厥元珍、骨笃禄、贺鲁等	同上，111 页
文明元年（684）	七月，突厥骨笃禄、元珍进攻朔州，左威卫大将军程务挺抗拒	《旧唐书》卷六《则天皇后纪》，116 页
圣历元年（698）	五月，突厥默啜请和亲；七月，武则天令武延秀至突厥纳其女为妃。八月，默啜以武延秀非唐室诸王，率众进攻唐妫、檀等州，朝廷令高平王武重规、右武威卫大将军沙吒忠义、右羽林卫大将军李多祚等抗击。默啜攻陷定、赵等州而去	同上，127 页
大足元年（701）	五月，朝廷命左肃政御史大夫魏元忠为总管以备突厥	同上，130 页
神龙二年（706）	十二月，默啜进攻灵州，唐灵武军大总管沙吒忠义逆击，失败。突厥进攻原、会等州，抢掠而去	《旧唐书》卷 7《中宗纪》，143 页
神龙三年（707）	唐左屯卫大将军张仁亶（愿）为朔方道大总管，以备突厥。景龙二年（708）三月，筑受降城	同上，144、146 页
开元二年（714）	二月，默啜遣其子同俄特勤进攻北庭都护府，唐右骁卫将军郭虔瓘击败之	《旧唐书》卷 8《玄宗纪上》，172 页
开元四年（716）	六月，默啜为九姓拔曳固所杀，斩其首送于京师。回纥、同罗、勃曳固、仆固五部落来附，唐于大武军北安置	同上，176 页
开元八年（720）	九月，突厥欲谷进攻甘、凉等州，唐以御史大夫王晙等防御	同上，181 页

表 2 罗列的件事中，前五件事均属于突厥复辟建国的举措，此时康庭兰尚不足 20 岁，似应与墓志所载他“绝漠”的活动无关，除第六件事外，其他几件事涉及的均是以地方节度使为首抗御突厥的活动，并非出自禁军系统，与康庭兰所在的部队似乎没有什么关联。最有可能的第六件事即圣历元年（698）（康时年 22 岁）武延秀纳突厥默啜之女为妃引致的双方冲突，也多发

[50] 笔者之推测康庭兰参与的军事活动指突厥而非如契丹等，是因为这段期间发生的唐与契丹的军事冲突都有明确的地理位置指向。如开元二十年（732）三月，唐信安王李祎与幽州长史赵含章率军与叛乱的契丹交锋，“大破奚、契丹于幽州之北山”；次年三月，唐幽州道副总管郭英杰等攻讨契丹，“为所败于都山之下，英杰死之”；二十二年（734）十二月，唐幽州长史张守珪发兵攻击契丹，斩其王屈烈等，“余叛奚皆散走山谷”；二十五年（737）二月，张守珪“破契丹余众于榛禄山”（《旧唐书》卷八《玄宗纪上》，197、199、202 页；卷九《玄宗纪下》，208 页）。这几段记载唐军的活动都有具体而明确的位置如“北山”“都山”“榛禄山”等，特别是“山谷”一词与“绝漠”的泛泛所指毫不相关。

生于唐之妫、檀甚至更南部的定、赵等州，与所谓的“绝漠”相去甚远。如此看，墓志所载康庭兰追随禁军出征“绝漠”的行为，也不能算是具体的军事功绩，应属泛泛之论。

然而就在这种居无定处的泛论基础上，刻画的中心内容就是墓主对朝廷的一片忠诚。具体到两个层次，一是他的形迹，表述是“出身入仕，移孝成忠；或执锐蹈坚，或争锋绝漠；克谋而宦达，守道而名扬；宿卫阙庭，多历年所；罕闻他吝，用选尔劳”；二是他性格的总括，表现在“行惟乐善，性实谦冲；虽忝戎班，而雅重文艺；闺门邕睦，容范可观；六籍播于□田，百氏包于辩囿。暨乎晚岁，耽思禅宗，勇施罄于珍财，慧解穷于法要”。这种“忠诚”构成了墓志所要表达的全部宗旨，而墓志的价值也恰恰就在这里。此话怎讲？

除了表述需要的程式之外，这两段的记载也在很大程度上透露出康庭兰活动踪迹的真实内容。作为禁军的成员，对朝廷和皇帝的倾心拥护应当毫无疑问，这是诸多粟特人入仕的条件，除了康庭兰祖孙三代均出于禁军的记载外，类似的现象还有不少[51]。按上文陈寅恪的研究，胡人蕃将受到朝廷重视的因由，除了擅长骑射这类自身的条件之外，更重要的是使其技能得以充分展现的社会组织之构成，即“胡人小单位部落中，其酋长即父兄，任将领。其部众即子弟，任兵卒。即本为血胤之结合，故情谊想通，利害与共”[52]。由此而形成的胡人善战之技能，往往是汉人所缺少者，这应是他们步入禁军的技术优势。正如人们看到的那样，唐宫廷禁军征募胡人勇武者应受系于王朝建国兼容的南北传统[53]，但若将视野再稍稍打开，就会发现，至少汉代就有此类现象的存在了。《汉书·地理志》说：“汉兴，六郡良家子选给羽林、期门，以材力为官，名将多出焉。”这六郡，按照刘师古的说法就是陇西、天水、安定、北地、上郡和西河[54]。属于汉初尚武风气浓厚的“关西出将”之处，显然，西汉宫廷禁卫军征召青壮才俊，主要是看中了这里“迫近羌胡，民俗修习战备，高上勇力鞍马骑射”的技艺之长[55]。

与这些“良家子”不同的是，康庭兰三代入仕禁军，表明唐廷对外籍族属成员的兼纳[56]。这种兼纳的条件就是他们的忠诚。这也正是他们三代在墓志表述中的核心内容。然而这是他们生前真实生活的写照吗？考虑到墓志撰写的选择性，特别是像同属粟特族裔的何弘敬那类墓志铭充斥的大肆赞美与文献表述迥然有别恰成对照的事例[57]，我们不能不考虑墓志书写褒

[51] 参见《资治通鉴》卷二三二唐德宗贞元三年（787）七月条，7492—7493页。

[52] 陈寅恪《论唐代之蕃将与府兵》，《金明馆丛稿初编》，269页。

[53] 参见毕波《中古中国的粟特胡人》，北京：中国人民大学出版社，2011年，81—138页。

[54] 《汉书》卷二八下《地理志八下》，1644页。

[55] 参见《汉书》卷六九《赵充国辛庆忌传》传末“赞曰”，第2998页。吸收异族人进入侍卫系统的案例，可参阅康乐《从西郊到南郊——国家祭典与北魏政治》，板桥：稻乡出版社，1995年，101页。

[56] 康庭兰的曾祖康匿守左卫翊府中郎将、祖康宁行右领军卫将军，他本人行右威卫翊府左郎将，均属宫廷禁军十六卫系统。禁军于开元年间已完成了制度化，康庭兰出仕的情形应当于此背景考虑。又其入仕途径，抑或属于门荫之列，笔者在这里不做展开。关于禁军制度化问题，参阅蒙曼《唐代前期北衙禁军制度研究》，北京：中央民族大学出版社，2005年，187—194页；康庭兰入仕的归类研究，可参考毕波《中古中国的粟特胡人》，139—144页。

[57] 参见《唐故魏博节度开府仪同三司检校太尉兼中书令魏州大都督府长史充魏博观察处置等使上柱国楚国公食邑三千户食实封一百户赠太师庐江何公（弘敬）墓志》，《全唐文补遗》第5辑，40页；《新唐书》卷二一〇《藩镇魏博·何弘敬传》，北京：中华书局，1975年，5937页。

扬式的那种套路从中所产生的支配性作用。这个作用直接来自于墓志的策划者和书写者，虽然我们不清楚具体由哪些人策划、书写，但官方成员去世后墓志撰写的朝廷掌控的规则，使我们相信，无论是哪个具体的人员策划，这套程式都是不变的。易言之，本方墓志书写的体例特别是其内容，是在官方的程式中展开的。它的意义就在于：书写朝廷官员一生事迹的权力与其说在逝者的家人之手，不如说是通过他们体现出朝廷和官方的评定。而官方之所以具备这种能力，显然是朝廷力量达到了足以控制所属成员的地步。正如学者指出的那样，就史学撰修而论，倘若魏晋南北朝呈现出私人修史之盛以及书写体裁和内容多样化的话，那么隋唐则开启了一个私人修史多样化的衰弱而国家权力渗透到史籍掌控的新时代[58]。墓志铭的撰写正是皇权掌控的一个部分，因此笔者认为，康庭兰墓志内容的形成，体现的是唐廷或受官方认可的精神[59]。

四

再次是《曹闰国墓志》。

曹闰国墓志刻画了粟特人的另一种类型。我们感兴趣的内容是："含州河曲人也……□启钜鏕，分枝周后，少小游侠……公行旅边蓟，幼闲戎律，于天宝载，遇〔安〕禄山作孽，〔史〕思明袭祸，公陷从其中，厄于锋刃，拔擢高用，为署公云麾将军、守左金吾卫大将军，俛仰随代。夫天不长恶，二凶殄丧，皇威再曜，公归顺本朝，不削官品，改授公试光禄卿，发留河北成德节下，效其忠剋，守镇恒岳。次于大历十□春，公再属承嗣起乱中原，倾覆河朔。公有子房之策，蔡易之勇，委公马军都虞候，百战决胜，将兵千人，从略显能，左辅王国。"

这段不算短的叙述几乎构成了墓志的全部内容。其线索是：曹闰国来自六胡州，后至河北，参与安史叛乱，然后反正，协助朝廷镇压田承嗣叛乱。展示的核心还是如同上文康庭兰家族的忠诚态度。

曹闰国的含州就是人们熟知的六胡州之一。《元和郡县图志》记云："初，调露元年（679）于灵州南界置鲁、丽、含、塞、依、契等六州，以处突厥降户，时人谓之'六胡州'。"[60]虽然其具体的今地尚不明确[61]，曹闰国的籍贯或出生地含州显然就是六胡州的一个，尤其是墓

---

［58］胡宝国《汉唐间史学的发展》，北京：商务印书馆，2003年，230—239页。

［59］关于包括正史在内的文献记述，目前学术界年青一代学者中出现了一股将其视作仅仅是出于某种目的的人为性构建的讨论，并有不算少的作品问世。这个取向较早的表现应当是王明珂所撰的《华夏边缘：历史记忆与族群认同》（北京：社会科学文献出版社，2006年）等几部作品，且在同行中获得了不俗的反响。其创立的根基则是人类学的方法论。就中古史领域而言，大陆学界也有新锐作品问世，如徐冲的《中古时代的历史书写与皇帝权力起源》（上海：上海古籍出版社，2012年）一书可谓代表作之一；日人佐川英治的《东魏北齐革命与〈魏书〉的编纂》（刘啸译，陈锋、张建民主编《中国古代社会经济史论——黄惠贤先生八十华诞纪念论文集》，武汉：湖北人民出版社，2010年，426—448页）也浸透着撰述被操控的想法。

［60］《元和郡县图志》卷四《关内道四·新宥州》，贺次君点校，北京：中华书局，1983年，106页。

［61］有关六胡州今地的对应性考证，可参阅王北辰《唐代河曲的"六胡州"》，《内蒙古社会科学》1992年第5期；艾冲《唐代河曲粟特人"六胡州"治城的探索》，《民族研究》2005年第6期；王乃昂等《六胡州古城址的发现及其环境意义》，《中国历史地理论丛》2006年第3期。

志将含州置于河曲之内[62]，应属确定无疑。那么，曹闰国应当就是隶属六胡州的粟特人了。按曹出生于开元十七年（729），如果是他这一代迁徙到河北，那么只能是在开元十七年以后。按陈寅恪曾说中亚胡人至河北大致有三个时期，即隋末丧乱之迁徙、突厥破灭之迁徙和东突厥复兴导致的迁徙，是为远中近三因[63]。按此理解，曹闰国的东行若与此有瓜葛，只能是东突厥复兴引起的近因，或者另有原因。再看志文。

其中“□启巨鏕，分枝周后，少小游侠，英雄宇内”一句，似乎表明曹闰国先到巨鹿这个地方。《旧唐书·地理志》邢州：“天宝元年（742），改为巨鹿郡。乾元元年（758），复为邢州。”其辖属巨鹿县的沿革是：“隋于汉南䜌故城巨鹿县。武德元年（618），置起州并白起县。四年，废起州，巨鹿属赵州。仍省白起，并入巨鹿。贞观元年（627），属邢州。”[64]巨鹿最早以秦郡而出现，范围涉及今河北中部，至唐朝则限于邢州治内。曹闰国墓志所指的巨鹿，应当与此有关，则其步入河北，即定居此地。那么，他何时进入、又因何故进入巨鹿呢？

我们若将墓志所述从含州迁往巨鹿的行为视作志主曹闰国本人的话[65]，那么这个迁徙只能是曹闰国出生即开元十七年之后的某个时代。这个时期六胡州发生的变化能够被记载下来的首先是开元二十六年唐廷于六胡州故地设置新宥州的事件，其目的旨在安置此前即开元十年六胡州发生大规模的叛乱而将他们迁往河南、江淮地区之后，又重新将他们迁回原地的那拨人[66]；“后为宁朔郡，领县三：怀德，延恩，归仁”[67]，改州为郡是在天宝元年（742）。其次是天宝中，宥州宁朔郡侨治经略军城。其三则是代宗宝应以后，其建置遂废，此后由他族串入[68]。不过这次事项与曹闰国的东迁无关，可不计入。粗算起来，与之有关的两项事件，当以开元二十六年唐廷回迁南部粟特人一事为要，但也不排除天宝元年侨治经略军引发的曹闰国家族之迁徙。就前一事而言，若引发该家族迁离其地，应属非单体个性行为；后一事即治所转迁涉及的民户调离，也有可能是小规模的活动。总之，作为出生普通民户的曹闰国家族[69]，其转迁河北巨鹿一事，并不在陈寅恪所归纳的三个时期之内，当属于开元中后期粟特人小股规模脱离六胡州的一次事件，倘若归类，可能如同森部豊归纳的安史乱前的迁

[62] 河曲之地在唐代文献中有不止一处的记载，此处仅指河套黄河南界地段，也就是六胡州所在的范围，时又有“河南地”之称。参阅以上王北辰《唐代河曲的“六胡州”》、艾冲《唐代河曲粟特人“六胡州”治城的探索》等文。

[63] 陈寅恪《唐代政治史述论稿》，44—45页。

[64]《旧唐书》卷三九《地理志二》，1499、1500页。

[65] 曹闰国自含州迁徙至巨鹿，也有可能是他的上一辈或更早的先人完成的，曹本人只是跟从家族迁徙罢了。但从墓志前后文判断，笔者认为是他本人的行为似乎更合适一些。

[66] 关于康待宾事件，参见袁澍《康待宾起义初探》，《宁夏大学学报》1984年第1期；周伟洲《唐代六胡州与“康待宾之乱”》，《民族研究》1988年第3期；李鸿宾《唐朝朔方军研究——兼论唐廷与西北诸族的关系及其演变》，长春：吉林人民出版社，2000年，107—115页。

[67]《元和郡县图志》卷四《关内道四·新宥州》，106页。

[68]《元和郡县图志》卷四《关内道四·新宥州》，106页。

[69] 六胡州的民族多为平民百姓，胡人上层已被朝廷安置在长安城，安菩墓志铭的记载是这方面的一个例证。见拙稿《安菩墓志铭再考——一个胡人家族入居内地的案例分析》，《唐史论丛》第12辑，160—181页。

转[70]。而类似的或以个人为主脱离六胡州的现象时有发生[71]。

曹闰国从六胡州迁至河北事件的意义还在于，他所代表的粟特人脱离六胡州的现象是否足以说明他们尚未成为唐朝完整意义上的“编户齐民”？如果作为政府控制下负有纳税服役职责的百姓，脱离田地的结果不可想象，尤其是在均田制的约束下，土地作为农人的生存之本，脱离土地意味着他们要承担不可能承受的风险。虽然敦煌吐鲁番有关民户、土地制度的文书反映着他们离弃土地的现象，但不得不说这种离弃多半是农人的被迫性举措而非主动性离弃。另一个值得考虑的因素是，均田制的破坏使得农人弃离乡里的现象变得频繁，如同其他地区那样。但作为与朝廷始终若即若离的六胡州，脱离本地外出他乡现象的更具有说服力的解释，似乎还是因羁縻制度的松弛导致原本就在长安直接控属之外的特殊地位引生的内在疏离性，这可能是该地未能步入正州正县的因缘。但相反的事例也同时存在。那就是开元十年（722）平定康待宾的叛乱后，唐廷将六胡州五万余口人众迁往河南和江淮之地，如果他们不是处在政府“编户齐民”的系统下，或者还保留游牧习性的状态，那怎么能够解释将他们放置在传统农耕地区而从事与他们游牧生计迥然有别的耕作呢[72]？看起来，这些六胡州百姓，至少已经从事或熟悉了农业生产，唐朝才有可能将他们安置在汉地生活，但不可否认的则是，该地脱离政府控制的倾向随着突厥复兴之后南北角逐较量和其他势力崛起而外迁的现象更加频繁，足以证明六胡州的非确定特性。我想，此地民众外出频繁，正是处在这样的背景之下。因此，笔者将曹闰国迁徙河北之事，视作唐廷羁縻府州的松弛管束与企图将其纳入到“编户齐民”直接控制的一种博弈行为[73]。

曹闰国墓志最值得“炫耀”的事迹，就是他先参与安史之乱，后又反正，并协助朝廷平定魏博田承嗣叛乱。“少小游侠”一句，道出了他早年居无定所的实情，再次证实他出自粟特下层家族的信息。正因为如此，才有“行旅边蓟，幼闲戎律”的行为，这也为他参与安史反政府叛乱提供了条件。“陷从其中”显然出自回护之意图。从他的经历和游侠的特性，尤其六胡州与朝廷疏离的关系，曹闰国参与安史叛乱并非承受道义上的压力，相反，叛军寻求六胡州民众的支持于史有征[74]，他与叛乱首领同族且处于六胡州之内，其民众参与叛乱，并非惊人之举[75]。

---

[70] 森部豊撰，温晋根译《唐后期至五代的粟特武人》，《粟特人在中国：历史、考古、语言的新探索》，北京：中华书局，2005 年，232 页。

[71] Edwin G. Pulleyblank, “A Sogdian Colony in Inner Mongolia”, *Essays on Tang and Pre-Tang China*, Burlington: Ashgate Publishing Company, 2001, pp. 318-356.

[72] 将六胡州视作朝廷控制下百姓的论述，可参阅周伟洲《唐代六胡州与“康待宾之乱”》，《民族研究》1988 年第 3 期。

[73] 有关唐朝政府对北部蕃族控制措施的变迁及其差异的较系统性的研究，可参看苏航的博士论文《唐代北方内附蕃部研究》，北京大学，2006 年。

[74]《资治通鉴》卷二一八唐肃宗至德元载（756 年）七月、九月条，6986、6997 页。

[75] 安史叛军依托的核心骨干力量中，粟特和其他外族即所谓胡人至少是其重要组成之一。就是在叛军首领史朝义走投无路的情况下，忠心跟从他的也多是胡人，可证胡人与叛军密切的联系。参见《资治通鉴》卷二二二唐代宗广德元年（763）正月条，7139 页。有关安史叛军族属构成的讨论，参阅崔明德《试论安史乱军中的民族构成及其民族关系》，《中国边疆史地研究》2001 年第 3 期。

曹闰国参与安史叛乱就是这种形势下的产物。墓志“拔擢高用，为署公云麾将军、守左金吾卫大将军”一句，道出了他参与叛乱并受到重用的情景。墓志对此事虽不讳言，但却以“陷从其中，厄于锋刃”的笔调凸显了他参与的“被迫性”，这显然又是刻意的回护。尽管如此，曹闰国参与叛乱的事情仍旧被呈现出来，这与墓志铭对主人恶行的回避并非完全一致。墓志之所以保留这样的记载，应当是墓主生前的重要活动，采用回避的方式并非奏效，问题的关键在于墓主最终向朝廷的投附，并英勇地参与了镇压魏博田承嗣的叛乱。

在这两件事中，曹闰国的“归顺本朝”，正是代宗朝廷与安史旧部彼此争衡不已而以妥协告结的产物。代宗在即位的诏敕中申明：“逆贼史朝义已下，有能投降及率众归附者，当超于封赏。”[76]这个诏令旨在分化并瓦解叛军，不久以后史朝义就陷入被动，最终失败，跟随他叛乱的薛嵩、李宝臣、田承嗣、李怀仙等分别转投朝廷，就任相卫、成德、魏博、幽州卢龙节度使，“朝廷亦厌苦兵革，苟冀无事，因而授之”[77]。曹闰国的“不削官品，改授公试光禄卿，发留河北成德节下，效其忠剋，守镇恒岳”就是代宗妥协宽宥成德镇的结果，他被安置在成德李宝臣属下。按《旧唐书·李宝臣传》记云：“〔李〕宝臣以七州自给，军用殷积，招集亡命之徒，缮阅兵仗，与薛嵩、田承嗣、李正己、梁崇义等连结姻娅，互为表里，意在以土地传付子孙，不禀朝旨，自补官吏，不输王赋。”[78]这段记载代表了传世文献的基本观点，此卷的“史臣曰”对他的描述是：“〔李〕宝臣附丽安、史，流毒中原，终窃土疆，为国蟊贼。”[79]就是这么一个对朝廷造成危害的叛乱首领，在曹闰国的墓志里全无踪迹。墓志声称他跟随成德，实为处在与朝廷对抗的地位，这些有损朝廷名声的行为并没有被刻意隐晦，那么我们就只能理解曹闰国归属成德李宝臣的举措，就在于李投降朝廷或被招安一举，这个行为对于遭受多年磨难的唐廷而言也算是理想的结局，安史旧部随其主帅受到褒奖，顺理成章地获得了朝廷的认可，这就是曹闰国墓志记载他归属成德的意义。在此种情境下，曹闰国的归属成德，也就意味着“归属”朝廷，或至少被朝廷所认可。易言之，跟随安史叛乱的大小将领及其下属军士，他们所作的脱离叛军回归朝廷的行为是朝廷鼓励和表彰的重心所在，墓志对曹闰国回归的描述正是那个特定时期朝廷彰显的映现。

最能彰显他“忠诚”朝廷的事件，当属他参与征讨魏博田承嗣的行动。墓志接着说他“于大历十□春，公再属承嗣起乱中原，倾覆河朔。公有子房之策，蔡易之勇，委公马军都虞侯，百战决胜，将兵千人，从略显能，左辅王国”。此事之主因是大历八年（773）相卫节度使薛嵩卒后，其继承人问题引起争议，十年，薛嵩之弟薛崿归朝，田承嗣煽动相州将吏谋乱，并抗衡朝廷指令，发兵攻击洺、卫等州，代宗下令成德节度使李宝臣等进击田承嗣[80]。李宝臣原本就因与田承嗣联姻产生矛盾而怨恨，便乘机与缁青李正己、幽州朱滔等军南北夹攻，形势对田

[76] 宋敏求编，洪丕谟等点校《唐大诏令集》卷二《帝王·即位赦上·代宗即位赦》，上海：学林出版社，1992年，8页。

[77]《资治通鉴》卷二二二唐代宗广德元年（763）闰正月癸亥条，7141页。

[78]《旧唐书》卷一四三《李宝臣传》，3866页。

[79]《旧唐书》卷一四三《李宝臣传》，3892页。

[80]《旧唐书》卷一四一《田承嗣传》，3838－3849页。

承嗣不利，田遂采取离间计，先瓦解了李正己的南面进攻，又诱惑李宝臣与朱滔交恶，最终破坏了这次进攻[81]。传世文献记载，李宝臣参与征讨田承嗣的活动并未真正展开，《旧唐书·李宝臣传》明确地以“惭怒而退”告结。身为李宝臣马军都虞侯的曹闰国，即使墓志将他比附汉代张良那样运筹帷幄于千里之外，也只能是“将兵千人，从略显能，左辅王国”，并没有发挥真正的能力。墓志模糊的表述遮盖了李宝臣脱离朝廷的行为，又将曹闰国的行为刻画为忠诚唐廷的举动，这是墓志倾向性选择的又一个案例，其根本原因，就是墓志撰写规则的制约。话题至此，我们对墓志铭内容的解读，就不能限于墓志自身，而是关注其背后潜藏的强势话语权的牵制。事实上，作为墓主的曹闰国，他的行为，尤其涉及个人与朝廷、家庭与政府之关联，已经被纳入到国家编修史著所形成的框架之内，表达的与其说是墓志撰写者的心愿，不如说是朝廷的旨向和国家意识形态支配下的意向。这才是曹闰国墓志撰述的宗旨。这方墓志向我们传达的是，即使参与反朝廷的“十恶”活动，只要转心归正，同样会被接纳，通过回归“正义”的行动，彰显的是朝廷的宽纳和气度，褒扬的是朝廷的合法性地位。

五

上述三方墓志在我看来，其价值就在于描述了墓志撰写者表述的“史事”而非历史本身。正如我们看待今日相关悼词表达的那样，如果存在着对悼念者的争议，那么争议人很清楚什么层面展示了真实、什么层面有所遮掩。墓志铭记述的内容，是撰写者出于各种需要的结果，而这个需要与所处的社会紧密结合，对任职的官员而言，是与他所生活的具体场景结合在一起的。易言之，墓志的描述受到墓主生活时代主流社会权力的制约和限制，因而墓志的真实，应当是观念和意向的真实，这对我们了解对那些进入汉地之后的非汉人其族属认同与文化的选择，尤应值得深思。

[81]《旧唐书·李宝臣传》，3866—3868页。

天水出土屏风式石棺床的修复及研究

李宁民
（甘肃省天水市博物馆）

2008 年“5·12”汶川大地震波及天水市，天水市博物馆藏出土屏风式石棺床受到一定程度的损害。为此，我们研究决定对其进行全面的科学保护修复。2009 年年初，我们邀请西安文物保护修复中心（现陕西省文物保护研究院，下同）科研人员对石棺床进行了详细的勘察，编制了保护修复方案，获国家文物局批准。2010－2011 年，我们与西安文保中心对这具屏风式石棺床进行了科学保护。在实施保护工程过程中，我们对该石棺床同时进行了详细的勘测记录，发现有些信息与发掘简报《天水市发现隋唐屏风石棺床墓》的记载存在一定的差异。这些新的信息引发了我们一些新的思考。

一、保护修复前病害情况

施金彩绘层脱落严重，残存的施金彩绘中朱砂颜料、贴金层与石棺床表面结合不够稳定，床体也出现了不同程度的层状、块状疏松的结构（图 1）。

图 1　保护修复前石棺床保存状况

床体构件出土时燕尾槽内起铆接和固定作用的燕尾榫已经完全糟朽，屏风、床板多处断裂，裂缝纵横交错，大小裂缝有25条，最大长度有80多厘米。2008年汶川地震时又造成了新的损伤，有些裂缝有扩大的迹象。

石棺床出土后曾经在20世纪80年代做过修复，但受当时认知和各种条件所限，11块屏风使用三角铁固定，没有遵从原铆合连接方式，使石棺床的稳定性较差，做工不够科学规范，显得粗糙，影响展览的视觉效果。后部裙板个别地方未铆接、燕尾槽衔接错位；对局部的残损、裂缝和断裂块进行了粘接和补全，修复所使用的粘接和加固材料的耐久性和强度不足，使修复部位出现二次残损；修复工艺粗糙，出现多处胶体流挂现象；且修复部位与石棺床保存原色彩反差太大，与“修旧如旧，有所辨识”的文物修复原则有较大的差距。据检测，在当时修复中，整个石棺床表面喷涂过一层JB-105有机硅，喷涂后眩光严重，且使石棺床喷涂部位的表面颜色加深，而在未喷涂的部分，仍然保持着原石质的颜色。

在现场初步调查与查阅相关资料的基础上，西安文保中心科研人员采集了石棺床表面粉化物、涂刷材料、粘接材料、修补材料、彩绘颜料及贴金层（表1、表2），分别采用显微剖面分析、FTIR、XRD、激光拉曼、能谱等手段做了相互印证分析。

分析结果显示：石棺床表面风化物含有可溶盐，含量只有0.07%，说明底部毛细水的活动及可溶盐的含量不会对石床本体造成明显的腐蚀；原修补所用的材料是石膏，石膏的物理性能与石棺床本体石质不匹配，无法承载石材的重量；加固材料选用的是有机硅，对石材表面虽能起到加固作用，但浓度的把握和涂刷方式等技术操作对加固效果非常重要，石床表面出现的眩光和渗透深度不够、浮于表面的现象较明显；彩绘层主要是朱砂，但由于粘接材料的老化，使彩绘颜料层与石面结合力下降。

表1　采样分析结果

序号	样品编号	样品类型	采样位置	分析结果	分析方法
1	Fx-1	表面可溶盐	屏风下部	0.07%	离子色谱
2	Fx-2	表面眩光材料	左二屏风表面	有机硅	FTIR
3	Fx-3	修补材料	左三屏风修补处	石膏	XRD
4	Fx-4	粘接材料	右四屏风	环氧树脂	FTIR
5	Fx-5	贴金层	右五屏风	纯金	XRF
6	Fx-6	红色颜料	右五屏风	朱砂	XRD
7	Fx-7	屏风微小残块	屏风底部	砂页岩	XRD

表2　石棺床重要构件修复前基本信息记录表

序号	编号	位置	尺寸长×宽（厘米）	病害基本状况
1	屏风1	右侧前	87×38	表面眩光严重，中部断裂，粘接剂流挂，表面基本无施金彩绘层
2	屏风2	右侧中	87×30	表面眩光严重，边缘风化剥落严重，上部两角略残损，局部有残存施金彩绘层
3	屏风3	右侧后	87×33	表面眩光严重，中间有层状裂缝，残存施金彩绘层
4	屏风4	正面右一	87×40	表面眩光严重，右上部和中部断裂，粘接剂流挂严重，右上角略残损，下部图案风化残损，基本无施金彩绘层

续表

序号	编号	位置	尺寸长×宽（厘米）	病害基本状况
5	屏风 5	正面右二	87×43	表面眩光严重，左上角略残损，浮雕线条有很多人为修补的痕迹，局部流挂严重，施金彩绘层相对较多
6	屏风 6	正面右三	87×46	表面眩光严重，自上而下断裂成两块，其中左半部裂成三块，右半部横向列为两块，粘接剂流挂严重，局部颜色变黑，石膏和树脂修复痕迹残留，效果粗糙，施金彩绘层残留较多
7	屏风 7	正面右四	87×41	表面眩光严重，底部有纵向裂缝，胶体流挂，右上角略缺损，有少量彩绘层残留
8	屏风 8	正面右五	87×39.5	表面眩光严重，左上角断裂，右上角略残损，胶体流挂，左上角和下边缘有少量施金彩绘层残留
9	屏风 9	左侧后	87×33	表面眩光严重，中部断裂，严重残缺，胶体流挂严重，有大量石膏补配残留，基本无施金彩绘层残留
10	屏风 10	左侧中	87×31.5	表面眩光严重，风化严重，有层状剥落，左右上方两角和左下角略残损，基本无施金彩绘层残留
11	屏风 11	左侧前	87×37.5	表面眩光严重，左上角和右下角严重残损，上下各有一条裂缝，边缘略风化，基本无施金彩绘层残留
12	床板 1	右一	115×51.5	表面有眩光，右上角断裂，有一小洞，中下部断裂，前立面有少量施金彩绘层残留
13	床板 2	右二	115×59	表面有眩光，前立面有少量施金彩绘层残留
14	床板 3	右三	115×54.3	表面有眩光，中部断裂严重，并有一残洞，前立面有少量施金彩绘层残留
15	床板 4	右四	115×50.4	表面有眩光，右下角断裂，右边有一残洞，前立面有少量施金彩绘层残留
16	壶门	正前方	右 122×32.5；左 60×32.5	表面有眩光，有个别部位风化剥落，有少量施金彩绘层残留
17	右神兽		36.5×21×54.5	表面有眩光，右耳残，两前腿有裂缝，身上有多处细小裂缝，底座后部残损，残留少量施金彩绘层
18	左神兽		30.5×15×56.8	表面有眩光，身上有多处裂缝，右耳残，底座残，残留少量施金彩绘层

注：表中屏风排列为调整前顺序，壶门、神兽尺寸为重新测量。

二、保护修复过程

这次保护修复工程主要内容是：严格按照文物保护修复原则，对 1988 年和 1991 年不当粘接和封护材料进行清除，对断裂面重新进行粘接、床体整体进行封护，制作支架进行加固等。

在进行实验的基础上，首先对石床表面原有的有机硅材料分别采用物理和化学的方法进行去除，解决眩光、涂刷不均和原有材料老化、变色问题。

其次，对构件断裂进行粘接和修补。石棺床屏风、床板多处有大小裂缝二十五条，其中最为严重的上下贯通长达八十多厘米，且在汶川大地震后有重新活动的迹象。在修复中采用超声波探测仪进行了探测，对裂缝的发育做出了进一步的判断，制定出相应的治理办法，同时考虑了防震抗裂和展示效果。主要是先行剔除原粘接所留存的石膏，后采用化学材料进行粘接和补全、全色。在此基础上，选用目前国际通用的石质文物保护加固材料硅酸乙酯类材料对床体进行了渗透加固。施金彩绘层清洗后，进行压贴渗透加固。采用碳纤维布在屏风背部进行辅助加固，对其表面进行全色，使其表面机理基本协调一致。

上次保护修复时屏风之间连接采用角铁，没有遵从石棺床屏风原铆合连接方法。在此次修复过程中，我们考虑屏风之间采用物理的办法进行连接固定非常重要，采用原铆合连接方法难以达到稳固的效果。因此，我们将原固定铁箍拆除，重新设计制作了钢构架与有机玻璃相结合的构架，可以进行松紧度调整，达到了稳固性和视觉效果相统一的目的。

随石棺床出土的左右神兽右耳均残缺，采用翻模的办法对神兽缺失耳进行了补配。

由于左右神兽、石枕也存在眩光、贴金彩绘层脱落、不当粘接、断裂、缺损、胶体流挂等病害，所以在此次修复过程中使用了对石床同样的方法进行保护修复。

此次天水市博物馆藏屏风石棺床保护修复工作，得到了国家文物局、甘肃省文物局的大力支持，以西安文物保护中心为主，中心主任张颖岚多次亲临现场指导，派出了经验丰富，敬业精神强的文物保护专家马琳燕等，天水市博物馆紧密配合，保护修复人员全程参与，以当今最新文物保护修复理念为指导，使用各种先进仪器进行检测，应用可靠的保护修复材料，是保护修复工作成功的关键所在（图 2、图 3）。

本次保护修复过程遵循最小干预、可逆性、不改变文物原貌等原则，部分恢复了它原有的风貌，使它所具有的历史、科学、艺术价值得到更好的体现。同时基本消除了石棺床存在的各种不利于长期保存的隐患。

图 2　修复后的石棺床全景

图3　修复后的伎乐俑

石质文物长期保存对水分和各种盐类非常敏感，天水地区气候属亚热带季风气候与温带气候的交汇地带，温湿度日较差、年较差大，变化剧烈；近年来随着天水城市建设的发展，机动车辆增长较快，大气中的有害气体大量增加；围屏屏风上施金彩绘层对环境温湿度和大气质量反应敏感，为此，天水市博物馆已将保护修复后的石棺床移存在温湿度变化较小的新展厅环境中展示，与外界环境保持了相对隔离。

三、保护修复过程中的新发现及研究

在保护修复过程中，我们同时持科学严谨的态度，对石棺床相关记载资料重新进行了考证。

（一）石棺床屏风连接问题

天水屏风石棺床的各扇屏风连接，主要采用两种方法。一是如原报告所载，“屏风背面各画像石相互拼缝之间上下各有长8厘米，宽3—4厘米，深1厘米的凹槽一个。凹槽内有木钉铆接痕迹”。经发现考证，在各扇屏风背面上部和下部，分别凿出燕尾槽，用铁或木材加工的燕尾榫镶入连接。在三组屏风背后上部凹槽中，发现了明显的铁质痕迹，且槽沿因铁质材料膨胀被挤破而不规整，在下部凹槽中未见铁质材料痕迹。推测上部凹槽采用铁质材料连接，下部凹槽采用木质材料连接，或者上下均采用铁质材料连接。原报告误把铁痕当做木钉痕迹（图4）。二是在相邻的两屏风拼缝之间，顶端分别刻出一长方形凹槽，推测可能是内镶入一铁件，以固定相邻的两扇屏风，或是其上还曾存在着其他形式的构件（图5）。凹槽一般长8.5厘米，宽1.8厘米，深1厘米。此外，原报告中曾将石棺床屏风背后榫卯关系的线图一并刊出，但与本次修复发现的情况有所出入。其中，屏风9只有与屏风8相连的一侧刻出燕尾槽，而与屏风10相邻的一侧未刻出任何凹槽，也没有与屏风10连接的痕迹。

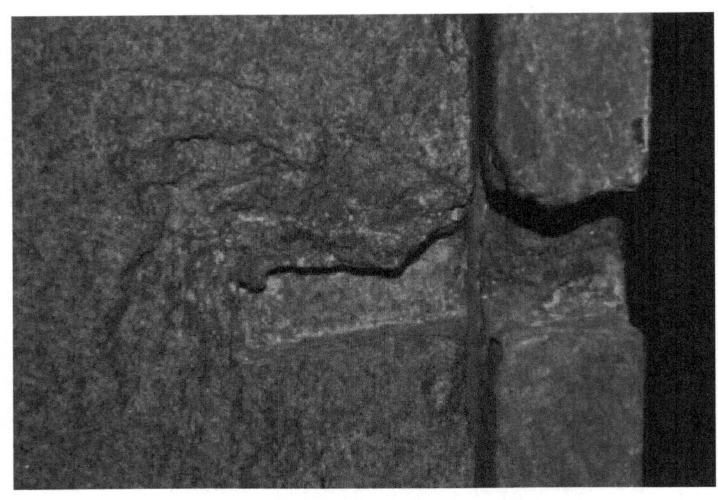

图 4　屏风背面铁质痕迹槽

图 5　屏风顶部铁质痕迹槽

（二）床板连接方式

《天水市发现隋唐屏风石棺床墓》中写到“床板由长 51 厘米，5—59 厘米，宽 115 厘米，厚 9 厘米的四块石条拼成，各拼缝间均有子母扣相接”。经我们详细观察，四块床板中，左侧两块之间和右侧两块之间分别有子母扣相接，即在左侧两块床板中部长 59 厘米之间和右侧两块长 30 厘米之间分别雕刻成榫卯结构相连，中间床板之间没有榫卯结构，而是以平面相合。也就是说左侧两块之间和右侧两块床板之间用子母扣相接，中间之间没有子母扣相接。

（三）关于“镇墓兽”问题

石棺床正面左右两脚下各有一石兽。原《天水市发现隋唐屏风石棺床墓》将其定为“镇墓兽”，似不妥。这两件石兽应是袄教中的“神犬”。两石兽均贴金彩绘，与床体相同，后背部均被凿平，上承床板，身子靠里一侧均有内凹的槽，镶入壶门，在功能上起到上承石板的作用，与床体连为一体，是床体不可分割的组成部分。两兽中右面一兽体型显得肥大，嘴张开，面目威猛；左兽体小且显瘦小一些，嘴巴闭合，性情显温顺。据此，右兽应为雄性犬，左兽为雌性犬（图 6、图 7）。从这两尊石兽所塑造的形象上看，也更多具有犬的特征，如耸立且较大的双耳，蹲卧的形态和整体的比例等。而镇墓兽一般也是处在墓道墓门前，且形态狰狞。

信奉祆教的胡人十分重视犬，这两只床侧蹲卧着的双犬，应是粟特人“犬视”仪式的表现。

图 6　左兽

图 7　右兽

（四）关于屏风排列和图像问题

《天水市发现隋唐屏风石棺床墓》中正面屏风编号为：第四幅，车乘图（图 8）；第五幅，府邸园林回廊图（图 9）；第六幅，墓主夫妇对饮图（图 10）；第七幅，出行图（图 11）；第八幅，曲行回廊图（图 12）。在这次修复中，我们发现因铁质构件锈蚀膨胀造成的第八幅右上角和第五幅左上角的崩落范围一致，另一个原因是我们发现，如果没有屏风边框，这些作为背景出现的园林回廊河流山石等组成的大致是一幅画面，也就是说和中国传统的人物故事画相似。由于《天水市发现隋唐屏风石棺床墓》上的绘图不够准确的原因，使大家没有对其关联度引起重视。如果将第五幅和第七幅对换位置，对换后的画面自右至左依次是：车乘图、胡人出行图、墓主夫妇对饮图、府邸园林回廊图、曲行回廊图。调整对换后第八幅、第五幅和第六幅形成一个比较完整的园林空间。这个园林里主体建筑为歇山式厅堂

图 8　车乘图

图 9　府邸园林回廊图

图 10　夫妇对饮图

图 11　胡人出行图

图 12　曲形回廊图

建筑，有曲行回廊、池塘和荷花。第四幅和第七幅形成园林外的空间，主要内容为车乘和出行（图 13、图 14）。如果这个组合方式成立，则背屏五块，只有两个题材，一个是墓主夫妇对饮图，一个是车马出行图（表 3、表 4）。两侧面的屏风较多的表现了祆教的文化特征，而居中的背屏以汉文化影响下的历来常见的宴饮图和车马出行图为主，反映了墓主人较高的汉化程度。

图13　调整前的图像

图14　调整后的图像

综合保护修复中新发现的问题和其他考古文献资料来看，天水在中古时期是粟特人比较集中的经商和聚居区，而他们在传播祆教文化的同时，也积极吸收了当地的文化因素，形成了独特的粟特文化。

表 3　天水出土屏风石棺床屏风顺序表

	11	10	9	8	7	6	5	4	3	2	1
1992年发掘简报顺序											
2010年新调整顺序											

表 4 天水出土屏风石棺床屏风顺序

序号	1992年发掘简报顺序	2010年新调整顺序
1		
2		

续表

序号	1992 年发掘简报顺序	2010 年新调整顺序
3		
4		

续表

序号	1992年发掘简报顺序	2010年新调整顺序
5		
6		

续表

序号	1992 年发掘简报顺序	2010 年新调整顺序
7		
8		

续表

序号	1992年发掘简报顺序	2010年新调整顺序
9		
10		

续表

序号	1992 年发掘简报顺序	2010 年新调整顺序
11		

参 考 书 目

[1] 天水市博物馆《天水市发现隋唐屏风石棺床》，《考古》1992 年第 1 期。

[2] 马琳燕《甘肃天水隋唐彩绘围屏石榻的保护与修复》，《文物》2013 年第 7 期。

[3] 李宁民《天水出土屏风石棺床再探讨》，《中原文物》2013 年第 3 期。

拜火教与火崇拜*

李　肖[1]　马丽平[2]

（1. 中国人民大学国学院　2. 新疆吐鲁番市博物馆）

1987 年，新疆吐鲁番地区鄯善县洋海墓地和达浪坎墓地被盗，新疆文物考古研究所派张铁男研究员会同吐鲁番地区文物管理所前往处理，共收缴清理文物 130 件并发表了简介[1]。此后，吐鲁番地区文管所又在农民家里和墓地收回、采集到部分流散文物[2]。在这次清理中，采集到一件木钵（编号 87CYP：108），由于受当时考古发掘资料所限，并未认识到这件器物的重要性，只是当成了一件很普通的圜底木钵登记入库，2010 年吐鲁番地区博物馆将其鉴定为馆藏 2 级或 3 级文物（图 1）。该木钵用吐鲁番盆地北侧天山上的雪岭云杉（Schrenk Spruce）制成。由于当时的器物编号随意性较大，除了“87”这个代表 1987 年发掘年份的数字规范外，第一个字母应该是代表鄯善县的拼音头一个字母“S”，但这里写成了“C”；第二个字母“Y”是代表洋海墓地的拼音首字倒是没有歧义，按照考古规范第三个字母应该是“墓葬”拼音的首字母“M”，结果却写成了“P”，可能是“被盗墓”的首字拼音，但由于新疆方言“b”“p”音不分，所以才出现这种让人不容易搞明白的文物编目[3]。木钵为利用树干的半个侧面整体切削掏挖而成，加工粗糙，平面为圆角长方形，在其长轴方向的两端各有一个凸出部分，为搬动时的手柄。口沿较为平滑，但其中的一侧由于长期使用而磨损凹陷。底部为圜底，由于长期使用而磨得较为光滑。由于是清理被盗扰的墓葬，所以这件器物的出土位置、用途、里面的随葬品都不得而知，发掘者可能是由于当时能够对比的材料不多而未做进一步的深入研究。但重新观察后不难发现钵内尚残留有灰烬，内壁和底部有严重烧灼的痕迹，甚至在损毁口沿的外侧也能见到烧灼后的炭化部分。

自从在吐鲁番洋海墓地发现了距今 2500 年前的大麻实物后[4]，包括新疆在内的，欧亚大陆中西部古代印欧人群普遍吸食大麻的现象又一次引起学术界的关注，但在吐鲁番洋海墓地里未发现，或鉴别出如同阿尔泰—南西伯利亚地区青铜时代墓葬里出土的吸食大麻的工具，成为一个未解之谜[5]。

---

* 本文为国家社科基金重点项目“新疆地区中西文化交流”（项目批准号：12AZD085）的阶段性成果。

［1］新疆文物考古研究所《“鄯善古墓被盗案”中部分文物之介绍》，《新疆文物》1989 年第 4 期，34 页。

［2］吐鲁番地区文物局《鄯善洋海墓地出土文物》，《新疆文物》1998 年第 3 期，28 页。

［3］此编号的由来是通过请教当时清理这批墓葬的亲历者，现新疆吐鲁番学研究院张永兵研究员后才得以释疑。

［4］Hong Enjiang et al., “A New Insight into Cannabis Sativa (Cannabaceae) Utilization from 2500-year-old Yanghai Tombs, Xinjiang, China”, *Journal of Ethnopharmacology* , 108, 2006, pp. 414-422.

［5］李肖、吕恩国、张永兵《新疆鄯善洋海墓地发掘报告》，《考古学报》2011 年第 1 期。

图 1　木钵（87CYP：108）

2013 年，中国社会科学院考古研究所在新疆塔什库尔干县发掘了吉尔赞喀勒墓地（又称“曲曼墓地”），在 M11、M12、M15 中出土了木钵状容器，里面放有长期为火烧灼而变黑的十几粒卵石，笔者在介绍墓地的文章中称其为木制火坛，是欧亚大陆迄今发现最早最原始的明火入葬火坛（图 2、图 3）。发掘者认为这是在欧亚大陆范围内首次发现距今 2500 年左右的拜火教遗迹。拜火教起源有波斯或中亚说，而这一发现支持了中亚起源说，并有可能把中亚起源地定于塔里木盆地周缘或直接定在帕米尔高原[6]。

古波斯的琐罗亚斯德教（Zoroastrianism）因为崇拜圣火而被周边其他文明称为拜火教。然而，在欧亚大陆诸多民族中，无论其居住地域是在东方或是西方，抑或内亚地区，在其历史发展的早期阶段都有崇拜火的习俗。所以，著名学者林悟殊先生指出：“有火崇拜的宗教，未必就

[6] 巫新华《2013 年新疆塔什库尔干吉尔赞喀勒墓地的考古发掘》，《西域研究》2014 年第 1 期。

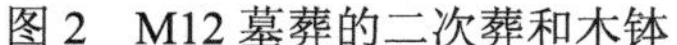

图 2　M12 墓葬的二次葬和木钵

图 3　M2 墓葬出土的“火坛”

是琐罗亚斯德教；有火崇拜习俗的民族，未必就是拜火民族。不过，琐罗亚斯德教特别强调火崇拜，这却是不争的事实。”[7]

古希腊地理学家斯特拉波（Strabo，公元前 64/63－前 23），其生活的年代正处于波斯帕提亚王朝（前 274－226）的中叶，他是最早记载波斯境内拜火教徒崇拜火的习俗，“在卡帕多奇亚地区（Cappadocia）有一种教派，被称为‘燃火者’，他们有火庙、围场。火庙正中有火坛，其上有大量灰烬，祭祀使火保持持久不息”[8]。可以看出，拜火教的火坛是建在火庙内的，而不是其他地方的，更没有将贮存火种的火罐当做随葬品埋入墓里的任何记载和考古发现。所以，新疆塔什库尔干县吉尔赞喀勒墓地（以下简称该墓地）发现将储存火种的木质容器放在墓里随葬的现象是历史文献和考古发掘都没有记载和证实的事情。

关于琐罗亚斯德教徒丧葬习俗的文字记载，最早可追溯到前 5 世纪，当时希腊的著名学者希罗多德（Herodotus）在其名著《历史》第 1 卷第 140 节中写道：据说波斯人的尸体是只有在被狗或是禽撕裂之后才埋葬的。麻葛僧有这种风俗，那是毫无疑问的，因为他们公然这样实行的[9]。

拜火教的重要经典《阿维斯陀》中有《梵迪达特》（Vendidad），意思是“驱魔之法”，计有 22 章，其中第六章记载了拜火教徒如何处理尸体的方法，也即是驱魔之法。阿胡拉玛兹达要求信徒将尸体放在最高处让鸟兽啄食，而且要用金属或石块、兽角将尸体头发、双足缚住，否则鸟兽会将其拖入水中或植物中间，玷污大地和水。对于被鸟兽吃剩下的遗骸应该放在容器中，避免与兽类接触，也不可玷污雨水。如果无法置办容器，则可任其安放在地上，让日光来照射[10]。

希罗多德记载波斯拜火教徒用狗或禽处理尸体的时代是前 5 世纪，和该墓地的时代相当，可见这里的丧葬习俗和拜火教徒的习俗存在巨大的差异。在时代晚几个世纪的《魏书》卷一二〇《西域

[7] 林悟殊《波斯拜火教与古代中国》，台北：新文丰出版公司，1995 年，51 页。

[8] Strabo, *Geography*, XV 3.15, Loeb Classical Library.

[9] Herodotus, *History*, Loeb Classical Library；参见王以铸译《希罗多德历史》，北京：商务印书馆，1985 年。

[10] 拜火教经典《阿维斯陀》中的一部分，它摘自其他经典的经文，供每日祈祷时念经之用（参见龚方震、晏可佳《祆教史》，上海：上海社会科学出版社，1998 年，8 页）。

传》波斯国条下载道："死者多弃尸于山，一月著服。城外有人别居，唯知丧葬之事，号为不净人，若入城市，摇铃自别。"所以，没有任何记载证明拜火教徒的墓葬如同该墓地这样把逝者未经处理，也没有放入专门容具内的墓葬了。再者，拜火教的教义认为将死者直接埋入地下是严重触犯戒律的行为，是必须要处死的重罪。在《小阿维斯陀经》（Khurtak Avistak）就有"玷污死物（Nasa），将死物在火上烘烤，或将它投入诸水中，或将它埋在地下"，都是要判死刑的重罪[11]。

根据目前学术界对拜火教的研究，拜火教的创始人琐罗亚斯德生活在前 1400—前 1000 年的时代里[12]，拜火教徒其丧葬仪轨虽不如大致在公元以后那样将遗骸放入纳骨器中，但也是要将尸体搬运至一块平整的坡地或戈壁沙漠，任凭飞禽走兽将尸体吃光，骨殖另行埋葬，免得污染水、火或者其他阿胡拉马兹达的创造[13]。所以，该墓地如果是拜火教信徒的墓地，就没有理由不严格按照拜火教的仪轨将遗骸按照教规处理，而是和其他印欧人一样实行土葬。该墓地的遗骨保存完整，二次葬的墓葬所占比例极低，发掘的 41 座墓葬中，只有 3 座是二次葬（即使是二次葬也不能说和拜火教有关），大部分都是完整下葬，此外，将"火坛"埋入墓中则更是玷污圣火的大罪，解释不通。

这片地处帕米尔高原东麓塔什库尔干地区的墓地，初步断定其时代是前 5 世纪左右，所反映出的考古文化尚处在青铜时代—早期铁器时代，可见其文化发展远远滞后于周边诸文明，甚至落后于塔里木盆地周缘的绿洲文明。在与该墓地相对应的时代里，西侧伊朗高原上已经建立起了波斯阿契美尼（Achaemenian）王朝（前 550—前 330），拜火教已作为国教，在帝国境内风靡流行[14]。纵观世界文明发展史，任何能够发展成为宗教的信仰毫无例外地都出现在有着深厚文明积淀的地区，而帕米尔高原由于其严苛、贫瘠的自然环境，至今都不是人类宜居之地，所以不具备成为包括拜火教在内的，任何古代宗教的发源地。从考古材料和文献记载来看，原始印欧人（Proto-Indo-Europeans）均实施土葬或火葬，但只有拜火教把逝者放入专门的寂没之塔（dakhma）内让鹰、犬等动物将软组织食尽后，把遗骸放入专门的石函或陶质的纳骨器之中，这是教义的严格规定，没有例外。

新疆地区虽然发现了不少和拜火教有关的，诸如纳骨器等遗物（图 4）[15]，但至今也没有发现寂没之塔（图 5）和火坛等遗迹。所以，笔者认为该墓地是拜火教徒的遗存缺乏依据。

拜火教崇尚光明和给万物带来生机的水，大约从前 5000 年起，生活在南俄草原上的原始印欧人将就祭水视为重大活动；同样，对光明的载体——火的祭祀也不亚于对水的祭祀，他们每日三次，在晨祷、午祷和晚祷时，将清洁的木材、一些香料和一小块动物脂肪（早期为动物腹内的网膜）等三样祭品投入家里炉灶的火焰中进行祭祀。公元初年，希腊地理学家斯特拉波曾经目睹波斯人祭火，"加入干燥的没有枝杈的木柴，把软化的油脂置于火上"[16]，可见祭火仪式并未放在墓葬中进行。

---

[11] Dhabhar, *Zandi Khurak Avistak*, 1963, pp. 132-134.

[12] Mary Boyce, *Zoroastrians, Their Religious and Practices*, London, 1979, p. 78.

[13] 龚方震、晏可佳《袄教史》，72 页。

[14] 林悟殊《波斯拜火教与古代中国》，2 页。

[15] 祁小山、王博编著《丝绸之路 · 新疆古代文化》，乌鲁木齐：新疆人民出版社，2008 年，125 页。

[16] Strabo, *Geography*, XV 3.15.

图 4 鄯善县吐峪沟出土的纳骨器

图 5 伊朗亚兹德（Yazd）的寂没之塔

除了祭祀水、火外，他们还向诸神献祭，目的是博得诸神的庇佑，求得今生和来世的福祉等。这其中献给诸神的植物祭品有某些植物的汁液、石榴、小麦、蔬果，最主要的是一种称作豪麻（haoma，梵语 soma，汉译“苏摩”）的植物。据《阿维斯陀》记载，豪麻为一种绿色植物，种类繁多，多汁多肉，柔韧芳香，遍生于高山幽谷之间，以其酿制的豪麻酒（parahaoma）功效很大，武士饮之可以增加力量和勇气，祭祀饮之将顿生智慧和灵感。豪麻又是草药之冠，可以治疗疾病，有益健康。伊朗—雅利安人把豪麻在石臼里捣烂，取其汁与石榴汁、牛乳调和成豪麻酒，具有麻醉/兴奋作用饮品。但是，豪麻究竟为何种植物，祆教经典语焉不详，目前学术界较为认可的观点分为三种，一是认为豪麻为大黄属植物；再就是认为是蛤蟆菌（Amanita muscaria）菌类植物（图 6），如沃森（R. G. Wassen）在其大作《苏摩：神圣的仙菌》（1968 年）中旁征博引，详加考证，但这

图 6　蛤蟆菌

种菌类在中亚地区似乎极少分布；1984 年，美国加利福尼亚大学的史华慈（M. Schwartz）则考证它为野芸香[17]。但无论是什么成分，豪麻都是榨成汁饮用而不是放在火里熏烟，而且，在《中国植物志》[18]里也未发现在新疆采集到此类植物。所以，到了汉代以后，信仰拜火教的粟特人来到新疆地区，他们在举行祭祀活动时所饮用的豪麻汁里面加入的兴奋剂肯定也不是用上述两类材料制成。反之，欧亚大陆西部直到包括新疆在内的内亚地区，吸食大麻的传统却历史悠久[19]。

希罗多德在《历史》第四册中描述到："在葬礼完成之后，斯基泰人会自己清洗一番，他们先涂膏油于头上，然后再清洗掉，最后他们清洗身体。在这些准备工作完成之后，他们就架设三根杆子，上面铺盖一张毡毯，并将这些东西安置牢固，然后在杆子与毛毡之间放一个盆子，再将烧红灼热的石头丢到盆子里。然后斯基泰人便拿着大麻籽爬行入帐，并且将大麻种子放到烧热的石头上，在灼热的石头上会冒出强烈的烟气，这个时候他们开始吸食这些烟气。斯基泰人喜欢这种蒸气浴，他们乐在其中并且兴奋嚎哭，这是斯基泰人的沐浴。"

在阿尔泰地区巴泽雷克 M2 的墓室内埋有一男和一女，在墓室西南边发现一捆总共有六支的杆子，在这捆杆子的下方有一个方形的四角铜器，铜器之内装有碎裂的石头，这些包有桦树皮的杆子长 122.5 厘米，直径 2－3 厘米，一条小皮带在这些杆子最上端下面 2 厘米处把它们捆绑在一起。在墓室西半边有另外一个铜器，里面同样填放了石头，其上也有以六根杆子所捆绑组成的架子，在这些架子上面覆盖有一张 150 厘米×170 厘米的披肩。这张披肩是用作吸食大麻时所需的小幕帐（图 7）。在六根杆子的其中一根杆子上固定着一个皮囊，皮囊内装有大麻籽。容器内的石头之间所残留下来的大麻籽，有些被烧得焦黑，容器的把手用桦树皮包裹着（图 8）[20]。对于生活在这一地区的原始印欧人来说，吸食大麻在他们的日常生活与祭祀当中都是很重要的（图 9）[21]。很多学者认为，

图 7　吸食大麻示意图（张文玲依据 Zwei Gesichte der Eremintage, *Die Skythen und ihr Gold*, Bonn 1997, p. 159 之图绘制）

[17] 史华兹佛拉瑞特《苏摩和芸香》，加利福尼亚大学出版社，1984 年，6 页。

[18] 中国科学院"中国植物志"编辑委员会主编《中国植物志》，北京：科学出版社，2004 年。

[19] Herodotus, *History*, IV75.

[20] 张文玲《黄金草原：古代欧亚草原文化探微》，上海：上海古籍出版社，2012 年，116 页。

[21] Gisela Wolf und Frank M. Andraschko und heulen vor Lust. Der Hanf bei den Skythen, *Gold der Steppe, Archaeoloie der Ukraine*, Schleswig, 1991, pp.157, 159. Hermann Painger, *Die skythen*. München, 2004, pp.52-53.

墓中出土的大麻是作为亡者在另外一个世界里的固定使用所需，也不排除为葬礼上举行祭祀仪式所用，但这些解释不通，如为何在同一墓地里只有极少数墓葬里随葬和吸食大麻有关的物品并且与墓葬的规格无关？通过对新疆鄯善县吐鲁番洋海墓地的研究，这一疑问似乎已经找到最接近事实的答案，那就是随葬上述物品的墓葬，其墓主人生前很可能是专司祭祀的萨满（图 10、图 11）[22]。

图 8　大麻熏炉

图 9　阿尔泰—南西伯利亚出土的大麻熏炉

图 10　随葬装满大麻叶容器的萨满墓葬

篓 Basket

- 车师时期。直径24、通高31厘米。
- 鄯善县洋海墓地出土，现藏于吐鲁番地区博物馆。
- 中间夹芨芨草，用细皮条编制而成。通体涂黑色，平底、呈筒状，有提梁，已残。

图 11　装有大麻叶的皮篓

[22] Hong Enjiang et al, “A New Insight into Cannabis Sativa (Cannabaceae) Utilization from 2500-year-old Yanghai Tombs, Xinjiang, China”, pp. 414-422.

由此可见，无论是鄯善县洋海墓地还是塔什库尔干县吉尔赞喀勒墓地，这类装满烧黑石块的木质容器应该是用来的吸食大麻的工具，而不是拜火教用来贮存圣火火种的火盆。因为这类出土遗物都与萨满和祭祀有关，在祭典当中，萨满通过吸食大麻来达到极度兴奋之态，以期和神灵沟通。从古至今，在波斯以及中亚地区常常可以见到通过吸食大麻来得到萨满式兴奋状态的人们[23]。

新疆地区在青铜时代—早期铁器时代虽不是拜火教的发祥地，但火崇拜的存在是确凿无疑的。2001 年，俄国著名中亚考古学家马尔沙克（Boris I. Marshak）先生在北京大学演讲，在会间休息时，笔者专门就新疆及哈萨克斯坦七河流域等地出土的祭火铜盘是否为拜火教遗物时，老先生的回答是："这些都属于火崇拜而非拜火教。"正如前文引用林悟殊先生的话："有火崇拜的宗教，未必就是琐罗亚斯德教；有火崇拜习俗的民族，未必就是拜火民族。不过，琐罗亚斯德教特别强调火崇拜，这却是不争的事实。"[24] 在吐鲁番的阿拉沟古墓中就出土了祭火的铜盘（图 12）。这些年来新考古材料的涌现更加证实火崇拜的普遍存在。吐鲁番胜金店墓地为战国末至汉代初期当地居民的墓地。在墓地规模最大、规格最高的 M13 里出土一盏苇灯（图 13），位于墓室壁北端（图 14）。苇灯紧贴墓壁，下葬前点燃，随着墓室封闭缺氧而熄灭。

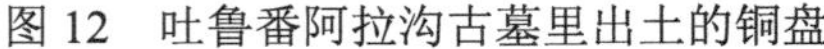

图 12　吐鲁番阿拉沟古墓里出土的铜盘

图 13　泥座苇灯

生活在欧亚草原地区的原始印欧人普遍存在拜火的习俗，只是部分文化发达地区演化成了宗教——拜火教，而其他地区由于社会生产方式等原因，仍然停留在火崇拜阶段，一直到了历史时期这种古老的习俗才为宗教习俗所取代。

[23] Gisela Wolf und Frank M. Andraschko, *op. cit*, pp. 157, 159.

[24] 林悟殊《波斯拜火教与古代中国》，131 页。

图 14 M13 墓室

附注：本文的完成得到了新疆吐鲁番学研究院张永兵先生、新疆吐鲁番地区博物馆周芳女士、中国科学院植物研究所李金峰先生、中国社会科学院考古所巫新华先生的帮助，在此一并表示诚挚的感谢。

家园情怀和信仰表达

——陕西靖边县统万城M1北朝仿木结构壁画试解读

李永平

（甘肃省博物馆）

《考古与文物》2013年第3期刊登了陕西省考古研究院邢福来等先生执笔的《陕西靖边县统万城周边北朝仿木结构壁画墓发掘简报》。简报内容为：2011年秋以来陕西省考古研究院等在陕西靖边距统万城约3千米处清理了五座北魏晚期至西魏时期墓葬。这批墓葬墓室均刻绘栩栩如生的仿木结构，八大梁M1墓门仿石窟造型，墓室更绘有精美的宗教气氛浓郁的壁画。发掘报告指出：这些墓葬的主人无疑应为北朝时期统万城居民。这批墓葬的发掘对研究中国北方地区特别是统万城周边地区北朝墓葬的葬俗及统万城居民的构成与宗教信仰具有重要意义。

新近有关魏晋南北朝考古的较为详尽总结，有李梅田的《魏晋南北朝墓葬的考古学研究》，但其中对北魏至西魏时期的墓葬的论述未涉及陕北地区[1]。我们认为，北朝时期的陕北地区，地理上与云代、关中（李梅田将固原归入这一时期的大关中地区）较便捷，并联系密切，对比这两个地区出土时代相近墓葬，能给我们以启示。云代地区发现魏晋南北朝时期有纪年墓葬，时代为北魏迁洛阳以后的数量并不多，最晚的是北魏永平元年（508），李先生总结："本期的墓葬形制中，中原因素明显增多，如弧方形的墓室、石棺床与石椁、壁画与漆画中的汉晋传统题材与画风、陶俑的出现等等，但殉牲的习俗，以及陶俑的鲜卑服饰等，仍反映了浓厚的鲜卑旧俗。"[2]研究认为：东魏、西魏、北齐、北周时期明显是以弧方形墓为主，而弧方形墓由少渐多，且由集中于河套地区到集中于关西地区，说明随着少数民族（鲜卑）统治区的扩大，少数民族文化和汉文化的相互影响、融合范围（地域上）也随之扩大[3]。根据报道，八大梁墓葬均为斜坡墓道土洞墓，墓葬依山势朝向不统一，其中一座带有两个天井。墓室雕绘仿木结构为一大特色，其中M1为壁画墓。发掘报告编写者的推断是慎重和正确的：此次发掘的五座仿木结构壁画墓的时代上限应不早于5世纪末6世纪初，即北魏晚期，下限可能到西魏，为研究北朝时期统万城及周边地区在中西交通中的地位和作用，以及该地区的民族、宗教、文化、丧葬习俗提供了非常重要的新材料，具有极其重要的学术研究价值。有关壁画内容详见考古简报，此不赘述（图1—图4）[4]。

[1] 李梅田《魏晋南北朝墓葬的考古学研究》，北京：商务印书馆，2009年，33—41页。

[2] 李梅田《魏晋南北朝墓葬的考古学研究》，9页。

[3] 黄河舟《浅析北朝墓葬形制》，《文博》1985年第3期，44—45、56页。

[4] 邢福来等《陕西靖边县统万城周边北朝仿木结构壁画墓发掘简报》，《考古与文物》2013年第3期。

图1　八大梁M1东壁壁画（陕西省考古研究院提供）

图2　八大梁M1北壁壁画局部（陕西省考古研究院提供）

图 3　八大梁 M1 西壁壁画（陕西省考古研究院提供）

图 4　八大梁 M1 南壁壁画（陕西省考古研究院提供）

八大梁墓地M1壁画是一幅寓意明确的完整美术图像，东壁、北壁、西壁、南壁，共同构成内容丰富，构图规整的墓室壁画。发掘报告编写者认为：墓室北壁西侧的礼拜佛塔跪姿胡人头戴虚帽、身穿圆领窄袖袍服，应为一位粟特信徒，很可能为该墓墓主人的形象。而若要将其与西壁出现的相对年轻的坐于胡床上的僧人形象和南壁的老年坐于胡床上的僧人形象做一点尝试性的关联的话，可能的解释之一为壁画内容表现了墓主人生前信仰佛教的经历[5]。我们仔细观察，感觉满脸胡髭，高鼻阔嘴，作跪坐状，戴虚帽者是古代中亚地区胡人的面相，而坐胡床者，面部显平，嘴小，有胡髭，但并不浓密，是东亚地区人种的相貌，两人并非一人。如果我们结合这一时期墓葬对此及相关问题再进行分析，思路将会更加清晰。

东汉魏晋以来，部分壁画墓中绘制墓主人图像，巫鸿称其为“具象”。关于此，他进行了系统的阐述：墓主人画像的时间和空间范围，3世纪末5世纪初从西北的甘肃到东北的辽阳、高句丽的北方地区；6世纪北齐和隋代统治下的北方地区；11—13世纪宋、金统治下的中原、西北和西南地区。他并同意郑岩对墓主人画像的解释：这些人物大致相似的特征再一次表明，他们是理想化的“丧葬偶像”，而非真实个体的写实肖像。巫鸿并以嘉峪关M5为实例，论证了他对中国古代墓葬所蕴含的文化含义的理论的论构。

东汉以来墓葬壁画的表现内容，巫鸿将其归结为三个方面：幸福家园，图绘天界，描绘仙境。如果用这三个方面来归纳八大梁墓地M1壁画全部内容，也可以有近乎合理的解释[6]。

1. 幸福家园

统万城八大梁M1北朝仿木结构壁画体现的“幸福家园”，我们可以从以下三个角度理解。

（1）壁画的总体布局：佛教信仰和家居生活的“幸福家园”场景。

这个场景是汉晋以来表达社会上层庄园生活场景图像模式和佛教信仰图像模式的综合和继承。

反映集山、树木、佛教因素、人物于一体的佛教信仰图像，年代为2—3世纪的江苏连云港孔望山石刻上已经出现，全景就是依山而凿的一个佛国世界，佛主、信仰者、树木、信徒共同构成了早期佛教的一个信仰场景（图5）。根据八大梁M1壁画内容题材，可以看出墓主人的宗教信仰：笃信佛教，拜塔敬佛在其生前生活占有重要地位。

体现庄园生活的场景，我们举西北地区出土的两例：吐鲁番出土魏晋十六国时期的墓主人庄园图，树木、建筑、牲畜、休憩的墓主人组成了一幅幸福的生活“家园”（图6），河西走廊魏晋十六国壁画砖墓中，墓主人、墓主人休憩、居住坞堡、生产场景、树木丛林、车骑出行构成了其生活的“幸福家园”。

整体来说，统万城八大梁M1北朝仿木结构壁画从内容上要体现墓主人对佛教的信仰。描绘具备一定地位的人士上层生活的家园环境。壁画的构图的形式是：佛教信仰场景和家园生活场景交错构成。

---

［5］邢福来等《陕西靖边县统万城周边北朝仿木结构壁画墓发掘简报》，《考古与文物》2013年第3期。

［6］巫鸿的相关论述请参看氏著《黄泉下的美术——宏观中国古代墓葬》，北京：生活·读书·新知三联书店，2010年，13—31页。

图 5　2－3 世纪的江苏连云港孔望山石刻（全景是依山而凿的一个佛国世界。引自巫鸿《早期中国艺术中的佛教因素》，氏著《礼仪中的美术：巫鸿中国古代美术史文编》，331 页，图 I6-62）

图 6　吐鲁番出土魏晋十六国时期的墓主人庄园图
（转引自王素《吐鲁番出土〈地主生活图〉新探》，《文物》1994 年第 8 期）

八大梁 M1 壁画墓主人“幸福家园”的大自然环境是高山、树木；居住状况是坞堡类建筑；家居生活是绳编“胡床”、净瓶、高足碗、台灯（作为随葬品）；生产状况是畜牧业中的大角盘羊和山羊。壁画中的坞堡类建筑为歇山顶式，相仿建筑见于河西走廊嘉峪关、酒泉十六国时期的壁画墓中，敦煌壁画中也常见，当为魏晋北朝时期大姓人家居住的坞堡。需要补充的是，枝叶繁茂的树木在“家园”描绘中引人注目。汉晋壁画中的树木，郑岩指出：与先秦以来中国传统社会的社祭有关，当为社树。他认为嘉峪关丁家闸壁画墓 M5 中繁茂的大树与裸体女性是魏晋时期高禖郊社，男女求偶习俗的写照[7]。佛本生故事中，树木是佛诞和修行中不可或缺的圣灵，东魏北齐时期定州佛造像中，佛两边经常有相交半捂住顶部的双树或者一株树，韩国学者苏铉淑认为一种可命名为“中原圣树”，就是汉晋以来所谓“社树”，一种是来自于印度次大陆的芒果树[8]。我们详细观察八大梁 M1 壁画中的这株，显然与郑岩例举的嘉峪关壁画墓中的一株并非一个树种，很可能是河西和陕北

［7］郑岩《酒泉丁家闸五号墓社树壁画考》，《从考古学到美术史：郑岩自选集》，上海：上海人民出版社，2012 年，9－90 页。

［8］〔韩〕苏铉淑《东魏北齐庄严纹样研究》，北京：文物出版社，2008 年，180－190 页。

各自地区适宜的某个树种，而南京西善桥东晋墓中荣启期和竹林七贤修行的树却又有多种（图 9）。可见墓葬壁画的创作也还是受到地域的明显影响。但随着文化和宗教交流的深入，图像中的主要物种也深扎根在了本土文化的土壤中，也借鉴着传播文化的因子。

（2）墓主人身份：信仰佛教的北朝边镇上层军事贵族。

东汉一直到北朝，墓主人画像的形式以夫妻并坐在一起的图像为主流，但是也有墓中只有男墓主人，或者男女墓主人非并坐，如下例：

嘉峪关壁画墓 M1 男墓主人画像。墓主人位于墓室前室南壁东侧Ⅱ1，《嘉峪关壁画墓发掘报告》编写的同志将其命名为“宴饮”，图版编号在该书图版 58-1。在同书《嘉峪关壁画墓内容总表》中，列为 1 号墓编号 7 画像砖[9]。一仆持烤肉递与低榻上的主人，墓主人手持便面。该砖面上，墓主人前面题“幼絜”，身后墨书题“段清”，他头戴进贤冠，着交领长袍。发掘报告的编写者认为：“段清”应为墓主人的姓名，“幼絜”是他的字。这位墓主人，是河西的世家豪族，同时是地方政府属佐（图 7）。同墓的女主人画像，在与男主人相对的前室南壁西侧Ⅲ2，编号 29 画像砖，有帷帐，墓主人贵妇模样坐在榻上。帷帐内主人前后各有一侍女，身后的为主人扇凉，地上放置有斛、镟、槃和箸。名为段清的墓主人的形象，在该墓中还出现两处，一处是编号 23 画像砖，前室南壁西侧Ⅰ1，画面是榻上宾主三人，榻下一乐师在抚琴奏乐，前置有斛、镟、槃、箸、耳杯。一处是编号 26 画像砖，前室西壁Ⅱ1，榻上宾主四人，榻下乐师二人，一吹箫，一弹琵琶。从相貌、着装特征上分析，左边留有胡须的第四人似为墓主人段清，体魄显得较大（图 8）。女墓主人画像在壁画中，如前述除与男主人相对应外，一处是编号 25 画像砖，位置是前室西壁Ⅱ2，女墓主人坐在车上，前有将车奴，车后有童、婢三人，发掘报告编写者认为是出游画面（我们认为有关女墓主人的这组画面，当是表现她去赴宴的过程的一个场景）。一处是编号 30 画像砖，左一榻上坐女宾主四人，有一榻坐贵妇两人，两榻之间有一侍女正为宾主扇凉，地上放置斛、镟、槃。我们认为，该画面与编号 25 画像砖，位置前室西壁Ⅱ2，女墓主人坐在车上的画面，以及前述编号 29 画像砖，有帷帐，墓主人贵妇模样坐在榻上的画面，是

图 7　嘉峪关壁画墓 M1 男墓主人画像（引自甘肃省文物队等《嘉峪关壁画墓发掘报告》，图版 58-1）

［9］甘肃省文物队、甘肃省博物馆、嘉峪关市文管所《嘉峪关壁画墓发掘报告》，北京：文物出版社，1985 年，97 页。

图 8　嘉峪关壁画墓 M1 墓主人画像，编号 26 画像砖（引自甘肃省文物队等《嘉峪关壁画墓发掘报告》，图版 59-1）

具有连贯性的一组，是表现整个宴享场面的中女主人赴宴的三个步骤，即女墓主人乘车（25 画像砖）——在帷帐中等待（29 画像砖）——女宾聚会（30 画像砖）。而前述男墓主人吃烤肉 7 画像砖，观看乐师演出并饮宴的 26、23 画像砖，表现的是墓主人饮宴的整个过程。描绘男女墓主人饮宴的生活画面，或许是生前生活中常见的场面，或许是希冀这样的情景在仙界得到再现。墓中出现的其他与饮食有关的画面，实际上是围绕男女墓主人的饮宴场面展开的，这对我们理解八大梁 M1 壁画是极有启发性的。

八大梁 M1 南壁壁画中，坐在“胡床”上的男性当为男墓主人（参见图 4）。他为剃度发型，而南壁壁画中手持莲花（发掘报告者认为是引导人）的，我们认为当为女墓主人（参见图 4）。这样解释，就可以与东汉以来古代贵族墓葬壁画图像中表现墓主人生前生活常常成为墓葬壁画的主题相契合。墓主人“瘦骨清像”的风貌，与敦煌莫高窟北魏时期洞窟中修行供养人和南朝墓壁画中的树下老人（图 9）十分近似。可见，墓葬壁画时代烙印极其深刻。北魏末年到西魏时期，统万城一带正值经过六镇暴动之后，北魏皇室行政官僚统治与北镇豪酋军事实力的对抗得到暂时的平衡，汉族与鲜卑族上层贵族在理念和生活方式上有了较深度的认同，我们推测，墓葬主人当为北魏边镇豪酋人物或者与他们有关联的上层人物。

图 9　南京西善桥南朝墓壁画中树下老人图（转引自郑岩《南昌东晋漆盘的启示——论南北朝墓葬艺术中高士图像的含义》，氏著《从考古学到美术史：郑岩自选集》，第 93 页图 2）

唐长孺先生等研究指出：北魏西魏之际，居住在黄河两岸陕北和内蒙古、甘肃间的胡人被称为河西胡，他们和卢水、屠各、铁弗，还有苻坚所分的东西曹应该都有关系，甚至还包括一些鲜卑、氐、羌。秦陇地区的胡人，仍然称为屠各，他们似乎正在与当地的氐羌融合。太和十一年（487）统万镇改为夏州，胡人部分列于编户，由朝廷委派的地方官统治。但恐怕不列于编户的为数更多，一直到周代，不属于郡县的胡人仍然布于汾西、陕北。包括统万胡在内的山胡实行酋长制，大都是世袭制[10]。侯旭东认为：胡族编户化的过程也就是北魏官府与胡族斗争的历史，充满了冲突与反复，这样的一部血泪史贯穿北魏一朝始终，并延续到北朝末。一些胡族受到北魏朝廷特殊待遇，直至北魏灭亡始终保持着部落组织而未遭解散，恰好是其中的尔朱荣动摇了北魏统治[11]。有学者对北魏末年六镇豪酋的民族归属进行过统计，计有汉、鲜卑、高车、乌桓、匈奴、吐谷、羯、羌、高丽等族，“北魏后期六镇豪强酋帅群体，主要由两类不同政治地位的豪强酋帅构成。一类是定居在六镇的军镇官员子弟、在北魏国家选拔政策下徙居六镇的中下层代人、部落酋长、汉族豪强的子弟，另一类是被北魏国家征服迁徙六镇的高车、匈奴等胡族酋长及其子弟。后一类的胡族酋长虽然可以凭借部落组织成为酋帅，但在军镇内部却处于世代受军镇官员压迫的地位。而军镇官员大体由前一类豪强酋帅所担任，因此，六镇豪强酋帅群体之间有着无法调和的社会矛盾”[12]。这些研究启示我们：北魏末西魏初，统万城一带历史呈现出统治方式上游牧部落制与封建集权官僚制、军事首长制相结合，居住地社会民众由游牧民与农耕民、多民族融合交错的特点。

（3）壁画中的其他人物。

手持莲花的女性为男墓主人的姻亲或者服侍他的亲近之人：坐在“胡床”面对宝塔，手持莲花的女性或许为女墓主人，也或许是男墓主人姻亲或者生活中随时伺候的亲近之人。佛教、佛经、僧人、信仰者与动物的关系，是一个十分复杂的问题，涉及原始佛经经典、佛教传播的地域和地理背景，比如高僧与猛虎和谐共处，与守护民众安危、修禅、因缘等相干系[13]。八大梁M1壁画中，除与传统道教信仰有关的动物外，还有虎、象、金翅鸟、野猪、舍利、老鼠等，执剑人物右侧的两动物，爬行在山峦间，疑为十二生肖的羊和猴。八大梁M1壁画中的动物，部分如狮子、金翅鸟、龙等也是敦煌壁画中“须摩提女因缘”故事中彰显的题材，我们推测这些动物可能与佛教的因缘和来世托生说有关联。

萨保（或者“萨簿”）：芮传明认为，萨薄一词来自于梵文，原意为“商主”“商客主”。粟特人借用后，遂由“商主”向“社团首领”过渡，并被东方的其他居民熟悉和习用。在北朝和隋唐时期的高昌政权中，被采纳为一种职官的称衔。与中原地区具有实权的官衔相比，主要是荣誉性的[14]。八大梁M1北壁壁画中蹲卧的胡人（参见图3），头戴小胡帽，似为卷檐虚帽，表

---

[10] 唐长孺、黄惠贤《北魏末期的山胡敕勒起义——北魏末期人民大起义研究之二》，《武汉大学学报》1964年第2期。

[11] 侯旭东《北魏境内胡族政策初探——从大代持节豳州刺史山公寺碑说起》，《中国社会科学》2008年第5期。

[12] 薛海波《北魏末年镇民暴动新探——以六镇豪强酋帅为中心》，《文史哲》2011年第2期。

[13] 陈怀宇《动物与中古政治宗教秩序》，上海：上海古籍出版社，2012年，151－199页。

[14] 芮传明《“萨宝”的再认识》，《史林》2000年第3期，39页。

面可见纵向缝合线。帽子下露着黑密微卷的头发，鬓角至下颌以及人中两侧至嘴角两侧均可见黑密微卷的须发。外穿圆领窄袖袍服，腹下腰间可见袍服腰带，两端伸出体外。下身穿裤，于脚踝处束起；脚穿尖头靴。其装束与西安北周安伽墓中担任萨保的安伽的装束非常形似（图 10），荣新江先生认为安伽为中亚西亚人种相貌。M1 壁画中头戴虚帽者显然也是中亚西亚人种面相。北魏实行过僧团制度，我们认为这个人物很有可能是北魏末西魏初年管理宗教教团的“萨保”。关于古代壁画中萨保的形象，荣新江先生进行过梳理分析，如克孜尔第 38 窟主室券顶东侧壁下面，一商人右手上举翘望，左手执杖，旁有一牛一驴，背上驮着货物。商人身着紧口蓝衣，头戴白色虚帽，深目高鼻。旁立二商伸臂指向火炬，商人身后一载货骆驼随行。此洞窟年代约 6 世纪。前一商人穿褐色翻领紧身长袍，上有白色斑点，绿色裤子，腰间束带，脚穿长筒靴。后一商人穿白色圆领紧身长袍、白裤，衣边为褐色镶边。石窟上两个商人的面部不清，但都戴有白色虚帽，其颜色、形制、大小都和安伽图墓像、八大梁壁画中的萨保所戴者相同[15]。

图 10　安伽墓中的萨保

站立僧人：画面上六位站立姿态的僧人，红唇，胡茬，头顶可见浓密黑发，鬓角至下颌留或浓密或淡疏的须发，深目高鼻，着圆领僧袍，手持莲蕾。发掘报告编写者认为：面相上有显著的南亚人种特征。克孜尔石窟和甘肃武威天梯山石窟的北凉壁画的菩萨和供养人，山西大同云波里出土墓葬壁画菩萨，皮肤均为棕褐色，脸部轮廓显得宽大，特别是云波里出土墓葬壁画菩萨脸部显得相当圆润（图 11），当是有土著血缘的南亚人种形象。可以看出，M1 中所站立的

[15] 荣新江《萨保与萨薄：佛教石窟壁画中的粟特商队首领》，《龟兹学研究》第 1 辑。

甬道东壁壁画

图 11　大同云波里北魏墓葬壁画中的菩萨

僧人相貌与土著血缘的南亚人种有区别，服饰和赤脚是南亚地区习俗，而相貌上似乎为来自中亚、西亚地区的人种。北魏时期，大批的南亚地区僧人曾广泛云集洛阳和其他市镇。我们推测，墓主人所关联的当时陕北地区义邑的佛教寺院中，应当也有南亚地区佛教僧人组成的僧团活动。中亚相貌的萨保管理的僧团，是与自己血缘相近的种族，尽管在生活习俗上他们已经受到南亚地区深刻的影响。

“菩萨装”胡人门吏和执剑人物：位于墓室门洞侧面，为菩萨装束，着裙，左手执莲蕾，戴项圈，后被着披肩，发饰似为环髻。深目高鼻，两颊及下巴胡茬，为胡人“菩萨装”形象。北齐徐显秀墓壁画布局中，券洞两侧各有一门吏。但八大梁 M1 的菩萨装束人物手中没有器具，从右侧人物装束看，很可能是与此人物对应的两门吏之一。执剑人物，显得高大。头戴田弘墓门吏和李贤墓壁画武士所戴双立仿屏高帽，上身挂一具铠甲，有胡茬，着袍，手执的首部，而剑柄部有环系绳，似为突出剑的装饰效果。与北周李贤墓中武士形象相近，类似的形象还有樟湾北齐高洋墓出土武士俑。其所戴帽子与北周田弘墓一门吏所戴相同。左侧为一树，树为一根三株并立，略低于人像（与新近广布资料的大同云波里北魏壁画墓墓室南壁壁画中茂密山林中的挺拔大树不同，该树一株，树上枝条上翘，无飘逸下垂感觉）。

2. “图绘天界”和“描绘仙界”：佛教信仰表达和通往“天国之路”

北魏边镇上层的佛教信仰，与其所处时代和地理区位密切相关。杜正宇研究认为：符合“军事团体”及“军政首长”类型的义邑，不单组织成员，多与军伍有关，佛邑的分布，也多位于坞堡与前线城镇，影响所及，其造邑目的，亦多基于对“家”以至“国”的认同。透过祈愿与仪式，除了强化中央对地方的掌控，也落实了边区战士对关陇王朝的效忠，对于“关陇团体”的统合，起着一定的作用。即使在豪强当道的社会里，佛邑也发挥了整合族群的功效。借由义理与斋戒、法会等活动，进一步促成了“豪强共同体”。而“强宗大姓型”的义邑，其组成多与世家强族有关，其分布也多处地方势力抬头的地区。可谓是世家、豪族等群体，为联系宗族与乡里间“邻人”关系，强化共同体结构的重要元素。就“民族融合”的层面而言，相同的血缘、地缘，甚至相同的文化、风俗习惯，都是彼此联结的构件。部分的邑里，不仅见证了羌族归化的过程，反映了族群的迁徙与定居，而佛邑的兴造，也不只标示了“政治共同体”的成形，更使得关中部族，迈向了融合的道路。至于佛邑的分布，除了关内西北一带，已拓至驿道未及的乡里，其余的义邑，则多集中于通州要衢的地段。不仅河东、河南等佛邑分布于边境的交通干线，渭南、渭北的义邑，亦多处黄河水系等往来便利地区。而区域间的形势发展，也多影响了其分布的特性，因而如扇形的分层——完全掌控的内地、局势不稳的地区、局势紧张的边地，散布着官方涉入程度不一的佛邑[16]。黄秀玲《族性与身份：南北朝时期作为佛教艺术庇护者的北方游牧民族》从南北朝时期艺术史的视角研究了族群身份问题：在这一时期，许多控制中国北部的游牧部族成为当地艺术尤其是宗教艺术的庇护者。在一些情况下，佛教庇护者的名录中包括了来自不同族群的供养人，这些供养人的外貌具有鲜明的少数族群特征，这种现象促成了佛教跨越族群边界而在中国北方地区的游牧部族中传播开来[17]。林圣智先生谓：北魏平城时期，虽然积极将佛教图像纳入墓葬之中，但是可以纳入墓葬之中的佛教图像其实已经过了一定的选择，亦即以天人（供养天人、伎乐天）与天部中的护法神为限，……此外并未直接表现出佛像，释迦、弥勒等主尊像或菩萨像，还是被排除在墓葬的范畴之外。佛教母题与神仙思想的相混合，是北魏平城时期与洛阳时期墓葬中佛教因素的一个特点。《魏书·释老志》谓：“云奉持之，则生天人胜处，亏犯则堕鬼畜诸苦，又善恶生处，凡有六道焉。”《妙法莲华经》中的《提婆达多品第十二》解释了墓葬中的佛教因素，“佛告诸比丘，未来世中，若有善男子善女人，闻妙法莲华经提婆达多品，净心信敬不生疑惑者，不堕地狱、恶鬼、畜生。生十方佛前，所生之处常闻此经。若生人天中受胜妙乐，若在佛前，莲花化生”。林圣智先生指出：北朝墓葬中的佛教因素

[16] 杜正宇《西魏北周时期具官方色彩的佛教义邑》，东海大学历史学系硕士学位论文（台北），1999年。

[17] 转引自袁剑《中国历史中的政治、族群与边疆：另一张隐在的面孔》，《西北民族研究》2009年第4期，110页。

主要出现在北魏平城时期和北齐、北周粟特人墓葬[18]。统万城北魏——西魏时期壁画中明显的佛教因素，说明北魏以来墓葬中的佛教因素基本是连贯的。八大梁 M1 壁画图像所描绘的“天国之路”是由中原传统墓葬壁画题材与佛教天国信仰相交织融杂的画面。

（1）附属于佛教信仰的“图绘天界”和“描绘仙界”是中原墓葬壁画传统主题的延续。

“图绘天界”和“描绘仙界”是汉代以来中国古代墓葬壁画内容的一个传统题材。八大梁 M1 墓室西壁壁画，胡床及山林动物之间的壁面绘有云朵纹及太阳纹。云朵纹与北壁飞天所乘云朵样式相同，云头朝南。太阳以白彩满涂表现，太阳内以黑彩绘一面南展翅翘尾侧立的剪影式三足乌，太阳上缘打破檐檩。太阳及三足乌的绘画技法不同于其他部分的壁画，表面布满不匀称的赫红彩痕迹。南部两侧为山林，中间为一较大高台建筑。山林轮廓简约，未配置动物。建筑向北斜侧，屋顶为歇山式，与墓室的歇山顶样式相对应，正脊和垂脊端头装饰弧尖状鸱吻。高台基上外围有一周围栏回廊，回廊与建筑的门均面北而开，回廊口有通往地面的台阶。此外，建筑上方可见线绘的圆形月亮，内绘蟾蜍及玉兔捣药图案。

（2）佛教信仰和仪轨的展示是表达描绘“佛教仙界”这个主题。

北壁壁画中的塔两侧上部为二飞天，东高西低，侧身相对而飞，造型基本相同。

围塔而拜，是北魏末到西魏时期佛教信仰的一种流行仪轨。刘淑芬对5—6世纪华北乡村佛教信仰的研究，对我们理解八大梁壁画的佛教仪轨有很大启示。刘先生认为信仰多宝的佛教仪轨曾盛行于5—6世纪的华北地区。

山西稷山县始巨光等人造四面碑，龛柱题记有“左相多宝佛塔，证有法华经”，典出《法华经》之《宝塔品》：

> 尔时，佛前有七宝塔，高五百由旬，纵二百五十由旬，从地踊出。住在空中种种宝物而礼校之……佛告大乐说菩萨：此宝塔中的如来全身，乃往过去东方无量千万阿僧祇世界，国名宝净，被中佛号曰多宝。其佛行菩萨道时，作大誓愿：“若我成佛灭度后，于十方国土有法华经处，我之塔庙，为听是经故，涌现其前，为作证明，赞言善哉。”彼佛成道已，临灭度时，于天人大众之中，告诸比丘：“我灭度后，欲供养我全身者，应记一大塔，其佛以神通愿力，全身在于塔中。”赞言善哉，大乐说，今多宝如来塔，闻记法华经故，从地踊出[19]。

八大梁 M1 壁画中的层级塔很可能为墓主人生前或者希冀死后家人建造，以期死后“全身在塔”。

统万城八大梁 M1 壁画体现了墓主人的家园情怀和佛教信仰，内容和构图承继了汉晋以来中原传统的墓葬壁画特点，具有很强的时代性。文化因素中融合了中原文化、北方游牧民族文化、欧亚大陆内陆地区文化、南亚文化等多种文化。壁画图像反映出北魏末年佛教仪轨已经进入中国传统丧礼习俗中，佛教与中国本土信仰在丧葬领域的相互包容和接纳显得和谐而顺畅。

---

［18］林圣智《墓葬、宗教与区域作坊——试论北魏墓葬中的佛教图像》，《美术史研究集刊》（台北）第24集。

［19］刘淑芬《五—六世纪华北乡村佛教信仰》，《历史语言研究所集刊》第63本，1993年。

墓葬图像的出土在中古时期具有典型性，为更进一步研究北朝时期黄河南缘沙漠道在宗教和文化交流中的作用提供了新资料，值得重视。

附记：本文的写作得到2013年度国家社科基金资助，课题名称为“甘肃新出土魏晋十六国文献整理研究”（13XZS003）。写作过程中敦煌研究院戴春阳研究员、兰州大学历史学院魏文斌教授、扬州大学佛教研究所李尚全副教授、笔者指导的西北师范大学历史文化学院文博专业硕士研究生田成伟均对文章提出了宝贵的意见和建议。敦煌研究院敦煌文献研究所沙武田研究员通过陕西考古研究院的同道学人无偿提供了文章所需部分图片，在此深表谢意！

何稠家族与粟特工艺的东传

林梅村
（北京大学考古文博学院）

丝绸是中国对世界文明的一个重要贡献。丝绸之路开辟之后，中国丝绸经中亚大夏（今阿富汗），向南输入犍陀罗（今巴基斯坦），向西经粟特（今乌兹别克斯坦）、波斯（今土库曼斯坦、伊朗）、大秦东境帕尔米拉（今叙利亚），最后抵达意大利罗马城。意大利庞培古城壁画上绘有身穿丝绸的古罗马女祭司像（图 1），说明 1 世纪长安至罗马之间的丝绸之路全线开通。

中亚泽拉夫善河流域的粟特地处欧亚大陆交通枢纽，粟特人充分利用这一有利条件，积极开展国际贸易活动。东至中国，南至印度，西至波斯、拜占庭，东北至蒙古高原。在汉代文献中，粟特最初称“康居”。粟特之名始见于《后汉书·西域传》，谓之“粟弋”。《魏书》开始为粟特立传。《新唐书·西域下》形容粟特人，“善商贾，好利，丈夫年二十，去傍国，利所在无不至”[1]。斯坦因在罗布泊西岸西域长史府遗址（楼兰 LA 古城）发现一枚前凉建兴十八年（330）的木简。据研究者考证，此简提到在楼兰从事丝绸之路国际贸易的粟特胡，内容涉及前凉西域长史府驻军与粟特人的粮食交易，数量一次多达万石（图 2）[2]。

图 1　庞贝古城壁画上身穿丝绸的女祭司

图 2　西域长史府遗址出土前凉建兴十八年（330）简牍所记粟特胡

[1]（宋）欧阳修等《新唐书》第 19 册，北京：中华书局，1975 年，6244 页。

[2] 胡平生《楼兰出土文书释丛》，《文物》1991 年第 8 期，41－42 页。

3 世纪起，拜占庭、波斯纷纷建立了各自丝绸纺织业，与中国争夺国际市场。粟特人不甘心仅仅充当国际丝绸贸易的中间商，至迟在 5—6 世纪就建立了粟特人自己的丝绸纺织业。粟特工匠广泛采纳中国、萨珊波斯和拜占庭艺术图案和西方纬锦纺织技术，后来居上，创造出举世闻名的撒答剌欺织锦（Zandaniji Silk）[3]。

一、何 稠 家 族

隋唐时代的粟特工艺大师代表首推何稠家族。《隋书·何稠传》记载："何稠字桂林，国子祭酒妥之兄子也。父通，善斫玉。稠性绝巧，有智思，用意精微。年十余岁，遇江陵（今湖北荆州）陷，随妥入长安，仕周御饰下士。及高祖为丞相，召补参军，兼掌细作署。开皇（581—600 年）初，授都督，累迁御府监，历太府丞。稠博览古图，多识旧物。波斯尝献金绵锦袍（《北史》作'金线锦袍'），组织殊丽。上命稠为之，稠锦既成，逾所献者，上甚悦。"[4]

何稠为中亚粟特人，原始故乡在昭武九姓何国（今乌兹别克斯坦撒马尔干城西）。巴黎吉美博物馆藏北齐石棺床上刻有粟特人物浮雕像（图 3）。粟特是个城邦国家，以康国撒马尔干城（飒秣建，今乌兹别克斯坦阿弗拉西亚甫）为首都。唐代文献谓之"昭武九姓"，而粟特人则称"九姓胡"。粟特城邦主要在乌兹别克斯坦，如安国（捕喝，今布哈拉）、石国（赭时，今塔什干）、史国（佉沙，今撒马儿干南）、何国（屈霜你迦，今撒马儿干西北）、竺（呾密，今铁尔梅茨）等。个别城邦在中亚其他国家，如米国（今塔吉克斯坦片治肯特）、碎叶城（今吉尔吉斯斯坦阿克贝希姆古城）。[5]

图 3　巴黎吉美博物馆藏北齐石棺床上粟特人浮雕像

[3] D.G. Shepherd & W.B. Henning, "Zandaniji identified?", R. Ettinghausen, *Festschrift für Ernst Kühnel*, Berlin, 1959, pp. 21-29；尚刚《元代工艺美术史》，沈阳：辽宁教育出版社，1999 年，93—95 页。

[4]（唐）魏征等《隋书》，北京：中华书局，1956 年，1596 页。

[5] 林梅村《粟特文买婢契与丝绸之路上的女奴贸易》，《文物》1992 年第 9 期，49—54 页；蔡鸿生《唐代九姓胡与突厥文化》，北京：中华书局，1998 年。

3世纪起，拜占庭、波斯相继建立了自己的丝绸纺织业，与中国争夺国际市场。《魏略·西戎传》记载：大秦国“又常利得中国丝，解以为胡绫，故数与安息诸国交市海中”。罗马商人从安息（帕提亚，今伊朗和土库曼斯坦）商人手中购得中国素丝后，运到地中海东岸近东纺织业中心，按照罗马人喜爱的图案重新织造和染色，然后行销罗马帝国各地。梁慧皎《高僧传·鸠摩罗什传》记载：“龟兹王为造金师子座，以大秦锦褥铺之，令什升而说法。”大秦乃中国史书对东罗马（拜占庭）的称谓，那么，4世纪大秦锦就传入塔里木盆地北缘的龟兹王国[6]。

何稠叔叔何妥为南北朝时朝丝绸之路上粟特巨商。《北史·儒林下》记载：“何妥，字栖凤，西城（‘域’之误）人也。父细脚胡，通商入蜀，遂家郫县（今成都市西北郊）。事梁武陵王纪，主知金帛，因致巨富，号为西州大贾。”[7]所谓“主知金帛”，研究者有不同理解。我们认为当指何妥之父为梁武陵王打造中亚风格的金器和织造中亚风格的丝绸。大英博物馆藏有南北朝时期粟特银碗，底部有哌哒王浮雕头像（图4，右）。华盛顿弗利尔美术馆所藏粟特狮纹银碗（图4，右）与之相似。俄罗斯考古学家马尔沙克（Boris Marshak）认为，两者皆为粟特艺术品[8]。我们怀疑，此类金银器和粟特巨商何妥密切相关。

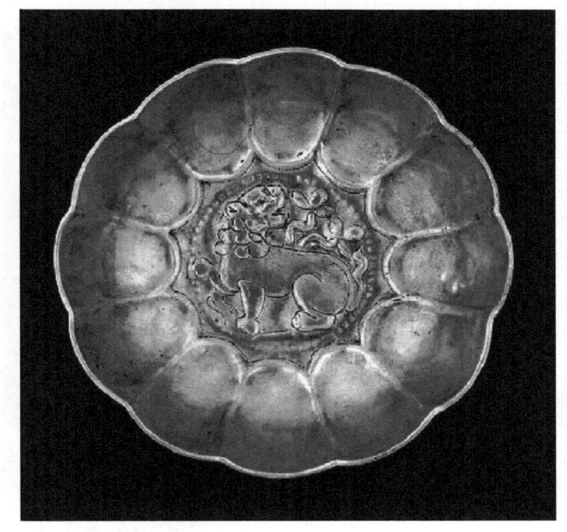

图4　大英博物馆、弗利尔美术馆藏粟特银碗

《南史·梁武陵王纪传》记载：梁武陵王“在蜀十七年，南开宁州、越巂，西通资陵、吐谷浑。内修耕桑盐铁之功，外通商贾远方之利，故能殖其财用，器甲殷积”。梁武陵王名萧纪（508—553），乃梁武帝第八子，天监十三年（514）封武陵郡王。资陵，《新唐书·波斯传》作“疾陵城”，法国汉学家沙畹谓此城为伊朗东部锡斯坦首府 Zereng[9]。由此可知，6世纪初波斯

[6] 林梅村《龟兹织锦考》，赵丰《丝绸之路：艺术与生活》，香港：香港艺纱堂/服饰出版，2007年，110—112页。

[7]（唐）李延寿《北史》，北京：中华书局，1974年，2753页。

[8] Boris Marshak, “A Sogdian Silver Bowl in the Freer Gallery of Art,” *Ars Orientalis*, Vol. XXIX, 1999; Boris Marshak & M. G. Kramarovsky, “A Silver Bowl in the Walters Art Gallery, Baltimore (Thirteenth Century Silversmiths' Work in Asia Minor)”, *Iran*, Vol. 31, 1993, pp. 119-126.

[9] 冯承钧编，陆峻岭等增订《西域地名》，北京：中华书局，1980年，107—108页。

至四川之间的丝绸之路全线贯通。

青海都兰出土过一件拜占庭风格的红地簇四云珠日神锦，平纹经锦，织有“昌”和“吉”字（图 5，左）。主题图案与阿富汗巴米扬大佛窟顶图案（图 5，右）相同，表现西方太阳神，年代约在南北朝时期。何妥父子当为梁武陵王从中亚招来的粟特商人。这件织锦当即何妥或其他粟特工匠为南梁王室织造的西方风格的织锦，后来传入南北朝时期丝绸之路必经之地——吐谷浑王国。

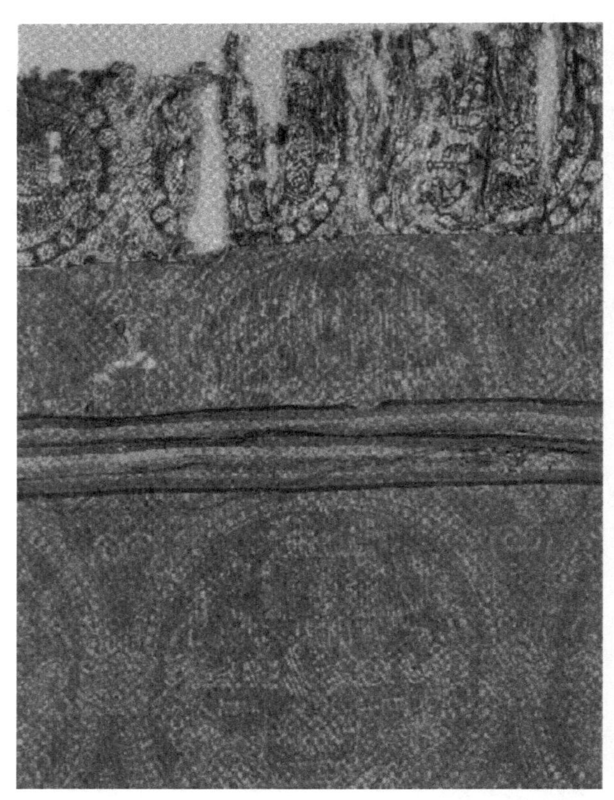

图 5　青海都兰出土红地簇四云珠日神锦与巴米扬大佛窟顶太阳神像

二、丝绸之路上的蹀躞带

1970 年，西安市何家村窖藏遗址发现一批唐代窖藏金银器，其中不乏粟特和突厥风格的金银器。在这个唐代窖藏内共发现十副白玉蹀躞带。其中一副金玉蹀躞带，微泛青色，通体光素。整套带銙由附环方銙九、柿蒂纹方銙二、有孔尖拱形銙三、偏心孔环八枚及圆首矩形銙、玉带扣、圆首矩形铊尾各一枚，总计 25 件组。何家村唐代金银器窖藏出土十副蹀躞玉带以前认为属于唐代之物，不过，近年有学者考证，只有带墨书题记的九副蹀躞玉带是唐代之物，无墨书的九环金玉蹀躞带（图 6）以前在北周墓中发现过，实乃传世品[10]。

蹀躞带本是北方游牧民族为适应骑马需要而发明的，魏晋以来对中国腰带的演变影响巨大。关于北方游牧人的蹀躞带，北宋沈括《梦溪笔谈》记载：

[10] 刘思哲《西安何家村唐代窖藏九环玉带制作时代考》，《考古与文物》2013 年第 4 期，95—99 页。

中国衣冠，自北齐以来，乃全用胡服。窄袖、绯绿短衣、长靿靴，有蹀躞带，皆胡服也。窄袖利于驰射，短衣、长靿皆便于涉草。胡人乐茂草，常寝处其间，予使北时皆见之，虽王庭亦在深荐中。予至胡庭日，新雨过，涉草，衣袴皆濡，唯胡人都无所沾。带衣所垂蹀躞，盖欲佩带弓剑、帉帨、算囊、刀砺之类。自后虽去蹀躞，而犹存其环，环所以銜蹀躞，如马之鞦根，即今之带銙也[11]。

北周宣政元年（578）若干云墓、隋大业六年（610）姬威墓皆发现蹀躞带。其中，北周若干云墓为八环金玉蹀躞带（图 7）[12]。

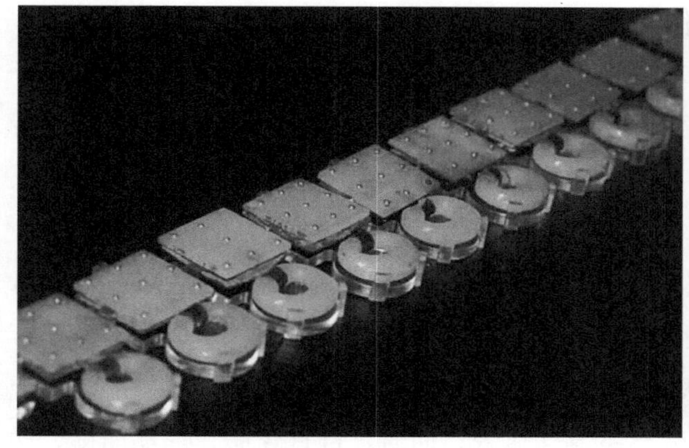

图 6　何家村唐代金银器窖藏出土九环金玉蹀躞带

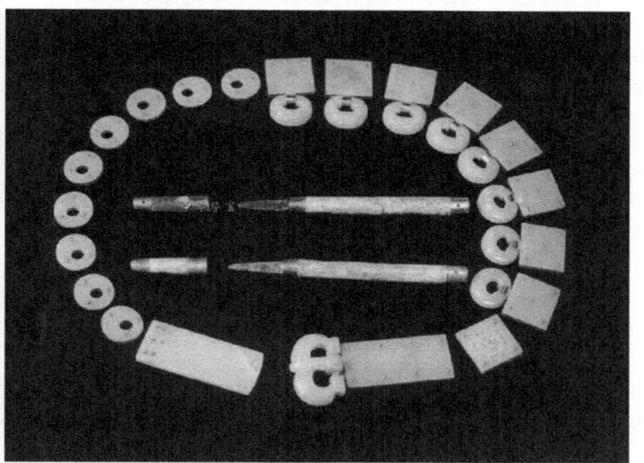

图 7　北周若干云墓出土八环金白玉蹀躞带

2014 年夏，我们在莫斯科俄罗斯国立历史博物馆考察时，见到一组九环镶金玻璃蹀躞带（图 8），年代在 4—8 世纪。这组镶金玻璃蹀躞带出自吉尔吉斯斯坦阿尔金 • 阿沙尔 4 号墓地（Altyn Asar Cemetery 4）。该墓地还发现两件火祆教祭坛，与萨珊波斯银币上火祆教祭坛如出一辙（图 9）。

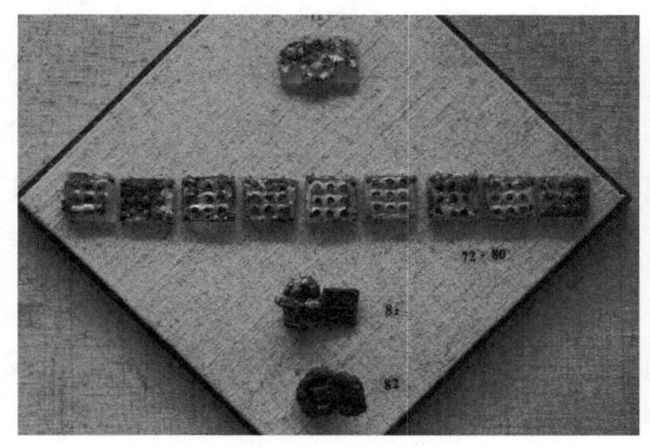

图 8　俄罗斯国立历史博物馆藏粟特风格的镶金玻璃蹀躞带

图 9　俄罗斯国立历史博物馆藏粟特火祆教祭坛

[11]（宋）沈括著、金良年点校《梦溪笔谈》，北京：中华书局，2015 年，3 页。

[12] 陕西省考古研究所《中国北周珍贵文物——北周墓葬发掘报告》，西安：陕西人民美术出版社，1993 年。

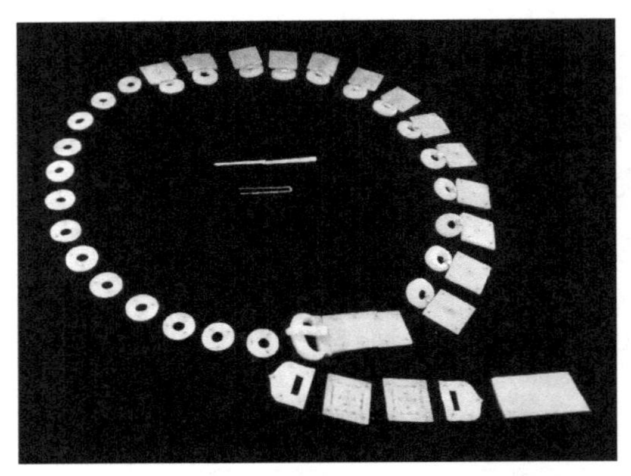

图 10　隋炀帝墓出土十三环金玉蹀躞带

历史上，吉尔吉斯斯坦曾经是粟特人重要聚集地，那么，阿尔金 • 阿沙尔 4 号墓地当为粟特人墓地。隋唐时代，许多粟特人从吉尔吉斯斯坦移民中国内地。据考证，唐代大诗人李白家乡碎叶城就在吉尔吉斯斯坦的阿克贝希姆古城，后来迁居四川[13]。

何稠家族亦为从中亚迁居四川的粟特人。《隋书 • 何稠传》提到何稠“父通，善斫玉”，那么，何家村唐代窖藏出土九环金玉蹀躞带，很可能是何通或其他粟特工匠模仿粟特镶金玻璃蹀躞带制作的。

2013 年，国家文物局和中国考古学会在扬州召开扬州曹庄隋唐墓葬考古发掘成果论证会，十余位专家一致确认，扬州曹庄隋唐墓葬为隋炀帝墓，是隋炀帝杨广与萧后最后埋葬之地。我们感兴趣的是，隋炀帝墓随葬了一套十三环金玉蹀躞带（图 10）[14]。

《隋书 • 何稠传》记载：“大业初，炀帝将幸扬州，谓稠曰：‘今天下大定，朕承洪业，服章文物，阙略犹多。卿可讨阅图籍，营造舆服羽仪，送至江都（今扬州）也。’稠于是营黄麾三万六千人仗，及车舆辇辂、皇后卤薄、百官仪服，依期而就，送于江都。所役工十万余人，用金银钱物巨亿计。”[15] 由此可知，何稠不仅为隋朝皇室制作御衣，而且“百官仪服，依期而就，送于江都”，那么，隋炀帝墓出土的十三环金玉蹀躞带很可能是何稠为隋炀帝监造的。

三、联珠纹天王狩狮锦

日本飞鸟时代多次派使臣来华通好，许多隋朝文物还被来华访问的日本使臣和遣隋使带回日本。隋开皇二十年（600），有沙门数十人来隋朝学佛法。隋大业三年（607），大和推古天皇派遣隋使小野妹子向隋炀帝递交国书，然而其中“日没天子”一语过于傲慢，引得隋炀帝勃然大怒。次年小野妹子再次使隋，国书改为“东天皇敬白西皇帝”以缓和双方关系。隋炀帝在 608 年派裴世清回访日。隋炀帝于大业三年和四年两度派朱宽前往流求（今琉球或台湾），务求“慰抚”该国，但流求不从。隋大业六年（610）又派陈棱、张镇州率兵万人前往攻打流求，击杀其主欢斯渴刺兜，俘男女数千人而去。在隋军征战期间，流求人曾经到隋军当中，进行贸易活动[16]。

许多中国文物就在隋代大批传入日本。法隆寺和正仓院收藏了大批中国古丝绸，如正仓院藏联珠纹天王狩狮锦（图 11）。长期以来，这件异域风格的织锦一直被学界当做唐代之物。不过，

---

[13] 张广达《碎叶城今地考》，《北京大学学报》1979 年第 5 期，70—82 页；收入张广达《西域史地丛稿初编》，上海：上海古籍出版社，1995 年，1—29 页

[14] 龚菲《文物局认定扬州曹庄隋炀帝墓为真》，《东方早报》2013 年 11 月 17 日版。

[15]《隋书》，1596 页。

[16]〔日〕藤家礼之助著，张俊彦、卞立强译《日中交流二千年》，北京：北京大学出版社，1982 年，70—86 页。

图 11　日本正仓院藏天王狩狮锦（局部）

此锦图案的马腿系飘带，与太原隋代虞弘墓石棺飞马浮雕（图 12）相同，制作年代当在隋代[17]。耐人寻味的是，此锦织有汉文“吉”字，织造水平高于萨珊波斯飞马锦，有可能出自负责隋代宫廷织造的粟特工匠何稠之手。

法隆寺藏也藏有一件四天王狩狮纹锦，原物长 250 厘米，宽 134.5 厘米。经线“S”捻，原为红地，因年久褪色，现呈浅茶色（图 13）。此锦呈长方形，绫地，锦面以联珠纹为架构，大型的联珠团窠，共 20 珠和 4 个回纹。窠径达 43 厘米，横三纵五。团窠之间以四角的唐草纹、忍冬纹相连接。团窠中心为一“生命之树”，树下两侧各有一位武士骑在翼马上，反身相向，正张弓搭箭准备射向扑来的狮子，与萨珊波斯银盘猎狮图相似。整个画面充满动感和张力。从团窠架构（树下左右对称联珠纹），武士、翼马、狮子形象等方面看，此锦具有浓郁的波斯特色[18]。

这件织锦传为圣德太子之物，但是不见《法隆寺伽蓝缘起并留记资财帐》，直到镰仓时代《太子传私记》网封藏中，才见到“四天王欤，文锦一丈许，赤地”的记载。据日本学者太田英藏研究，这件织锦可能是第七次遣唐使河内鲸在天智八年至十年（669－671）从中国带回的，当时唐朝与新罗联军在前一年一起攻打高句丽，这件四天王狩狮纹锦可能是唐朝政府的国礼[19]。不过，此锦马腿系飘带，与隋代虞弘墓石棺飞马浮雕相同，制作年代亦在隋代，而隋代仿制波斯锦的著名人物正是粟特工艺大师何稠。

[17] 山西省考古研究所等《太原隋代虞弘墓清理简报》，《文物》2001 年第 1 期，42 页，图 27。

[18] 赵丰《唐系翼马纬锦与何稠仿制波斯锦》，《文物》2010 年第 2 期，71－83 页。

[19]〔日〕太田英藏《犀丹纹锦について》，川岛织物文化出版局编《太田英藏染织史著作集》下卷，东京：1986 年，107－131 页。

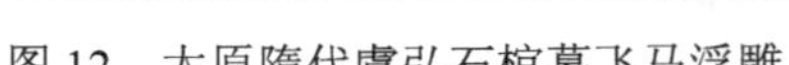

图 12　太原隋代虞弘石椁墓飞马浮雕

图 13　法隆寺藏四天王猎狮纹锦

综合全文的讨论，我们似可得出以下三点认识：第一，6 世纪初，在梁武陵王的大力推动下，四川至波斯疾陵城的丝绸之路全线贯通；李白祖先、何稠家族就在这个时期从中亚粟特迁入四川。第二，许多粟特工匠为南朝梁王室制作金银器和西方风格的丝绸，如华盛顿弗利尔美术和大英博物馆藏粟特金银器、青海都兰出土的拜占庭风格的织锦。第三，隋朝建立后，何稠开始主持隋皇室工程设计和工艺制作，隋炀帝墓出土十三环金玉蹀躞带、日本正仓院、法隆寺藏四天王狩狮纹锦残片，很可能是何稠为隋皇室监造的蹀躞带和织锦。

（2014 年 11 月 1 日于京城蓝旗营寓所）

北周康业墓围屏石棺床研究

林圣智
（中研院历史语言研究所）

北周天和六年（571）康业墓石棺床围屏，自2004年4月6日发现以来广受学界瞩目。在目前所知北朝晚期至隋代的汉地粟特人葬具中，不仅纪年最早，其围屏的风格与图像亦独具特色。不过令人意外的是，虽然康业墓的出土已超过十年，但是相较于其他汉地粟特人葬具，专论性的研究显得相当有限[1]。其原因可能在于康业墓围屏石榻中较欠缺典型的粟特宗教文化因素，却近于北魏的石刻线画传统。该如何说明这种墓主身份与围屏风格、图像之间在表面上的不一致性，以及解释何以产生这种现象的历史文化背景，也就成为考察康业墓的关键问题。

本文以北魏洛阳葬具作坊的分化作为分析的起点与立论主轴，由此葬具作坊的发展趋势来看待北周汉地粟特人葬具的演变，尝试将康业墓放回北周葬具发展的脉络，其中涉及石刻线画的发展以及金饰葬具等问题。本文首先概观康业墓，第二节讨论北魏洛阳葬具作坊的分化与其在北周的发展，第三节检视北周粟特人葬具中贴金的现象，并由金饰葬具发展的脉络来加以理解。第四节考察康业墓围屏与床座的配置原理，追溯其所依据的北魏模式。

一、康业墓概观

康业墓位于西安市北郊，坑底寨村西北，南距安伽墓150米，东距史君墓2000米[2]。其墓

[1] Judith A. Lerner, "Aspects of Assimilation : The Funerary Practices and Furnishings of Central Asians in China", *Sino-Platonic Papers*, no.168, 2005: 1-73. 曾布川宽《中国出土のソグド石刻画像试论》，收于同氏编《中国美术の图像学》，京都：京都大学人文科学研究所，2006年，97－182页。本文增补版改题为《中国出土ソグド石刻画像の图像学》，收入曾布川宽、吉田豊编《ソグド人の美术と言语》，京都：临川书店，2011年，294－295页。郑岩《北周康业墓石榻画像札记》，《文物》2008年第11期，67－76页。Zheng Yan, "Notes on the Stone Couch Pictures from the Tomb of Kang Ye in Northern Zhou", *Chinese Archaeology*, 9.1, 2009: 39-46. 郑岩《逝者的"面具"——再论北周康业墓石棺床画像》，收入巫鸿、郑岩编《古代墓葬美术研究》（第一辑），北京：文物出版社，2011年，217－242页；郑岩《从考古学到美术史——郑岩自选集》，上海：上海人民出版社，2012年，111－154页；氏著《逝者的面具：汉唐墓葬艺术研究》，北京：北京大学出版社，2013年，219－265页。沈睿文《论墓制与墓主国家和民族认同的关系——以康业、安伽、史君、虞弘诸墓为例》，《西域文史》第6辑，2011年，205－232页。关于汉地粟特人葬具研究的最新综述，参见影山悦子《中国北部に居住したソグド人の石制葬具浮雕に关する研究动向（2004年～2012年）》，收入森部豊《ソグド人の东方活动に关する基础的研究（课题番号21320135）平成21年度～平成24年度科学研究费补助金（基盘研究（B））研究成果报告书》，2013年，67－82页。

[2] 程林泉、张翔宇《西安北郊再次发现北周粟特人墓葬》，《中国文物报》2004年11月24日1版。国家文物局主编《2004中国重要考古发现》，北京：文物出版社，2005年，123－131页。西安市文物保护考古所《西安北周康业墓发掘简报》，《文物》2008年第6期，14－35页。简报中称石榻。目前学界对于这类葬具的名称尚未统一，本文暂称为"石棺床"。

葬形制为斜坡墓道穹隆顶土洞墓，坐北朝南，由墓道、甬道、墓室所组成（图 1）。墓道长度不明，宽约 1.58 米。甬道长 2.16 米，南宽 1.42 米，北宽 1.5 米。墓门由门楣、门框、门扉所组成，门楣与门框上有线刻图案，门扉上有门钉，表面贴金。门楣中央为兽面，两侧为龙。门框顶部为朱雀，下侧为执长剑的门卫。

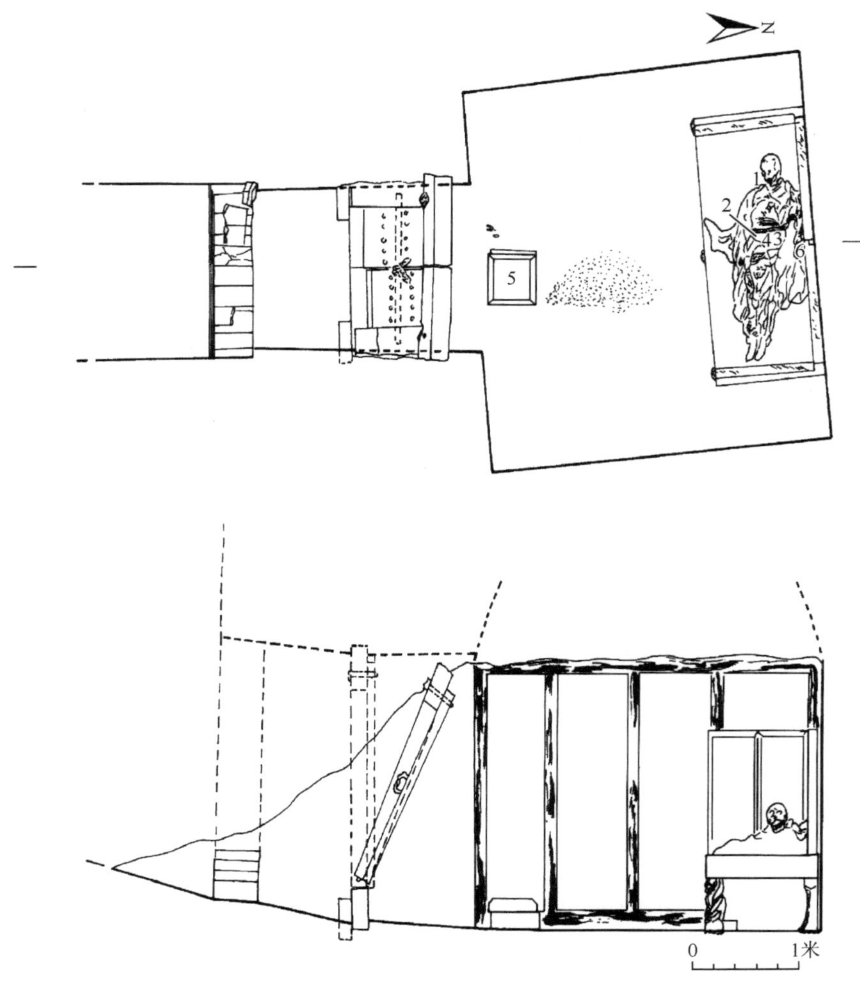

图 1　北周天和六年（571）西安康业墓平面、剖面图

墓室平面近方形，边长 3.2－3.4 米，残高 1.6 米。墓室壁面有壁画残迹，仅能辨识出红色边框。由剖面图来看，壁画残留边框类似屏风画的框架。墓室北壁安放一具围屏石棺床，紧靠北壁，上有男性墓主的遗骨，仰身直肢，头西足东（图 2）。口内含东罗马金币一枚，右手握铜钱一枚，身上残存锦袍痕迹，腰部有铜饰带。墓志位在墓室入口处，西侧有动物骨骼。墓室中央有烧土痕。

围屏由四块长方形石板组成。左右侧板长 95.5 米，高 82 米，厚 7－8.5 米。正面两块石板长 106－111 米，高 82－83.5 米，厚 9－10 米。左右侧板各分两栏，正面石板分为三栏，刻有边框，内有线刻图像，局部残存贴金痕迹。右侧围屏上方中央、正面右侧围屏上方、左侧围屏上方刻有“上”字，用来标示上下位置。康业墓中最受瞩目者除了墓志之外，无疑为其围屏上的复杂的石刻线画。就风格而言，无论是人物群像的表现手法或是流水、树石空间的经营等，均显示出北魏洛阳时期以来的新发展。

图 2　北周天和六年（571）西安康业墓围屏石棺床

二、北魏洛阳葬具作坊的分化

欲了解康业墓围屏的图像与风格特点，首先要由探究其风格的渊源，亦即北魏洛阳时期的葬具着手。北魏洛阳时期葬具的线刻画，向来为学者所重视，近年来虽然许多重要文物不断问世，但是这批石刻线画对于认识北朝墓葬图像的重要性依然无法取代。北魏洛阳石质葬具的风格特色是在平滑的石板表面，采用阴刻线刻画风格制作图像、纹饰，并且经常在表面贴上金箔，呈现出华丽的装饰效果。这类作坊除了葬具之外，很可能也制作墓志的装饰图案。随着北魏灭亡与东西魏建立，葬具作坊与图像的发展也出现新的变化[3]。

过去学界对于北朝葬具的研究，由于材料上的制约，对于魏分东西之后北魏石质葬具作坊分化问题的讨论较为有限[4]。不过随着考古的新发现，特别是在康业墓与河南安阳固岸 M57 发掘之后，为北朝晚期围屏石棺床的发展提供了重要的纪年基准点，从而有可能由较具有整体性的角度来勾勒此阶段石质葬具的发展。若以北魏灭亡至北周建德六年（577）灭北齐为时间范围，将相关材料依照年代排序如下。

[3] 这里所谓的“石质葬具作坊”，专指北魏孝文帝迁都洛阳后在洛阳地区制作石质葬具的专业作坊。由现在的传世葬具、墓志等状况来看，这类作坊可能具有官方性质。

[4] 郑岩《青州北齐画像石与入华粟特人美术—虞弘墓等考古新发现的启示》，收入巫鸿主编《汉唐之间文化艺术的互动与交融》，北京：文物出版社，2001 年，73－109 页。又收入氏著《魏晋南北朝壁画墓研究》，北京：文物出版社，2002 年，236－284 页；氏著《逝者的面具：汉唐墓葬艺术研究》，266－306 页。

（1）东魏武定六年（548）河南安阳安丰乡固岸村 M57 号墓孝子传图围屏石棺床[5]。

（2）北周保定四年（564）西安南康村李诞墓石棺[6]。

（3）北周天和六年（571）西安康业墓围屏石棺床。

（4）北周建德元年（572）匹娄欢墓石棺[7]。

（5）传北齐武平四年（573）青州傅家画像[8]。

上述北朝晚期石质葬具包括围屏石棺床与石棺两种形制，均沿袭自北魏。安阳固岸 M57（图 3）与康业墓分别位于东魏邺城与北周长安，可知北魏洛阳葬具作坊在北魏灭亡后，随着新政权的树立，在邺城与长安这两座都城建立了新的据点。从葬具作坊分化的现象来看，葬具工匠的流动可能不只涉及徙民问题。由于葬具与墓志同样不仅止于丧葬用器，还具有界定政治身份、传达政治正统性的功能，因此葬具工匠可能是东魏和西魏政权掠夺、收编的对象。对于东魏和西魏统治集团而言，掌控葬具作坊有助于新政权重建政治秩序。

若将固岸 M57 与康业墓相比较，可知固岸 M57 的围屏石棺床无论在形制上或图像上，都更近于北魏石棺床，较忠实地继承了北魏洛阳葬具传统。相较之下，康业墓围屏石棺床则可以观察到更多改易、转用的现象。这不仅是因为固岸 M57 的年代距离北魏较近，也与工匠作坊的发展，以及康业墓墓主身为粟特人且担任“大天主”的身份有关。相关问题详见下节。

李诞墓与匹娄欢墓则都采用石棺，同样以线刻画制作图像。李诞墓对于思考康业墓的相关问题尤其具有启发性。李诞墓南距康业墓约 500 米，由长斜坡墓道、甬道、穹隆顶墓室所构成，墓门朝南（图 4）。石棺位于墓室中央，前档朝西，其中有李诞与其夫人的遗骨。石棺盖板刻画人首蛇身的伏羲与女娲，伏羲捧月，女娲捧日，较为特殊。石棺左右档线刻青龙、白虎，后档为玄武。玄武背上有力士状神人，背有头光，右手持刀，裸露上身（图 5）。石棺前档中央为一门，门楣有三朵莲花，门框涂红彩，两侧为莲花柱，整体造型类似佛龛（图 6）。门下有一火坛，

---

［5］此墓出土墓志砖，记有“武定六年二月廿五日谢氏冯僧晖铭记”。相关简介参见潘伟斌《河南安阳固岸北朝墓地考古发掘的重要收获及认识》，《中国文物报》2007 年 12 月 7 日 5 版。后收于中国文物报社编《发现中国：2007 年 100 个重要考古新发现》，北京：学苑出版社，2008 年，298－303 页。中国考古学会编《中国考古学年鉴 2008》，北京：文物出版社，2009 年，292－295 页。河南省文物考古研究所《河南安阳固岸墓地考古发掘收获》，《华夏考古》2009 年第 3 期，19－23 页。河南省文物局编著《河南省南水北调工程 考古发掘出土文物集萃（一）》，北京：文物出版社，2009 年，18－41 页。河南省文物局编著《南水北调中线工程文物保护项目 河南省考古发掘报告 第 12 号 安阳北朝墓葬》，北京：科学出版社，2013 年，7－9 页。承蒙邢义田先生、郑岩先生、裴严华（Sascha Priewe）先生惠示照片，特此致谢。

［6］程林泉、张小丽等《陕西西安发现北周婆罗门后裔墓葬》，《中国文物报》2005 年 10 月 21 日 1 版。程林泉、张小丽、张翔宇《谈谈对北周李诞墓的几点认识》，《中国文物报》2005 年 10 月 21 日 7 版。程林泉、张翔宇、张小丽《西安北周李诞墓初探》，《艺术史研究》第 7 期，2005 年，299－308 页。国家文物局主编《2005 中国重要考古发现》，北京：文物出版社，2006 年，123－128 页。程林泉《西安北周李诞墓的考古发现与研究》，《西部考古》第 1 期，2006 年，391－399 页。王维坤《论西安北周粟特人墓和罽宾人墓的葬制和葬俗》，《考古》2008 年第 10 期，71－81 页。

［7］武伯纶《西安碑林述略——为碑林拓片在日本展出而作》，《文物》1965 年第 9 期，12－21 页。

［8］关于青州傅家画像原有的形态是否为葬具，尚无定论。简报中认为原来应砌于墓室壁面，郑岩最近亦倾向此说。曾布川宽主要根据图像内容的特点认为是石棺床围屏。山东省益都县博物馆（夏名采）《益都北齐石室墓线刻画像》，《文物》1985 年第 10 期，49－54 页。夏名采《青州傅家北齐画像石补遗》，《文物》2001 年第 10 期，49－54 页。郑岩《逝者的面具：汉唐墓葬艺术研究》，305－306 页。曾布川宽、吉田豊编《ソグド人の美术と言语》，240－253 页。

图3 东魏武定六年（548）河南安阳安丰乡固岸M57孝子传图围屏石棺床

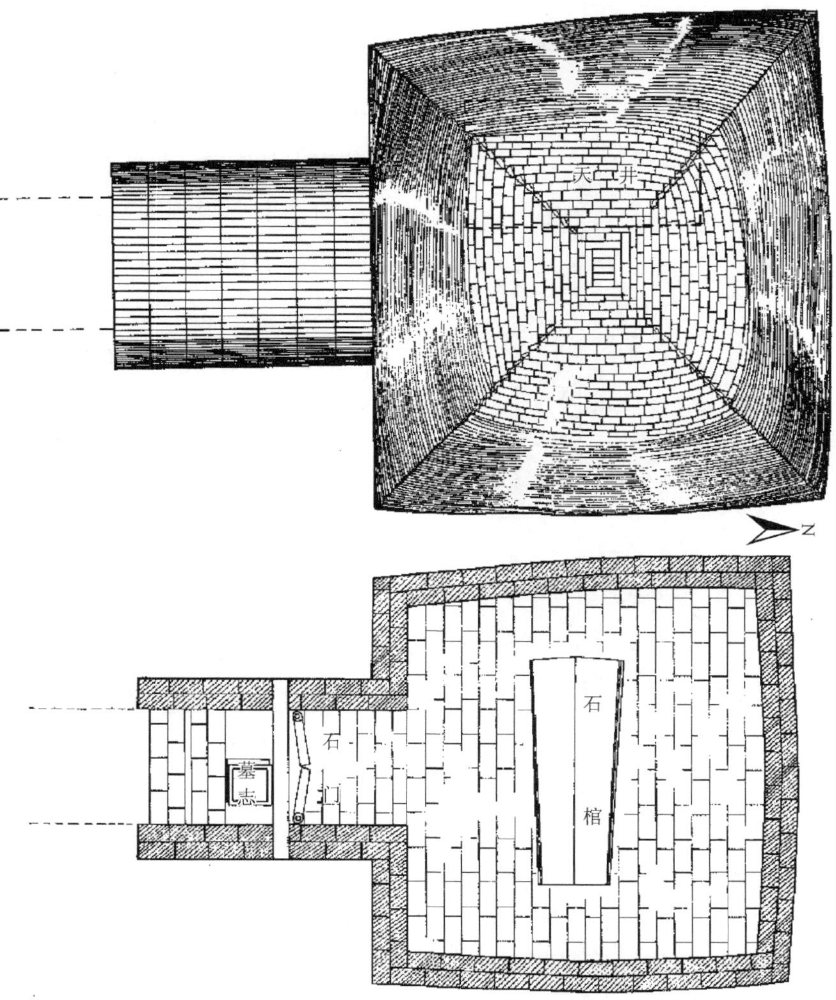

图4 北周保定四年（564）西安南康村李诞墓平面图

图 5　北周保定四年（564）西安南康村李诞墓石棺后挡

图 6　北周保定四年（564）西安南康村李诞墓石棺前档

图 7　传北魏正光五年（524）元谧石棺的前档 拓片

两侧伸出莲花。门的左右两侧为持戟、戴头光、立于莲花座上的人物，上身裸露，状似佛教护法神[9]。在石棺前档上方两侧则是相对称的双朱雀[10]。

李诞墓石棺中的诸多重要元素均可见于北魏石棺。其前档类似佛龛造型的门楣可见于传正光五年（524）元谧石棺的前档（明尼亚波里美术馆，The Minneapolis Institute of Arts，图 7）[11]。持剑人物与玄武的组合，也可见于开封博物馆藏北魏洛阳时期四神石棺的后档。另外 1977 年在洛阳缠河公社曾发现一具北魏石棺，左右有青龙、白虎，前档以朱彩绘制门扉，上方有双朱雀相互对称。棺盖内侧为手捧日、月的伏羲与女娲，日月上方并有三星以线相接连[12]。这件北魏石棺仅以朱彩绘制门扉，在李诞墓前档则并用线刻与朱彩。此

[9] 在北魏平城时期首度将佛教护法神作为具有守护功能的墓葬图像，配置于葬具前档或近于墓门处。宁夏固原博物馆《固原北魏墓漆棺画》，银川：宁夏人民出版社，1988 年，10 页。大同市考古研究所《山西大同文瀛路北魏壁画墓发掘简报》，《文物》2011 年第 12 期，26－36、60 页。

[10] 匹娄欢石棺同样为四神石棺，左右为青龙、白虎，棺盖刻画伏羲、女娲，图像的整体配置与李诞墓石棺相近。

[11] 奥村伊九良《镀金孝子传石棺の刻画に就て》，《瓜茄》第 1 卷第 5 册，1939 年，359－382 页。

[12] 洛阳博物馆《洛阳北魏画像石棺》，《考古》1980 年第 3 期，229－241 页。

外，缠河公社四神石棺所放置的位置为前挡朝西，墓道同样朝南，与李诞墓石棺的陈设方式完全相同。

由于李诞墓的年代较康业墓为早，可知在康业下葬之前，北周长安已出现分化自北魏洛阳的葬具作坊。此作坊在西魏、北周政治的新情势下发展，为了与北魏洛阳的发展有所区别，本文称其为“长安葬具作坊”。由李诞墓石棺可知，此作坊在康业墓之前已经开始为政治地位较高的胡人首领制作葬具，康业并非首例。据《李诞墓志》所见，李诞颇受北周皇帝重用：

均讳诞，字陁娑，赵国平棘人。……君禀玄妙气，正光中自罽宾归阙。大祖以／君婆罗门种，屡蒙赏。……皇帝授君／邯州刺史。其季闰月，葬中乡里。[13]

志文中“大祖”即北周太祖宇文泰，“皇帝”指武帝宇文邕。李诞生于北魏正始三年（506），于正光年间（520－524）赴洛阳，北魏灭亡后入西魏。北周太祖宇文泰屡加赏赐，59岁殁时北周武帝赠邯州刺史。此“邯州”即为甘州（今甘肃省张掖）[14]。由于康业同样由周武帝诏赠甘州刺史，考察李诞石棺的制作模式，可对认识康业墓围屏石棺床提供有力的线索。

学者指出李诞墓、康业墓、安伽墓墓地相近的现象，在当时的长安城东郊形成一高规格的胡人首领墓葬区[15]。这一墓葬区的形成可能与北周对于胡人首领葬地的规范有关，并非伴随于胡人聚落而自然形成。进而言之，北周官方是否曾在不同的程度、范围上介入胡人首领墓葬的营造，颇值得留意。除了墓地的选择之外，另一项指标是墓志志文的撰写。李诞墓志中刻意提及太祖、皇帝，显示出志文撰者与丧家对于今上的政治意识。在李诞墓的例子中，除了墓地、墓志之外，石棺的制作可能也是在官方的协助下所进行。如前所述，制作者正是由朝廷所管理的“长安葬具作坊”。此作坊在制作李诞石棺时，除了前档的火坛之外，其余所有的元素均取自北魏平城或洛阳时期的葬具传统[16]。在此，火坛也就成为表达墓主宗教信仰或是作为胡人首领的重要象征。如下述，康业墓围屏的风格、图像主要也是依据北魏，并以火坛来象征其特殊的身份。康业墓围屏石棺床的制作模式可以在李诞墓中找到先例。

由李诞墓石棺来看，长安葬具作坊充分承继了北魏石棺的制作技术与图像配置。由于李诞

[13] 国家文物局主编《2005中国重要考古发现》，北京：文物出版社，2006年，128页。程林泉《西安北周李诞墓的考古发现与研究》，393－394页。福岛惠《罽宾李氏一族考——シルクロードのバクトリア商人》，《史学杂志》第119编第2号，2010年，35－58页。

[14] 福岛惠《罽宾李氏一族考——シルクロードのバクトリア商人》，40页。毕波《中古中国的粟特胡人——以长安为中心》，北京：中国人民大学出版社，2011年，76页。

[15] 荣新江《有关北周同州萨保安伽墓的几个问题》，收入张庆捷、李书吉、李钢《4～6世纪的北中国与欧亚大陆》，北京：科学出版社，2006年，126－139页，特别是132页。王维坤《论西安北周粟特人墓和罽宾人墓的葬制和葬俗》，71页。福岛惠《罽宾李氏一族考——シルクロードのバクトリア商人》，44－45页。毕波《中古中国的粟特胡人——以长安为中心》，50页。这一带可能即是李诞墓志中所记的“中乡里”。ソグド人墓志研究ゼミナール《ソグド人汉文墓志译注（9）西安出土“安伽墓志”（北周・大象元年）》，《史滴》2012年第34号，138－158页。

[16] 曾布川宽指出此墓中的西域要素仅止于火坛，具有其时代性。曾布川宽、吉田豊编《ソグド人の美术と言语》，316页。

墓距北魏灭亡永熙三年（534）有 30 年的年代间隔，可知此作坊的工匠在北魏之后已延续了一至两个世代。换言之，北魏葬具作坊分化至西魏、北周之际已落地生根。长安葬具作坊中除了迁移自洛阳的工匠之外，应该还衍生出新一代的工匠。由于康业墓的年代又较李诞墓晚七年，这新一代的工匠在制作过程中可能扮演着更为重要的角色。除了新一代的工匠之外，考察康业墓中独特的图像配置之际还必须顾及新一波的区域文化交流。

另外值得注意的是，在康业墓之后的安伽墓围屏石棺床、史君墓石椁均改用浅浮雕，并未采用石刻线画[17]。这并非意味着北周末年的粟特人首领完全排斥石刻线画风格，因为其中仍留有部分遗存，如安伽墓墓门边框仍采线刻画图案，其围屏石棺床的床足上所见的畏兽形象同样以石刻线画风格表现（图 8）。这类举臂的畏兽形象广见于北魏，如正光三年（522）冯邕妻元氏墓志盖（图 9）。不过北魏以来的石刻线画风格显然仅扮演次要的角色。换言之，在北周武帝统一北齐、驾崩之后，长安粟特首领葬具的风格与图像均出现剧烈的转变。

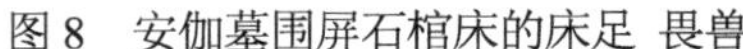

图 8　安伽墓围屏石棺床的床足 畏兽

图 9　正光三年（522）冯邕妻元氏墓志盖（波士顿美术馆）

安伽墓完成于大象元年（579），史君墓完成于大象二年（580），正值北周皇权不稳，政治动荡的阶段。相对地，李诞墓、康业墓则均完成于武帝时期。建德六年（577）年北周灭北齐，统一北方。来年周武帝亲征突厥，征途中病倒，驾崩于长安。其后宣帝（578－579 在位）继位，朝令夕改，诛除功臣，大成元年（579）让位于年仅七岁的太子宇文衍，是为静帝（579－581 在位）。大象二年（580）天元皇帝（宣帝）殁，同年五月左大丞相杨坚主政，大定元年（581）年静帝禅

[17] 陕西省考古研究所《西安发现的北周安伽墓》，《文物》2001 年第 1 期，4－26 页。陕西省考古研究所编著《西安北周安伽墓》，北京：文物出版社，2003 年。杨军凯《北周史君墓石椁东壁浮雕图像初探》，《艺术史研究》第 5 期，2003 年，189－198 页。国家文物局主编《2003 中国重要考古发现》，北京：文物出版社，2004 年，132－139 页。西安市文物保护考古所《西安市北周史君石椁墓》，《考古》2004 年第 7 期，38－49 页。西安市文物保护考古所《西安北周凉州萨保史君墓发掘简报》，《文物》2005 年第 3 期，4－33 页。西安考古研究院编著《北周史君墓》，北京：文物出版社，2014 年。

位，北周亡，隋朝建立。参照北周末年的历史可知，安伽墓与史君墓葬具的制作是在与李诞、康业墓很不相同的政治前提、背景下所进行的。在这段期间，北周皇帝对于胡人首领丧葬的支配方式可能有所变化。若换个角度来看，北周末年粟特首领的政治地位、军事实力可能有所提升[18]。安伽墓、史君墓中更直接、鲜明地传达出粟特人宗教、习俗、活动的图像，与李诞墓、康业墓的做法有所不同。这亦成为北周末至隋代汉地粟特首领葬具图像表述的重要特质。

在北朝粟特人墓葬中，康业墓的纪年虽然最早，但是发现时间最晚（2004 年 4 月）。李诞墓发掘于 2005 年 9 月，又晚于康业墓。在康业墓出土之际，学界基于虞弘墓（1999 年 7 月发现）、安伽墓（2000 年 5 月发现）、史君墓（2003 年 6—10 月发现）等震惊中外的前例，已惯于将北朝粟特人墓葬中的粟特图像表述视为理所当然。不过若将李诞墓、康业墓与安伽墓、史君墓相比对，这两组葬具整体的差异颇令人玩味。这其中是否涉及墓葬等级问题，仍有待进一步研究。不过若考虑北周政治的变迁，葬具中粟特图像的多寡、有无，可能还涉及官方监督、介入的程度，以及粟特人首领的政治地位、军事实力的消长等问题。换言之，这两组葬具的图像差异之间，可能隐含着由官方积极介入到较为缓和的历史过程，透露出北周皇权与粟特人聚落首领之间的互动关系[19]。北周武帝是否曾在此过程中扮演过某种角色，可能值得进一步考虑。由此看来，北朝粟特人墓葬中唯一刻有粟特文题记的史君墓出现在北周末年，恐怕并非偶然。

另外，由于安伽墓与史君墓的葬具均采用浅浮雕，这是否意味着北周末年长安葬具作坊出现了风格转变，由石刻线画为主转变为浅浮雕为主？若参照隋代关中地区所出土的石棺来看，北周长安葬具作坊的线刻画风格并未中断，依然延续下来并扩散至关中地区。陕西三原县隋开皇二年（582）李和墓石棺、陕西潼关税村壁画墓石棺可以为证[20]。

三、金饰葬具

康业墓石棺床围屏与李诞墓石棺均有贴金痕迹，因此有必要追溯这类金饰葬具的发展。上一节主要就石刻线画与图像配置来说明北周长安与北魏洛阳葬具作坊的关系。不过不能忽略这种线刻画风格往往与贴金一并出现，具有华丽的装饰趣味，与拓片黑底白线所传达的古朴效果大不相同。本节将由“贴金”的形式来考察北魏葬具作坊的分化过程[21]。

在康业墓的简报中清楚地提到石棺床围屏贴金箔的现象。其中贴金的部分包括门钉表面、围屏内侧、围屏边框、床座正面。关于围屏的部分，简报中称“局部贴金，两侧及上部饰贴金

[18] 安伽曾从事武职，任大都督。据《安伽墓志》：“俄除大都督。董兹戎政，肃是军容，志効鸡鸣，身期马革。”陕西省考古研究所编著《西安北周安伽墓》，62 页。

[19] 关于北周皇权与粟特人聚落首领之间的互动关系，参见山下将司《北朝时代后期における长安政权とソグド人——西安出土〈北周·康业墓志〉の考察》，收入森安孝夫《ソグドからウイグルへ——シルクロード东部の民族と文化の交流》，东京：汲古书院，2011 年，113—140 页，特别是 130 页。

[20] 陕西省文物管理委员会《陕西省三原县双盛村隋李和墓清理简报》，《文物》1966 年第 1 期，27—42 页。陕西省考古研究院《陕西潼关税村隋代壁画墓线刻石棺》，《考古与文物》2008 年第 3 期，33—47 页。陕西省考古研究院《陕西潼关税村隋代壁画墓发掘简报》，《文物》2008 年第 5 期，5—31 页。陕西省考古研究院编著《潼关税村隋代壁画墓》，北京：文物出版社，2013 年。

[21] 关于贴金的综述，参见高鲁冀《中国古建筑中的鎏金与贴金》，《考古与文物》1980 年第 4 期，125—133 页。

柿蒂纹”。另外简报中对于右侧石板第一幅中人物手捧的圆盘有“局部贴金”的描述[22]。由以上的描述可知特点为局部性贴金，并在画面外侧作出“柿蒂纹”装饰，但简报中并未详述各匡屏中残留有贴金的部分以及柿蒂纹的具体型态。

不过若详细观察康业墓简报中的彩色图版，似乎可以识别出更多残存贴金的位置。若以前引简报中人物手捧贴金圆盘的特点为依据，逐一比较，可以辨识出贴金的部分包括：

（1）右侧石板第一幅中两位男性人物手中所端的圆盘。

（2）正面右侧石板第一幅女性人物的发饰与衣袍部分[23]。

（3）正面右侧石板第二幅骑马人物中的马饰、骑马人物以及其后方侍者的衣饰。

（4）正面右侧石板第三幅女性人物的服饰。

（5）正面左侧石板第一幅为牛车图。其中有贴金痕迹的部分包括牛车棚顶上的联珠纹、牛车双辕下支撑物的底部、牛车旁胡人所举的酒杯。

（6）正面左侧石板为墓主画像。墓主的帽饰、衣袍中央、所坐毡毯、背后的屏风、中央的火坛等部分均有贴金痕迹[24]。另外可见于墓主左侧胡人所持器物、下方胡人侍者所捧的大圆盘与长颈瓶瓶身。墓主背后的屏风上刻有山峦、云气痕迹，简报中称为“山水画”。推测此屏风是以山水为主题的山水屏风。此山水屏风上也残存贴金[25]。

（7）正面左侧石板左侧的鞍马图中央有背向观者的马匹。其马鞍上联珠纹内有贴金，呈规律状排列。左侧露出半身的鞍马亦有贴金痕。

（8）左侧围屏石板内侧女性人物的服饰、发饰。

（9）左侧围屏石板外侧侍女，如芭蕉状树旁侍女的发髻、发簪、腰部饰带。另外其中有一执扇侍女，扇内似可见由金箔所组成的图案。

（10）床座正面中央兽首口缘的部分。

（11）床座正面朱雀的尾端以及缠枝莲花纹。另外在朱雀与下方的联珠纹之间有一道横向的贴金边框，隐约可辨。

（12）围屏边框有三处残存贴金痕迹。在墓主画像与鞍马图之间的边框上有由 5—7 个圆点所组成的图案，布局呈“十”字状，正位在两幅画面中间的分隔线。在左侧围屏两幅画面之间的边框上有 3 个圆点，上下对称，推测其原状可能作上下、左右对称的“十”字形，与前者相类。左侧围屏最外侧的边框上也有点状图案，不过排列并不对称。这些由圆点所组成的图案即为简报中所称的“贴金柿蒂纹”[26]。由于年代已久，绝大部分的贴金均已剥落，但仍可想见当初康业墓围屏石棺床完成时，应该是颇为灿烂夺目。此外，由于这类围屏边框上的纹饰应该是作规律性排列，根据现存的图案，可对康业墓围屏边框作出假设性的复原（图 10）。

---

[22] 西安市文物保护考古所《西安北周康业墓发掘简报》，15、25 页。

[23] 以下正面两块围屏石板的图像依自右而左的顺序（以石棺床的方位为基准），分别称为第一、二、三幅。

[24] 简报中称之为“炉”。不过由于其形制与李诞墓石棺前档的火坛十分相近，当可视为火坛。又见影山悦子《中国北部に居住したソグド人の石制葬具浮雕に关する研究动向（2004 年～2012 年）》，71 页。

[25] 西安市文物保护考古所《西安北周康业墓发掘简报》，32 页。

[26] 此比对得到杨军凯先生的确认，特此致谢。

图 10　康业墓围屏 左侧围屏边框图案复原图

经由以上观察可对康业墓的贴金形式得到以下四点初步认识：第一，围屏画面中贴金的位置集中在人物的服饰、发饰、器具、用品、鞍马与牛车的装饰上，这些贴金用来强调各类饰物、金银器作为金属质材的类似性与奢华感，凸显这些母题的物质属性。第二，围屏边框有贴金图案，推测其原状应是作规律性布局。第三，床座正面的兽面、四神、纹饰可能均满布金箔。这些图样与上下联珠纹之间的边框则贴上金边。第四，须留意康业墓中所谓“贴金”并非贴上大片的金箔，而是将金箔裁切成细碎的矩形，配合线刻画的内容仔细地逐次粘贴金箔。这种矩形的小单元可见于左侧围屏石板外侧侍女的发髻上。

随着南北朝佛教造像的蓬勃发展，贴金佛像并不罕见。河北曲阳、山东青州龙兴寺遗址、四川成都等地都曾出土贴金彩绘造像。其中尤其以山东青州龙兴寺石佛彩绘贴金的表现最为细致繁复。就北周的地理范围来看，2007 年在西安窦寨村发现的佛教造像窖藏曾出土一件残高 160 厘米佛像（编号 XHD07-003），袈裟彩绘保存较好，可清楚见到莲花纹的贴金痕迹[27]。值得注意的是，在右下侧莲花纹下方可见由五个点所组成的图案，布局近于“十”字形。此图案与康业墓围屏边框上的贴金图案相近（图 11）。贴金作为一种装

图 11　西安窦寨村窖藏北周佛教造像贴金痕迹

[27] 西安市文物保护考古所《西安窦寨村北周佛教石刻造像》，《文物》2009 年第 5 期，86－94 页。

饰石雕的技术，在佛教造像与葬具之间确实可以相互流通。不过若就北朝葬具发展的系谱来看，康业墓实继承自北魏统治集团的金饰棺传统。

北魏平城时期金饰棺已成为高等级的葬具。据《魏书》卷二七《穆崇传》，北魏泰常八年（423）穆观卒，明元帝临丧：

> 太宗亲临其丧，悲恸左右。赐以通身隐起金饰棺，丧礼一依安城王叔孙俊故事[28]。

穆观为穆崇（？—406）子，穆崇则为道武帝时期的建国功臣，穆氏即为太和十九年（495）诏定代人姓族的“功勋八姓”之一[29]。其族人原为丘穆陵氏的一支，在道武帝拓跋珪称帝之前即曾加入拓跋联盟，为追随拓跋珪一同流亡贺兰部的成员[30]。文中“通身隐起金饰棺”的描述具有启发性。“通身”意指布满表面，“金饰”为借由贴金等贵重金属来装饰葬具。“安城王叔孙俊故事”指明元帝在叔孙俊（389－416）卒后，为纪念其功绩所立下的丧葬规范。叔孙氏出自“帝室十姓”[31]。《魏书·穆崇传》中对于金饰的强调，反映出北魏平城初期葬具的新发展。

北魏平城时期金饰棺的具体样貌，可由5世纪下半宁夏回族自治区的固原漆棺略知一二。固原漆棺满布纹饰，装饰华丽。其花纹先贴上金箔再以金泥描绘（图12）[32]。其中大面积贴金箔的做法与“通身隐起金饰棺”的描述最为符合。固原漆棺中将贴金与纹饰相结合，表现出满布葬具表面的视觉效果。结合文献与考古材料来看，可知在北魏平城时期即有以贴金装饰葬具的传统。北魏洛阳时期的石棺、石棺床围屏也常见贴金装饰，如传元谧孝子传图石棺原来留有金箔痕迹[33]。

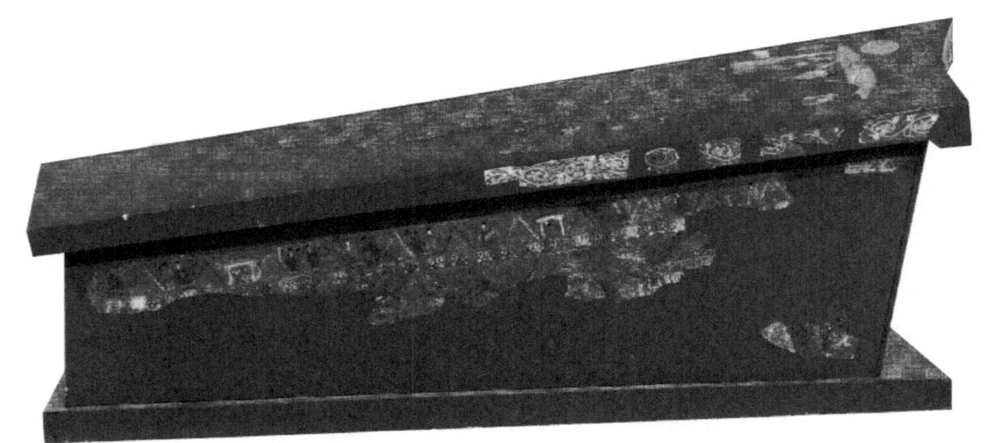

图12　固原北魏漆棺

[28]（北齐）魏收《魏书》卷二七《穆崇传》，北京：中华书局标点本，1992年，664页。

[29]（北齐）魏收《魏书》卷一一三《官氏志》：“其穆、陆、贺、刘、楼、于、嵇、尉八姓，皆太祖已降，勋著当世，位尽王公。”（3014页）

[30]张金龙《拓跋珪“元从二十一人”考》，《北朝研究》1995年第1期，53－56页。张金龙《北魏政治史研究》，兰州：甘肃教育出版社，1996年，21－22页。

[31]（北齐）魏收《魏书》，卷一一三《官氏志》：“又命叔父之胤曰乙旃氏，后改为叔孙氏。”（3005页）

[32]宁夏固原博物馆《固原北魏墓漆棺画》，18页。

[33]奥村伊九良《鍍金孝子傳石棺の刻畫に就て》，359－360页。

魏分东西之后，金饰葬具的传统随着葬具作坊的分化，连同石刻线画风格分别流传至邺城与长安。东魏固岸孝子传围屏石棺床床座用金箔贴出四方形边框[34]。北周李诞墓石棺的前后与左右挡板均残存贴金痕迹。以李诞墓前挡板下方的火坛为例，贴金箔的部分与火坛的线刻纹饰相搭配，分布上具有规律性，可看出贴金与线刻互相衬托，相得益彰。

北朝晚期至隋代汉地粟特人首领葬具图像的风格有所变化，不过贴金的做法不但保留下来，而且出现新的发展。安伽墓的围屏石棺床的保存状况较为完好，可借此了解康业墓以后粟特人墓葬中贴金形式的转变（图 13）。如前所述，康业墓围屏石棺床中使用贴金的部分包括人物的服饰、发饰、器具、用品、围屏边框、床座正面等部分。安伽墓围屏石棺床延续此作法，人物的腰带、器皿、乐器、床座边框等处可见到贴金，用来彰显图中器物和围屏的贵重感。在围屏边框上可见到土黄色圆形图案，分布规律。这些图案的作用相当于康业墓围屏边框上的柿蒂纹，尚无法确认是否以金泥描绘。安伽墓围屏中的贴金与康业墓最大的差异在于，将金箔作为背景，填满余白的空间，成为名副其实的金地屏风。

图 13　北周大象元年（579）西安安伽墓围屏石棺床

另外，安伽墓墓门贴金的部分包括门额的图像以及门楣、门框的纹饰。门楣以金箔为边框，其中的缠枝葡萄纹以贴金连接成弧线，与中央的兽面相接。半圆形门额的浅浮雕图像中，西侧乐神的项圈、手镯可见到均整的贴金。人身鹰足祭司的前方有供案，陈设于案上之瓶有贴金。另外左右两侧各有一跪坐胡人，前方有贴金熏炉。东侧胡人前方熏炉的火焰也贴金。门额背景填上朱彩，不同于围屏采用金地[35]。

[34] 河南省文物考古研究所《河南安阳固岸墓地考古发掘收获》，21 页。

[35] 陕西省考古研究所编著《西安北周安伽墓》，16—17 页。

将康业墓贴金的形式与安伽墓相较，最大的差异之处在于前者的贴金较为细碎，后者则贴上面积较大的金箔。安伽墓进一步将大面积的金箔用于人物的背景上，排除了空间深度，强化平面的效果。这种面积较大的贴金也出现在史君墓中。史君墓门扉上有飞天形象，直接以贴金、彩绘并用的方式来表现[36]。由此可知这种大面积贴上金箔的方式在北周末年开始流行，所传达的视觉效果较康业墓更为华丽[37]。

经由以上考察可知，康业墓中葬具贴金的做法并非始于粟特人，而是延续北魏平城时期以来统治集团葬具的传统。此外，北周末年安伽墓围屏中的贴金形式有所转变，成为浅浮雕式的金地屏风。

四、康业墓围屏石棺床的图像与配置原理

（一）围屏

关于康业墓围屏的配置原理，无法由单一传统得到完整的解释，其中可见到工匠较为灵活地重组、综合不同围屏配置方式的现象。所依据的来源包括：北魏洛阳围屏的墓主画像模式、北魏洛阳围屏中以右侧板为尊位的布局、河南安阳出土粟特围屏所见以骑马出行为中心的“三幅成组”叙事单位。前两者出自洛阳葬具作坊，第三则为粟特人转用北魏围屏的结构后所独创的布局。在康业墓中同时采纳这三种新旧不同的配置方式，并予以综合为一体[38]。

1. 围屏正面

笔者曾经将康业墓围屏正面两块石板的图像布局，视为“三幅成组”叙事单位的运用[39]。依自右而左（自西而东）的顺序，正面右侧围屏主题为女主人会见女宾、男主人骑马出行、女主人出行（图 14）；左侧分别是牛车、墓主宴饮、鞍马（图 15）[40]。正面右侧围屏以骑马出行为中心，类似河南安阳粟特围屏“三幅成组”的叙事单位，差异之处在于以女主人会见女宾、女主人出行取代了宴饮图。

---

［36］西安市文物保护考古所《西安市北周史君石椁墓》，39 页。西安市文物保护考古所《西安北周凉州萨保史君墓发掘简报》，7 页。西安考古研究院编著、杨军凯著《北周史君墓》，78 页。

［37］另外在山西太原隋开皇十二年（592）虞弘墓石椁、甘肃天水石棺床围屏均可见贴金痕迹。山西省考古研究所等《太原隋虞弘墓》，北京：文物出版社，2005 年。天水市博物馆《天水市发现隋唐屏风石棺床墓》，《考古》1992 年第 1 期，46－54 页。

［38］学者对于康业墓中的图像配置有不同的见解。Judith A. Lerner 推测中央围屏的六幅可能是表现墓主的旅程，画面之间具有叙事性关系。曾布川宽认为这件石棺床围屏为北朝式葬具演变至粟特人葬具的过渡形式，图像内容表现了墓主夫妇的生涯。郑岩认为其图像组合搭配零乱生硬，并有意掩盖康业本人的胡人血统，最近孙武军大致延续此说。Judith A. Lerner,“Aspects of Assimilation: The Funerary Practices and Furnishings of Central Asians in China”, pp. 22－23. 曾布川宽、吉田豊《ソグド人の美术と言语》，294－296 页。郑岩《逝者的面具：汉唐墓葬艺术研究》，256 页。孙武军《入华粟特人墓葬图像的丧葬与宗教文化》，北京：中国社会科学出版社，2014 年，57－58 页。

［39］林圣智《北朝晚期汉地粟特人葬具与北魏墓葬文化——以北齐安阳石棺床为主的考察》，《“中央”研究院历史语言研究所集刊》第 81 本第 3 分（2010 年），513－596 页。

［40］西安市文物保护考古所《西安北周康业墓发掘简报》，19－34 页。

图 14　康业墓围屏正面右侧石板

图 15　康业墓围屏正面左侧石板

图 16　康业墓围屏正面左侧石板
正面墓主画像（局部）

正面左侧围屏以正面的墓主画像为中心，左右配以鞍马、牛车，延续北魏平城时期以来表现墓主画像的基本模式。在此的特点为以三幅画面来呈现墓主、鞍马、牛车这三个主题。北魏石棺床围屏中可见墓主画像与鞍马、牛车的组合，不过在墓主画像左右还穿插了侍者的图像或孝子传图，墓主与鞍马、牛车的画面之间保持着距离。康业墓中则出现浓缩、简化既有模式的倾向，以“三幅成组”的方式将墓主画像与鞍马、牛车化约成一组构图。

此外，一般北魏石棺床围屏中，墓主画像均位于正面围屏的中央，或是略向右侧移位，偏向遗骨头部。特别是作正面像的墓主画像均位在围屏中央，墓主夫妇呈左右对称，目前无一例外，如康业墓中将正面墓主画像移到左侧，尚无前例可循。而其中骑马出行所在的位置刚好是原来应该放置墓主画像之处。如果依“三幅成组”的模式来看，将正面两块石板相比较，可知此墓主正面像与骑马出行的所在位置一左一右，正好相互对称。这两图的表现主题同为墓主，但是在此被赋予了新的位阶关系。就图像与遗骨之间的关系来看，骑马出行图近于遗骨头部，可能较正面墓主画像更为重要。北魏以来的墓主画像传统模式不再具有足以主导围屏整体布局的中心地位。工匠为了突显骑马人物的尊贵性，将骑马出行安排在原来应该刻画墓主宴饮图的位置，并将后者移至靠近遗骨下半身的一侧。由此可知长安葬具作坊新一代工匠大胆改易了北魏洛阳围屏的传统模式。

以下要针对康业墓正面墓主画像的部分，来观察工匠在承继、改造图像上所呈现的特点（图 16）。此画面高 73 厘米，宽 26 厘米，上半部表现墓主正坐于木构建筑内，上方有柳树，建筑外侧左右各有两名胡人侍者。墓主戴帽，右手举起，左手置于胸前。内穿圆领服，外披大衣。衣领的部分呈“八”字形，显得较为宽大。在安阳固岸的东魏孝子传图围屏中，也出现十分类似的墓主画像（图 17）。其中墓主身披大衣，右手置前，左手举杯，坐于华饰的帐内。其后有屏风，前方有两位背向观者的侍女。此墓主的手势与康业墓围屏的墓主像略有差异，但是身躯的整体比例、大衣

图 17　固岸 M57 墓孝子传图围屏石棺正面墓主画像（局部）

的表现以及刻画衣袍的方式等，均颇为相类。由此再次证明康业墓围屏与固岸围屏均承继了共通的北魏洛阳葬具传统。

但另一方面，康业墓的工匠对于这种既有的墓主画像模式再加以改造。首先，在固岸围屏中的墓主画像包含夫妇两人，各占一幅画面。北魏洛阳时期围屏的墓主画像均同时表现出墓主夫妇。相对地，在康业墓中仅选择表现男性墓主正面像，排除了女性墓主的正面像。这可视为工匠为了将男性墓主作为表现中心，并以“三幅成组”的叙事单位来化约北魏传统模式所产生的结果。

康业墓正面墓主画像的下方有火坛，显然并非出自北魏传统的墓主画像模式。如前所述，类似的火坛造型可见于李诞墓石棺前档。火坛最上层为一侈口盆状，其次为一盘，盘缘作梯形，悬挂九件垂饰，接着为一细腰状座，底部似有莲花瓣饰。李诞墓火坛的两侧有对称的莲花纹，在康业墓主画像中则改为左右相对的长尾鸟。除了火坛的形制类似之外，所在位置也有类似之处。李诞墓的火坛位在前档门扉正下方。这类石棺前档的门扉具有作为墓主神魂出入的通道的象征意义，暗示墓主的存在，如在北魏固原漆棺的前档上方画有墓主画像，其下有门扉，可知门扉与墓主的密切关系[41]。简而言之，在康业墓与李诞墓中均可见到借由火坛来标识出墓主的意图。

此外，康业墓正面墓主画像的空间布局与其左右的鞍马、牛车图不尽相同，隐含着粟特式的空间概念。在正面墓主的画面中以中央的栏杆、火坛为界，大致可分为上下两部分。上半部为墓主，下半部为四位胡人侍者。最外侧的左右两位手端壶与皮囊状容器等，中央两位侍者则手捧大圆盘，朝向上方墓主，作出敬献的姿态。这种将画面分为上下两层，尊贵者在上，卑位者在下的布局，亦广见于安阳粟特围屏、安伽墓围屏、史君墓石椁，可视为粟特人固有的构图模式[42]。由此可知，虽然康业墓墓主正面画像承袭自北魏传统，但在此被重组于粟特式的空间概念之中。

2. 围屏左右侧板

康业墓围屏左右两石板各有两个画面，显然不是依据“三幅成组”的模式（图 18、图 19）。这四幅图像均采用树下人物图的模式，男性或女性人物坐于榻上，其身旁或身后有大树，周围围绕众多人物。由于康业墓继承了北魏洛阳葬具传统，该如何恰当地解释这四幅图像，笔者认为最佳的解决方案还是应由其源头找寻线索。以下首先由右侧石板的两幅图像着手。

右侧石板第一幅的主角为男性人物，手按隐囊，坐于榻上（图 20）。简报中认为其内容为主人会见宾客[43]。其周围共计有十六人，以中央大柳树为界，分为两组，各有六人。画面右

[41] 固原漆棺墓主画像的研究参见孙机《固原北魏漆棺画研究》，《文物》1989 年第 9 期，38—44 页。收入氏著《中国圣火：中国古文物与东西文化交流中的若干问题》，沈阳：辽宁教育出版社，1996 年，122—138 页。罗丰《固原漆棺画に见えるペルシャの风格》，《古代文化》第 44 卷第 8 号（1992 年），40—52 页。中文版收入氏著《胡汉之间——“丝绸之路”与西北历史考古》，北京：文物出版社，2004 年，52—78 页。Patricia Eichenbaum Karetzky & Alexander Soper, “A Northern Wei Painted Coffin”, *Artibus Asiae*, Vol. LI 1/2 ,1991: 5-28.

[42] 林圣智《北朝晚期汉地粟特人葬具与北魏墓葬文化——以北齐安阳石棺床为主的考察》，537—539 页。

[43] 西安市文物保护考古所《西安北周康业墓发掘简报》，19—20 页。

图 18　康业墓围屏右侧石板

图 19　康业墓围屏左侧石板

图 20　康业墓围屏右侧石板 第一幅 局部

侧六人均戴官帽，着汉服长袍，朝向墓主，地位较高。上方四位戴漆纱笼冠，下方两位似戴进贤冠。上方四人之间有三朵莲花，下方二人姿态恭敬，端盘。画面左侧六人着窄袖圆领，似为胡服。此六人均为侍者，其中三人手持仪仗，分别是一华盖与两件羽葆。

这种单华盖与双羽葆的仪仗组合，稍早可见于河南洛阳北魏龙门石窟宾阳中洞东壁的帝王礼佛图；男性人物身凭隐囊的表现，则可见于同窟东壁上层的维摩诘与文殊问答图。维摩诘图中的隐囊位在维摩诘身后，此图中则置于人物前方。在康业墓围屏中，无论是华盖、羽葆、隐囊，都是用来作为彰显主人尊贵地位的象征物。此外，在康业墓中单华盖与双羽葆的仪仗组合除了这幅树下人物之外还出现了两次，分别是正面围屏中的鞍马图与骑马出行图。排列方式均为华盖居中，双羽葆位在左右。由于鞍马图与骑马出行图均是作为暗示或表现墓主的一种形式，因此如同简报所言，这幅树下人物图中的主人很可能即是墓主。

此图的构图较为复杂，与一般树下人物图的模式并不相同。图中男主人位于画面左端，与前方着朝服的人物之间保持了一定的距离。两者之间不但以柳树区隔，且柳树的根部纠结盘绕。横置于主人前方的隐囊与柳树的复杂表现，都有助于强化区隔两侧的人物。工匠可能刻意以这样的布局来突显出主人的尊贵地位。虽然主人所坐的位置略低，但是由于在此群像中拉出了主人与宾客之间的距离，在宾客簇拥与仪仗的衬托下，有效地传达出人物之间的尊卑关系。此外，五位着朝服人物的视线朝向主人，特别是前方端盘的两人略弯腰，强调出礼敬主人的意涵。

值得注意的是，这种经营人物尊卑关系的手法仅出现在此图中，未见于其他三幅位在围屏左右两侧的画面。这三幅图像的人物均为女性，女主人坐于榻上，榻前有靴。类似的构图亦可见于正面围屏最右侧的一幅。图中采用了有别于男主人的构图，其共通点为：第一，树木位于人物身后而非人物之间；第二，女主人与宾客之间的距离较近，显得较为亲密；第三，女性宾客并非呈立姿而是坐于席上；第四，未陈设仪仗。由于这三图均为女性人物，与右侧围屏第一幅以男主人为主体的树下人物图相较，在构图上的差异不仅止于表现方式的不同，可能还意味着男尊女卑并彰显男主人的特殊地位的用意。

如果围屏右侧树下人物图中的男主人即为墓主，则此图所欲传达的意义值得进一步推敲。图中男主人前方的人物着朝服，并非侍者，颇为特殊。在北魏围屏乃至于北朝壁画墓中尚无前例可循。若以《康业墓志》为线索，可进一步推测着朝服人物为代表拥护康业一族的朝官，或是其粟特集团内部的僚属。据《康业墓志》（图 21），康业承继父职：

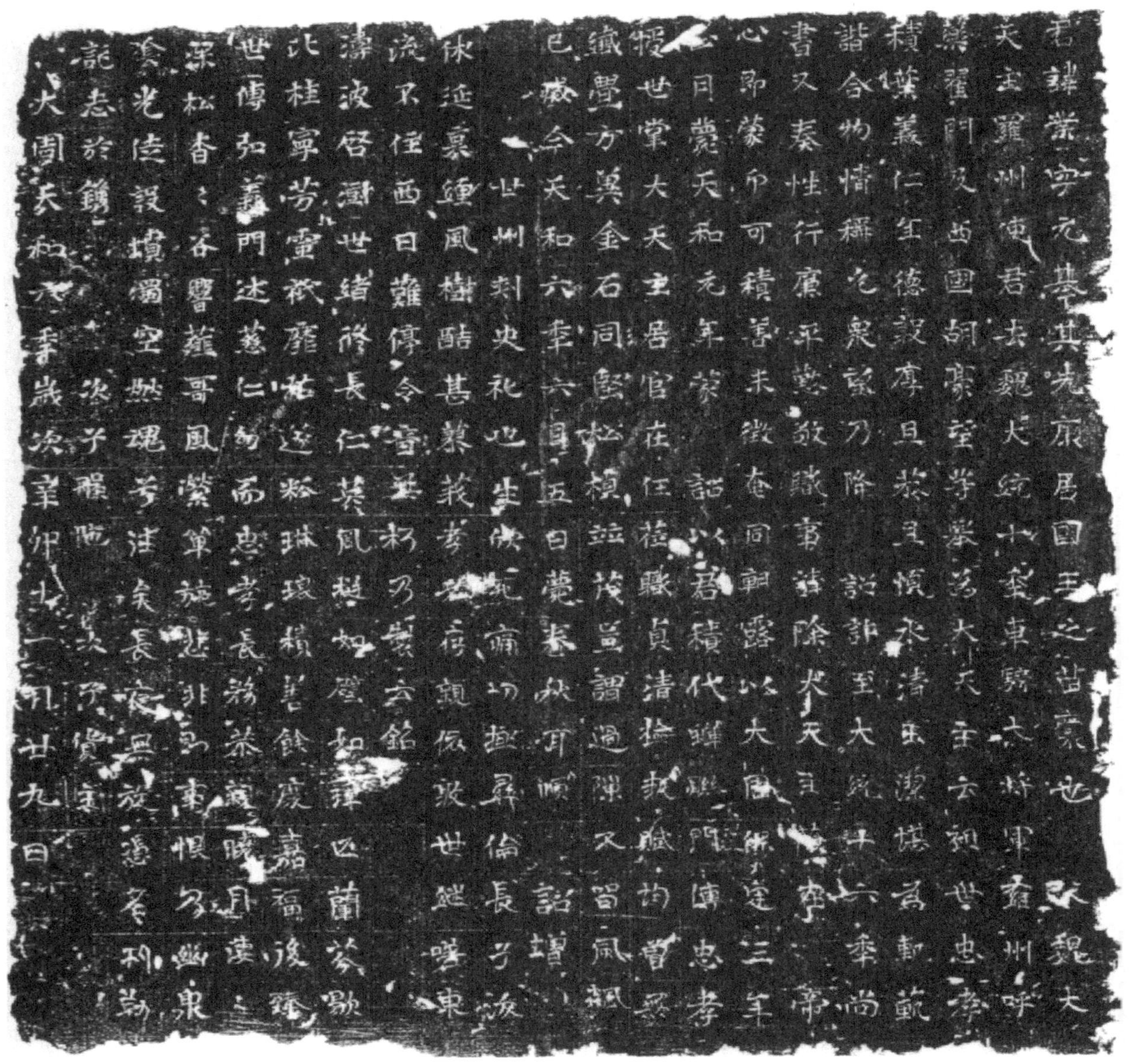

图 21　《康业墓志》拓片

以大周保定三年／正月薨。天和元年蒙诏，以君积代蝉联，门传忠孝，／授世掌大天主。居官在任，莅职贞清，检执赋均，曾无／纤疊。[44]

其父殁于保定三年（563）正月，三年后天和元年（566）康业继任大天主[45]。“纤疊”为细微的过失[46]。康业任内行事清正，赋役均等，但似乏明确的功绩。相较之下，志文中对于其父事迹的描述则较为详细，字数甚至超过康业本人，颇为罕见。据《康业墓志》：

父魏大／天主罗州使君，去魏大统十季，车骑大将军雍州呼／药翟门及西国胡豪望等举为大天主。云：祖世忠孝，／积叶义仁，年德敦厚，且恭且顺，冰清玉洁，堪为轨范，／谐合物情，称允众望。乃降诏许。

西魏大统十年（544）康业父得到车骑大将军、雍州呼药翟门以及“西国胡豪望”的拥戴，担任西魏大天主。翟门亦为粟特人[47]。将这段志文与关于康业的描述相比较，康业的“莅职贞清”引申自其父的“冰清玉洁”，其父“堪为轨范”则远非康业“曾无纤疊”所能比拟。康业父任大天主的时间为19年，康业则任职5年，仅约为其父的四分之一[48]。

由此可知康业虽承继父职，但是其个人在粟特人聚落中的声望不如其父。推测丧家为了巩固其集团内部向心力，于是特别在志文中长篇描述康业父如何受到粟特豪望的拥载与皇帝的重视，并在树下人物图中表现出身孚众望的康业形象。

以下考察右侧围屏两幅画面的组合关系。两图前侧的主角为男性，后侧为女性，男前女后的组合关系可见于北魏石棺床围屏。笔者曾依据王子云所刊布的拓片复原出一套北魏石棺床围屏（以下简称A组围屏，图22）。这套围屏的图像较为特殊，代表着有别于以孝子传图为主，

[44] 程林泉、张翔宇、山下将司《北周康业墓志考略》，《文物》2008年第6期，82－84页。毛远明校注《汉魏六朝碑刻校注》10，北京：线装书局，2008年，247页。

[45] 康业于其父殁后三年任职，可能是守丧三年。另外，唐咸亨元年（670）《史诃耽夫妇墓志》载：“丁母忧。集蓼崩魂，匪莪缠痛。同子羔之泣血，类叔山之荒毁。”罗丰《固原南郊隋唐墓地》，北京：文物出版社，1996年，70页。又见杨军凯《北周史君墓双语铭文及相关问题》，《文物》2013年第8期，49－58页。收入西安考古研究院编著《北周史君墓》，192－202页。

[46] 毛远明校注《汉魏六朝碑刻校注》10，247页。

[47] 程林泉、张翔宇、山下将司《北周康业墓志考略》，84页。山下将司《北朝时代后期における长安政权とソグド人——西安出土〈北周・康业墓志〉の考察》，129－135页。翟姓作粟特人姓的实例又见荣新江撰，森部豐译、解说《新出土石刻史料から见たソグド人研究の动向》，《关西大学东西学术研究所纪要》第44号，2011年，121－151页。

[48]《康业墓志》中有两处值得注意。康业殁后诏赠甘州刺史，然而在甘州刺史之前有四个空格，原因不明。山下将司认为可能是表示敬意，不过或许另有原因。推测这可能是在墓志完成之时，待赠官衔仍未完全确定，或者是丧家期待更多的哀荣，因而刻意留下空白，以便补刻之用。另外墓志最后一行为“大周天和六季岁次辛卯十一月廿九日”，即为康业下葬之日。若仔细观察，这一行字的字形略大，笔画较深，可能是最后才补刻上，并非与志文主体同时完成。亦即当志文初刻毕之际，除了在甘州刺史之前保留四格空阙，由于下葬之日未决，最后一行也保留空白。直到最后确认下葬日后才补刻最后一行。关于下葬之日悬而未决的原因，若参考这四格空阙，可能是丧家为了等待朝廷的赠官。山下将司《北朝时代后期における长安政权とソグド人——西安出土〈北周・康业墓志〉の考察》，118页。

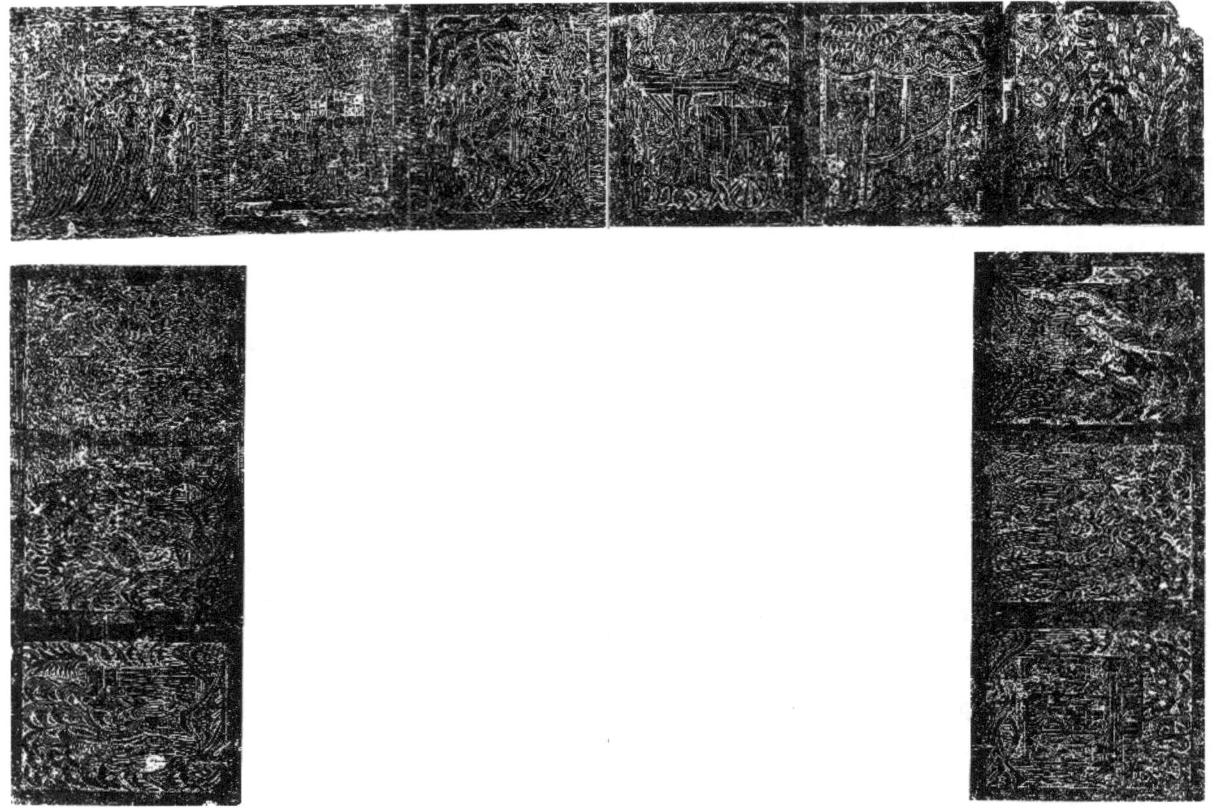

图 22　A 组围屏复原图

另一种过去不为学界所知的围屏图像类型[49]。A 组围屏的图像配置如下：围屏内侧中央的画面，由右而左分别是奏乐图、墓主夫妇、鞍马图、牛车图、奉食图、人物相对图。奏乐图朝向左侧，鞍马、牛车、奉食图朝向右侧，皆以墓主夫妇画像为中心。右侧围屏的三个画面由外而内分别是诣阙图、树下濯足图、吹笙引凤图；左侧围屏由外而内依序为登床图、执幡图、人物行进图。

其中树下濯足图与吹笙引凤图两图并排，均位于围屏右侧板。就石棺床实际的使用情况来看，位于与死者头部相对应的位置。由图像内容与位置来看，树下濯足图与吹笙引凤图居于尊位。树下濯足图中的人物为男性，吹笙引凤图中的人物为女性，性别相应于墓主夫妇。这可能是表现墓主夫妇升仙、神游于方外世界的形象。换言之，在 A 组围屏中具有双重的中心，除了正面的墓主夫妇画像之外，围屏右侧石板内侧与墓主身体头部相对应的两幅画面，同样具有较高的重要性。登床图、执幡图等以丧家为主体的图像则配置在左侧，对应于足部的一侧，重要性较低。

若以 A 组围屏右侧板的图像作为比较的基准，则康业墓右侧围屏一男一女的图像可以解释为康业夫妇受到僚属、身份较高的妇人、侍者等礼敬的情境。A 组围屏中男性人物位在外侧，女性人物位在内侧，这种内外关系完全对应于康业墓右侧围屏。此外，正面围屏的骑马人物朝向右侧，也强调出以墓主头部的一侧为尊。康业遗骨位于棺床上，头向西，足部向东。头骨与西侧石板之间留有间距，足部则几乎触及东侧石板。头骨位于女主人会见女宾与骑马出行图之间。康业墓围

[49] 林圣智《北朝晚期汉地粟特人葬具与北魏墓葬文化——以北齐安阳石棺床为主的考察》，517－521 页。

屏的配置与A组围屏相同，表现出以围屏右侧板为尊位的布局，透露出对于墓主身体的意识。

（二）床座

康业墓围屏石棺的床板长2.38米，宽1.07米，厚0.16米，正面与两侧以线刻减地的方式刻画图案。床腿有五件，正面中央为畏兽[50]，左右为蹲踞状狮，背面两件呈靴形，高0.34米。此床座的正面与侧面刻有图像，尚未充分受到学界的关注。

床座正面中央为一兽面（图23），其余图案均以此为中心，呈左右对称，排列均整。据简报，此兽面与墓门门楣中央的兽面相同[51]。床座正面自中央起向右侧（西）依序是：朱雀、缠枝莲花、狮子、缠枝莲花、青龙、缠枝莲花、玄武、缠枝莲花。自中央起向左侧（东）依序为：朱雀（图24）、缠枝莲花、白虎、缠枝莲花、青龙、缠枝莲花、玄武、缠枝莲花，其中除了狮子与白虎之外，所有的图案均相互对称[52]。床座侧面的图案则未左右对称。右侧面由外而内为山羊、骆驼、兽等。左侧面由外而内为雄鸡、虎、兽、凤鸟等。

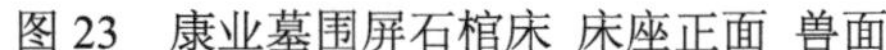

图23 康业墓围屏石棺床 床座正面 兽面

图24 康业墓围屏石棺床 床座正面 朱雀

床座正面图案由四神所组成，其中以狮子取代白虎，因此白虎仅出现一次。整体看来，对称性的四神即为康业墓床座正面图案的特点。前述李诞石棺也刻画四神，可知在此阶段，四神在胡人首领的墓葬中扮演着较为重要的角色。在北周末年的安伽墓、史君墓中则未见四神的痕迹[53]。康业墓围屏石棺为目前所知的汉地粟特人葬具中，唯一完整刻画四神的实例，由此可见其床座图案的重要性[54]。

---

[50] 简报中称中央的畏兽为狮子。国家文物局主编《2004中国重要考古发现》，124页。西安市文物保护考古所《西安北周康业墓发掘简报》，15页。

[51] 西安市文物保护考古所《西安北周康业墓发掘简报》，34页。

[52] 简报中图版21标题中的白虎应作狮子。西安市文物保护考古所《西安北周康业墓发掘简报》，24页。

[53] 固原南郊隋大业六年（610）史射勿墓志盖、唐显庆三年（658）史索岩墓志盖上刻有四神图。史索岩墓第五过洞上方绘朱雀壁画，墓门门楣刻双朱雀，门扉刻双朱雀、双青龙。如同罗丰所言，此为北朝时期传统的延续。罗丰《固原南郊隋唐墓地》，17、34－54页。

[54] 隋开皇九年（589）安备墓石棺床床座背面刻有青龙、白虎、玄武，未见朱雀。黎北岚推测床座正面的人首鸟身祭司取代了朱雀。Pénélope Riboud, "Bird-priests in Central Asian Tombs of 6th-century China and Their Significance in the Funerary Realm", *Bulletin of the Asia Institute*, 21, 2012: 1-23.

然而，这种双四神的组合出自何处？北魏洛阳时期围屏石棺床座正面同样刻画图案，包含各类祥瑞、天人、仙禽、畏兽等，但是未见双四神。以河南省沁阳县西向公社出土围屏石棺床为例，高 0.51 米，宽 1.12 米，长 2.23 米，床座正面上侧以双阴线区分出十六个方格[55]。十六个方格左右各分八幅，内容左右对称，朝向中央。由右而左分别是：莲花蔓草、朱雀、畏兽、香炉、朱雀、仙人、畏兽、兽首鸟身、人首鸟身、畏兽、飞仙、朱雀、香炉、畏兽、朱雀、莲花蔓草。其中，人首鸟身形象的瑞兽立于大莲座上，与兽首鸟身的形象相对，最靠近中央处。左右床腿上分别为着长袍的捧剑武士。

另外，北魏洛阳石棺的棺底刻有带状图案。棺底前部中央为兽面，左右青龙白虎各一，相互对称。棺底后部中央则为莲花，左右同样是青龙白虎相对。棺底左右侧各分成 12 个方格，每一格内有畏兽、神兽、朱雀、龙、虎等，未见玄武[56]。在此石棺中，青龙与白虎成为一组，而非如同康业墓床座所见将青龙与青龙相对。

康业墓床座的双四神组合可能是沿用了北魏墓志装饰的传统。北魏神龟三年（520）元晖墓志四侧面刻有四神图，配合方位，东西为青龙、白虎，南北为朱雀、玄武（图 25）[57]。其中的四神均两两相对，成为对称的双四神。在玄武的后侧有神兽，四神之外的神兽仅出现于此。此外，康业墓志由志盖与志石组成，无任何装饰图案。可能是由于康业墓志并无须雕饰，工匠遂将墓志装饰运用在床座上。

在康业墓床座中虽采用双四神的组合，但是为了配合床座的结构，其排列方式与墓志有所不同。将双四神排列在同一正面，弱化了四神与方位的对应，成为朱雀—白虎（狮）—青龙—玄武的线性顺序。可知康业石棺床座的图案虽然引用自北魏洛阳的线刻画传统，但是并非忠实沿袭，而是配合其需要，选择性地重新加以拆解与转用。在目前所知的北朝围屏石棺床中，康业墓可能是将墓志中的双四神模式，转用成床座正面图案的唯一实例。

康业墓床座右侧面的图案由前而后分别是：云气、云气、羊、骆驼、兽、不明、云气、云气（？）。左侧面由前而后的图案是：公鸡、云气、兽、云气、云气，最后三个图案则不明。其中部分图案的表现方式亦可见于北魏墓志，如右侧面最前方有羊，其后半部为变形的云气纹，意指其由云气变化而成[58]。

其中公鸡的图案位于左侧的最前方，可能有特殊的用意。陕西靖边县出土北周大成元年（579）翟曹明墓石门，高 159 米，宽 127 米。翟曹明任夏州天主、仪同，为北周末年夏州地区的粟特聚落首领[59]。石门门扉上各雕刻一武士，蓄胡，头戴新月形饰冠，手执三叉戟。门楣中央刻画兽面，

[55] 邓宏里、蔡全法《沁阳县西向发现北朝墓及画像石棺床》，《中原文物》1983 年第 1 期，5－12 页。

[56] 洛阳博物馆《洛阳北魏画像石棺》，232－239 页。

[57] 赵万里《汉魏南北朝墓志集释》卷三，北京：科学出版社，1956 年，55－56 页。毛远明校注《汉魏六朝碑刻校注》5，46－49 页。

[58] 高桥宗一《北魏墓志石に描かれた凤凰・鬼神の化成》，《美术史研究》第 27 册，1989 年，87－104 页。

[59] 陕西历史博物馆编《三秦瑰宝：陕西新发现文物精华》，西安：陕西人民出版社，2001 年，133 页。尹夏清《陕西靖边出土彩绘贴金浮雕石墓门及其相关问题探讨》，《考古与文物》2005 年第 1 期，49－53 页。翟曹明墓志文的讨论参见荣新江撰，森部豊译、解说《新出土石刻史料から見たソグド人研究の动向》，128－132 页。

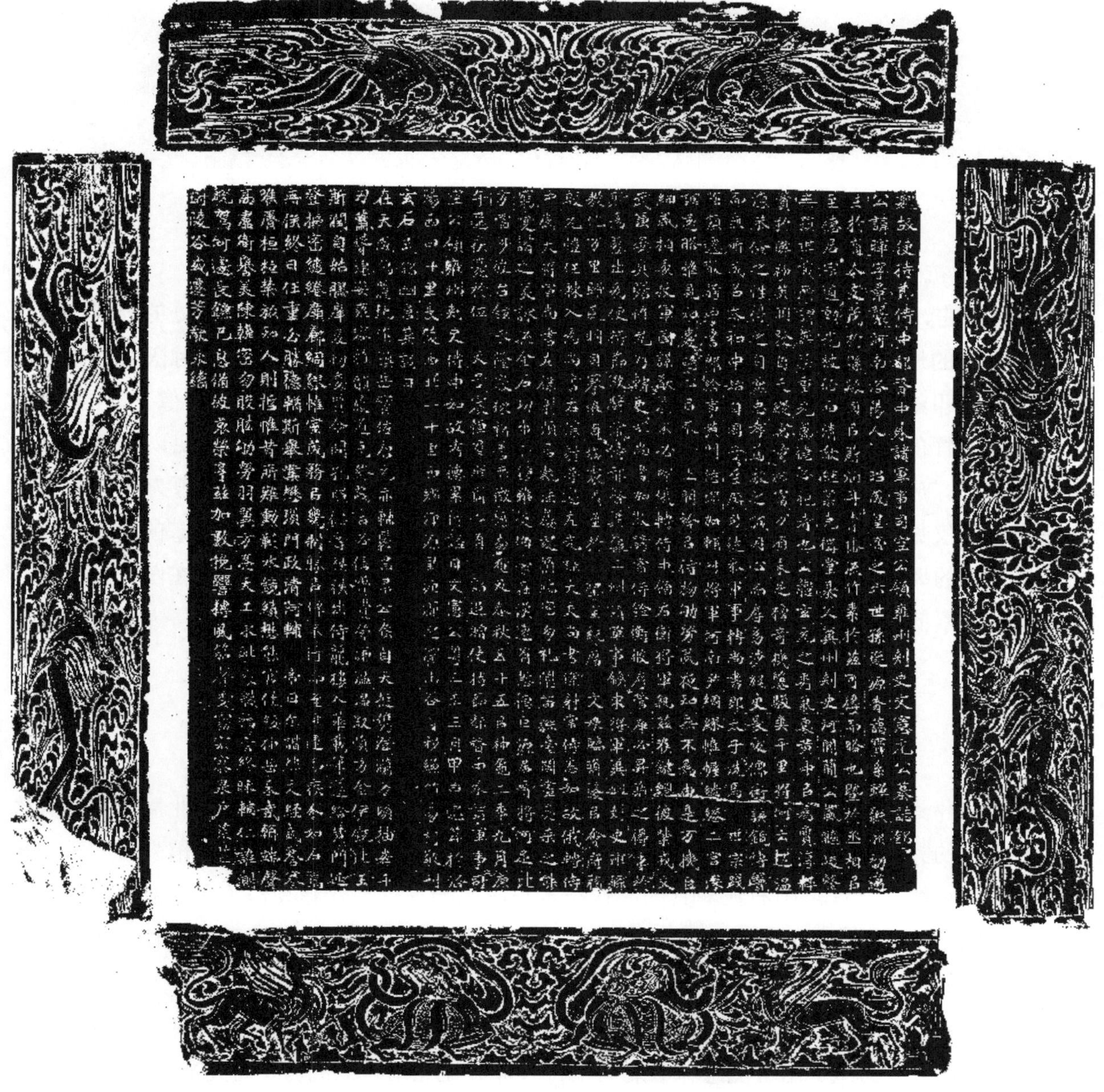

图 25　北魏神龟三年（520）元晖墓志 拓片

两侧各有一公鸡，左右对称，朝向中央（图 26）。据琐罗亚斯德教（Zoroastrianism）典籍《万迪达德》（*Vendīdād*），公鸡在破晓啼鸣能除魔，被阿胡拉马兹达（Ahura Mazdā）任命为斯劳沙（Sraoša）之 Sraoša-varez。可知翟曹明墓石门门楣上方的公鸡具有除魔并护送死者灵魂通往天国的意义[60]。由此看来，康业墓床座左侧面的图案以公鸡为首，应该也具有祆教意涵。值得注意的是，康业墓床座的公鸡位于床座左侧，正朝向东方。这应该是有意的安排，其功能正如《万迪达德》所记：

[60] 沈睿文《论墓制与墓主国家和民族认同的关系——以康业、安伽、史君、虞弘诸墓为例》，217—218 页。影山悦子《中国北部に居住したソグド人の石制葬具浮雕に关する研究动向（2004 年～2012 年）》，71—73 页。Pénélope Riboud, "Bird-priests in Central Asian Tombs of 6th-century China and Their Significance in the Funerary Realm", pp. 8-9.

图 26　陕西靖边县北周大成元年（579）翟曹明墓石门门楣

“以其啼声对抗强大的黎明。”[61]

整体而言，在此床座中以正面的双四神为主体，公鸡排列在四神之后。此处的公鸡在整体图像布局中的地位远不如翟曹明墓石门。在这里显示出康业墓围屏石棺床运用祆教因素的重要特点，亦即刻意降低其图像上的重要性。无论是床座侧面的公鸡或是墓主画像下方的火坛，均可见到同样的现象。火坛虽然位在墓主画像下方，但是比例甚小，若不详观，有可能会误认为是熏炉。床座上的公鸡则位于侧面，几乎可说是被隐藏起来。这两个母题为康业墓围屏石棺床中所仅见与祆教直接相关的母题。换另一个角度来看，康业墓围屏石棺床的制作虽然主要依据北魏的风格与图像，但也含蓄地表达了康业一族自身的宗教信仰。这种在图像上仅透露些许祆教因素的做法，同样可见于北齐安阳粟特石棺床，可视为此阶段汉地粟特人葬具图像的特征之一。

五、结　　论

就北朝葬具发展的角度来看，康业墓的重要之处在于，可作为北魏洛阳至北周长安葬具作坊发展之间的具体联结。康业墓的制作模式延续自稍早的李诞墓。由李诞墓石棺来看，长安葬具作坊充分承继了北魏洛阳石质葬具的制作技术与图像配置。长安葬具作坊在康业墓以前，已经开始为政治地位较高的胡人首领制作葬具。又由于李诞、康业均由北周武帝赠甘州刺史，考察李诞石棺的制作模式有助于认识康业墓围屏石棺床的制作。

李诞、康业墓葬具与北魏葬具传统的关系较密切，不同于安伽、史君墓葬具中所见大量采用粟特图像的表现方式。这可能意味着北周粟特人葬具在北周统一北齐、周武帝崩后有所转变，呈现出不同阶段的发展。在李诞墓、康业墓的葬具中采线刻画风格来表现主要出自于北魏的图像；安伽墓、史君墓葬具则改用浅浮雕以及粟特特有的图像。其中，四神图的有无，可作为区隔这两阶段的一项指标。这种粟特图像表述上的差异，不仅是墓主族属、身份或好尚的问题，可能还涉及北周政局的变动、皇权的消长、粟特首领政治军事地位的变迁，以及皇帝与粟特人聚落首领之间互动关系的转变。推测在这两个阶段，北周皇帝对于胡人首领丧葬的支配方式、程度可能有所不同。北朝粟特人墓葬中的粟特图像表述，不应视为理所当然的现象。

汉地粟特人首领的葬具以贴金装饰为常态，其源流可追溯至北魏平城时期统治集团的葬具传统。北周末年的粟特人葬具不仅在雕刻技术上，由线刻画为主转向浅浮雕为主，贴金的形式

[61] James Darmesteter trans., “The Zend-Avesta, Part I”, *The Sacred Books of the East*, vol. 4 Richmond, Surrey : Curzon, 2001: 192-194.

也出现新发展，以安伽墓围屏为代表。管见所及，康业墓围屏中墓主画像背后的山水屏风为现存最早以贴金来表现山水的例子，安伽墓石棺床围屏则为东亚现存最早的金地屏风实物。金地屏风的出现，不仅对于汉地粟特人葬具或北朝绘画的研究，对于探究东北亚金地屏风的发展系谱亦深具意义。

康业墓围屏中男性墓主的形象共出现三次，分别是正面像、骑马出行、树下人物。这三种不同的康业形象传达出康业的三种层面。正面像的前方设有火坛，下方有胡人捧盘，代表康业作为“大天主”的职司与死后受祭。骑马出行图传达出粟特人理想中的传统贵族形象。右侧树下人物图则将康业塑造成深受其族人、僚属拥护的领导者。这三种康业形象均有助于强化其粟特集团内部的凝聚力。其中，人物画风虽然采自北魏洛阳的石刻线画传统，但是经由新一代工匠的重制并采用新的配置方式，也就能展现出符合康业一族所需的丧葬功能与政治社会意义。

在康业墓围屏石棺床的制作过程中，除了北周长安葬具作坊之外，康业一族与北周皇权都曾经以不同的形式介入。作坊的图像制作过程较为具体可辨，北周皇权所可能扮演的角色，主要仰赖葬地的选择与墓志的讯息来推测。其中的“三幅成组”模式、以右侧板为尊的做法、床座正面图案与墓志装饰的关系等，都可见工匠操作的痕迹。无论是围屏或是床座，均一方面依循既定模式，一方面却又同时加以拆解、转用、重制，不仅显示了长安葬具作坊的特质，也透露出汉地粟特人葬具与北魏墓葬文化之间的微妙关系。

大秦宝二则：苏合香与琉璃

林　英

（中山大学历史系）

一、苏　　合

苏合是采自苏合树的树脂，气味芳香，希腊人和罗马人用它做香料和药品。《后汉书》和《魏略》都记载说苏合是大秦特产。《后汉书》提到"合会诸香，煎其汁以为苏合"。那么，苏合究竟是什么样的？1世纪的Dioscorides写道：

> 苏合是一种类似榅桲树的树木渗出的树脂。最好的苏合是黄色的，带有亮光，好像松脂一样，上面有一层白色的绒毛。它的香气宜人，长久不变。苏合软化后就流出像蜜一样的液体。这种最好的苏合产于Gabalite、Pisidian以及Cilician。次等的苏合为黑色，易碎，带有许多麸子。还有一种苏合类似树胶，透明，很像没药，但极为稀有。苏合多有掺假，加入虫蛀的苏合树的粉末，蜜，制作iris香料的残渣。在炎热的天气里，人们把苏合树脂碾碎，加入掺了香料的蜜蜡或油脂，再将这混合物放入一个洞眼较大的筛子中，将筛子浸入冷水，就形成了一条条好像小虫一样的东西，这就是市场上所见的"虫形苏合"。没有经验的人以为这就是真正的苏合，其实香味有所不同，没有掺假的苏合香味更浓。[1]

让我们再来看一看普林尼《自然史》中的记载：

> 在叙利亚地区，腓尼基以外，靠近Judaea[2]的地方产苏合，特别是Gabala和Marathus周围，以及塞琉西亚（Seleucia）的Casius山。出产苏合的树名为苏合树，类似榅桲树。苏合树的树脂有一种怡神的，有点刺鼻的香气。其内里类似芦苇，充满汁液。天狼星升起的时候，某种带有翅膀的小虫蜂拥而至，啃啮木头，结果树上被虫啮得千疮百孔。次等的苏合来自Pisidia、Sidon、Cyprus和Cilicia，产自Crete岛的苏合质量最差。产自叙利亚Amanus山的苏合最适宜药用，同时也是最适合制作香料。不管产地如何，红色为佳，摸起来好像油膏，有点黏性。最差的那种好像麸子一样易碎，覆盖着白色的霉菌。苏合常被掺假，加入雪松的树脂，或者胶浆，有时也加入蜜或苦杏仁。掺假的苏合可以凭味道加以分别。最好的苏合每磅的价格是17个银币（Denarius、Denarii），

[1] 转引自D. Hanbury, *Scientific Papers*, London, 1876, p. 130.

[2] 古代巴勒斯坦地区最南端的地区，当时巴勒斯坦的北部称为加利利（Galilee），中部称为撒马利亚（Samaria）。

它产于Pamphylia，但是这种苏合比较干，没有那么多的汁液。[3]

输入中国的苏合颇符合Hanburry的论断，即古代的苏合是固体的，而非中世纪及晚近的苏合油。郭义恭《广志》记：

今从西域及昆仑来，紫赤色，与紫真檀相似，坚实，极芳香，性重如石，烧之灰白者。[4]

生活于5世纪晚期的陶弘景提到苏合曾被传言为狮子屎，但很快就被否定了。来自大秦的苏合很可能坚硬如弹丸。东汉乐府诗中提到“苏合弹”：

乌生八九子，端坐秦氏桂树间，
唶我秦氏家有游荡子，用睢阳弓苏合弹，
左手持弓弹两丸，出入乌东西。[5]

《红海周航记》（完成于40－70）中提到苏合被罗马商人运送到印度北方的大港Barbarikon和Baragaza。差不多同一时期，班固在写给班超的信中提到，“窦侍中令载杂綵七百匹市月氏苏合香”[6]。

从这一记载中我们得知苏合通过西域的陆路，经贵霜帝国运入京师。另外，老普林尼在《自然史》中提到阿拉伯人早就已经将香料运往安息，甚至早于他们运送香料到叙利亚和埃及。他还说阿拉伯人将苏合从叙利亚带回他们的家乡，用于房间的熏香[7]。这些中西记载反映出苏合怎样辗转于各种族的商人集团手中，最终到达中国。此外，汉代中国的高官显贵们也加入到苏合的贸易中，似乎意味着当时有相当数量的苏合流入中国。

到3世纪时，苏合已经被认为是典型的来自大秦的珍物，出现于诗歌之中。西晋傅玄（217－278）在《四愁诗》中写道：

我所思兮在昆山，愿为鹿蜚窥虞渊。
日月回耀照景天，参辰旷隔会无缘，悠予不遘罹百艰。
佳人赠我苏合香，何以要之翠鸳鸯。
悬度弱水川无梁，申以锦衣文绣裳。[8]

---

[3] 转引自D. Hanbury, pp. 131-132. 又参见英译本Pliny, *Nature History*, XII, Loeb Classical Library, p. 129.

[4] 郭义恭，生卒年代不详，《隋书·经籍志》最早记其书，参见陈老福《太平御览史籍考》，台北，1976年，267页。郭义恭可能在陶弘景之后，隋代以前，因为恭曰：“陶不悟也。”参见《本草纲目》卷三四。

[5] 逯钦立辑校《先秦汉魏晋南北朝诗》上，中华书局，1982年，258页。《太平御览》引此诗只作“弹丸”，但苏合弹确有其词，如同书卷三，2086页，梁费昶（子范）《和萧洗马画屏风诗二首》，“蚕女桂枝钩，游童苏合弹”。又此乐府诗属于相和曲，张永《元嘉技录》已载曲名，说明在元嘉（152－153）之前已经存在。见张清锺《两汉乐府诗之研究》，台北，1979年，39页。

[6] 此段引文见《太平御览》卷九八二，据《后汉书》卷三三《窦融列传》，窦宪为侍中的时间为建初二年（77）至永元元年(89)。永元元年即拜车骑将军，击匈奴，又据同书卷四七《班超列传》，建初八年，拜超为将兵长史……明年(84)……超乃使使者赍锦帛遗月氏王，令晓示康居王……乌即城遂降于超。由此可见，班固家书可能写于77－84年。

[7] Pliny, *Nature History*, p. 81.

[8]《先秦汉魏晋南北朝诗》上，574页。

我们从班固的家书中可知永元时代苏合已经进入京师的官宦之家，中国社会对苏合的使用颇类西方，苏合被视为可以消除疾病的香料。

《从征记》曰："刘表冢在高平郡，表之子琮，持四方珍香数十斛，著棺中，苏合消疾之香，莫不毕备。永嘉中，郡人发其墓，表白如生，香闻数十里。"[9]

刘表卒于建安十三年（208）八月，这段记载告诉我们，苏合和其他香料混合起来用于墓棺，起防腐作用。当时的中国社会很喜欢把各类香料混合，做出合香，如5世纪初期，《后汉书》作者范晔曾撰《和香方》，其序曰：

> 麝本多忌，过分必害。沈实易和，盈斤无伤。零藿虚燥，詹唐黏湿，甘松、苏合、安息、郁金、奈多、和罗之属，并被珍于外国，无取于中土。又枣膏昏钝，甲煎浅俗，非唯无助于馨烈，乃当弥增于尤疾也。[10]

苏合也很可能用于房间的熏香，如阿拉伯人那样。东汉张衡《同声歌》中有"洒扫清枕席，鞮芬以狄香"一句。据吴骞《拜经楼诗话》引《蠡获轩笔记》云："平子同声歌，洒扫清枕席，鞮芬以狄香。王制西方曰狄鞮，古诗中所谓迷迭、兜纳诸香，大都出于西域，故曰鞮芬狄香。"这里虽然没有直接提到苏合的名字，但同样来自西域的苏合很可能有着同样的用处。

直到6世纪中叶，苏合仍然被广泛地使用着。当时的贵族士人喜欢用合香熏衣，其中就包括了苏合及其他来自西方的香料，如刘孝威（？—549）在《赋得香出衣诗》中写道：

> 苏合故年微恨歇，都梁路远恐非新。[11]

这种"故年苏合"令人联想到《梁书》南海诸夷传中的记载："大秦人采苏合，先榨其汁以为香膏，乃卖其滓与诸国贾人，是以辗转来达中国，不大香也。"根据陶弘景的说法，5—6世纪这种不大香的苏合已经不做药用，唯供合好香。

苏合树在它的原产地叙利亚和小亚已属罕见，早在Dioscorides和普林尼的时代就已经掺入其他成分。5—6世纪的苏合是否属于那种掺假的苏合，抑或如中国史籍所载，别有出处，我们尚需要更多的证据以得到令人信服的结论。

二、琉　璃

永元年间的乐府诗歌《羽林郎》形容胡姬"头上蓝田玉，耳后大秦珠"并非偶然，这一时期中国南北流行着束腰式的骨棒形耳坠[12]，因此，来自大秦的珠子耳环同胡姬相映衬，显出一派异域色彩。

大秦珠究竟是由什么材料制作的？我们还无法知晓。不过，甘肃酒泉汉墓中出土的蓝玻璃

---

[9]《艺文类聚》卷四〇，礼部下，冢墓。《从征记》，伍辑之撰，始末不详。《隋书·经籍志》不录，卷亡。参见陈老福前引书，240—241页。

[10]《宋书》卷六九《范晔传》，北京：中华书局，1974年，1829页。

[11]《艺文类聚》卷六一。

[12]刘良佑《华光流彩如霞虹》，《历史文物》（台北）第9卷第1期，11页。

耳珰，同时含有铅钡和钠钙四种溶剂，是否是罗马玻璃和汉代玻璃熔融混合后的制品？[13]

也许，对于 2 世纪后半期的中国社会来说，最值得赞叹的还是来自罗马的玻璃器皿。玻璃器是罗马重要的出口商品。《红海周航记》中记载“罗马的玻璃”出口到印度的 Barbarikon，而玻璃原料则输入 Barygaza，在印度东海岸的 Arikamedu 也发现了罗马玻璃碗和盘[14]。同一时期的《后汉书》《魏略》都提到大秦琉璃，《魏略》中说大秦出赤、白、黑、绿、黄、青、绀、缥、红、紫十种琉璃。

1980 年，江苏甘泉邗江 M2 出土了三块罗马玻璃残片，墓主为广陵王刘荆，葬于 67 年。据考古报告描述，为紫红色和乳白色条纹相间的透明玻璃体，外壁有模印的辐射形竖凸棱作为装饰[15]。这种玻璃又被称为彩条玻璃（color-band glass）或者玛瑙玻璃（agate glass），流行于公元前 1 世纪至 1 世纪的罗马世界。Whitehouse 博士曾介绍这种玻璃的制作方法：

> 制作者按照预先设计选择各色玻璃棒加以熔融，融化的软玻璃被固定成适合放在吹管上的形状，接着将它吹起，用工具修整，旋转或放在铸模中转动成形。制作条纹玻璃所使用的玻璃棒类似前 1 世纪晚期以及 70 年之前制作条纹或金纹马赛克玻璃的原料……由此可见，彩条玻璃属于过渡时期的玻璃，即从模制玻璃向吹制玻璃转变时期的产品。考古发现显示彩条玻璃生产于整个地中海世界。[16]

值得注意的是，彩条玻璃在印度北方的 Texila 和 Ter 也有出土。Ter 的出土物为细颈玻璃瓶，带有微突的卷沿和长颈（高 7 厘米，底宽 5 厘米，颈高 2.5 厘米），年代为 150—200 年。另外两件出土于 Texila 的为玻璃瓶的残片，无法确定年代，但都属于彩条玻璃[17]。公元 1 世纪，彩条玻璃是颇受欢迎的桌上用品，小亚 Antikythera 水下考古发现的 8 件彩条玻璃碗可以为证。彩条玻璃是否由罗马商人带入印度，又从印度经海路到达中国南方呢？目前，我们尚无法得出任何结论。但是，公元前后彩条玻璃盛行于罗马世界之时，中国文献中颇有些记载提到了玻璃与南方地区的联系，如班固《汉书》南夷西南夷列传云：“有译长，属黄门，与应募者俱入海市明珠、碧琉璃、奇石异物，赍黄金杂缯而往。”碧琉璃被认为源于梵文的 Viadurya，指一种蓝宝石。公元 1 世纪，杜笃（？—78）在《论都赋》中这样歌颂汉武帝的南征：

> 部尉东南，兼有黄支。
> 连缓耳，锁雕题，摧天督，牵象犀，
> 椎蚌蛤，碎瑠璃，甲瑇瑁，戕觜觿。

［13］李青会、董俊卿等《浅议中国出土的汉代玻璃耳珰》，《广西民族大学学报（自然科学版）》2011 年第 2 期，表 3。

［14］M. E. Stern, “Early Exports beyond the Empire”, *Roman Glass: Two Centuries of Art and Invention*, London, 1991, pp. 141-154.

［15］安家瑶《中国早期玻璃》，《考古学报》1984 年第 3 期。

［16］D. Whitehouse, *Roman Glass in the Corning Museum of Glass*, New York, 1997, vol. 1, p. 39.

［17］Moreshwar G. Dikshit, *History of Indian Glass*, Bombay, 1969, p. 29.

此外，《吴历》记载（引自《艺文类聚》卷八十四，瑠璃），“黄武四年（225），扶南诸外国来献瑠璃”。

这一时期的罗马玻璃工匠喜欢制作具有宝石效果的器皿，正如彩条玻璃类似玛瑙石的花纹一样。普林尼《自然史》中这样写道：

> 也有人工制作的具有流纹石效果的玻璃，用于制作桌上的玻璃器皿，其制作过程同制作全红色的半透明玻璃，即希腊人称为血红玻璃的过程一样。此外，也有不透明的白玻璃，以及其他模仿萤石、蓝宝石、天青石的玻璃器，的确，玻璃具有各种颜色，甚至油彩颜料都自愧弗如。

在同一时期的中国文献中玻璃时常同宝石相提并论。1—2 世纪，玻璃又被称为火齐和纹瑰。据《太平御览》卷八〇九：“《韵集》曰：琉璃，火齐珠也。《说文》曰，火齐，纹瑰也。”同卷记：“火齐如云母，重沓可开，色黄似金。又记火齐出天竺，状如云母，色如紫金，离别之即如蝉翼，积之如纱縠重沓。”至于“纹瑰”，也属于宝石类。这一点我们从司马相如和杨雄的赋里可以清楚地看出来。

在罗马境内，玻璃器是价值不菲的桌上器皿，在印度则列入此等的宝物，而在中国社会，因为远道而来列入宝玉之属，供宫廷高官显贵们享用。值得注意的是，1—3 世纪时的笔记小说多将玻璃器皿同汉武帝联系起来，如张衡《西京赋》：

> 故其馆室次舍，采饰纤缛。裛以藻绣，文以朱绿，翡翠火齐，络以美玉。流悬黎之夜光，缀随珠以为烛。[18]

又如《汉武故事》曰：

> 扇屏悉以白琉璃作之，光照洞澈……武帝起神屋，以自珠为帘。[19]

我们在武帝时期（前 156—前 87）的文学作品中却没有见到这么多又详细的关于玻璃窗、玻璃用具的描述，如司马相如（前 179—前 118）的赋中没有提到玻璃，而杨雄（前 53—前 18）也只是将琉璃与南方相连。甚至成帝（前 32—前 7）的宠妃赵飞燕的宫殿，也只是“其中庭彤朱，而殿上髹漆，切皆铜沓黄金涂，白玉阶，壁带往往为黄金釭，函蓝田璧、明珠、翠羽饰之，自后宫未尝有焉”。然而，吴丹阳太守万震所撰《南州异物志》却明确指出，“琉璃本质是石，欲作器，以自然灰治之”。联想到吴时大秦贾人秦论的到来及扶南诸国献琉璃等记载，我们不能不这样推想，尽管传奇志怪的作者描写的是汉武故事，但实际上反映的是他们身处的时代：罗马玻璃开始进入中国社会，出现于皇宫和显贵之家。

[18]（梁）萧统编、（唐）李善注《文选》卷二，北京：中华书局，1977 年，39—40 页。

[19] 上海古籍出版社编《汉魏六朝笔记小说大观》，上海：上海古籍出版社，1999 年，172 页。

北周西国胡人翟曹明墓志及墓葬遗物

罗 丰[1] 荣新江[2]

（1. 宁夏文物考古研究所 2. 北京大学中国古代史研究中心）

2001年1月，我们在参观陕西历史博物馆“三秦瑰宝”展览上，首次看到靖边县出土的一扇石门，上面的胡人天王像异常引人注目，展览说明称其出自“唐翟曹明墓”[1]，但图像风格则与唐朝迥异，颇具北朝因素。听说还有一同出土文物，在陕西博物馆同仁的支持下，在文物库房翻出了与墓门同出的半块残阙的墓志，除仔细观察墓志外还抄录了志文，基本确定是北周遗物。2003年9月，我们访问靖边县文管所，在当地文管部门领导的帮助下，得以有机会近距离仔细观察石门及其同出一墓的石狮。根据墓志铭文，确定墓葬年代为北周大成元年（579），与陕西西安出土的入华粟特人安伽的墓葬年代相同。翟曹明为“西国人也”，任当地的夏州天主、仪同，推测他也是自中亚迁徙而来的粟特人[2]。翟曹明墓不断引起我们的兴趣，故决定一起撰写研究论文。

2007年8月，在参加日本中央大学妹尾达彦教授主持的“农牧交错地带城址与环境2007年日中韩学术考察”活动时，再次有机会走访靖边县文管所，并且仔细考察墓志、石门与后来又找到的一些该墓所出文物。随后，宁夏文物考古研究所工作人员对出土文物进行了拍照与绘图工作。

最近十年来，粟特研究进步很快，许多学者在探讨入华粟特人和中国出土粟特图像时，也根据《三秦瑰宝》图录与我们报道的墓志信息对翟曹明墓出土文物有所论说。2005年，尹夏清发表的《陕西靖边出土的彩绘贴金浮雕石墓门及其相关问题探讨》[3]对翟曹明墓所出石门的年代与内容给予讨论，极具启发性。借这次宁夏“粟特人在中国：考古发现与出土文献的新印证”国际学术研讨会的机会，将我们在实地调查的基础上合作完成的文章提交出来，目的是给学界提供一份更为完整的研究资料。

一、墓葬发现及出土遗物

1993年夏的七八月间，当地农民在一些不法分子的操控下，对陕西省靖边县红墩界乡席季滩村委顾家洼自然村的古墓进行盗掘，公安部门闻讯后，会同文物管理部门及时制止非法盗掘活动，并对出露的石门等遗物原地回填掩埋。随后，陕西省考古所组织考古人员进行发掘，清理出门楣、门框与断为两截的石门扉，但发掘并未向墓门内进行。根据当地曾经参加发掘的农民所述，在进行发掘时，雇工以墓室内有塌方危险为由，拒绝再向内发掘。当考古工作人员撤

---

[1] 陕西省博物馆编《三秦瑰宝——陕西新发现文物精华》，西安：陕西人民出版社，2001年，133页。

[2] 荣新江《中古中西交通上的统万城》，陕西师范大学西北环发中心编《统万城遗址综合研究》，西安：三秦出版社，2004年，29—33页。

[3] 尹夏清《陕西靖边出土的彩绘贴金浮雕石墓门及其相关问题探讨》，《考古与文物》2005年第1期，49—53页。

离工地后，他们又重新进行盗掘，出土遗物有石门、石狮、石椁和半截墓志。这些文物随后被倒卖至横山县一文物贩子手中，但被当地公安机关截获。令人遗憾的是，其中非常重要的浮雕石葬具已不知去向，其余十件文物被当地公安机关收缴后移交给靖边县文管会。

该墓位于顾家洼东北约 1.5 公里处的陈山壕，这是一处高坡沙丘，表面有流沙。墓葬坐北朝南，为长斜坡墓道土洞墓，墓道口堆放有人骨，可能是墓主。石门位于甬道口，墓室为土洞室，有石椁葬具。因墓葬被盗，出土遗物仅存浮雕石门、石狮、异兽石座、墓志。

（一）彩绘贴金浮雕石门

青石质，有门楣、门框、门扉、门槛、狮形门砧组成（图 1），各个构件之间以榫卯套接，门楣底部距两端 0.12 米处，各开有一处方形卯眼，下与门框套接。门框下端接在狮形门砧石中部的母卯上，门砧石内侧开有方槽，与底部门槛相套接。门扉两侧有门枢可以启合，门扇中部对称装有铁质门环。石门通高 1.62 米，宽近 1.3 米。

门楣，长条形，长 1.43 米，高 0.21 米，厚 0.114 米。近两端处上下斜角各有两个穿孔，直径约 0.25 米，下部两个孔周围有铁锈痕迹，可能系固定石门的装置。门楣正面为线刻图案，中部为一正面的兽面形象，头上长角，两角之间三撮鬃毛竖起，耳后鬃毛向后飘。双目圆睁，口张獠牙外露，左右前爪作前扑状。怪兽两侧刻有相对而立的两只公鸡（图 2），作仰首引颈鸣的行走状。

图 1　翟曹明墓石门

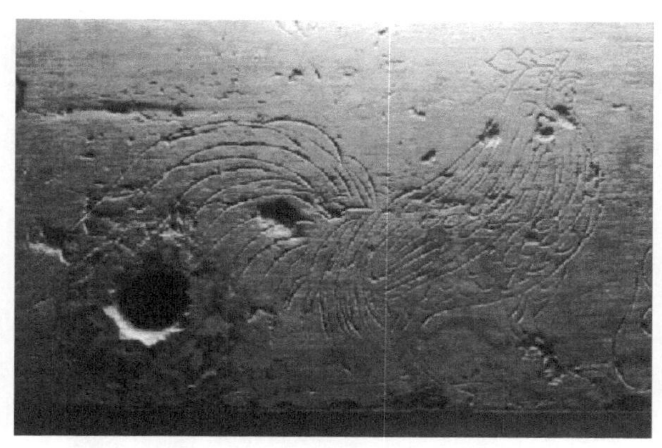

图2 门楣上的公鸡

左右门框，长条形，上下两端各有一个榫头，上部接入门楣底部，下端接门砧，通长 1.27 米，宽 0.16 米，厚 0.08 米。左右门框正面磨光，线刻有人物、动物、禽鸟形象（图 3）。由上而下，依次为上方刻行走状的龙，龙下为展翅欲飞的凤；中间为一赤脚束发袒身的守护力士，力士身披及地飘带，左侧力士头顶双丫髻，右侧力士头顶锥形髻。下方左右各有一狮，侧身相向而蹲，尾巴上翘。

门槛，长条形，素面。左右两端各有两个榫头，横向接入石门门砧内。门槛正面及顶端磨光，素面，无纹饰。通长 0.93 米，高 0.16 米，厚 0.09 米。

图 3a 门柱图案

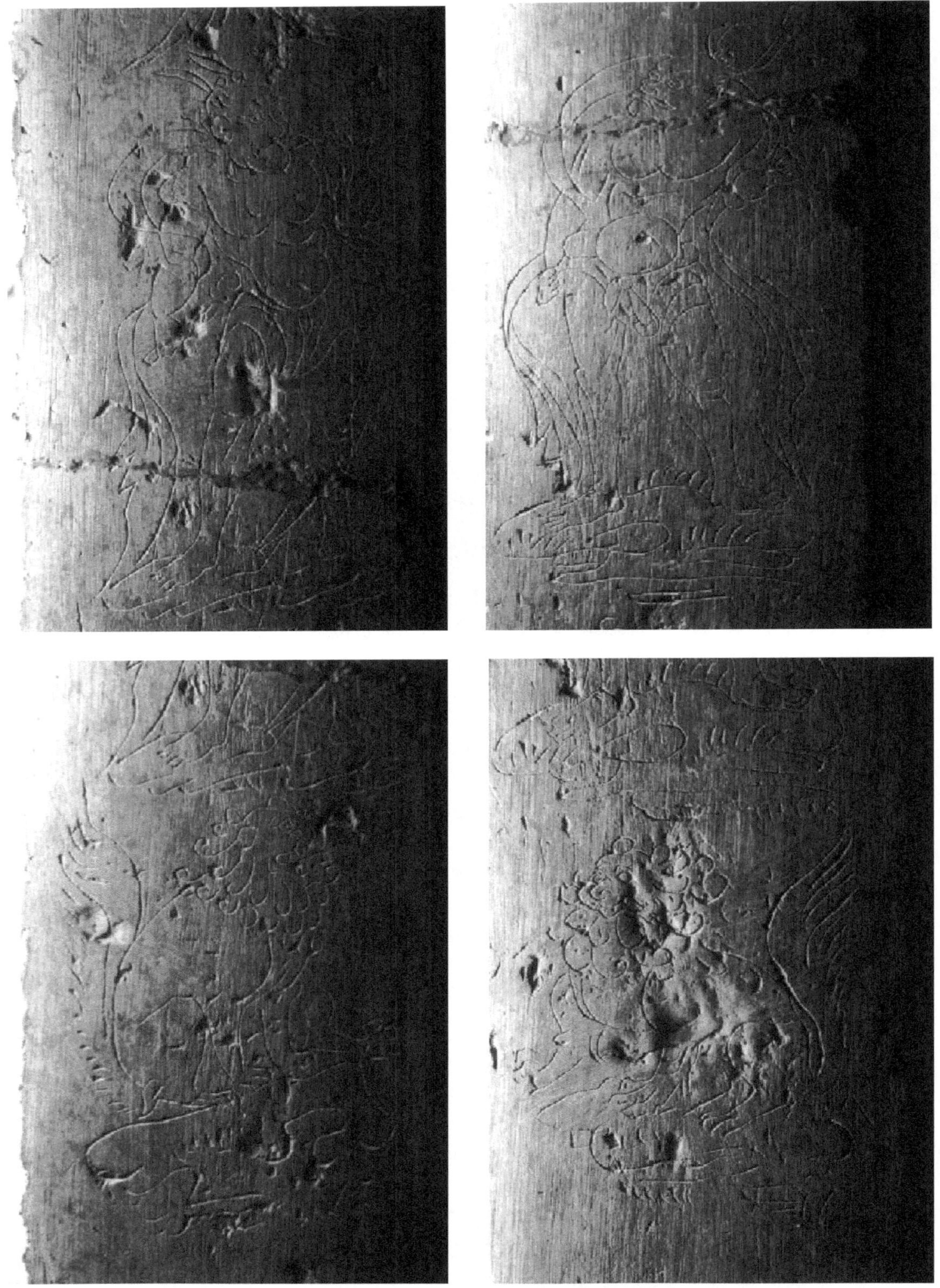

图 3b　门框图案

门扉，左右门扉采用减地浮雕技法各刻有一持戟胡人武士（图 4）。门扉周边线刻忍冬花纹，其边框两角各刻画一怪兽，怪兽作蹲踞状，踩流云，两底角均刻有花饰。门扉高 1.27 米，宽 0.53 米，厚 0.06 米。

图4　门扉上的胡人武士

右门扉已断为两截，但并无缺损。其中上半截彩绘贴金保存较好，下半截彩绘无存。石门底色为红色，武士呈站立状，面向左，头戴三道束发金圈，金圈上有两个（实际上为三个）大小不等的日月形头饰，上为半月形，下为扁圆形球，均贴有金箔。在发圈左侧挽有丝带，丝带从头部两侧向上飘起，在头部右侧的丝带一端挽有一莲花座花苞形饰。武士卷发，面部粉白，浓眉，深目高鼻，唇上两撇胡须翘起，大耳朵，耳带实心方坠，坠上贴有金箔。内着白色圆领衣，外穿红色窄袖左衽翻领长袍，领为白色，两端系有丝带，向后飞扬。腰部系皮带，带扣为半圆形，在一侧附有三个圆形銙饰。脚蹬高筒尖足鞋，双足外撇，一字排开。左手握有长柄三叉戟，戟首贴有金箔，呈“山”字形，分三股，两边略弯、较钝，中间一股较长，有尖、刃。柄细长，为黑色，杆底为矛形。右手掌心朝外，按有一把环首长刀，环内饰凤头，环首一侧系有刀穗，穗自然垂下，中部打结。

左门扉保存完整，惜大面积贴金无存，仅局部约略见有彩绘痕迹。武士头部装饰与右门扉大致相同，头戴三道束发金圈，金圈上有日月形头饰。面部稍向右倾，卷发，浓眉，深目高鼻，高颧骨，胡须浓厚，唇上胡须上翘，右耳带有环形耳坠，环下套有一实心小球。肩部平齐，着有两层肩甲。身穿窄袖长袍，袍身下摆呈波纹状。腰系皮带，带扣为半圆形，未见有銙饰。腰部左侧系有环首长刀，刀只露柄，环首内饰有鸟头像。双腿叉开，腿外侧系有皮胫甲，甲用丝带绑于小腿，在后打结。左手自然下垂，右手握长柄三叉戟近戟首处。长戟与右门扉相近，“山”形戟首，长柄，柄底端平齐。

狮形门砧，左、右各 1 个。大致呈“凸”字形，中部凸起，上挖有母卯，上插门框，前端雕刻有一对蹲坐的石狮，后端有圆形卯，可装门扉。

图 5　左侧门砧石

左门砧（编号 1010[4]，图 5），长 0.48 米，宽 0.22 米，通高 0.415 米。石狮呈蹲踞状，前腿直撑，后腿蹲坐，头部向右，胸前饰两层柳叶形卷毛。

右门砧（编号 1011，图 6），长 0.49 米，宽 0.215 米，通高 0.39 米。形状与左侧基本相同，石狮亦呈蹲踞状，前腿直撑，昂首挺胸，胸前饰有两层卷毛。

（二）石座

狮形石座，4 件（分别编号为 1012、1013、1014、1015）。均用整石块雕刻而成，石块四面磨平，前端雕刻有石狮，石狮大小、形态基本相同，均呈蹲踞状（图 7、图 8）。

根据鬃毛的形状可以分成柳叶形卷毛（Ⅰ型）与波浪形鬃毛（Ⅱ型）两种类型。

Ⅰ型，3 件，石狮柳叶形卷毛末端下卷。1012，长 0.355 米，宽 0.215 米，通高 0.411 米。石狮面向前，两耳低垂，双目圆睁，阔口半张，獠齿外露，胸前饰有两层柳叶形卷毛；1014，长 0.365 米，宽 0.225 米，通高 0.43 米。石狮面向前，两耳直竖，怒目隆鼻，獠牙外现，胸前饰有两层柳叶形卷毛；1015，长 0.355 米，宽 0.21 米，通高 0.44 米。石狮面向前，两耳低垂，怒目隆鼻，獠齿外露，胸前三层柳叶形卷毛。

[4] 所有遗物编号按靖边县文管所编号。

图6　右侧门砧石

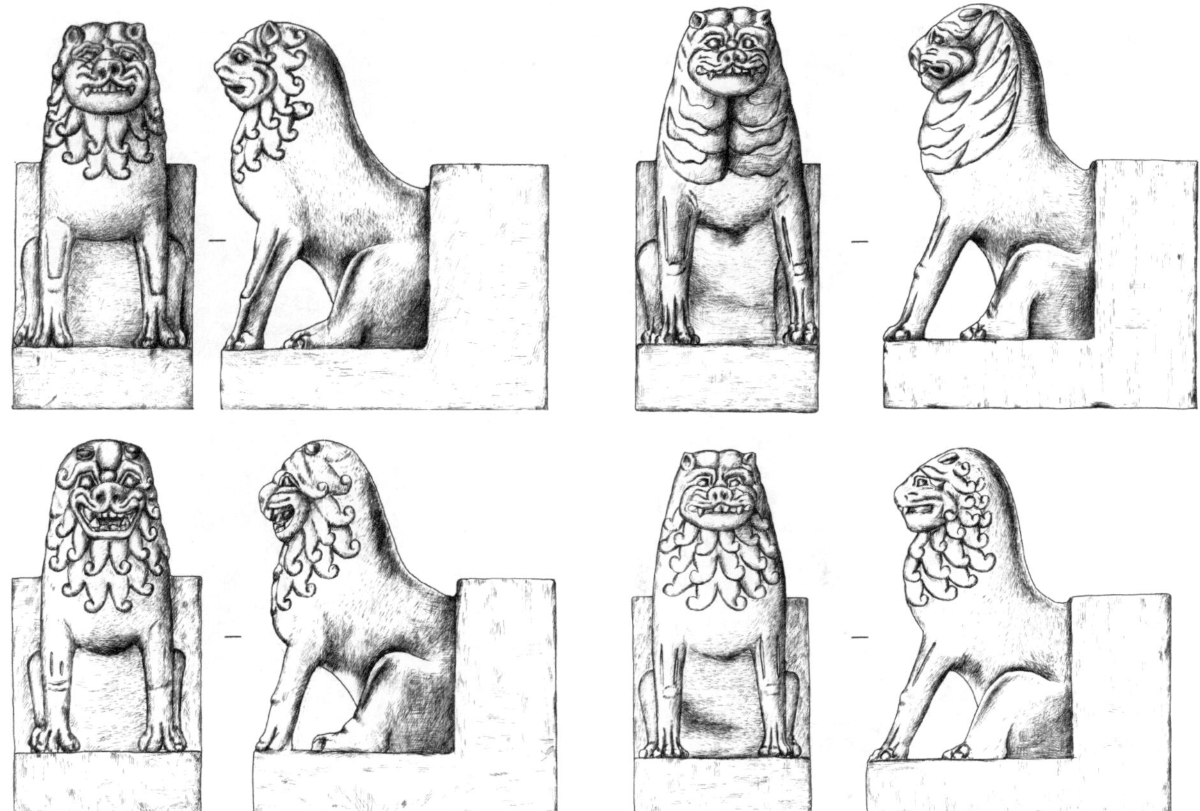

图7　狮形石座线图（上：1012、1013；下：1014、1015）

图 8　狮形石座（1012、1013、1015、1014）

Ⅱ型，1件，石狮波浪形鬃毛向上竖立。1013，长0.345米，宽0.2米，通高0.45米。石狮形体稍高，仰首挺胸，前胸鬃毛为竖排，波纹状。

兽形石座，3件（编号为1016、1017、1018）。在整块石板上雕刻而成，刻画稍微粗糙，每只异兽造型不同（图9、图10）。

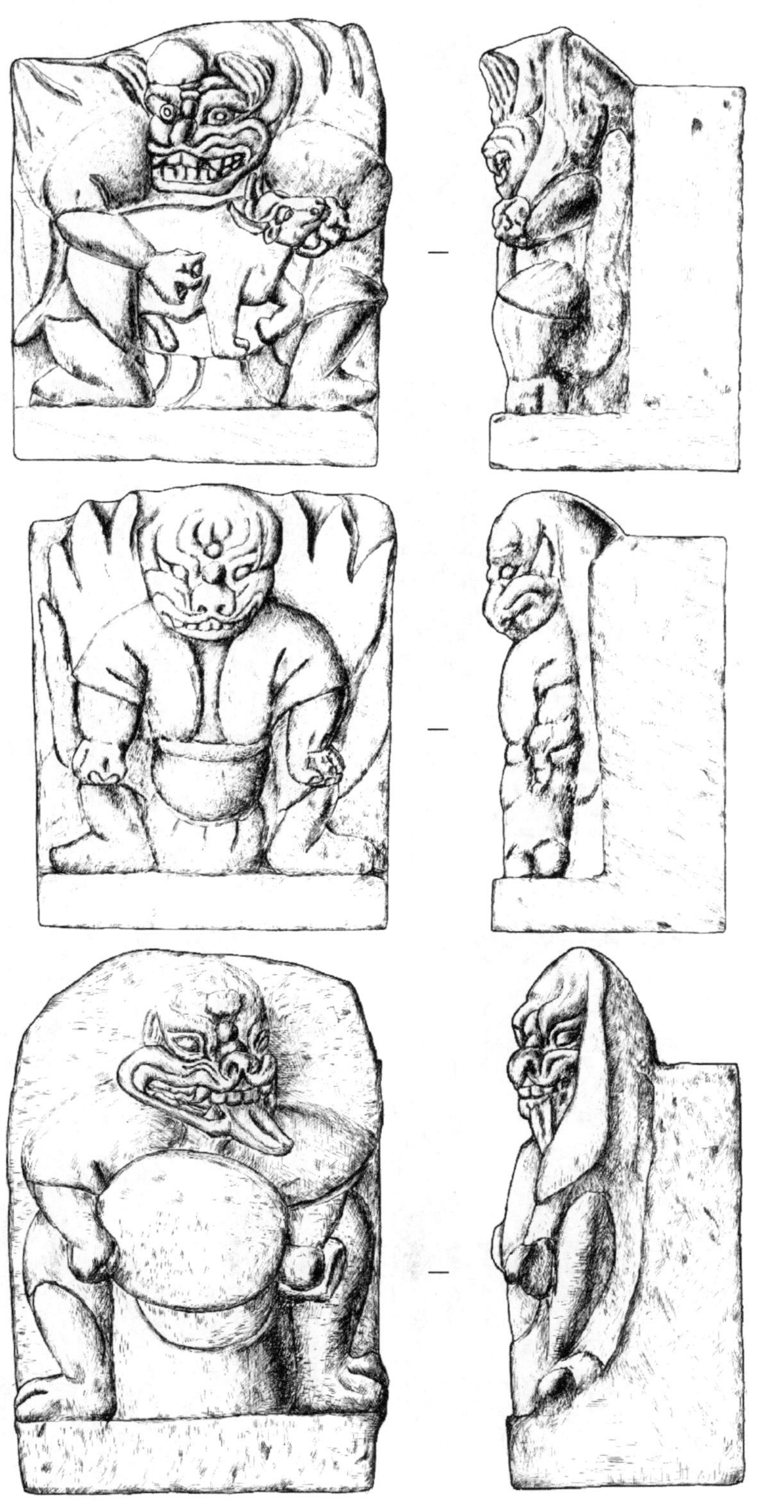

图9　兽形石座线图（上：1016；中：1017；下：1018）

图 10　兽形石座（上：1016；中：1017；下：1018）

1016，宽 0.265 米，高 0.33 米，厚 0.19 米。正面雕刻有一怪兽，呈蹲坐状。头部向右，有角，两角上扬，怒目圆睁，阔口大张，獠牙毕现，面目狰狞。两手呈爪状，怀抱一只牛犊，左手握头，右手紧扣牛腹。牛做挣扎状，仰首，前蹄前屈。

1017，宽 0.25 米，高 0.32 米，厚 0.18 米。正面雕刻一人形怪兽，蹲坐状，额头刻有“山”形纹饰，深目宽鼻。头部两侧刻成火焰状（肩部有翼）。两腿外撇，蹲坐，两手托于膝上。

1018，宽 0.27 米，高 0.365 米，厚 0.18 米。石板为圆角方形，正面刻有怪兽。头部向左，怒目阔鼻，张口，长舌外吐。双手呈圆球形，抱一圆盘于胸前，圆盘带有空心柄。

二、《翟曹明墓志》录文与考释

翟曹明的墓志刻写在一块青石板上，高 45 厘米，残宽最长处 37 厘米，最窄处 14 厘米，厚 6 厘米。有栏格，横向 18 格（图 11）；因石板左侧残失，纵向现存 15 行，按照一般的墓志多为方形的惯例，应当也是 18 格；从现存内容推测，以下残失的文字不多。文字为楷体，字体清秀。

图 11　翟曹明墓志残石与拓片

这方重要的统万城出土的墓志没有收入康兰英主编的《榆林碑石》（三秦出版社，2003 年），需要先做整理工作，这里我们先将《翟曹明墓志》按照志石的原样，将所存文字录在复原的石板上（用繁体字）（表 1）：

表 1 《翟曹明墓志》所存文字

			15	14	13	12	11	10	9	8	7	6	5	4	3	2	1	
				延	中	縣	二	親	敃	而	賞	以	官	來	君	未	大	1
				長	貞	遠	儀	屬	七	永	既	慕	恂	朝	諱	夏	周	2
					獨	仁	既	哀	月	固	降	義	恂	遂	曹	州	大	3
					步	風	泮	傷	三	庶	威	從	鄉	居	明	天	成	4
					世	稍	清	故	日	比	聲	軍	邑	恆	西	主	元	5
						陳	濁	追	遘	玉	漸	誅	傷	夏	國	儀	年	6
						子	殊	德	疾	而	著	除	魏	君	人	同	歲	7
							津	申	捐	恆	朝	亂	截	幼	也	翟	次	8
							曷	悲	館	堅	野	逆	之	懷	祖	君	己	9
								乃	春	豈	欽	巨	衰	岐	宗	墓	亥	10
								爲	秋	謂	風	猾	泯	嶷	忠	誌	三	11
									九	盛	臣	摧	慨	長	烈		月	12
										夏	民	峰	臣	有	令		癸	13
											敬	六	下	才	譽		巳	14
											尚	軍	之	雄	家		朔	15
												振	僭	咢	邦		四	16
												振	淩	咢	受		日	17
												孚	是	當	命		乙	18

下面再把《翟曹明墓志》按行标点校录出来，残缺部分据墓志栏格推补缺字号，16—18 行因文字全缺，不再推补空格：

1. 大周大成元年岁次己亥三月癸巳朔四日乙
2. 未夏州天主仪同翟君墓志
3. 君讳曹明，西国人也。祖宗忠烈，令誉家邦。受命
4. 来朝，遂居恒夏。君幼怀岐嶷，长有才雄。咢咢当
5. 官，恂恂乡邑。伤魏截之衰泯，慨臣下之僭凌。是
6. 以慕义从军，诛除乱逆。巨猾摧峰，六军振振。[孚]
7. 赏既降，威声渐著。朝野钦风，臣民敬尚。□□□
8. 而永固，庶比玉而恒坚。岂谓盛夏□□，□□□
9. 敃。七月三日遘疾捐馆，春秋[九]□□。□□□□，
10. 亲属哀伤。故追德申悲，乃[为]□□：（以下或不缺字）
11. 二仪既泮，清浊殊津。[曷]□□□，□□□□。□□
12. 县远，仁风稍陈。子□□□，□□□□。□□□□，
13. 中贞独步。世□□□，□□□□。□□□□，□□
14. 延长。□□□□，□□□□。□□□□，□□□□。
15. □（下残，缺字多少不明）

下面依据墓志文本顺序加以考释。

大周大成元年岁次己亥三月癸巳朔四日乙未：列于翟曹明墓志名称前的这个日期，应当是埋葬的时间。“大成”为北周宣帝宇文赟年号，元年当579年。实际上同年二月二十日静帝就改元“大象”，但夏州距离京师有一段距离，所以三月四日时尚未得到改元消息，因此仍用大成纪年。值得注意的是，北周同州萨保安伽是大象元年（579）五月卒，年六十二，同年十月己未朔葬于长安之东[5]；北周凉州萨保史君是大象元年五月七日薨，年八十六，大象二年正月二十三日葬[6]。如下所考，翟曹明大概活了九十多岁，据此他和安伽、史君都是同一年去世的胡人首领，其生存的年代完全相同，这是我们考察他的生平事迹和墓葬文物时应当留意的。

夏州：在今陕西靖边县北统万城（白城子）遗址。统万城是十六国时期大夏赫连勃勃的都城，修建于凤翔元年至五年（413－417），以其城墙坚硬如石而闻名于世。北魏始光四年（427）攻占统万城，立为统万镇。太和十一年（487）改为夏州[7]。自北魏太延五年（439）占领北凉都城姑臧（凉州、武威）后，打通了从河西走廊经薄骨律镇（灵州）、统万镇，沿鄂尔多斯沙漠南缘路到达北魏首都平城的捷径，西域各国使者、商旅往来不绝[8]。北魏朝廷非常重视统万城的地位，任命宗室大臣为统万镇将或夏州刺史。东、西魏时，统万城曾在双方之间易手。北周时仍为夏州，又置为总管府。隋仍为夏州，炀帝改朔方郡。隋末为梁师都所据，唐贞观二年（628）讨平梁师都，改为夏州都督府[9]。从北朝到隋唐，这里一直是中原王朝与北方游牧民族交界的地方，又是东西往来的通道，因此民族混居，多种势力交错其间，其中也有不少西域胡人。

从唐初到北宋初年，胡人仍然在统万城拥有很强的势力。高宗永隆二年（681），武威安氏家族的安元寿曾任夏州群牧使[10]。武周时期这里有西凉大族安旻[11]，应当是出身粟特安国的后裔。神龙二年（706）前，唐朝华严宗贤首大师法藏的弟弟康宝藏曾以朝议郎的身份行“统万监副监”，从法藏的传记来看，天授元年（690）前，法藏一家就居住在夏州[12]。直到北宋初年，夏州定难军的管内都军指挥使康成此[13]，应当也是当地的胡人领袖。

---

[5] 陕西省考古研究所编著《西安北周安伽墓》，北京：文物出版社，2003年，59－62页。

[6] 西安市文物保护考古研究院编著《北周史君墓》，北京：文物出版社，2014年，45－49页。

[7]《魏书》卷四上《世祖纪》上，北京：中华书局，1974年；《魏书》卷一〇六下《地形志》二下。

[8] 参看荣新江《中古中西交通史上的统万城》，29－33页；又《北朝隋唐粟特人之迁徙及其聚落补考》，《欧亚学刊》第6辑，北京：中华书局，2007年，169－170页。

[9]《隋书》卷二九《地理志》上，北京：中华书局，1973年；《通典》卷一七三《州郡典》三《古雍州》“夏州”条，北京：中华书局，1988年；《旧唐书》卷三八《地理志》一，北京：中华书局，1975年。

[10]《唐会要》卷七二“马”条，上海：上海古籍出版社，1991年，1542－1543页；又见《资治通鉴》卷二〇二高宗开耀元年（681）七月条，北京：中华书局，1956年，6402页。

[11] 康兰英《榆林碑石》，西安：三秦出版社，2003年，图29，录文见第211页。

[12] 崔致远《唐大荐福寺故寺主翻经大德法藏和尚传》，《大正新修大藏经》卷50，第281－283页。相关史料的辨证，见Jinhua Chen, *Philosopher*, *Practitioner*, *Politician: The Many Lives of Fazang (643-712)*, Leiden: E. J. Brill, 2007, p. 355, n. 95. 关于康宝藏掌管统万城一带唐朝监牧的事迹，详见荣新江《唐代六胡州粟特人的畜牧生活形态》的论证，文载北京大学中国古代史研究中心编《舆地、考古与史学新说：李孝聪教授荣休纪念论文集》，北京：中华书局，2012年，671－672页。

[13]《榆林碑石》，图82，录文见253页。

天主：应系胡人首领的职官名称，我们认为即“祆主”，详见下文第三节的考证。

仪同：为北周散官名号，是“仪同三司”的简称。武帝建德四年（575）改仪同三司为“仪同大将军”，从一品。翟曹明大成元年所任之仪同，应即仪同大将军。从其墓志所称“慕义从军，诛除乱逆。巨猾摧峰，六军振振”来看，他是以军功而得到这样的称号。据其年龄推算，大概在北魏灭亡之际，翟曹明加入北魏军队，任“仪同”职，以国家所授之乡团统帅的称号，统帅西胡民众为国征战。

北周至隋，正是中央政府利用授予胡人首领以官职的方式，把胡人聚落的武装力量纳入到中央或地方武装系统之中[14]。例如，鱼国人虞弘，北周时任“使持节、仪同大将军、广兴县开国伯，邑六百户”，“大象末，左丞相府，迁领并、代、介三州乡团，检校萨保府”，到隋开皇时，“转仪同三司，敕领左帐内，镇押并部”[15]。虞弘是检校萨保府的高级官员，同时领三州乡团，镇压并州地区。西域焉耆人龙润“祖盆生，元魏冀州刺史，得绥抚之望，朝廷嘉美，进号仪同。父求真，周光有天下，举先岩穴，就拜仪同三司”[16]，两代人都是地方统帅。粟特康国人康阿达“祖拔达，梁使持节骠骑大将军、开府仪同三司、凉甘瓜三州诸军事、凉州萨保”[17]，康拔达的称号或许有夸张的地方，但同样也是集三州地方长官和粟特聚落首领（萨保）于一身。粟特史国人史射勿，“开皇十九年（599），即蒙授开府仪同三司，以旌殊绩”[18]，从固原史氏相关墓志可以看出，史射勿也是原州当地的胡人军事领袖。粟特安国人安延“父列失，隋上仪同、平南将军”[19]。从这些例证中可以看出，他们的官职来历多是由于军功而得，他们又常常是以胡人首领和中央政府官员的双重身份出现，这些都可以用来理解翟曹明的天主和仪同兼任的情形。

翟君：关于翟姓，见下面一节专论。

曹明：正像许多翟姓人一样，翟曹明的名字或许也是来自一个粟特文。从音译的角度来讲，这个名字或许可以和粟特文的人名 Čamān 比定[20]，此名见于印度河上游的岩刻题记，其中一条在夏提欧（Shatial）[21]。这些题记的年代可能在 4－6 世纪[22]，与翟曹明的生存年代也正好符合。

[14] 参看山下将司《新出土史料より见た北朝末・唐初间ソグド人の存在形态——固原出土史氏墓志を中心に》，《唐代史研究》第 7 卷，2004 年，60－77 页；又《隋・唐初の河西ソグド人军团——天理图书馆藏〈文馆词林〉〈安修仁墓志铭〉残卷をめぐって》，《东方学》第 110 辑，2005 年，65－78 页。苏航《北朝末期至隋末唐初粟特聚落乡团武装论述》，《文史》2005 年第 4 辑，173－186 页的相关论述。荣新江《从聚落到乡里——敦煌等地胡人集团的社会变迁》，高田时雄主编《敦煌写本研究年报》第 3 号，京都：京都大学人文科学研究所，2009 年，27－29 页对此有补充讨论。

[15]《隋故仪同虞公墓志》，《全隋文补遗》，西安：三秦出版社，2004 年，147 页。

[16]《龙润墓志》，《全唐文补遗》第 5 辑，西安：三秦出版社，1998 年，111 页。

[17]《大唐上仪同故康莫鼻息阿达墓志铭》，《全唐文补遗》第 7 辑，西安：三秦出版社，2000 年，250 页。

[18]《隋史射勿墓志》，罗丰《固原南郊隋唐墓地》，北京：文物出版社，1996 年，7－30、185－196 页。

[19]《安延墓志》，《全唐文补遗》第 4 辑，西安：三秦出版社，1997 年，328 页。

[20] P. Lurje, *Personal Names in Sogdian Texts*, Vienna 2011, p. 159.

[21] N. Sims-Williams, *The Sogdian and Other Iranian Inscriptions of the Upper Indus*, I, London 1989, No. 300; II, 1992, p. 48; G. Fussman & D. König, *Die Felsbildstation Shatial*, Mainz 1997, p.159.

[22] N. Sims-Williams, “The Sogdian Inscriptions of the Upper Indus: A Preliminary Report”, K. Jettmar, *Antiquities of Northern Pakistan. Reports and Studies*, 1: *Rock Inscriptions in the Indus Valley*, Mainz 1989, pp. 131-137.

这个粟特文的含义不明，如果把它看作是一个意译的词，虽然两个汉字的搭配似乎不太合适，但也可能透露了某种光明的意思，而这时许多信奉祆教的粟特人所最喜欢用的字，如康绚字长明、史思明。

西国人：志称翟曹明“西国人也”。在大致同时代的墓志中，“西国”一般是指称西方诸国，现在看到的例子，以粟特诸国为多。例如《康业墓志》有“翟门及西国胡豪望等，举为大天主”句，这里的“西国胡豪”应当指康业辖下的粟特胡人首领；又《史射勿墓志》称：“公讳射勿，字盘陀，平凉平高县人也，其先出自西国。”这里的“西国”当然是指粟特的史国了。翟曹明原本来自遥远的西国，至于具体所指，下节再做详细探讨。

祖宗忠烈，令誉家邦：翟曹明的墓志没有具体说到他的祖、父两代人的情况，这和一般的墓志略有不同。墓志只是笼统地说他们的祖宗是忠烈之辈，在本国家乡享有令誉。

受命来朝，遂居恒夏：如果从字面上的意思来理解，似乎翟曹明是以使者的身份来到北朝的，以后没有回去，而是在夏州居住下来。

君幼怀岐嶷，长有才雄：这虽然是套语，但说明翟曹明没有受到祖父辈的恩荫，而是靠自己的本领成长起来，施展才能。

咢咢当官，恂恂乡邑：按翟曹明“七月三日遘疾捐馆，春秋九□□”，从志首所标葬期来看，这里的“七月”最有可能是前一年（宣政元年，578 年）的七月（但也不排除是更早年份的某个七月）。他的年龄部分已残，但肯定在九十以上。578 年为其卒年，即使以 90 岁计算，其生年在 489 年（北魏孝文帝太和十三年）。由此进一步推算，他在乡邑当官的年份，大概应当在孝明帝时期（516—528）。翟曹明年轻时所在的乡邑，根据北朝时期胡人大多数都是按聚落方式集中居住来看，所以应当是夏州地区的某一胡人聚落。

伤魏载之衰泯，慨臣下之僭凌。是以慕义从军，诛除乱逆。巨猾摧峰，六军振振：随后北魏政权就走向崩溃，所以他“伤魏载之衰泯，慨臣下之僭凌”，所以“慕义从军，诛除乱逆”。翟曹明慕义所从之军，可能就是西魏、北周的政府军，即所谓“六军”，这是用来专指天子之师的词汇。

寽赏既降，威声渐著。朝野钦风，臣民敬尚：这里是说由于翟曹明在军队中表现出色，因此朝廷给予官位，也就是墓志标题中的“仪同”。“朝野”“臣民”云云，表示北周中央朝廷对他的赞赏和地方民众对他的爱戴。从下面两句残文“□□□而永固，庶比玉而恒坚。岂谓盛夏□□，□□□败”所描述的是他去世前的情景来看，他的最终官职就是“天主仪同”。

捐馆：翟曹明活到九十岁以上，一般来讲应当卒于家中，但“捐馆”一词表示的是以官人身份去世，这也说明他直到去世时，仍然拥有夏州天主、仪同的官位，和墓志的标题吻合。

三、“天主”释义

2004 年 4 月，在北京召开的“粟特人在中国”国际学术讨论会上，讨论到当时刚刚发现的康业墓志“大天主”的称号，笔者曾口头提出与《翟曹明墓志》的“天主”可以印证，应当都是“祆主”的意思，因为北周时还没有“祆”字，所以北周的“天主”即唐代的“祆主”。北朝正史中的“俗事天神”，就是唐代史书中的“俗事祆神”。此后谈到这个问题的学者似乎不多，吉田豊也持同样的看法[23]；程林泉、张翔宇、山下将司在论述康业的“大天主”称号时，也独立地认为“天主”即“祆主”（祝），他们还指出天主由皇帝亲自任命，设在州一级，职务包括征收赋税，而祆主任命则没有那么严格，多以神奇功能表现自己[24]。

有关天主的材料目前只有翟曹明和康业的墓志，而后者对于理解天主更为重要：

> 君讳业，字元基，其先康居国王之苗裔也。父，魏大天主、罗州使君，去魏大统十年，车骑大将军、雍州呼药、翟门及西国胡豪望等举为大天主，云：“祖世忠孝，积叶义仁，年德敦厚，且恭且慎。水清玉洁，堪为轨范，谐合物情，称允众望。”乃降诏许。至大统十六年，尚书又奏：“性行廉平，勤敬职事，请除大天主，简在帝心，即蒙□可。”积善未征，奄同朝露。以大周保定三年正月薨。天和元年蒙诏，以君积代蝉联，门传忠孝，授世掌大天主。居官在任，莅职贞清，检执赋均，曾无纤矕。方冀金石同坚，松桢并茂。岂谓过隙不留，风飙已灭。今天和六年六月五日薨，春秋耳顺，诏增（赠）甘州刺史，礼也。生欣死痛，切极升伦。长子汲休延，哀缠风树，酷甚蓼莪，孝女存亲，依敦世继。嗟东流不住，西日难停。令音无朽，乃制云铭：（略）次子盘陁，次子货主。大周天和六年岁次辛卯十一月廿九日。[25]

据墓志，康业的父亲在西魏大统十年（544）时由车骑大将军、雍州呼药、翟门及西国胡豪望等举荐为大天主，得到诏许，但大统十六年（550）又由尚书奏请再次除授。到北周保定三年（563）其父去世。三年后的天和元年（566），康业继承其父大天主的职位，直到天和六年（571）去世为止。可见，大天主是由地方官员及西国豪望推举，皇帝任命的，在经过皇帝认可后，父子可以继续担任此职。这样的情形，的确与我们从唐代史料中看到的祆主主要是主持祆教寺庙事务的情形不同。在此，我们应当考虑墓志书体的特殊性，因为墓志主要记载墓主的出身、历官和埋葬情况，而往往不涉及墓主的宗教信仰，特别是北朝到唐朝初年的墓志，很少有记载墓主宗教信仰的情形。康业为西国胡豪望举荐为大天主，翟曹明也是“咢咢当官，恂恂乡邑”，而成为夏州天主，两者是当地胡人聚落首领无疑。在北朝时期，粟特胡人聚落中都有祆祠伴随，祆祠中的神职人员即从事宗教事务，也负责处理民事问题，这是粟特的文化传统，《魏书》卷一〇二《西域传》所记粟特康国的风俗云：“有胡律，置于祆祠，将决罚，则取而断之。重者族，次罪者死，盗贼截其足。”[26] 敦煌发现的粟特文古信札中，也有

[23] 见影山悦子《中国新出ソグド人葬具に見られる鸟翼冠と三面三日月冠——エフタルの中央アジア支配の影响》，《オリエント》第 50 卷第 2 号，2007 年，135 页，注 18; E. Kageyama, “The Winged Crown and the Triple-crescent Crown in the Sogdian Funerary Monuments from China: Their Relation to the Hephthalite Occupation of Central Asia”, *Journal of Inner Asian Art and Archaeology*, 2/2007, p. 16, n. 32.

[24] 程林泉、张翔宇、山下将司《北周康业墓志考略》，《文物》2008 年第 6 期，83 页。

[25] 图版见西安市文物保护考古所《西安北周康业墓发掘简报》，《文物》2008 年第 6 期，25 页，图 23；录文见《北周康业墓志考略》，82 页。个别文字据图版略有订正。

[26]《魏书》卷一〇二《西域传》，2281 页。

祆教神职人员处理一位妇女在丈夫不在身边时希望离开聚落的事例[27]。这大概是因为粟特聚落是一个政教合一的单位，不论聚落首领萨保，还是祆祠主持人天主（祆主），都是聚落中政教合一的大首领，因此，康业也好，翟曹明也好，都是当地胡人聚落中兼管政教事务的重要官员。天主这一职官没有像萨保那样进入中国传统的职官体系当中[28]，因此对于我们今天的读者来说，显得非常陌生。

康业墓中的“翟门”，学者或以为是人名，可能是来自中亚的粟特人[29]。但这里从上下文来看，不应当是一个人名，而是一类人的通称。那么，“翟门”指什么人众呢？难道是指翟姓民众，也就是说康业父亲所在的胡人聚落中，翟姓最大，因此要有翟门民众和西国胡豪望一起举荐，才能够坐稳大天主的职位。不过这只能是一个猜测，不能定论。

四、石门图像考释

由于石门图像的彩版早已在《三秦瑰宝》上发表，所以许多学者已经做了有益的探讨，除了上引尹夏清文指出这座墓门反映了西域胡人的面貌特征，特别是粟特文化特征[30]，姜伯勤也肯定了这些图像的中亚色彩，甚至认为日月冠与祆教的日月崇拜有关[31]。影山悦子指出胡人头上的三面三日月冠也见于史君墓石椁图像所绘毡帐中的哌哒王头上，这种王冠是460－490年为这些游牧的中亚统治者所戴，因为粟特人与哌哒的关系密切，所以随着粟特人的东来而流入东土[32]。沈睿文认为门楣上的公鸡是祆教的圣禽斯劳沙（Sraosha），斯劳沙不仅是阿胡拉·马兹达的使者，而且是恶魔的惩治者（fiend-smiter），他是亡灵的引导者，接引死者之灵到彼世，史君墓石椁东壁所绘墓主夫妇率驼队跨过钦瓦特桥时，最后的骆驼驮着高高的货物，上面站立着两只公鸡，其用意与翟曹明墓门相同[33]。

公鸡很少见于中国传统墓葬中的墓门雕刻，因此用西胡的祆教概念来解说是可以接受的，这也正好和翟曹明的天主身份相吻合。门框位于墓门的上方，公鸡代表的斯劳沙应当表示对逝者的引导，进入另一个世界。其实，近年来有伊朗语专家认为安伽、史君墓所见人面鸟身的

[27] N. Sims-Williams, “Towrads a New Edition of the Sogdian Ancient Letters: Ancient Letter 1”, É. de la Vaissière and É. Trombert, *Les Sogdiens en Chine*, Paris 2005, pp. 57-72；辛姆斯—威廉姆斯《粟特文古信札新刊本的进展》，荣新江等编《粟特人在中国——历史、考古、语言的新探索》，72－87页。

[28] 参看罗丰《萨宝：一个唐朝唯一外来官职的再考察》，荣新江主编《唐研究》第4卷，1998年，215－249页；收入作者《胡汉之间——“丝绸之路”与西北历史考古》，北京：文物出版社，2004年，248－279页。

[29] 程林泉、张翔宇、山下将司《北周康业墓志考略》，84页。

[30] 尹夏清《陕西靖边出土的彩绘贴金浮雕石墓门及其相关问题探讨》，《考古与文物》2005年第1期，49－52页。

[31] 姜伯勤《中国祆教艺术史研究》，北京：生活·读书·新知三联书店，2004年，180－181页。

[32] 影山悦子《中国新出ソグド人葬具に見られる鸟翼冠と三面三日月冠——エフタルの中央アジア支配の影响》，120－140页，关于翟曹明墓图像的讨论在127页。又见其英文论文： Kageyama, “The Winged Crown and the Triple-crescent Crown in the Sogdian Funerary Monuments from China: Their Relation to the Hephthalite Occupation of Central Asia”, pp. 11－22, esp. p. 13.

[33] 沈睿文《吉美博物馆所藏石重床的几点思考》，张小贵编《三夷教研究——林悟殊先生古稀纪念》，兰州：兰州大学出版社，2014年，426－483页。

祭司应当就是琐罗亚斯德教的斯劳沙神的象征，他在死者去世后的“第四天”早上帮助其灵魂通过钦瓦特桥（Chinwad）[34]。从这两个公鸡在门楣上的相对位置来看，应当和其他粟特墓葬中相对而立的代表斯劳沙神的鸟形祭司一样，表示对逝者灵魂的引导。门扉上的两位武士，比照形象极为相像的敦煌莫高窟第285窟的天王形象[35]，似乎看做是两位天王更为合适，他们是翟曹明墓的守护神；门框上的两位力士，形体要小得多，则是更次一级的守护亡灵的神祇了。正像史君墓、安伽墓的墓门所呈现的情形一样，翟曹明墓墓门虽然没有祆教祭司形象出现，但天王、力士、公鸡（斯劳沙化身）、狮子等形象，都透露出这些同时代胡人墓葬的共同性，作为祆教神职人员，由汉人撰写的汉文墓志铭看不出任何祆教内涵，但翟曹明的墓门却表现出了他自己的宗教信仰。

五、石座及石棺床复原

在属于翟曹明墓的文物中有4件狮形石座与3件兽形石座，它们有的后面有石榫，目的是摆放石榻。石榻的上面，根据石棺床的一般情形，应当有石椁或石屏风。在讨论翟曹明墓石狮与异兽石座的意义之前，先来回顾一下已发现的北周隋代入华粟特人墓葬石葬具下的石座。

（一）西安、天水、太原发现的石座

第1例，西安地区北周大象元年（579）同州萨保安伽墓围屏石榻（图12）。

共有7个榻腿，高0.34米。前面等距离排列4个，后面等距离排列3个。榻腿顶部有正方形榫与榻板底部对应位置的卯相套接。7个榻腿形状呈束腰形，向外的11个面各线刻一个异兽，自西南向东南，再自东北向西北，依次编号为1—7（表2）。除了6号榻腿图案外，其余图案相似，差别在于面向、举起手臂与抬腿的方向。以1号榻腿来说，位于围屏石榻的西南角，图案分别在榻腿的西侧和南侧，西侧异兽面微侧向北，左手叉腰，右腿抬起，右臂举起托榻；南侧异兽面微侧向东，右手叉腰，左腿抬起，左臂举起。异兽兽首人身，头上和肩背部鬃毛竖立，口大张露出獠牙，面露凶相。上身穿紧身背心，肌肉发达，下身穿短裤，赤足。异兽头顶有云气纹，脚下踩山石花草。6号榻腿位于石榻的后面居中，线刻一只面东立起的狮子，狮子的右前腿上举，口大张露出獠牙，颈部鬃毛竖立，后爪着地，尾巴下垂。榻腿上的图案类似于唐代的镇墓兽，作用应该与此相当[36]。

---

［34］F. Grenet, P. Riboud and Yang Junkai, “Zoroastrian Scenes on a Newly Discovered Sogdian Tomb in Xi’an, Northern China”, *Studia Iranica*, XXXIII/2, 2004, pp. 278-279.

［35］敦煌莫高窟第285窟西壁的天王及其他图像，具有强烈的伊朗风，参看张元林《论莫高窟第285窟日天图像的粟特艺术源流》，《敦煌学辑刊》2007年第3期，161－168页；《粟特人与第285窟的开凿》，《2005年云冈国际学术讨论会文集·研究篇》，北京：文物出版社，2006年，394－406页；又“Dialogue among the Civilizations: The Origin of the three Guardian deities’s Images in Cave 285, Mogao Grottoes”(文明之间的对话：敦煌莫高窟285窟中三尊守护神图像的起源)，*The Silk Road*, IX, 2011, pp. 33-48。

［36］陕西省考古研究所编著《西安北周安伽墓》，59页。

表 2　安伽墓榻腿图案统计表[37]

编号	1	2	3	4	4	5	5	6	7	7	1
位置	西南 南面	中左	中右	东南 南面	东南 东面	东北 东面	东北 北面	北中	西北 北面	西北 西面	西南 西面
面向	东	西	东	西	北	南	西	东	东	南	北
举臂	左	右	左	右	左	右	左	右	右	左	右
抬腿	左	右	左	右	左	右	左		右	左	右

图 12　安伽围屏石榻

第 2 例，北周天和六年（571）的西安北周康业（大天主、甘州刺史）墓围屏石榻榻座下，使用了 5 个榻腿，其中正面左右两个为圆雕的蹲踞状狮子，中间一个为畏兽（图 13），榻座后面的两个榻腿呈靴形[38]。

[37] 陕西省考古研究所编著《西安北周安伽墓》，49 页。

[38] 简报中称正面的 3 个榻腿均为狮子，见西安市文物保护考古所《西安北周康业墓发掘简报》，15 页。

图 13　康业围屏石榻

第 3 例，天水石马坪隋石棺床墓所出围屏石榻榻座下也发现有此种榻腿，榻座正面左右两端有两只狮形榻腿支撑榻座（图 14）[39]。两兽均为正面蹲坐的狮子，头部昂起，四爪支撑蹲坐于石墩上。一只张口露獠牙，另外一只闭口。颈部与肩部鬃毛竖立，后背凿成平面用于支撑榻座。除了狮形榻腿，围屏石榻的榻座正面凹雕上下 2 层壶门，每层 6 个。上层 6 个壶门内分别雕刻男性乐伎，下层壶门与上层一一对应，分别雕刻 6 个“两臂（肩）生翼，反掌托举”[40]的异兽。这些异兽姿势相似，均作双手上托状，与石榻的两个狮形榻腿一样，为支撑所用。

图 14　天水围屏石棺床侧视图

[39] 天水市博物馆《天水市发现隋唐屏风石棺床墓》，《考古》1992 年第 1 期，46－54 页。

[40] 天水市博物馆《天水市发现隋唐屏风石棺床墓》，47 页。

第 4 例，太原隋开皇十二年（592）检校萨保府虞弘墓所出屋形石椁的椁座下四面近角处每角各有两个汉白玉石雕刻的狮头坐垫（图 15），共 8 个[41]。狮头坐垫分为前后两部分，前半部分为伏在前爪上的狮头，后半部分为长方形平台，平台用于支撑椁座。8 个狮头可以大致分成 A、B 两型，每型 4 个，A 型较 B 型双耳更为宽短，双眼皮，眼珠更为大而突出。使用时也是每个 A 型与一个 B 型组合成一组，共 4 组，分别置于椁座四周。

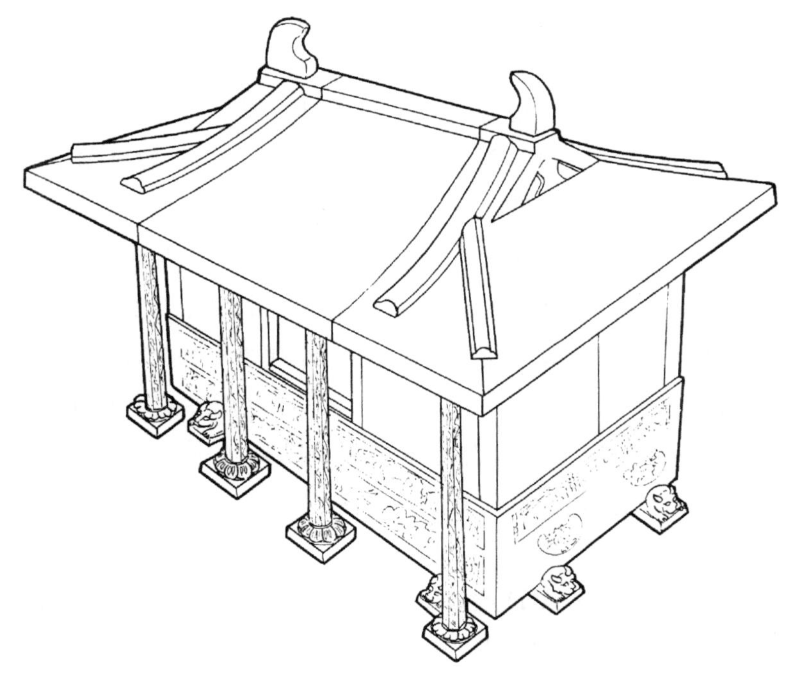

图 15　隋虞弘墓石椁结构示意图

从以上 4 例入华粟特人石葬具来看，首先，要么将石座加工成狮形或其他异兽形状，要么将狮子或其他异兽线刻在石座上，显示出这是一种流行的组合关系。其次，通常情况下，这些石座上的动物都被表现成蹲坐状，重心向下，用背部或头部用力承托着石葬具。安伽墓的围屏具有自身的独特性，一是没有将榻腿（石座）直接制作成狮子或异兽，而是先统一制作成束腰形，然后在上面线刻异兽和狮子；二是异兽与狮子少见的呈现出站立状，上举的左手或右手提示表现了承托重物的感觉。

从以上各墓所见狮形或兽形榻腿看，榻身放置在榻腿的部位有两种，一种如康业墓围屏石榻一样，狮子和畏兽以头顶来支撑榻座，其头顶被打磨成平顶，便于榻座平稳放置[42]；另外一种如天水石马坪隋墓与太原隋虞弘墓一样，狮形榻腿主要以狮子的背部支撑榻座或椁身，翟曹明墓的情况与上述两种情况不同，选择以狮子身后的石板作为承放葬具的部位。虽然西安地区北周大象元年（579）同州萨保安伽墓围屏石榻未采用狮形榻腿，但是安伽墓石门左右门砧石外侧各圆雕一只蹲坐的狮子，正如翟曹明墓石门的狮形门砧石。狮子既是瑞兽，又是猛兽，

[41] 山西省考古研究所、太原市文物考古研究所、太原市晋源区《太原隋虞弘墓》，北京：文物出版社，2005 年，15—32 页。

[42] 康业石榻下左侧狮子平顶正中有出圆榫的情况。

畏兽或其他怪兽也是传说中的神兽，作为墓门或石葬具的一部分，体现了保卫、护佑墓主人的死后生活的观念。

（二）翟曹明墓石葬具讨论

根据墓志，翟曹明亦为入华粟特人[43]。6 世纪晚期，来自中亚的入华粟特移民康业、安伽、史君和虞弘等的墓葬出土石葬具及其图像显示出在中国早期建筑结构的围屏上，大多描绘了来自异域的图像。

这些石葬具在形制上大致有两种类型，一是石椁或所谓“石堂”，由正面带有装饰的底座、内侧或外侧有浮雕或绘画的四壁，以及斜坡顶部构成，史君[44]与虞弘墓所出石葬具属于此类。

史君墓石堂由底座、四壁和屋顶构成[45]。石堂为歇山顶殿堂式，坐北朝南，面阔五间，进深三间。东西长 2.5 米，南北宽 1.55 米，通高 1.58 米。石堂内放置石榻一具，长 2 米，宽 0.93 米，高 0.21 米。石堂四壁由 12 块石板构成（包括石堂门楣 1 块，门扇 2 块，门槛 1 块）。其中四个转角是用“L”形整石雕凿而成。各石板之间的接缝处上方，扣有铁制“细腰”（也称银锭榫），石板两侧、石板与底座之间用直榫相连。屋顶用 5 块石材拼合而成，其中 4 块平放在四壁上面，形成屋檐，并用朱砂绘有仿木的建筑结构。顶部由一块整石雕凿而成，内部凿空，有明显的凿刻痕迹。史君石堂底座直接平置于地面，并未在底座四面放置兽形石座来支撑底座。

虞弘墓仿木构三开间的单檐歇山顶殿堂式汉白玉石椁由椁顶、椁壁、椁座和廊柱构成，通高 2.36 米，椁身正面长 2.47 米，侧面宽 1.36 米。石椁顶部由三块汉白玉石组成，顶部的侧剖面为“人”字形，中间厚，两边薄，椁顶正面总长 2.91 米，侧面宽 2.20 米，高 0.48 米。从内部看，椁顶为尖拱顶形。椁身由椁门和 9 块汉白玉石板雕凿而成。椁身前面正中为椁门，椁门门楣正面浮雕有凤鸟、宝珠图案。左右各有上下 2 个铁环，是用来安装铁扒钉固定门楣。两扇椁门已残缺，原各雕刻有 3 排圆形门钉，每排 3 个。椁门有长条形素面门槛。石椁底座位于石椁下部，为一个扁长方形箱体。椁座四面均分上下两栏，上栏刻绘壁龛，下栏刻绘壶门，然后在壁龛与壶门内刻绘人物和其他图案。椁座下四角之每角又各有 2 个汉白玉石雕刻的彩绘狮头坐垫，长 0.31－0.47 米，前半部分狮头长 0.17－0.2 米，高 0.16－0.195 米，宽 0.155－0.2 米；后半部分长方形平台长 0.12－0.16 米，宽 0.155－0.2 米，高 0.105－0.11 米。

二是石棺床，有一长方形平台，三面被有浮雕的围屏围绕，北周康业、安伽墓与天水石棺床隋墓所出石葬具属于此类。

康业墓围屏石棺床由围屏、榻板和榻腿构成。围屏由 4 块长方形石板构成，左右两侧各一块，长 0.93 米，高 0.82 米，厚 0.7－0.85 米。正面两块，长 1.06－1.11 米，高 0.82－0.83 米，

---

[43] 参见论文墓志考释部分。

[44] 西安市文物保护考古所《西安市北周史君石椁墓》，《考古》2004 年第 7 期，38－49 页；西安市文物保护考古所《西安北周凉州萨保史君墓发掘简报》，《文物》2005 年第 3 期，4－33 页；西安市文物保护考古研究院编著《北周史君墓》，53－61 页。

[45] 西安市文物保护考古研究院编著《北周史君墓》，79 页。

厚0.09－0.1米。围屏内侧磨光，线刻画面10幅，左、右两侧各2幅，正面6幅。内容以会见宾客、出行为主。局部贴金，两侧及上部贴饰金柿蒂纹。榻板长方形，长2.38米，宽1.07米，厚0.16米。正面及两侧线刻辅以减地浅浮雕图案。榻腿5个，正面中央为畏兽，左右两侧为蹲踞状狮子，背面两个略呈靴形，高0.34米。

安伽墓围屏石棺床东西长2.28米，南北宽1.03米，通高1.17米，其中围屏3块，榻板1块，榻腿7个。榻腿四角各一个，正面等距离增加两腿，与榻板组合构成大小相同的3个壸门，后面正中加一腿，形成两个壸门，榻腿与榻板共构成7个壸门。整个围屏石棺床共刻绘56幅图案：3块石屏风向内一面刻12幅图案，正面6幅，左右两侧各3幅；榻板正面及左右两侧边沿刻33幅图案，其中正面17幅，左右两侧各8幅；7个榻腿向外的11面（四角榻腿均有两面向外）各刻一副图案。整个围屏石棺床以榫卯结构结合凹槽内嵌物固定而成，3面石屏风相接处上方各刻半个梯形槽，槽内嵌物用以固定。镶嵌物已不存。左（西）侧屏风右上方出长方形榫，正面屏风左上方凿卯，右上方出榫，右（东）侧屏风右上方凿卯，榫卯套接；左右侧屏风下端正中各出一长方形榫，正面屏风下端出两榫，与榻板相应位置的卯对接。7条榻腿上端各出一方形榫，与对应位置榻板下面的卯套接。

天水围屏石棺床长2.18米，宽1.15米，通高1.23米。由大小不等的17方画像石和8方素面石条组成屏风、榻座、榻板。其中榻座由8方高33米、长短不等的素面石条和两方画像石组成。正面榻座由两方画像石拼成，通高31厘米，分别长0.6米与1.25米。榻座凹雕6组壸门，分上下两层。上层壸门为圜底莲瓣形，壸门内各有一坐着演奏的男性乐伎。下层壸门内与乐伎上下对称雕刻6个神兽（力士），两肩生翼，反掌托举。榻板由长115厘米，宽51.5－59厘米，厚9厘米的四方石条拼成，各拼缝间以子母扣相接。正面床沿雕刻上下两排联珠纹带，中间为忍冬纹带，并饰以金彩。其余三面距床沿边4厘米处雕刻成宽4厘米，深3厘米的凹槽用于同围屏套接。围屏由11方高87厘米，宽30－46厘米的彩绘画像石组成，其中左右两侧各3方，正面5方。11方画像石的底部镶嵌在床板边沿的凹槽内。围屏背面各画像石相互拼缝之间上下各有一凹槽，长8厘米，宽3－4厘米，深1厘米，凹槽内有木钉铆接痕迹。屏风采用平地减底雕刻技法，内容有狩猎、宴饮、出行、泛舟等生活画面和亭台楼阁、水榭花园等建筑。

表3中列出了在墓葬中发现的可认为属于入华粟特人或与粟特人有关的石葬具石座的高度。除了翟曹明墓石葬具主体被盗，仅存石座外，其余5座北周隋代墓葬的石葬具是经科学发掘获得的，葬具形制完整。5座墓中，康业墓、安伽墓、天水石棺床墓都采用了围屏式石棺床，康业石棺床座是以狮子与畏兽的头部支撑，石座高34厘米；安伽石棺床是以线刻有异兽或狮子的束腰形腿支撑，石座（榻腿）高约35厘米；天水隋墓石棺床榻板下并未完全以榻腿形式的石座支撑，而是采用了由8方高33厘米、长短不等的素面石条和两方画像石组成，仅在榻座正面左右两端分别放置一个狮形石座，榻板平放在狮背上。史君墓与虞弘墓都使用了屋形石椁，这种石葬具体量较围屏石棺床要更为庞大，由于椁身与椁座被制作成长方形箱体状，稳定性较好，如果在椁座下采用围屏石棺床的兽形座，不但破坏了原有的稳定性，而且5个或7个石座是很难支撑体量庞大的屋形石椁。

表 3　入华入华粟特人葬具石座尺寸统计表

石座	翟曹明墓	康业墓	安伽墓	天水石棺床墓	虞弘墓
高（厘米）	平台约 30	通高 34	通高约 35	通高 55、 狮背高 31－33	通高 16－19、 平台高 10.5－11
数量（个）	7	5	7	2	8

史君石堂下未见任何形式的石座或许暗示了我们的推测的合理性。虽然虞弘石椁使用了 8 个狮头石座，但是这 8 个石座与上述 3 座墓的围屏石棺床的石座相比，尺寸要小很多，石座最高者 19 厘米，支撑石椁的平台高仅 11 厘米左右。在体量较大的屋形石椁长方形箱体下放置低矮的狮头石座，显然是更利于石椁的平稳性。在以上有着完整形制的两类石葬具的参考下，回过头来观察翟曹明墓所出狮形石座与兽形石座，其高度与康业、安伽、天水等墓所出围屏石棺床下石座的高度非常接近，石座上狮子与异兽组合使用的情况同样见于北周康业与安伽墓石葬具上，综合石座的高度与其上的动物造型等因素考虑，靖边北周翟曹明墓石葬具的形制可能属于围屏石棺床（图 16），7 个石座在石棺床下的放置方式可以参考康业石葬具，很可能是将 4 个狮形石座安放在石榻的前后左右两端，每端 1 个，共 4 个；然后在石榻正面、左侧、右侧等距离各加 1 个兽形石座，形成正面 3 个石座、背面两个石座、东西侧面中间各有一个石座，共 7 个。

这些石葬具的主人都非中国本土的汉人，其祖先来自中亚地区，死者身份多为萨保，葬具上的图像有着异域风格。但是康业石葬具汉化的特征明显高于其他几位。康业墓志显示他是粟特王室的直系后裔，但是其石棺床围屏上的图像却与 6 世纪早期洛阳石棺和石棺床上的图像风格很相似。头戴高冠，身穿褒衣博带，康业被描绘成典型的汉族士大夫。树木、山石、矮榻、侍从等场景可以与中国 6 世纪的园林和建筑相印证。遗憾的是，翟曹明墓石葬具构件仅存石座（榻腿），所以无法看见石葬具屏板上的图像内容是如康业墓围屏上表现了 6 世纪早期汉地北魏

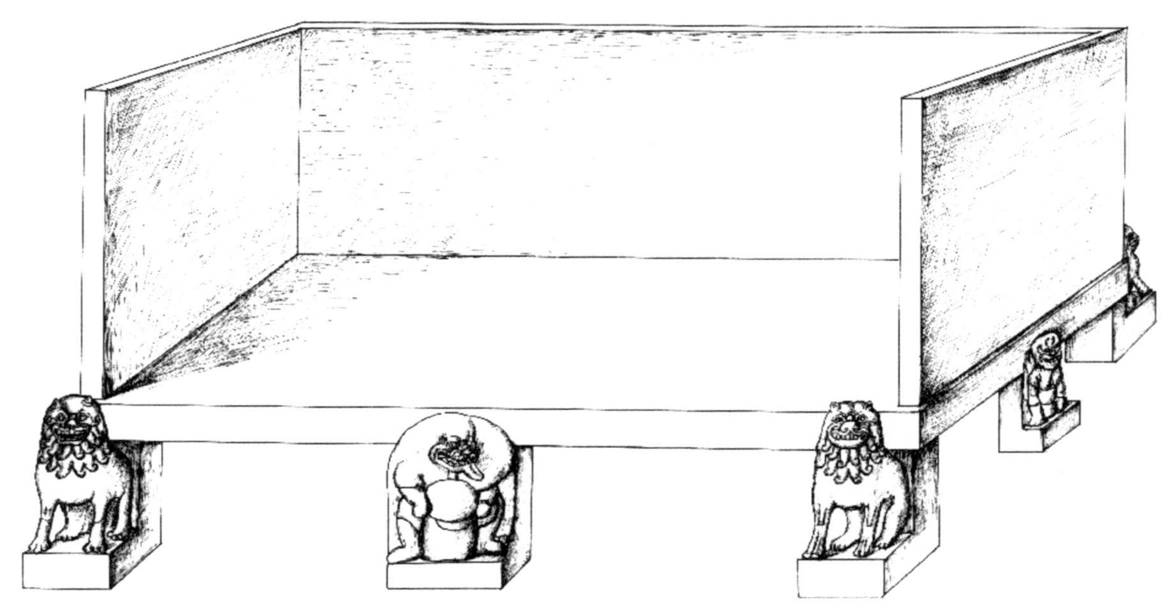

图 16　北周翟曹明墓石棺床推测复原示意图

洛阳的石葬具内容与风格，还是如安伽、史君等萨保葬石葬具围屏上使用了火坛与祭司、过钦瓦特桥、狩猎、宴饮等明显具有异域风格的内容，但从翟曹明石门上头戴日月冠手持三叉戟的胡人武士形象与使用围屏式石葬具两点来看，北周时期的入华粟特人墓葬，通常以石葬具或石门显示所承继的汉地文化传统，以图像来表达墓主的民族与宗教归属。

六、中古时期的翟姓胡人

翟曹明应当是“受命来朝”的西国胡人，但“西国”的概念过于宽泛，虽然上举同时期的墓志西国往往指粟特，那么翟姓到底是否粟特人？虽然我们早已指出这种可能性[46]，陈菊霞的《西域、敦煌粟特翟氏及相关问题研究》也做了比较透彻的研究[47]，但还需要做更为彻底的考察。

过去对于魏晋以来关中和河东地区北部的翟（音 dí）姓，人们一般认为是出自丁零、高车，为北方游牧民族后裔，即出自北狄。但是，近年来由于粟特研究的进步，我们发现许多进入中原的翟姓总是和从中亚来的粟特人生活在一起，本身也具有浓厚的粟特文化特征，这使得我们越来越感觉到，在这些翟姓人中间，除了出自北狄系统者之外，是否有不少翟姓出自中亚粟特地区。在此，我们希望系统地将目前所见西胡系统的翟姓资料整理如下，并参考前人的论述加以解说。

《资治通鉴》卷九四晋成帝咸和五年（330）称：“初，丁零翟斌世居康居，后徙中国，至是入朝于赵。”[48]这里的赵即后赵石勒，以翟斌为代表的丁零翟氏主要分布在定州常山、中山、赵郡和并州的上党郡[49]。这支丁零的翟姓为何是从康居迁徙到中国的，对于这一问题，童丕（É. Trombert）先生做了如下的解说：据《魏略》，丁令“居康居北”[50]，说明他们直到 3 世纪仍居于南西伯利亚地区。因此，丁零在来到中国之前就打上了伊朗风俗的烙印，在以后的几个世纪，诸翟又和粟特人密切接近，他们起伊朗语的名字，与粟特人结亲，某些人如翟槃陀那样甚至当上了祆教祭司，或者像翟娑那样成为聚落的首领，吐鲁番文书中还记载了一位大约生活在 436 年葡萄种植者——翟强[51]。这是用丁零曾经在康居北部居住，以及丁零和粟特人密切交往来解释这些现象。

（1）除了 436 年的葡萄种植者翟强外，高昌地区还有不少翟姓人士，他们多少都和粟特人相关，最典型的例子应当是哈拉和卓 M99 出土的吐鲁番文书《北凉承平八年（450）翟

[46] 荣新江《隋及唐初并州的萨保府与粟特聚落》，《中国中古与外来文明》，北京：生活·读书·新知三联书店，2001 年，172－174 页。

[47]《中国边疆史地研究》2008 年第 3 期，40－48 页。又参看陈菊霞《敦煌翟氏研究》，北京：民族出版社，2012 年，53－64 页。

[48]《资治通鉴》卷九四，2976 页。

[49] 段连勤《丁零、高车与铁勒》，上海：上海人民出版社，1988 年，151－156 页。

[50]《三国志》卷三〇《乌丸鲜卑东夷传》，北京：中华书局，1973，862 页。

[51] 童丕《中国北方的粟特遗存——山西的葡萄种植业》，荣新江等编《粟特人在中国——历史、考古、语言的新探索》，北京：中华书局，2005 年，208－209、213－214 页。

绍远买婢券》：

> 承平八年岁次己丑九月二十二日，翟绍远从石阿奴买婢一人，字绍女，年廿五，交与丘慈锦三张半，贾（价）则毕，人即付。（后略）[52]

出卖女婢的石阿奴，很可能是来自粟特地区的石国（Chach）[53]，他可能是从西边倒卖人口而来的行商，而翟绍远则是高昌当地的坐贾。这类接受粟特商人倒卖来的商品的人往往是居住在当地的粟特人，这可以从吐鲁番出土《麹氏高昌内藏奏得称价钱帐》（73TAM514）中得到印证，该帐所记交易人中也有两位翟姓人物：翟陀头、翟萨畔[54]。因此，我们怀疑翟绍远也是一个与粟特相关的胡人。

（2）翟姓胡人与粟特的关系最典型的一个例子是唐朝伊州祆庙中的祆主翟槃陀。敦煌文书S.367《沙州伊州地志》伊州条记伊吾县下记载：

> 火祆庙中有素书形像无数。有祆主翟槃陀者，高昌未破以前，槃陀因入朝至京，即下祆神，因以利刀刺腹，左右通过，出腹外，截弃其余，以发系其本，手执刀两头，高下绞转，说国家所举百事，皆顺天心，神灵〔相〕助，无不征验。神没之后，僵仆而倒，气息奄〔奄〕，七日即平复如旧。有司奏闻，制授游击将军。

“槃陀”为粟特文 vandak“仆人”的音译[55]，从他的名字和他担任祆教（琐罗亚斯德教）的神职人员来看，翟槃陀应当是一个粟特人。

（3）洛阳早年出土的《翟突娑墓志》称：

> 君讳突娑，字薄贺比多，并州太原人也。父娑摩诃，大萨宝，薄贺比多。〔突娑〕春秋七十，大业十一年（615）岁次乙亥正月十八日疾寝，卒于河南洛阳县崇业乡嘉善里。[56]

向达先生在《唐代长安与西域文明》中已经指出：“翟突娑之父娑摩诃为大萨宝，必系火祆教徒无疑。又从突娑卒年七十推之，其父为大萨宝，当在北齐、北周之时矣。”[57]我们曾进一步

［52］《吐鲁番出土文书》壹，北京：文物出版社，1992年，92—93页。

［53］陈国灿《魏晋至隋唐河西胡人的聚居与火祆教》，原载《西北民族研究》1988年第1期；此据作者的《敦煌学史事新证》，兰州：甘肃教育出版社，2002年，81页；陈海涛《从胡商到编民——吐鲁番文书所见麹氏高昌时期的粟特人》，《魏晋南北朝隋唐史资料》第19辑，2002年，200页。

［54］《吐鲁番出土文书》壹，450—453页。参看朱雷《麹氏高昌王国的“称价钱”》，《魏晋南北朝隋唐史资料》第4辑，1982年，17—24页；姜伯勤《敦煌吐鲁番文书与丝绸之路》，北京：文物出版社，1994年，138—139、175页；钱伯泉《从〈高昌内藏奏得称价钱帐〉看麹氏王朝时期丝绸之路的商人和商品》，《西北史地》1992年第3期，48—56页。

［55］蔡鸿生《唐代九姓胡与突厥文化》，北京：中华书局，1998年，39页。

［56］此为鸳鸯七志斋藏石，见赵万里《魏晋南北朝墓志集释》卷九，北京：科学出版社，1956年，图版484，323页。又见《鸳鸯七志斋藏石》，西安：三秦出版社，1995年，218页。

［57］向达《唐代长安与西域文明》，北京：生活·读书·新知三联书店，1957年，90—91页。

指出，从翟姓和父子两人的名字来推断，他们很可能是来自粟特地区而著籍太原的移民。从翟突娑的年份推测，其父任萨保的时间，可能正是虞弘任北周检校并州等地萨保府的年代（580年前后），而这个萨保府应当是以粟特胡人为主的聚落[58]。

（4）吐鲁番出土《麴氏高昌延昌二十七年（587）六月兵部条列买马用钱头数奏行文书》，其中卖马者有翟呼典畔陀、康秋儿、康𥟖但等，买者则为高昌官府[59]。康秋儿、康𥟖但应是粟特人，“呼典畔陀”一名，吉田豊认为是粟特文 xotēnβanda 的音译，意味“王妃之仆人”[60]。我们把和其他粟特人一起卖马、而且也使用粟特语为人名的翟呼典畔陀看做是粟特人，应当不为过吧。

（5）吐鲁番出土文书《唐垂拱元年（685）康尾义罗施等请过所案卷》里提到两个由粟特、吐火罗人组成的商队，分别向唐朝西州官府申请过所，以便“向东兴易”，西州官府将其重组为另外两个商队，西州官府处理此案的译语人叫“翟那你潘”[61]。我们知道，在西州甚至唐朝中央和地方很多官府内的译语人，都是选取粟特人担当的[62]。“那你潘”一名，吉田豊指出是粟特文 Nanai-farn 的音译，意为“娜娜女神的荣光”[63]。和上面的例子相同，这位译语人翟那你潘，应当也是一个粟特人。

我们也可以看到许多和粟特人通婚的翟姓胡人，他们有的还保留有胡人的名字。如：

（6）吐鲁番出土《康波蜜提墓志》称：

> 维麟德元年四月卅日，翟那宁昏母康波蜜提墎至既。[64]

粟特康国人康波蜜提嫁给某位翟君，其子名翟那宁昏。“那宁”即前面一条材料中的“那你”，都是娜娜（Nana）女神的粟特文音译。

（7）昭陵出土有武威粟特人安元寿夫人翟六娘墓志，称：

> 夫人讳六娘，字六娘，隋开府仪同公之第六女也。……夫人以圣历元年十月十六日，薨于京怀远里第之小寝，春秋八十有九。……其词曰：翟氏贤媛，安门硕人。[65]

---

［58］荣新江《隋及唐初并州的萨保府与粟特聚落》，169—179 页。

［59］《吐鲁番出土文书》壹，339—345 页。

［60］吉田豊《ソグド语の人名を再构する》，《三省堂ぶっくれっと》1990 年第 78 期，69 页。

［61］《吐鲁番出土文书》叁，北京：文物出版社，1996 年，346—350 页。参看程喜霖《唐代过所研究》，北京：中华书局，2000 年，246—258 页。

［62］李方《吐鲁番文书中的译语人》，《文物》1994 年第 2 期，45—51 页。固原发现的史诃耽墓，其生前曾任中书省译语人，参看罗丰《固原南郊隋唐墓地》，55—77、206—211 页。晚唐的例子，见李德裕《会昌一品集》卷一五，叶 121，分析参看 M. R. Drompp, “A Note on Interpretation of Turkic Languages in Late T’ang China”, *Altaic Religious Beliefs and Practices*, Budapest 1992, pp. 103-110；idem, *Tang China and the Collapse of the Uighur Empire: A Documentary History*. Leiden: E. J. Brill, 2004, pp. 292-293.

［63］吉田豊《汉字拼写的粟特人名、重构的粟特文发音及其原意》，附录于韩森《丝绸之路贸易对吐鲁番地方社会的影响》，荣新江等编《粟特人在中国——历史、考古、语言的新探索》，128 页。

［64］周绍良编《唐代墓志汇编》，上海：上海古籍出版社，1992 年，402 页。

［65］昭陵博物馆《唐安元寿夫妇墓发掘简报》，《文物》1988 年第 12 期，37—49 页。墓志录文见《全唐文补遗》第 2 辑，西安：三秦出版社，1995 年，470 页。

翟六娘是隋开府仪同公的第六女，而隋代的开府仪同，往往就是授予粟特地方首领的官位。其所出嫁的对象，就是著名的武威安氏，安元寿是安兴贵子，为唐初建功立业的勋臣，陪葬昭陵。这样一位出身名门的粟特贵族迎娶的新娘，应当来自粟特移民非常亲近的族群，从唐朝初年粟特人多为内婚制的情形看，翟六娘或许就是出自一个粟特名门。

（8）幸运的是，我们真的能够见到这个翟姓家族的人物传记。1997 年，武威市高坝镇发现《翟舍集及夫人安氏墓志》称：

> 公讳舍集，姑臧人也。带禀粹气，人包灵精。西平膏壤，右地名族。曾祖呼末，周历内散都督，隋赠甘州刺史。祖文殊、父沙，并上柱国。公生蕴奇志，长负大才。国家命金方之师，征铁关之右。公躬擐甲胄，率先艰苦。授上柱国。于是乐道知命，居常待终。而鼠疾弥留，游魂莫返。久视年五月八日，卒于私第，年六十四。夫人安氏，凉国公之孙也。出身名家，宜于贵室。夫也先卒，心乎靡他。义切恭姜，训成诸子。三从一德，良不媿于金夫；子贵母尊，竟登荣于石卯。湟川叛逆，青海纷拏。元子勇冠三军，功加五品，因授姑臧县太君。开元十四年八月二十八日卒，年七十六。其岁景寅子月十一日，合葬凉东南七里志公乡原茔，礼也。[66]

需要指出的是，翟舍集的夫人安氏的祖父凉国公，应当就是安兴贵[67]，其父亲很可能就是安元寿。安元寿夫人名翟六娘，而翟舍集夫人为安氏，表明武威安氏与翟氏有联姻，并不是单向的。根据这方墓志我们能够了解到，这个姑臧翟氏并非一般的家族，而是“右地名族”，从其曾祖翟呼末开始，就在北周政权中任职；而四代人的名字：呼末、文殊、沙、舍集，看起来都像是音译的胡名，说明这个家族生活在胡人聚落中，翟舍集可能娶的是安元寿女，而安元寿所娶的翟六娘或许也出自这个翟氏，他们这种代代通婚的结果，即使翟姓不是粟特人，那也慢慢成为粟特人了。

（9）洛阳出土《翟公妻康氏墓志铭》称：

> 洛州偃师县洛城乡白社里故翟公妻、义丰县太君康氏之铭，殡在此合宫平乐乡北邙晏村之原，大周证圣元年三月廿三日葬。[68]

这位落籍洛州偃师县乡里的翟公，其妻为粟特人康氏。义丰县在河北定州辖下（今河北安国市），我们不清楚康氏为何封义丰县太君，但定州是粟特人的一个聚集地。这方墓志太短，仅提供给我们一个翟氏和粟特人通婚的例证。

（10）洛阳出土《康国大首领康公夫人翟氏墓志》称[69]：

---

[66]《武威金石录》，46－47 页。关于这座墓葬的情况，参看黎大祥、刘万虎《武威发现大唐上柱国翟公墓》，《中国文物报》1998 年 4 月 8 日；黎大祥《武威大唐上柱国翟公墓清理简报》，《陇右文博》1998 年第 1 期。

[67]《安元寿墓志》记：“父兴贵，皇朝右骁卫将军、左武卫将军、冠军将军、上柱国、凉公。”（《全唐文补编》第 1 辑，67 页）。考证见陈志谦《安元寿及夫人翟氏墓志考述》，《文博》1989 年第 1 期，51－56 页；黎大祥《武威文物研究文集》，兰州：甘肃文化出版社，2002 年，34 页。

[68]《全唐文补遗》第 7 辑，503 页。

[69]《唐代墓志汇编》，1634 页；《全唐文补遗》第 5 辑，382－383 页。

大唐故酋长康国大首领因使入朝检校折冲都尉康公故夫人汝南上蔡郡翟氏墓志铭并序。

夫人翟氏，汝南上蔡郡人也。家传轩冕之荣，门出士林之秀。曾祖瓒，隋朝议郎、检校马邑郡司马。祖君德，皇朝朝散大夫、太常寺丞。父方裕，清河郡清河县尉。并高材莅职，雅誉称雄。夫人以天宝八载六月九日，终于福善坊之宅也，春秋七十有八。

这位出身名门的翟氏，墓志声称是汝南上蔡郡人，但却嫁给了一位粟特人康公，从标题来看，这位康公是因为从康国出使而入朝的，原本为酋长、康国大首领，换句话说，可能就是一位萨保，大概因为入朝不归，被授予折冲都尉的职衔。这是出土墓志提供给我们的又一位翟姓和粟特人通婚的例子。

（11）最后，直到五代宋初，归义军节度使曹元忠的夫人为所谓浔阳翟氏。我们推测归义军曹氏统治者为粟特后裔，其中一个主要观点就是这个曹氏家族的历任节度使都和外族通婚，包括回鹘、于阗、吐谷浑，因为这个翟氏或许也来自胡人集团，即粟特人。

此外，还有一些材料也说明翟氏和粟特人密不可分。比如，中宗景龙年间（707—710）立于恒州获鹿县本愿寺的石幢上面，集中地记录了当地胡人的名字，有史、安、石、毕、罗、翟等姓[70]；开元二十二年（734）《翟铣及妻李氏墓志》称翟銑为辽西柳城人，和安禄山同乡，曾任经略军节度副使，后贬授左威卫中朗将[71]；永贞元年（805）的《米继芬墓志》，是乡贡进士翟运撰并书[72]；翟突娑葬于“芒（邙）山北之翟村南一里”，咸亨元年（670）《康敬本墓志》[73]、元和十五年的《曹琳墓志》[74]，都是葬在河南县平乐乡杜翟村之原翟村西原，两处或系一地，可能这是翟姓集中的村落，而又是粟特人的归葬地之一。

总起来看，翟姓是西胡中并不弱小的一支，即使不能和康、安、史、石、何、曹等姓相比，但要比米、穆、贺、毕、罗诸姓要显赫一些，他们中既有任胡人聚落首领萨保的人物，也有作为一个聚落宗教中心——祆祠的主持；翟姓在武威也是高门大姓，可以和身为国公的武威安氏结为紧密的婚姻关系；他们基本上都是粟特的名字，而且和粟特人的生活习性没有什么区别。因此，我们把进入中国的西胡出身的翟姓看做是粟特人，应当是可以成立的，而翟曹明应当就是一位粟特人[75]。由此我们再来看史籍中所说的“丁零翟斌世居康居，后徙中国”，或许透露出翟姓来自康居（粟特地区），在丁零强盛的时候，他们当然会进入北方游牧的丁零，同时也会

---

[70] 森部豊《唐代河北地域におけるソグド系住民——开元寺三门楼石柱题名及び房山石经题记を中心に》，《史境》第45号，2002年，27—28页。

[71]《全唐文补遗》第2辑，503—504页。

[72]《全唐文补遗》第3辑，西安：三秦出版社，1996年，143页。

[73]《全唐文补遗》第2辑，234页。

[74]《全唐文补遗》第5辑，429—430页。

[75] 影山悦子也肯定这一看法，见所撰《中国新出ソグド人葬具に见られる鸟翼冠と三面三日月冠——エフタルの中央アジア支配の影响》，127页；Kageyama, “The Winged Crown and the Triple-crescent Crown in the Sogdian Funerary Monuments from China: Their Relation to the Hephthalite Occupation of Central Asia”, p. 13.

进入中原内地，正像北朝末、隋唐时期的粟特人，不论在北方草原上的突厥汗国，还是在中原王朝，都有粟特人的身影。

那么，翟姓能否和某个粟特地区的绿洲王国对上号呢？因为中国的制度是“以国为姓”，凡是进入中国的胡人，在登记、著籍时都要按照所从来的国度取一个姓。目前所知的粟特姓氏和所自出的绿洲国家有：

康：萨末鞬、飒抹建，康国，今乌兹别克斯坦撒马尔干（Samarkand）。

安：忸蜜、副货、布豁、捕喝（Bukhara），安国，今乌兹别克斯坦布哈拉（Bukhara）。

石：赭时、者舌、柘支（Chach），石国，今乌兹别克斯坦塔什干一带。

史：羯霜那（Kashana）、乞史、佉沙（Kish），史国，今乌兹别克斯坦沙赫里夏勃兹。

曹：劫布呾那、伽不单（Kaputana），曹国，今乌兹别克斯坦撒马尔干北。

何：屈霜你伽、贵霜匿（Kushanika），何国，康国西北约 40 公里处。

米：弭秣贺（Maymurgh），米国，位于康国东南。

贺：货利习弥（Chorasmia），汉文史籍称火寻，今阿姆河下游一带。

穆：木鹿（Marv），汉文史籍称穆国，今土库曼斯坦马里。

毕：沛肯特（Paikent，Paykand），汉文史籍称毕国，在今布哈拉（Bukhara）西南约 60 公里处。

虽然我们迄今并不清楚粟特诸国的姓，如康、安、石、史、曹、何、米等是怎么产生的，我们可以知道来自撒马尔干的都姓康，来自布哈拉的都姓安……，于是这些绿洲王国在汉文史料中也就称作康国、安国、曹国、石国……等等了[76]。这些姓有的和原本的城市或地区的名字有读音或意思上的关联，如“石”和今天突厥语名字塔什干意为“石头”可能有共同的来源；“史”或许取 Kish（渴史）的第二音；米、贺、穆、毕或许都来自原出地名称的首字音。

在所有北朝、隋、唐时期汉文史料中出现的粟特绿洲王国中，特别是《新唐书》所列的昭武九姓，大多数都有一个对应的汉姓，目前唯一没有见到的而较具规模的城邦，恐怕是戊地，也称伐地，在今乌兹别克斯坦布哈拉西，因在安国之西，所以又名西安国，其具体地点可能是布哈拉西北约 50 公里处的伐丹则－库尔干（Kurgan-Vardanzeh），穆斯林史料称作 Vardana[77]。如果我们要给来到中原的“翟”（音 dí）姓胡人找一个中亚家园的话，那伐地、戊地显然是最为合适的，“翟”大概取自原文的第二音，虽然我们目前还不知道“伐地”或“戊地”原语的样子。

还应当提及的是，汉文史料中的粟特小国，还有小安国（又名东安、喝捍，今乌兹别克斯坦撒马尔干西北）、那色波（又名小史，今乌兹别克斯坦卡尔希）、乌那曷（今阿富汗安德

[76] 参看齐藤达也《北朝・隋唐史料に見えるソグド姓の成立について》，《史学杂志》第 118 编第 12 号，2009 年，38－63 页。

[77] 参看康马泰（M. Compareti）《“伐地”国地望考》，《敦煌吐鲁番研究》第 9 卷，上海：上海古籍出版社，2006 年，295－301 页。

胡伊)、钹汗(拔汗那，今乌兹别克斯坦费尔干纳，唐玄宗曾以李唐外家的窦姓赐其王)等，这些地方或则远离粟特本土的核心地带，或则太小而不受重视，因此似乎没有与“翟”合适的对应可能。

以上我们着重考释了墓志与石门图像，根据出土的几个石座与墓志提供的翟曹明的西国胡人身份与“大天主”称号，结合已发现的入华粟特胡人的石葬具类型，推测翟曹明采用了围屏式石棺床，期待实物的发现来印证以上的研究。那么，翟曹明的石葬具到底在哪里呢？还是可能就是目前我们已经见到过的某组海外藏品？

粟特语摩尼教创世纪残片补考

马小鹤
（哈佛大学哈佛燕京图书馆）

1948年，伊朗学家恒宁（W. B. Henning，1908－1967）发表了《一件粟特语摩尼教创世纪残片》，刊布、释读和英译了文书M 178。他指出，摩尼为了使自己的宇宙观更清楚，曾制作了一册图画，在科普特文摩尼教文献中称为"埃空（*Εἰκών*）"，在帕提亚文中作*Ard(a)hang*，波斯文作 *Ertenk*。此画册在汉文《摩尼光佛教法仪略》中称为"大二宗图"，与其他七部大经一起组成摩尼的经典著作。这些图画无疑将会帮助我们理解许多令人费解的问题，晚至11世纪在鹤悉那（Ghazna，今阿富汗加兹尼）还有一个抄本存在，但是如今已经佚失了[1]。近来吉田豊发现了一幅日本藏摩尼教《宇宙图》，其原本很可能就是"大二宗图"[2]。康高宝（Gábor Kósa）认为，其源头当为摩尼绘制的"埃空"。[3]此图几乎比所有的文字资料都更详细形象地描绘了摩尼教创世纪，显然有助于我们理解M 178。此外，近来学界发现福建霞浦民间宗教文书包含不少摩尼教内容；曹凌则在敦煌遗书中辨认出《佛性经》为摩尼教文献。这些新发现的不少细节能在M 178中得到印证，反过来说，这些新发现又为我们进一步理解M 178提供了资料。本文即利用这些新资料对M 178作一补考。

M 178是第一份被现代欧洲学者所研究的摩尼教文献残片。1904年缪勒（F. W. K. Müller，1863－1930）曾试图借助这份文书释读摩尼字母，但是失败了，因为当时其语言尚未为人所知[4]。在他成功释读以后，刊布了它的一些文句，是最早为人所知的粟特文文书。但此后40余年间此文书却被束诸高阁。M 178被称为"保存得最好的摩尼教文书残片，双叶（a double folio），白色薄皮纸，书法精品"。恒宁当时并无照片在手，是根据自己12年以前从原件抄写下来的抄本释读的。现在读者可以在德国吐鲁番文书网页上看到照片[5]。在第一叶（明界的五种大）和第二叶（十天）之间，可能佚失了三四个双叶，即十二页或十六页（内容当为黑暗世界、黑暗力量对光明世界的进攻，初人，黑暗与光明元素的混合，第二次召唤，初人的救赎）。页头首行并不说明该页的内容，而是从第一页到最后一页的跋文的文句。文书的拉丁字母转写和注释见恒宁原文[6]，不再转录和翻译。不过，为了方便读者，先把恒宁的英译文译成中文，然

---

［1］Henning, 1948; 关于"大二宗图"，见 pp. 310-311。参阅 Klimkeit, 1993, pp. 248, 235-236.

［2］吉田豊，2010，特别是5－6、23－24页。

［3］Kósa, 2013.

［4］"Handschriften-Reste in Estrangelo-Schrift aus Turfan, Chinesisch-Turkistan", *SPAW*, 1904, p. 349, n.1; *Handschriften-Reste in Estrangelo- Schrift aus Turfan, Chinesisch-Turkistan. II Teil*, *APAW*, 1904, Anhang, No.2, p. 96 sq.

［5］http://turfan.bbaw.de/dta/m/images/m0178_seite1.jpg; http://turfan.bbaw.de/dta/m/images/m0178_seite2.jpg.

［6］Henning, 1948, pp. 307, 311-312.

后再作一些新的评注。

第一叶：明界的五种大

…… [十二个永世站在] 伟大的王（mzyx ’xšywnyy）蔡宛神（zrw’βγyy）面前。

第三（伟大），无量无数的极乐世界（’frytyt ’wt̠’kt kyy ’tyšn s’k ’t̠y ptšm’r nyystt），那里居住着极乐的光明诸神、诸天使、诸元素和诸大力。

第四（伟大），是光明天界（rwxšnww rwxšn’γrδmn）里的纯洁之气（’wswγc bry’sic），美妙奇特（krjy’wr），绚丽夺目，给他们（光明诸神等）的利益无可估量。它以其超自然的威力，自力创造了诸神的奇妙衣袍、王座、王冠、芳香（βwδ’ndc）的花环（’ps’k）、饰物，以及种种串佩。

第五（伟大），是*自存、不朽而奇妙（qrjy’wr）的光明之地（rwxšn’ z’y），*高不可*攀（？），*深不可测。没有任何敌人与*伤害者踏上此地：其神圣路面由金刚构成（’bjyr‘ync sic），永远不会震动。一切美好事物从它而生：绚丽优美的山丘，全部覆盖着殊妙之花；长满果实的常绿树，其果实永不*凋落，永不朽坏，永不被虫蛀食。甘露般的泉水流遍整个天堂及其树林和平原；难以数计的殿堂、宫室、宝座、*长椅，永远存在于此。

天堂（rwxšn’γrδmn）就这样由五个伟大（pnc mzyyxy’）组成。他们平静安详，不知恐惧为何物。他们生活在光明之中，从来不见黑暗；他们永远生存，没有死亡；健康活泼没有病患；他们欢乐欣喜，没有忧伤；乐善好施，没有仇恨；他们遍交朋友，从不分离；他们生存的形态永久存在，神圣的躯体永不朽坏；甘露般的食物没有限制，因此他们从不辛劳与困苦。他们外貌上装饰华丽，力量上威力无比，财产上极其富裕；他们甚至不知道“贫困”这个名称。不仅如此，他们穿戴庄严，美丽和鲜艳；躯体从不朽坏。它们永不污染的欢乐之袍有七十万种，全都缀满珠宝。他们的地方永不毁坏[7]。

评　　注

M178 关于天界的描绘与敦煌遗书《下部赞》的《叹明界文》多有相合之处，见笔者拙文《摩尼教“五种大”新考》，在此不赘[8]。

沙畹（E. Chavannes，1865—1918）与伯希和（P. Pelliot，1878—1945）、瓦尔德施密特（W. Waldschmidt，1897—1985）与楞茨（W. Lentz，1900—1986）均认为，“五大”或“五种大”是大明尊的“五体”或“五种荣耀”，即相、心、念、思、意[9]。恒宁不同意他们的观点，简单注明可参考《下部赞》122b、336c，根据科普特文《赞美诗》的有关诗篇，提出新见解，认为汉

[7] Henning, 1948，pp. 302-303; Klimkeit, p.248. 马小鹤，2009，27 页。

[8] 马小鹤，2009，28 页。

[9] E. Chavannes & P. Pelliot, “Un traité manichéen retrouvé en chine”, *Journal Asiatique*, 1911, p. 552, note 1; W. Waldschmidt & W. Lentz, “Manichäische Dogmatik aus chinesischen und iranischen Texten,” *SPAW*, 1933, pp. 485, 495.

文“五大”是指：明尊、十二永世、永世之永世、活灵之气、光明之地。不过，M 178 没有保存第一种大，第二种大只保存了最后几个词[10]。

《下部赞》除了第 122 行（《普启赞文》）之外，第 357 行（此偈赞明尊讫，末后结愿用之）和第 388－389 行（此偈凡至莫日，与诸听者忏悔愿文）两处也赞美了“五种大”。我们将其与科普特文《赞美诗》的《庇麻节赞美诗》第 CCXXIII首、帕提亚文文书 M538、粟特文文书 M178 的“五种大”列表如下（表 1）。

表 1

科普特文 Allberry, 1938, p.9[11]	帕提亚文 M538[12]	粟特文文书 M178[13]	汉文《下部赞》		
			122－123[14]	357[15]	388－389[16]
ϯⲉ ⲙ ⲙⲛ̄ⲧⲛⲁϭ 五个伟大		pnc mzyyxy' 五个伟大	五种大		
ïⲱⲧ 父亲	pydr 父亲	［zrw'βγyy 蔡宛神］	常明主	大真实主	真实父一大慈悲主
ⲙⲛ̄ⲧⲥⲛⲁⲩⲥ ⲛ̄ⲁⲓⲱⲛ 十二个永世	dw'dys šẖr'n rwšn 十二个光明世界		十二常住宝光王	十二光王	十二光王
ⲁⲓⲱⲛ ⲛ̄ⲧⲉ ⲛⲁⲓⲱⲛ 永世之永世	šhr'n rwšn'n 诸光明世界	'frytyt 'wṯ'kt 极乐世界	无数世界诸国土	众妙世界微尘国土	涅槃国土
ⲁⲏⲣ ⲉⲧⲁⲛϩ̄ 活灵之气	'ndrw'z jywndg 活灵之气	'wswγc bry' 纯洁之气	妙香空	常活妙空	妙生空
ⲕⲁϩ ⲙ̄ⲡⲟⲩⲁïⲛⲉ 光明之地	zmyg 'sṯ'w'dg 被赞誉之地	rwxšn' z'y 光明之地	金刚宝地	堪褒誉地	金刚宝地

日本藏《宇宙图》（图 1）上部为明界，可能描绘了“五种大”当中的三个：①最高神——明界常明主是正中金台上的玉座上端坐的神祇；②十二常住宝光王是站在常明主两边向他合掌致礼的十二个神；③无数世界诸国土（=Aeons）和④妙香空则尚难确定；⑤金刚宝地是有白色、红色和深绿色平行条纹的“Π”形土地（图 2）。日本藏《天界图》残片 A 上，右边一座大建筑物前玉座上所坐的神当即常明主，其左右各有一个神，吉田豊认为可能是善母和先意，左右两边还各有六个神，当即十二宝光王。天界青翠的地面当即金刚宝地。《天界图》残片 B 的青翠地面亦为金刚宝地（图 3）[17]。

---

［10］Henning, 1948, pp. 307-308, p. 307, n.1.《下部赞》336c：“三常五大镇相晖”。

［11］马小鹤，2009，27 页。*Dictionary*, v.1, pp. 143, 120, 100, 131, 60, 105, 147.

［12］M. Boyce, *A Reader in Manichaean Middle Persian and Parthian*, Leiden 1975 (Acta Iranica 9), pp. 91-92; Klimkeit, 1993, p. 30. *Dictionary*, v.III, pt.1, pp.288, 143, 315-317, 300-302, 46, 200-201, 382-383, 88-89；马小鹤，2009，29 页。

［13］*bry'*当作 *βry'*. *Dictionary*, v. III, pt.2, pp. 138, 120, 40, 233, 4, 36, 35, 56, 170, 231.

［14］Tsui Chi, 1943, p. 187. 芮传明，2009，396 页；*Dictionary of Manichaean texts*, v. III, pt. 4, pp. 72, 61, 76, 33；马小鹤，2009，28 页。

［15］Tsui Chi, 1943, p. 209；芮传明，2009，416 页；*Dictionary*, v. III, pt. 4, pp. 14, 61, 70, 6, 37.马小鹤，2009，28 页。

［16］Tsui Chi, 1943, p. 213. 芮传明，2009，418 页。马小鹤，2009，29 页。

［17］吉田豊，2010，15－16 页，图版 1、2、5、6。金刚宝地绘成青翠色可能符合《下部赞》310：“于宝地者恒青翠”。笔者假设，常明主与左右二神也可能是“光明父子及净法风”。“其明父者即是明界无上明尊。其明子者，即是日月光明。净法风者，即是惠明。”

图 1 《宇宙图》（吉田豊，2010，图版 1）

第二叶：十天

［大慈父命令净风和生命之母创造世界］“…把它们［=光明因素］从恶魔的（šmn-kw'nc）[18]毒害中清除出来，净化它们；然后使它们飞升天国。”

因此全世界的领主（'βtkyšpy xwt̠'w）和义人之母（'rd'w'n m't̠）立刻开始计划怎样安排这个世界。然后他们开始建造世界。首先他们建造五块*毯子（fsp'）[19]；他们让光辉卫士（xšyšpt̠）坐在那里。在此之下，他们创造了十天（δs' sm'nyy），设置了一台神秘的十二面*透镜（i wrcwnkrc myj' w'st̠nd xii ryt̠yy）。他们让一位神之子（βγp(š)yy）坐在那里作为卫护者，这样在所有的十层天里众魔（δywt̠）无从危害。此外，他（原文如此）召唤出（创造出）四十个天使（xxxx fryšt̠yyt̠），他们向上支撑住十天。

在每一层天上，他们建造十二扇门（xii xw sic δbrt' sic）；他们在那些天使站立的四方各建一道门，一共四道门（iv δβr'）。十天的厚度是十万（δs' βryywr）里（fswx）[20]；它们的空气（的厚度）是一万里。

他们给每一层天上的十二扇门（xii δβrt̠'）的每一扇门建造六道门槛（vi pδynd），每道门槛建造三十个街市（xxx w'crn），每个街市建造十二条*街道（xii 'yzt̠），［每条*街道都有两*边］；在一*边（prs'）他们建造一百八十个*小隔间（clxxx qpyδ）[21]，另一边也是一百八十个。在每一个小隔间里他们禁锢和关押着夜叉（ykšyšt̠）和众魔（δywt），雌雄分开。

［18］šmnwk'nc 是 šmnw 的形容词，šmnw 的词源是琐罗亚斯德教的阿赫里曼（Ahriman），即恶神。*Dictionary*, v. III, pt. 2, p. 184.

［19］fsp-，恒宁翻译为“毯子”，指出这个词不见于别处。在摩尼教神学中，它们应该位于十天之上，分隔明界（天堂）与世界（明暗和合而造成的）。*Dictionary*, v. III, pt. 2, p. 84.

［20］粟特文 fswx，帕勒桑（parasang），古代波斯长度单位，3 至 4 英里。*Dictionary*, v. III, pt. 2, pp. 84. 79.

［21］qpyδ，直译意为“店铺”。根据摩尼教神学，太阳在每一道门槛上的时候，与其在黄道十二宫某宫相应：第一门槛：双子座或巨蟹座；第二门槛：金牛座或狮子座；第三门槛：白羊座或室女座；第四门槛：双鱼座或天秤座；第五门槛：宝瓶座或天蝎座；第六门槛：摩羯座或射手座。此外，门槛以下的单位均有一定的时间值：

进位	汉文	粟特文	时间值	黄道度数
—	门	δβr	—	—
6	门槛	pδynd	月	30°
30	街市	w'crn	日	1°
12	街道	'yzt̠	2 小时	5′
2	边	prs'	1 小时	150″
180	小隔间	qpyδ	20 秒	50‴
2		—	10 秒	25‴

Dictionary, v. III, pt.2, pp.71, 137, 197, 48, 143, 98.

于是造物主（wyšprkr）召唤出天王（sm'nxšyδ）。他们让他坐在第七层天的王位（'βt̠myk sm'nyyh̠ pr γ'δwk）上，使他成为所有十层天的大王与领主（δs' sm'n 'xšyδ 'ty xwt'w）。

然后，在十天之下，他们设置一个转轮和（原文如此）黄道十二宫（n'šnyh̠ cxryy 'ty 'nxrwzn）。在黄道十二宫（'nxrwznyy）里他们禁锢最邪恶、凶残和叛逆的暗魔（tmykt δywt̠yy）。他们使十二星宿（宫）和七行星成为整个混合世界（ptrysc' 'fcmbδ）的支配者（'xš'wnδ'rt），让他们互相作对。

从囚禁在黄道十二宫（'nxrwznyy）里的所有魔鬼（δywt̠yy）那里，他们来回编织了根脉（wyx）、经脉（r'k）、络脉（ptβnd）[22]。在最低的一层天他们钻了一个孔，把黄道十二宫（'nxrwzn）悬挂于其上。两个神之子（ii βγpšyy）被他们派驻在（那里）作为护卫者，这样就……上方的轮（'skycyq cxr）不停地……。[23]

评　　注

（一）净风、善母、持世明使等神、魔

粟特文*'βtkyšpy xwt̠'w*，意为"七个气候带之主"，即"大地之主"（因为古典时代将大地分为七个气候带），也即生命的精灵（the Living Spirit），叙利亚文*rwḥ' ḥy'* ܪܘܚܐ ܚܝܐ，希腊文*τὸ ζῶν πνεῦμα*，科普特文**ⲠⲚⲈⲨⲘⲀ ⲈⲦⲀⲚϨ**，拉丁文*spiritus vivens*，中古波斯文*myhryzd*（借用琐罗亚斯德教神名密特拉[Mithra]），帕提亚文*w'd jywndg*，粟特文*w'd jywndg*，*w'δ jywndyy*，回鹘文*wadẓiwanta*。因为此神创造了宇宙，希腊文称*ὁ δημιουργός*（巨匠造物主）；粟特文作*wyšprkr*，这个名字可能出自印度教神毘首羯磨（Viśvakarman），意为造一切者，他在《梨俱吠陀》中被称之为宇宙之建造者；回鹘文作*wišparkar t(ä)ŋri*。这个神在汉文中意译为"净风""净活风"。此神在回鹘文中又称*arïγ yil*，意为"纯洁的风"，可能是汉文"净风"的意译[24]。霞浦文书《乐山堂神记》招请的神当中有"净风、先意如来"。《冥福请佛文》："一心奉请……天地化身净风大圣。"《送佛文》"仰启……净风如来"[25]。《明门初传请本师》所请的神有"天地化身净风大圣"[26]。

粟特文*'rd'w'n m't̠*，帕提亚文*'rd'w'n m'd*，意为"义人之母"，汉文意译"善母""慈悲母"，即生命之母/活母（Mother of life/of the Living），叙利亚文*'m' dḥy'* ܐܡܐ ܕܚܝܐ，希腊文*ἡ μήτηρ τῆς ζωῆς*，科普特文**ⲘⲈⲨ ⲘⲠⲰⲚϨ**和**ⲘⲈⲨ ⲚⲦⲈ ⲚⲈⲦⲀⲚϨ**，拉丁文*Mater vitae*；中古波斯文*m'dr 'y zyndg'n*，

---

[22] wyx，意为"根"；r'k，"脉""血管"；ptβnd，"联结""束缚"；*Dictionary*, v. III, pt. 2, pp. 212, 166, 151.《克弗来亚》第48、49章详细描述了这些管道，它们很难被理解，它们可能是无形的，但把宏观宇宙与微观世界联系在一起，光明分子顺着这些管道上升明界，而恶魔的毒素顺着这些管道危害下界。

[23] Henning, 1948, pp. 312-313; Klimkeit, 1993, pp. 235-236. 马小鹤，2010年，122－123页。

[24] *Dictionary*, v. III, pt. 2, pp. 2, 223, 211, 197；Vermes-Lieu, *Acta Archelai*, p. 48, n. 43.

[25] 马小鹤《〈宋会要辑稿〉所记明教经像考略》，《国际汉学研究通讯》第5期，北京：北京大学出版社，2011年，19页。

[26] 黄佳欣《霞浦科仪本〈乐山堂神记〉再考察》（2011），提交"海陆交通与世界文明"国际学术研讨会论文，广州中山大学主办，2011年12月2日至5日，18页。

回鹘文 *ög t(ä)ŋri*（母亲神）[27]。《下部赞》的“此偈赞日光讫，末后结愿用之”说：“称赞微妙大光辉，世间最上最无比！光明殊特遍十方，十二时中作欢喜。大力堪誉慈悲母，骁健踊猛净活风，十二舩主五收明，及余无数光明众。”（第 360－362 行）《宇宙图》明界有两个大的圆球，右边红色的当为太阳，左边水色的当为月亮。太阳上最下面有十二个人物，当即“十二船主”；其后橘红色的墙后有五个天使，当即“五收明”；其上有三个坐着的神，居中而坐者当即“日光”佛，即第三使；另一个当为“慈悲母”，第三个当即“净活风”[28]（图 2）。

图 2　《宇宙图》（天界）（吉田豊，2010，图版 2）

粟特文 *'xšyšpt*，意为“帝国之主”，即光辉卫士（the Keeper of Splendor），叙利亚文 *ṣpt zyw'* ܨܦܬ ܙܝܘܐ，希腊文 *φεγγοκάτοχος*，科普特 **ⲫⲉⲅⲅⲟⲕⲁⲧⲟⲭⲟⲥ**，拉丁文 *Splenditenens*，中古波斯文 *dhybyd*（国家之主），回鹘文 *'xšyšpt täŋri*，汉文作“持世明使”或“持世主”。此神居于第十层天上，负责提住这个世界[29]。《宇宙图》十天之上的正中，红色的日轮和水色的月轮之间，有一张巨大的神的脸，此当为“具足丈夫”（Perfect Man，即光耀柱）；在其下面有五尊坐着的神，当为“五妙相身”，即气、风、明、水、火等五种光明元素；在其下面一尊神站在两股光流的交汇处（图 3）。康高宝令人信服地论证这尊神当为“持世明使”[30]。

[27] *Dictionary*, v. III, pt. 2, p. 17；Vermes-Lieu, *Acta Archelai*, p. 46, n. 33.

[28] 吉田豊，2010，8－9 页。

[29] Sundermann, 1979, pp. 777-780. *Dictionary*, v. III, pt. 2, p. 40. 马小鹤，2008 年，185－186 页。

[30] Kósa, 2012, pp. 52-61.

图 3 《宇宙图》（天界）（吉田豊，2010，图版 5、6）

粟特文 *δs'sm'n*，意为“十天”[31]。净风、善母创造“十天”的故事也见于京藏《残经》：“以是义故，净风明使以五类魔及五明身，二力和合，造成世界—十天八地。……其彼净风及善母等，以巧方便，安立十天；次置业轮及日月宫，並下八地、三衣、三轮，乃至三灾、铁围四院、未劳俱孚山，及诸小山、大海、江河，作如是等，建立世界。”（第 11－16 行）霞浦柏洋乡谢法

[31] *Dictionary*, v. III, pt. 2, pp. 74, 176.

师藏《无名科文》残本抄件也保存了关于十天八地的教义："□□摩尼大圣尊，降愿慈悲哀悯我；□□光明福德门，舍除我等诸愆咎。□光降福电光佛，变化及于想念寂；［或］出八地入十天，或入八地十天出。□明命及四天王，令禁魔冤安世界；无上贞明广自在，以明降暗禁生死。"[32]

《宇宙图》上最明显的就是中上部的十个圆弧，即"十天"。每一层天的两端各有两个神支撑住上面的一层天，右边的两个神各穿红衣和白衣；左边的两个神各穿绿衣和青衣，一共有四十个，此当即 M178 所说的"四十个天使（*xxxx fryš- tyyṯ*）"[33]。《下部赞》的《普启赞文》说"复启四十大力使，并七坚固庄严柱，一一天界自扶持，各各尽显降魔相"（第 134 行），所谓"四十大力使"也即这四十个天使。每一层天上都有十二个金顶红柱白墙的门楼，此当即 M178 所说的"十二扇门"（*xii δβrṯ'*）。每层天的两端各有两个类似的门楼，一共四个门楼，此当即 M178 所说的"他们在那些天使站立的四方各建一道门，一共四道门"（*iv δβr'*）。十天里面可以看到一些被囚禁的妖魔，从下往上数第六层天左边有一长方形牢狱，囚禁着一个褐色的、有鬣毛的恶魔。这些恶魔当即 M178 所说的"众魔"（*δywṯ*）、"夜叉"（*ykšyšṯ*）[34]（图 4）。

图 4　《宇宙图》（十天）（吉田豊，2010，图版 3）

［32］马小鹤，2010，129 页。

［33］*Dictionary*, v. III, pt. 2, p. 83.

［34］*Dictionary*, v. III, pt. 2, pp. 78, 227。吉田豊，2010，6—8 页，他提出，"七坚固庄严柱"可能是《宇宙图》上十天下面蛇笼周围的七个金色的神。

（二）十天王

恒宁在探索粟特文 *myj'*（透镜）的词义时指出，此词不见于其他粟特文文书，"神秘的 *myj'*"类似《克弗里亚》第 36 章中讲到的"尊贵之王（*Rex honoris*）面前的轮子"。天上的看不见的"根脉"把支配者与其联系在一起。尊贵之王坐在第七层天上的王位上，通过这个轮子，可以看到十天之中发生的一切；它是其魔镜；它有十二个"形态"或"图形"（*τύπος*），可以与粟特文的 *xii-rytyy*（十二面）比较[35]。

《克弗来亚》第 36 章写道："此外使徒讲到住在第七天上尊贵之王面前的轮子（ⲧⲣⲟⲭⲟⲥ）……其上有十二个图像（ⲧⲁⲃⲉϥ）。……因为那轮子就像一面巨大的镜子（ⲛⲁϭ ⲛ̄ⲓ̈ⲉⲗ），所有事物的分辨识别……尽在其中。"[36]

恒宁所说的 *rex honoris*（拉丁文），英译 the King of Honor，即尊贵之王，叙利亚文 *mlk' rb' d'yqr'* ܡܠܟܐ ܪܒܐ ܕܐܝܩܪܐ，科普特文 ⲛⲁϭ ⲛ̄ⲣ̄ⲣⲟ ⲛ̄ⲧⲉ ⲡⲧⲁⲓⲟ，中古波斯文 *p'hrgbyd*（边塞之主），回鹘文 *kök täŋri xanï*（天王神），汉文意译"十天大王""十天王"。此神为净风次子，居于第七层天上，掌管第一至第七层天[37]。M178 说："他们让一位神之子（βγp(š)yy）坐在那里作为卫护者，这样在所有的十层天里众魔无从危害。"[38]这个神之子当即尊贵之王。又说："于是造物主召唤出天王（sm'nxšyδ）。他们让他坐在第七层天的王位上，使他成为所有十层天的大王与领主。"这个天王也即尊贵之王。

在《宇宙图》中，第七层天的左边的玉座上坐着一尊有光圈、穿红袍的神祇。他左右各有四个士兵。此神当即尊贵之王。第七层天的右边有一个圆轮，上面有十二面（日文"顔"），排列如时钟上的十二时。可以将其比作 M178 记载的十二面魔镜[39]（图 4）。

现在一份霞浦文书进一步证实 *myj'* 确实意为"透镜"[40]。所谓《摩尼光佛》中的《赞天王》写道：

> 十天王者，梵名阿萨漫沙也。是故，道教称为昊天玉皇大帝，住在第七天中，处在大殿，管于十天善恶之事。此天内有十二面宝镜，上面观于涅槃，下面照于阴司地府，十面鉴于十天诸魔背叛等事化。四天王管四天下：嚧嚩逸天王管北郁坛界，弥诃逸天王统御[东弗婆提，喋嚩啰逸天王管]南阎浮提，娑啰逸天王掌握西瞿耶尼。四天大明神若见诸天恶魔起奸计，[骚]扰天空地界诸圣应时展大威神，折挫调伏，速令安定，急使调伏。[41]

---

[35] Henning, 1948, pp.315-316.

[36] Polosky & Böhlig, 1940, pp. 87-88; Gardner, 1995, pp. 91-92. *Dictionary*, v. I, pp. 85, 138, 120, 98.

[37] Sundermann, 1979, pp. 777-780.

[38] *Dictionary*, v. III, pt. 2, p. 52.

[39] 吉田豊，2010，6—7 页。

[40] 参阅 *Dictionary*, v. III, pt. 2, p. 119.

[41] 元文琪《福建霞浦摩尼教科仪典籍重大发现论证》，《世界宗教研究》2011 年第 5 期，178 页。参阅陈进国、林鋆《明教的新发现——福建霞浦县摩尼教史迹辨析》，《不至于艺》，北京：北京大学出版社，2010 年，379—380 页，"天王赞"作"赞天王"，"涅槃"作"涅"，"魔"作"庇"。

《宇宙图》的图像、霞浦文书关于“十二面宝镜”的记载都证实：恒宁将 i wrcwnkrc myj' w'stnd xii rytyy 释读为“一台神秘的十二面*透镜”是正确的[42]。笔者曾提出“阿萨漫沙”可能出自粟特文 *sm'nxšyδ [(a)smān-xšēδ]*[43]。承吉田豊先生指正[44]，我们可以假设“阿萨漫沙”出自中古波斯文/帕提亚文，意为“天王”，“阿萨漫”音译*'sm'n* [āsmān/asmān]，意为“天”，“沙”音译 *š'ḥ* [šāh]，意为“王”[45]：阿萨漫沙 **Asamansha** [LMC. ʔa sat muan ` ʂaː]<Middle Persian/Parthian *'*sm'n š'ḥ* [āsmān šāh]“King of Heaven”。不过，《赞天王》披上了道教的外衣：十天王成了玉皇大帝。《奏申牒疏科册》的“昊天”这样赞颂他：

> 昊天至尊玉皇上帝　玉陛下：恭惟　好生德大，度死功深，位统十天，为　天帝之至尊；恩超八地，济地狱之苦魂。[46]

在道教中，玉皇大帝是天界最高神，地位仅次于三清（道教的三个最高神）。在霞浦文书中，十天王成为最重要的神之一，不过也低于三清——摩尼光佛、夷数和佛与电光王佛。

（三）业轮

《宇宙图》中最低一层天当中的轮子是黄道十二宫。十二宫的有些宫已经磨损而不易辨认。根据我们能够辨认的那些宫，其顺序与常见的有所不同。在黄道十二宫的中心有五个魔鬼。他们当即 M178 中讲到的囚禁在黄道十二宫中的“最邪恶、凶残和叛逆的暗魔（tmykt δywtyy）”[47]。黄道十二宫的左边有一个身穿甲胄的神，其右边也有一个神。他们当即 M 178 讲到的“两个神之子”[48]（图 4）。

曹凌先生在 2012 年发表文章，辨认出敦煌遗书 BD9401——《佛性经》残片实为摩尼教文献，其第八品结尾部分可以帮助我们理解 M178 关于黄道十二宫的描写，特别是黄道十二宫在摩尼教神学中的作用。在曹凌录文的基础上校勘如下：

[弥勒摩尼佛说开悟佛性经]

（1）亏阙，乃至一饼及一椀水，如是［施者］□□□□□□□□□□□□□□□□□□□□□□□□□□□□□□□/

（2）复次，当知听者之行在于法中升降不等，□□□□□□□□□□□□□□□□□□□□□□□□［有］/

---

［42］*Dictionary*, v. III, pt. 2, pp. 204, 119, 35-6, 172.

［43］Cf. B. Gharib, *Sogdian dictionary: Sogdian-Persian-English*, Tehran: Farhangan Publications, 1995, ## 8813, 8817 (p. 355), # 10669 (p. 433), # 2104 (p. 83).马小鹤，2010，123－124 页。*Dictionary*, v. III, pt. 2, pp. 176, 217, 40.

［44］吉田豊先生在国际摩尼教研究学会 2013 年会议上的演讲稿修改成英文论文，题为“霞浦汉文文书中的中古伊朗语术语——帕提亚文中的伟大之父的四个方面”，发给笔者，笔者已翻译成中文，待刊，特此致谢。

［45］参阅 *Dictionary*, v. III, pt. 1, pp. 54, 314.

［46］马小鹤，2010，128 页。

［47］*Dictionary*, v. III, pt. 2, pp. 192, 78.

［48］参阅吉田豊，2010，7－8 页，插图 2。

（3）虔恭助法之徒，亦有尽心崇信之众，如上听者，性□□□□□□□□□□□□□□□□□□□□/

（4）科断时，罪有轻重。亦如衣裳，垢腻不等。若洗［浣］□□□□□□□□□□□□□□□□□□□□□□□□/

（5）缓急。其诸听者，随业受苦解脱迟［疾不等］□□□□□□□□□□□□□□□□□□□□□□□□□/

（6）苦恼，生大懊悔。第一苦恼懊悔之处，临［命终］日性出身时。［第二苦恼懊悔之处，性至平等王前受审判］/

（7）时。第三苦恼懊悔之处，性至天间转受形时。第四苦恼懊悔之处，性入业［轮］阴阳苦时。第五苦恼/

（8）懊悔之处，性于虚空受寒热时。第六苦恼懊悔之处，性挂五种草木中时。第七苦恼懊悔之处，受五/

（9）类身改形体时。如上七种，皆是听者乘自罪殃受苦恼处。然于承前所修功德，常随救拔，令离诸苦，/

（10）至成佛来，各依行业五处分配而得解脱。第一行者，性至十天，于彼洗濯，便得解脱。［第二行者，性］/

（11）来堕䃉卤地而行解脱。第三行者，性入卉木，暂作香华，便得解脱。第四行者，结成菓实□□，［性便］/

（12）得解脱。第五行者，更受人身，依法修行，然始解脱。以是当知其和合。性随其罪业从于诸天受□□□□/

（13）□□□□□□［一］百四十万种[49]生死之苦，然受人身，后得解脱。犹如有人身犯罪，各科断既□还得［赦免。］/

（14）□［佛性］所作损害，然被观音及以势至于其轮间洗濯清净及疗疮痍，复［使］痊愈。犹如□□□［罪］/

（15）囚脱除枷鏁，离缚去缠。亦似医药疗损疮疣，死肉去身，生肌平复。即便串带［衣冠］□□□□［庄］/

（16）严，将归常乐[50]。亦如父母慈愍，男女有过，虽责还复抚慰。喻如有人身带垢腻□□□□□□□□□□/

（17）是因缘。听者亦尔，为于性上有其罪垢，陶炼洗除令使清净，然始解脱，得归［明界，］□□□□□□□□□。[51]/

[49]《忏悔词》I B：“并与诸魔之首，贪得无厌的无耻贪魔的邪知以及一百四十万魔混合起来，他变得不明事理和意志薄弱。”曹凌，2012，332页。

[50]“串带（=串戴）［衣冠］□□□□［庄］严，将归常乐”，参阅《下部赞》234 cd：“各复本体妙庄严，串戴衣冠得常乐。”Tsui Chi, 1943, p. 196. 曹凌，2012，317－318页。

[51]曹凌，2012，311－312页。参阅马小鹤，2013。

我们可以将其与回鹘文文书 U 169 II（T II D 173b, 2）中耶稣的教导作一比较：

“……你们要全心相信这一点：对布施的（一片）面包和一杯水的赏赐都是确定无疑的，不会化为乌有”（比较《马太福音》10：42）。

他在经文中说：“听者并非全都是一样的。有‘完美的听者’。此外还有那些禀性良善者。然后还有那些（仅仅）接受律法（宗教教导）者。他们的灵魂向黄道十二宫（aχrwznγaru）上升的方式、它们到达它的方式、它们转化成另一个自我的方式，以及它们（再次）降生的方式并非全都一样。它们之间有许多不同，就像一个罪人的枷锁、手铐和脚镣或重或轻……”[52]

在佛教中，“业轮”譬喻善恶之业能载人轮转于六道，故譬以车轮。在摩尼教中，它相当于粟特文*'nxrwzn* 与回鹘文 *aχrwznγaru*，即黄道十二宫[53]。“业轮”在京藏《残经》中出现过两次，宗德曼（W. Sundermann）教授指出：“业轮”相当于帕提亚文 'spyr，意为天球、星球，这里可以解释为 Rad des Zodiakus（黄道十二宫之轮）[54]。刘南强教授认为，'spyr 并无轮的含义，但是其粟特文对应词却意为“转轮”[55]。现在《佛性经》证实他们两位确有先见之明。业轮是《宇宙图》中心的黄道十二宫，是灵魂（佛性）上升与下降的转折点。“完美的听者”可以免除轮回，“第一行者，性至十天，于彼洗濯，便得解脱。”这里所说的“十天”就是《宇宙图》上的十天，也即 M178 的“十天（δs' sm'nyy）”。

瓦尔德施密特和楞茨认为，《下部赞》第 391 行出现的“观音”和“势至”乃呼神和应神。翁拙瑞（Peter Bryder）和米克尔森（G. B. Mikkelsen）同意这个观点[56]。现在《佛性经》和《宇宙图》证实了他们的意见。《宇宙图》中站在黄道十二宫两边的两个神即观音—初人的第六子呼神和势至—净风的第六子应神，也即 M178 中的两个神之子（ii βγpšyy）。

还有其他一些摩尼教伊朗语与科普特文资料讲到黄道十二宫与灵魂轮回的关系。波菲利（Porphyry，234－305）的《论宁芙洞》（*The cave of the nymphs in the Odyssey*）和其他古典资料详细地描述了黄道十二宫，特别是巨蟹宫、摩羯宫与灵魂升降的关系。密斯拉思教（Mithraism）留下许多与此有关的图像资料，贝克（Roger Beck）根据自己的研究，清楚地图解过灵魂升降与黄道十二宫的关系[57]。读者可参阅笔者以《佛性经》为主要资料研究业轮的文章[58]，在此不赘。

---

［52］A. von Le Coq, Türkische Manichäica aus Chotscho, III, *APAW*, Nr. 2, pp. 11-12; Klimkeit, 1993, pp. 326-327.

［53］*Dictionary*, v. III, pt. 2, p. 13.

［54］W. Sundermann, *Der Sermon vom Licht-Nous. Eine Lehrschrift des östlichen Manichäismus. Edition der parthischen und sogdischen Version*, Berlin 1992 (Berliner Turfantexte XVII), pp. 62-63, 79, 144.　Cf. *Dictionary*, v. III, pt. 1, p. 87.

［55］Samuel N.C. Lieu, *Manichaeism in Central Asia and China*, Leiden & Boston: Brill, 1998 , p. 69. Cf. Henning, 1948, pp. 312-313.

［56］Peter Bryder, *The Chinese Transformation of Manichaeism. A Study of Chinese Manichaean Terminology*,［Löberöd］: Bokförlaget Plus Ultra, 1985, pp. 103-105, 122. *Dictionary*, v. III, pt. 4, pp. 23-24, 63.

［57］Roger Beck, *The Religion of the Mithras Cult in the Roman Empire: Mysteries of the Unconquered Sun*, Oxford; New York: Oxford University Press, 2006. p. 210, fig. 13.

［58］马小鹤，2013。

参 考 书 目

曹凌《敦煌遗书〈佛性经〉残片考》，《中华文史论丛》2012 年第 2 期，309－337 页。

马小鹤《摩尼教与古代西域史研究》，北京：中国人民大学出版社，2008 年。

马小鹤《摩尼教“五种大”新考》，《史林》2009 年第 3 期，26－32 页，188 页。

马小鹤《摩尼教十天王考——福建霞浦文书研究》，《西域文史》第 5 辑，北京：科学出版社，2010 年，119－130 页。

马小鹤《摩尼教“业轮”溯源——“宇宙图”与〈佛性经〉研究》，《丝瓷之路》第 4 辑，北京：商务印书馆，2013 年，135－163 页。

芮传明《东方摩尼教研究》，上海：上海人民出版社，2009 年。

APAW=Abhandlungen der Preussischen Akademie der Wissenschaften.

BSO(A)S=Bulletin of the School of Oriental and (African) Studies.

SPAW= Sitzungsberichte der Preussischen Akademie der Wissenschaften. Phil.-hist. Klasse, Berlin.

Allberry, C. R. C., 1938, *A Manichaean Psalm-book, Part II*, Stuttgart.

Dictionary = Dictionary of Manichaean texts, Turnhout: Brepols; NSW, Australia, Ancient History Documentary Research Centre, Macquarie University, 1998-<2006>, vol. 1. *Texts from the Roman Empire: texts in Syriac, Greek, Coptic, and Latin*, compiled by Sarah Clackson, Erica Hunter, and Samuel N.C. Lieu; in association with Mark Vermes; vol. 2. *Texts from Iraq and Iran: texts in Syriac, Arabic, Persian and Zoroastrian Middle Persian*, edited by François de Blois and Nicholas Sims-Williams; compiled by François de Blois, Erica C.D. Hunter, Dieter Taillieu; vol. 3. *Texts from Central Asia and China*, edited by Nicholas Sims-Williams, pt. 1. *Dictionary of Manichaean Middle Persian and Parthian*, by Desmond Durkin-Meisterernst; pt. 2. *Dictionary of Manichaean Sogdian and Bactrian*, by Nicholas Sims-Williams and Desmond Durkin-Meisterernst; pt. 4. *Dictionary of Manichaean texts in Chinese*, by Gunner B. Mikkelsen.

Gardner I, 1995, *The Kephalaia of the Teacher. The Edited Coptic Manichaean Texts in Translation with Commentary*, Leiden.

Henning W. B, 1948, “A Sogdian Fragment of the Manichaean Cosmogony”, *BSOAS*, 12/2, pp. 306-318.

Klimkeit H. J, 1993, *Gnosis on the Silk Road*, New York.

Kósa, Gábor, 2012, “Atlas and Splenditenens in the Chinese Manichaean ‘Cosmology painting’”, *Gnostica et Manichaica: Festschrift für Aloïs van Tongerloo: anlässlich des 60. Geburtstages Überreicht von Kollegen, Freunden und Schülern*, herausgegeben von Michael Knüppel und Luigi Cirillo, Wiesbaden: Harrassowitz Verlag, pp. 39-64.

Kósa, Gábor, 2013, “Translating the *Eikōn*. Some Considerations on the Relation of the Chinese Cosmology Painting to the *Eikōn*.” In: Jens Peter Laut, und Klaus Röhrborn, (Hrsg.) *Vom Aramäischen zum Alttürkischen, Fragen zur Übersetzung von manichäischen Texten. Vorträge des Göttinger Symposium vom 29./30. September 2011*. Berlin, New York: De Gruyter (Abhandlungen der Akademie der Wissenschaften zu Göttingen, N. F.), pp. 49-84. 感谢作者将此文的 pdf 通过电子邮件发给我.

Polosky, H. J. & A. Böhlig (edd), 1940，*Kephalaia*, mit einem Beitrag von Hugo Ibscher, Stuttgart, W. Kohlhammer.

Sundermann, W., 1979, “The Five Sons of the Manichaean God Mithra”, in U. Bianchi (ed.), *Mysteria Mithrae*, Leiden, pp. 777-787.

Tsui Chi, 1943, “Mo-ni-chiao hsia-pu-tsan. The lower (second?) Section of the Manichaean Hymns”, *BSO(A)S*），11 (1943), pp. 174-219.

Vermes-Lieu, *Acta Archelai = The Acts of Archelaus*, Hegemonius; translated by Mark Vermes; with introduction and commentary Samuel N.C. Lieu, with the assistance of Kevin Kaatz, Turnhout: Brepols.

Yoshida Yutaka 吉田豊，2010，《新出マニ教绘画の形而上》(‘Cosmogony and church history depicted in the newly discovered Chinese Manichaean paintings’),《大和文华》*Yamato bunka; biannual journal of Eastern arts*, no.121, pp. 3-34, Plates 1-9.

唐代洛阳粟特裔居民的佛教信仰*

毛阳光
（洛阳师范学院历史文化学院）

中古隋唐时期，随着大量外来移民，尤其是中亚地区粟特人的进入，祆教、摩尼教和景教这些来自异域的宗教也出现在敦煌、长安、洛阳等丝路上的重要都市，引起了学术界的关注[1]。在内入汉化的过程中，粟特人受汉地传统信仰的影响，其宗教信仰也逐步发生着变化，许多粟特人开始信仰汉地盛行的佛教[2]。而唐代的洛阳，居住着相当数量的粟特人后裔[3]。因而他们的信仰也呈现出异彩纷呈的多元景象，而佛教徒就占据了相当的部分。这主要依赖20世纪以来，洛阳地区与粟特人相关的墓志、造像、经幢题记等大量石刻文献相继发现与刊布。尤其是近年来，此类石刻文献仍旧不断出土。根据笔者的搜集和整理，目前洛阳出土粟特人及其后裔的墓志已经达到60方，其中反映志主佛教信仰的墓志亦不在少数。较之以前，数量已经有较大的增加。而洛阳龙门粟特人的造像题记，有关的经幢、石塔也颇多。这些都为研究唐代洛阳粟特裔居民的佛教信仰的诸多问题提供了丰富而生动的一手资料，通过这些新出土的文献资料，我们可以更加深入的了解唐代洛阳粟特裔居民的生存状态，佛教在他们生活中的作用。作为唐代粟特裔居民较为集中的都市，此问题的展开对于研究唐代入华粟特人及其后裔也具有典型意义。

一

目前已知洛阳出土的60方隋唐粟特人及其后裔墓志中，9例是居住于异地而归葬洛阳[4]。

* 本文是国家社科基金项目“洛阳流散唐代墓志整理与研究”（10BZS016）及国家社科基金重大项目“新中国出土墓志整理与研究”（12&ZD137）系列成果之一。

[1] 荣新江《一个入仕唐朝的波斯景教家族》，《伊朗学在中国论文集》，北京：北京大学出版社，1998年；葛承雍《唐代长安一个粟特家庭的景教信仰》，《历史研究》2001年第3期；毕波《信仰空间的万花筒——粟特人的东渐与宗教信仰的转换》，荣新江、张志清编《从撒马尔干到长安——粟特人在中国的文化遗迹》，北京：北京图书馆出版社2004年，49—56页；张乃翥《跋洛阳新出土的一件唐代景教石刻》，《西域研究》2007年第1期；罗炤《〈洛阳新出土大秦景教宣元至本经及幢记〉石幢的几个问题》，《文物》2007年第6期；葛承雍主编《景教遗珍——洛阳新出土唐代景教经幢研究》，北京：文物出版社，2009年。

[2] 荣新江《吐鲁番出土〈武周康居士写经功德记碑〉校考——兼谈胡人对武周政权之态度》，《民大史学》第1辑，1996年，6—18页；郑炳林《唐五代敦煌地区的粟特人与佛教》，《敦煌研究》1997年2期；陈海涛《唐代入华粟特人的佛教信仰及其原因》，《华林》第2卷，北京：中华书局，2002年。

[3] 李健超《汉唐时期长安、洛阳的西域人》，西北大学西北历史研究室编《西北历史研究》1988年，41—83页；刘铭恕《洛阳出土的西域人墓志》，《洛阳——丝绸之路的起点》，郑州：中州古籍出版社，1992年，204—213页；卢兆荫《唐代洛阳与西域昭武诸国》，洛阳文物工作队编《洛阳考古四十年——1992年洛阳考古学术研讨会论文集》，北京：科学出版社，1996年，372—377页。

[4] 这9例分别是康威、康磨迦、康续、史诺匹延、安思温、史多、史孝章、康固、支万彻妻曹氏。

这样，在剩余的 51 方墓志中，能够确定其人或家族佛教信仰的有 15 方，约占总比例的 29%（表 1）。

表 1

姓氏	配偶	居住坊里	佛教信仰内容	卒年	资料出处
安静		洛阳私第	镜浮生之遽促，植来果于福田，鉴大夜之遐长，祛往缘于欲界。深该六度，妙蕴四禅	显庆二年（657）十一月二十日	大唐故处士安君墓志铭 《唐代墓志汇编》显庆 059，267—268 页
史氏		嘉善里	至于崇遵释教，倾信首于法城	咸亨五年（674）正月二十五日	唐故夫人史氏墓志铭 《唐代墓志汇编》咸亨 103，584 页
何摩诃		嘉善里	栖志禅林之上	调露二年（680）二月十六日卒于洛阳	唐故何君墓志铭 《唐代墓志汇编》调露 025，670 页
康胜		修善里		麟德二年（665）闰三月二十五日	唐陪戎故夫人康氏墓志铭 《洛阳流散唐代墓志汇编》，24—25 页
康敦	安公	南市旗亭里	薰修净行，究毗梨之奥旨；专精内典，披妱路之幽宗 安公：转读大乘，夙夜匪懈	垂拱二年（686）六月六日	大唐故处士安公康夫人墓志 《大唐西市博物馆藏墓志》一一八，262—263 页
何氏	安菩	惠和坊		长安四年（704）正月二十日	唐故陆胡州大安君墓志 《唐代墓志汇编》景龙 033，1104—1105 页
安思节			心归妙业，结意芳缘，护法终身，持戒没齿	开元四年（716）四月十一日	故岐州岐山府果毅安府君墓志 《唐代墓志汇编》开元 038，1180 页
米氏	安公	敦厚里	生悟了体，识辨真虚。性行慈愍，普善广修。读诵持斋，法上更求。乐经乐念，无时暂休。禁戒坐禅，是诸清净	开元十九年（731）十月二十二日	翊麾副尉前守泽州太行镇将骑都尉安孝臣母米氏墓志铭 《故宫博物院藏历代墓志汇编》085，210—211 页
安孝臣		敦厚里		开元二十二年（734）三月八日	大唐故翊卫副尉泽州太行镇将骑都尉安府君之墓志铭 《唐代墓志汇编》开元 401，1433 页
康庭兰		温柔里	暨于晚岁，耽思禅宗。勇施罄于珍财，慧解穷于法要	开元十八年（740）九月	大唐故右威卫翊府左郎将康公墓志铭 《唐代墓志汇编》开元 517，1511 页。
米香儿	元府君	时邕里	晚崇释教，□绝利欲。凝心禅门，脱意苦海	天宝五年（764）四月二十八日	大唐元府君故夫人米氏墓志铭 作者收藏墓志拓本
康氏	曹彦瓌	嘉善里	耶殊美色，积成五百之因。童子虔心，长结一花之愿	圣武二年（757）七月十四日	大燕故康夫人墓志铭 《唐代墓志汇编续集》圣武 003，667 页
何澄	何氏	嘉善里	悟色空之繁想，修彼岸之真宗	贞元十八年（807）三月九日	有唐故寻阳郡何府君墓志铭 《洛阳出土鸳鸯志辑录》，162—163 页
康昭		尊贤里 嘉善里	屏迹遁居，不乐荣贵。加以静心三业，躬勤释门。持戒修斋，广为胜福	元和十一年（816）十一月十一日	大唐故康府君墓志铭 《洛阳流散唐代墓志汇编》，522—523 页
安义		从善乡归夏里	研精释门，旁罗儒典……翱翔物外，蕴德内修，早晤空门，与时非竞	元和十一年（816）十一月十一日	唐故定安郡安府君墓志铭 作者收藏墓志拓本

表 1 中的墓志是志主去世后，亲朋对其生平的概述，虽然不免溢美之词，但对其信仰的描述应该没有太多的问题。当然，洛阳出土的粟特人及其后裔的墓志中还有相当部分没有明确揭示其宗教信仰，其中部分或许由于行文的原因没有予以表述，毕竟墓志所承载的内容是有限的。但墓志没有表述并不代表志主没有信仰，其中有些墓志可以通过对其名字或内容的分析可以大致推断，如何摩诃，其名摩诃，字迦，具有很强的佛教意蕴。康胜墓志没有明言其信仰，但其名胜，字“法因”，似乎也反映出其佛教信仰。安善妻子何氏墓志虽然没有明言其信仰。然安善名萨，其子名金藏、金刚。其子金藏将父母合葬于龙门东山敬善寺东，并修建石塔。可见其佛教信仰[5]。再如《安孝臣墓志》，也没有明确其信仰，但安孝臣为母亲撰写的充满佛教意蕴、修持佛法情况的墓志，昭示其母米氏信仰佛教。安孝臣死后安葬于邙山其母米氏坟茔旁，其子在坟茔旁树立佛顶尊胜陀罗尼经经幢，并且在墓所写《华严经》一部，则表明了家族数代都是佛教徒[6]。

从墓志反映的情况来看，唐代洛阳信仰佛教的粟特裔居民的数量还是较多的。从他们生存的时间来看，生活在高宗、武后时期的 6 例，玄宗（包括安禄山）时期的 5 例，德宗之后有 3 例，说明洛阳粟特裔的佛教信仰是长期存在的。需要说明的是：目前洛阳出土唐代粟特裔墓志集中于唐前期，多达 31 方。德宗之后的粟特裔墓志只有 12 方，因此，前后数据有一定差距。对于其他的粟特裔墓志，其信仰虽然不能确定，但其中应该还有佛教徒。

二

墓志提供的资料固然重要，而洛阳周边大量与粟特人有关的佛教遗存则更能说明一些问题。

位于洛阳城南的龙门，自北魏到隋唐一直是举行佛教活动的重要场所。粟特裔居民作为洛阳城市居民的一部分，这里也成为他们礼佛的重要场所，遗留了大量的遗迹。有许多信仰佛教的粟特裔居民为保佑父母平安开凿像龛的题记，如 0356 窟的《安四娘造像记》，0522 双窑南洞的《安玉口题记》，0572 汴州洞窟外的《安多富造像记》，0591 窟的《安沺藏造像记》，0669 老龙洞南壁的《安爱为父母造像记》，0883 石牛溪北壁的《安砵叶造像记》，0676 窟的《韩曳云司徒端等共造优填王像记》中有“康法藏”题名。这些无可置疑都是安、康姓粟特裔的造像题记[7]。

而其中最为著名的就是位于龙门古阳洞与药方洞之间的 1410 窟的“南市香行社像龛”永昌

［5］对于安善家族的信仰，荣新江、刘淑芬、李鸿宾等认为其信仰佛教，参见《从撒马尔干到长安——粟特人在中国的文化遗迹》，139 页；刘淑芬《中古的佛教与社会》，上海：上海古籍出版社，2008 年，276－277 页；李鸿宾《安善墓志铭再考——一个胡人家族入居内地的案例分析》，《唐史论丛》第 12 辑，西安：三秦出版社，2010 年。沈睿文通过对安善墓葬文化意蕴的重新解读则认为安善家族仍旧保持着祆教信仰，沈文参《重读安善墓》，《故宫博物院院刊》2009 年第 4 期。

［6］《翊麾副尉前守泽州太行镇将骑都尉安孝臣母米氏墓志铭》，故宫博物院《故宫博物院藏历代墓志汇编》，北京：紫禁城出版社，2010 年，210－211 页。该墓志现藏故宫博物院，墓志没有明确的藏地，故图录注释仅记载“1958 年收购”。根据洛阳出土的《安孝臣墓志》，安孝臣开元二十二年（734 年）三月八日卒于洛阳敦厚里，其年四月九日葬于河南县平洛乡邙山之原母大茔内，由此可知《米氏墓志》也出土于洛阳邙山。

［7］刘景龙、李玉昆《龙门石窟碑刻题记汇录》，北京：中国大百科全书出版社，1998 年，89、129、188、196、250、308、254 页。

元年题记，其中的安僧达、史玄策、康惠登、何难迪、康静智等无疑都是洛阳经商的安、史、康等国的粟特商人。而洛阳的北市也有粟特商人，龙门卢舍那大佛南侧1504窟的“北市丝行像龛”题记中有康玄智的题名，他应该是在北市经营丝绸贸易的粟特商人[8]。从中不难看到，由于南市和北市有大量信仰佛教的汉族商人，在他们的耳濡目染下，在南市、北市从事贸易的粟特商人也有信奉佛教的，如表1提到的居住在南市旗亭里的安公、康敦夫妇就是一例。

还有一些信仰佛教的粟特人死后也安葬在龙门周边地区，如龙门发现的法藏家族坟茔题记，记载了其祖父母和父母埋葬龙门的情况，其祖母康氏也是安葬在龙门的粟特康国人，其祖父姓氏不明，按照唐初粟特人相互通婚的习惯，也可能是一名粟特移民[9]。1981年文物工作者还曾在龙门东山北麓发掘了唐定远将军安菩与其妻何氏的合葬墓[10]。张乃翥据此指出在龙门地区已经形成了信仰佛教的粟特人的区系文化聚落[11]。

从洛阳出土的其他石刻资料上也能发现粟特后裔佛教信仰的讯息。原洛阳古代石刻艺术馆收藏的一座唐代石雕塔，题记曰“大唐开元三年正月二十七日，家人石野那为曹主故王元邵造五给（级）浮图一区为记”。从石野那名字来看，似为一个身份是奴婢的粟特石国人[12]。龙门石窟研究院收藏的一座出土于龙门附近的方形石塔，是长安三年安思泰为“七世先亡”建立，上镌刻有《大周浮图铭并序》[13]。则安思泰又是一名信仰佛教的粟特裔。

在坟茔前树立经幢是唐代中期佛教信徒较为常见的行为，粟特人长居汉地，受濡染而同化。原洛阳古代艺术馆中收藏的建中二年（781）佛教信徒曹大娘、三娘为其母何氏建造的陀罗尼经幢，题记记载何氏“志在释宗，同修净业”，随傅禅师习佛，何氏大历十年（775）终于思顺坊里第。临终之前还嘱托子女要在坟前立陀罗尼经幢[14]。龙门石窟研究院还收藏一件佛顶尊胜陀罗尼经幢，题记云“贞元九年二月十五日，安二娘为亡夫董膳敬造”。安氏则是与董姓汉人通婚并且信仰佛教的粟特人后裔[15]。洛阳城北的传统葬区邙山上也有粟特裔佛教信徒建立的佛教经幢，如前面提到的安孝臣为其母建立的佛顶尊胜陀罗尼经经幢。

三

通过以上的记载，我们不难看出，佛教在唐代洛阳粟特裔的汉地生活中所占据的地位，成

[8]《龙门石窟碑刻题记汇录》，552页。

[9]温玉成《龙门所见中外交通史料初探》，《西北史地》1983年第1期，63－65页。温玉成文章认为法藏乃是唐代华严宗创始人康法藏，此乃康法藏的家族墓地。毛阳光质疑文章参《洛阳龙门康法藏家族坟茔题记质疑》，《中国国家博物馆馆刊》2012年第2期。

[10]洛阳市文物工作队《洛阳龙门唐安菩夫妇墓》，《中原文物》1982年第3期。

[11]张乃翥《从出土文物看中古时期龙门地区的区系文化聚落》，《龙门石窟一千五百周年国际学术讨论会论文集》，北京：文物出版社，1996年，94－109页。

[12]严辉、李春敏《洛阳地区唐代石雕塔》，《文物》2001年第6期。

[13]录文参张乃翥《龙门石窟与西域文明》，郑州：中州古籍出版社，2006年，121－122页。

[14]王振国《洛阳经幢研究》，《龙门石窟与洛阳佛教文化》，郑州：中州古籍出版社，2006年，127－128页。

[15]王振国《洛阳经幢研究》，124－125页。

为他们中一部分人重要的精神寄托。

佛教曾经在粟特地区盛行一时，但在隋唐时代，粟特地区的佛教已经被祆教取而代之。所以，开元年间到天竺取经的僧人慧超在《往五天竺国传》中就指出当时的安、曹、史、康、石、米国“总事火祆，不识佛法”。除了祆教之外，粟特本土还有许多人信仰摩尼教和景教。然而，隋唐时期，粟特人大量进入汉地，由于当地盛行佛教，也有许多的粟特人转信佛教。

自北朝以来，洛阳佛教香火就非常兴旺，佛寺众多，许多外国僧人都居住在这里。隋唐时期，由于统治者的崇信与支持，洛阳的佛教信仰也是非常流行[16]。根据徐松《唐两京城坊考》的记载，洛阳城内的里坊有大量的佛教寺院，里坊中又居住着大量信奉佛教的汉族民众，如龙门宾阳南洞北壁的《洛州河南县思顺坊老幼等造弥勒像记》，就是思顺坊一百余位男女坊众在贞观二十二年（648）造弥勒像的题记[17]。而粟特裔居民较为集中的章善里、嘉善里就有长寿寺、菏泽寺和圣善寺等寺院。前面的统计数据中，居住于嘉善坊并信仰佛教的粟特裔就有 5 例。而洛阳城外尤其是佛教圣域——龙门也有大量的寺院，成为洛阳佛教信徒参与宗教活动的重要场所。可以说，居住在里坊中的粟特裔的生存空间、社会网络中弥漫着佛教信仰气氛，希望融入洛阳社会的粟特裔信仰佛教也是自然的选择。

许多粟特裔与所敬仰的僧侣保持着密切的联系。建中二年（781），佛教信徒曹大娘、三娘为其母何氏建造的陀罗尼经幢题记记载，何氏随傅禅师习佛，痴迷于佛教。大历十年（775）八月五日，临终命女曹大娘、三娘曰：“人居一世，有生必灭。吾以汝志在释宗，同修净业。吾死后可以吾柩停于洛阳城南信行禅师林所，愿不离善知识。仍立一陀罗尼幢，以取日出之影，是吾所愿。”[18]类似的情况还发生在康昭家族，康昭与洛阳城南的高僧正悟关系密切，其两个兄长去世后都葬在正悟所在寺院之侧。甚至康昭在临终之际，嘱托家人，“吾平生执奉，唯城南正悟师兄，兄之院西，即亡二兄之茔。身歿之后，安此域内。一且近善知识，二乃恒闻真经。余之神魂早生化矣”[19]。粟特裔居民对于佛教的虔诚跃然纸上。而且，许多粟特裔的墓志由佛教僧侣所撰写，如何澄妻何氏去世之后，其墓志由圣善寺沙门文皎撰。安义去世后，为他撰写墓志的则是终南沙门文惠。前面提到的曹大娘等为其母何氏树立的经幢，题记内容由成都府福胜寺僧人惠璥撰文。这也反映了志主与僧侣之间互动密切。

除了信仰佛教的粟特善男信女之外，洛阳也有一定数量的粟特佛教僧侣，他们对于粟特裔的影响也是重要的，如著名僧人康法藏在武则天时期曾受命在洛阳翻译了《华严经》，康法藏还在这里创立了佛教宗派华严宗。玄宗时期，曹彦瓌之父嵩禅师，为僧 30 多年，“禅林澹如以自得，释门宗之以为主”，门徒众多，说法之际，“缁徒骈立，卑身而伏，耸耳而听”，俨然是有道高僧[20]。另外，大历二年（767），密教僧不空曾在代宗降诞日度五人为僧，其中就有康国人康

［16］郭绍林《汉唐间洛阳佛教述略》，《文史知识》1994 年第 10 期。

［17］《龙门石窟碑刻题记汇录》，22－23 页。

［18］录文参王振国《洛阳经幢研究》，127－128 页。

［19］毛阳光、余扶危《洛阳流散唐代墓志汇编》，北京：国家图书馆出版社，2013 年，522－523 页。

［20］《大燕故康夫人墓志铭》，《唐代墓志汇编续集》，上海：上海古籍出版社，2000 年，667 页。

守忠，他被奏请的法名是惠观，驻锡地就在洛阳广福寺大弘教三藏毗卢舍那院[21]。

洛阳粟特裔对佛教的皈依，实际上也预示着对汉地流行宗教文化的认同，也是对汉族社会普遍谨守的价值观念的认同。正是在这种大趋势下，唐代粟特裔逐渐融入了汉族社会。

四

通过石刻史料来看，尽管唐代洛阳信仰佛教的粟特裔不在少数，但也不能因此而估计过高。一些没有揭示其信仰的粟特裔居民墓志，我们可以通过对内容的研究确定他们的信仰并非佛教，如《康婆墓志》就记载其父康和在隋朝曾担任定州萨宝[22]。《康元敬墓志》也记载其父康仵相曾担任北齐“九州摩诃大萨宝”[23]。萨宝又称萨甫、萨保，本是粟特商队的首领，由于粟特人信仰祆教，萨宝还负责火神的祭祀，逐渐成为汉地粟特人群体中政教的首领。北朝隋唐时期，政府为管理地方粟特人而将萨宝纳入了地方官僚体系中。根据《隋书·百官志》记载：北齐与隋朝在京城与地方粟特人聚居地区都设有萨保。从上面二人父亲的职务来看，康婆与康元敬应该是祆教徒。再如唐代洛阳景教徒花献夫妇的墓志，其妻《安氏墓志》对于信仰没有任何提及，且墓志撰文者是圣善寺沙门文简，然而，《花献墓志》明确揭示花献是一名居住在修善坊的景教徒，因此，安氏也应该信仰景教[24]。

对于其他没有揭示志主信仰的粟特裔墓志，其中应该也有信仰祆教、景教或摩尼教。通过对传世文献记载以及新出土景教经幢与景教徒墓志的研究，唐代洛阳长期存在着三夷教的寺院和信仰，而且粟特裔还是这些外来信仰的主要人群。因此，应该拥有一定数量的教徒。例如，唐后期的安玉、史惟清等，墓志中绘声绘色地描述他们的品德和修养，但就是对于他们的信仰没有任何记载，但他们真的没有信仰吗？安玉妻刘氏墓志中也有“享辉华，受景福”这样的描述[25]。而史惟清妻翟氏墓志中“景行不沦”的字眼[26]，尽管这些词汇在中国早期的经典《诗经》中已经出现，但当时洛阳存在的以粟特裔为主的景教僧侣和信徒，以及这些志主具有的粟特背景，还是让人有所遐想[27]。

之所以墓志中对此较少反映，笔者认为是由于唐朝政府对于汉地百姓外来宗教信仰的限制所导致的。我们知道，唐代的对外政策是具有两面性的[28]。唐代对于外来宗教并不禁止，允许外来移民信仰，但对于汉族百姓信仰这些宗教却予以禁止。《新唐书》卷四六《百官志》载：“两京及碛西诸州火祆，岁再祀而禁民祈祭。”这导致汉地文人对于这些外来宗教的了解是很少的。

---

[21] 圆照《代宗朝赠司空大辨正广智三藏和上表制集》，《大正藏》第52卷，835－836页。

[22]《大唐故洛阳康大农墓铭》，《唐代墓志汇编》，上海：上海古籍出版社，1992年，96页。

[23]《唐故处士康君墓志》，《唐代墓志汇编》，571－572页。

[24] 毛阳光《洛阳新出土唐代景教徒花献及其妻安氏墓志初探》，《西域研究》2014年第2期。

[25]《大唐安氏故彭城刘夫人墓志铭》，毛阳光、余扶危《洛阳流散唐代墓志汇编》，506－507页。

[26]《唐故翟夫人墓志铭》，郭茂育、赵水森《洛阳出土鸳鸯志辑录》，北京：国家图书馆出版社，2012年，185－186页。

[27] 罗炤《〈洛阳新出土大秦景教宣元至本经及幢记〉石幢的几个问题》，《文物》2007年第6期。

[28] 魏明孔《唐代对外政策的开放性与封闭性及其评价》，《社会科学》1989年第2期。

而粟特裔的墓志绝大多数都是由当地较高文化水平的汉族文人或官吏所撰，从目前的情况来看，有中下级官吏、乡贡进士、寺院僧侣等，他们本身对于粟特人信仰的外来宗教就缺乏了解，难以措辞，因此墓志付之阙如就不难理解了，甚至连景教徒花献及其妻安氏的墓志都是由佛教僧侣来撰写。有鉴于此，笔者颇怀疑近年来洛阳出土《大秦景教宣元至本经经幢记》的撰文者文翼很可能就是一名佛教僧侣。

隋唐时期，由于唐政府宽容的宗教政策以及大量外来移民的涌入，洛阳存在着多种宗教并存的现象，使得洛阳成为此时多元文化交流和汇聚的中心之一。虽然唐代洛阳城市文化具有多元化的色彩，面目各异的宗教在这里展示自己的风采。而此时的洛阳，在浓厚的佛教信仰环境影响下，相当一部分粟特裔居民已经开始信仰佛教，体现出外来移民对于汉地信仰的认同。然而，通过对于石刻史料的了解，一直到唐后期，洛阳还有一定数量信仰景教的粟特裔居民，而且是这一信仰的主要群体。祆教与摩尼教徒中粟特裔也应该有一定数量。尽管身处洛阳这样佛法盛行的都市，一部分粟特裔并没有轻易地改变本民族的宗教信仰。直到唐后期，许多粟特裔还保持着对本土宗教的坚定信仰和热诚，同时也习惯了与其他宗教信徒的交往。因此，粟特裔对佛教的信仰并非越到后来就越多那么简单，粟特裔对于宗教信仰的取舍存在着很大的差异，并不能一概而论。

河北定州发现宋代石函初释

——兼论五代宋初华北的吐谷浑与粟特人

森部豊

（关西大学文学部）

本文将介绍有关宋初河北定州粟特人的新史料，并通过对其进行的考察，理清粟特人东方活动的最终的一种形态，以达到追寻宋代河北粟特人谱系的目的[1]。

最晚在东汉时期，粟特人已经确实与中国进行了接触。可靠的实例是，从北朝到唐代，粟特人沿着“丝绸之路”建立殖民聚落，向东方发展，布下了粟特的网络。而且从文献上可以确认，此网络的最东端是现在的辽宁省朝阳市（唐代的营州）[2]。关于粟特人的进入东方及其活动，一直以来都强调其“商人”的一面，但最近，作为“军人”的一面也渐渐变得清晰。我认为，作为“军人”的粟特人可以分为两大系统。

其中的一个系统是沿着“丝绸之路”形成的粟特人殖民聚落，一部分粟特人延伸其势力并土豪化，更有成为拥有军事力量者。从北魏末到唐初，此类粟特人在与其对应时期的政权保持着密切关系的情况下进行着活动[3]。而另一个系统是，家住蒙古高原，并在此过程中与突厥等骑马游牧民族相互影响，掌握了游牧文化，特别是骑射技术的粟特人。这一类粟特人，虽然接受了突厥等游牧文化的影响，但是一直保持着作为粟特人的意识。这一情况，可以从630年突厥崩溃后他们移居到了中国，也自名安、康、米、史、何、石、曹、毕、翟等所谓粟特姓氏，而且与拥有粟特姓氏的同种族缔结婚姻关系等事实可以窥知。笔者正在进行的，正是称之为“粟特系突厥（突厥化粟特人）”的研究[4]。

这些粟特人在突厥第一汗国崩溃（630）之后，与从属于突厥的各部族一起归顺了唐朝。这个时候，突厥的移民从山西北部安置到了鄂尔多斯。但是，7 世纪后半期突厥复兴运动扩大，安置在唐朝北境边界的突厥移民多数返回蒙古高原，其中或许也包括粟特人。不过，唐朝对应

---

[1] 本文所取史料及论点，已经用日语发表。请参照森部豊《唐末・五代・宋初の华北地域における吐谷浑とソグド系突厥——河北省定州市博物馆所藏の宋代石函の绍介と考察》，《辽金西夏研究の现在》2，东京外国语大学アジア・アフリカ言语文化研究所，2009 年。此后，又收入拙著《ソグド人の东方活动と东ユーラシア世界の历史的展开》，关西大学出版部，吹田，2010 年。

[2] 关于粟特人东方活动的研究史，请参照羽田 1971 以及胡 2002，263－269 页。粟特人沿着“丝绸之路”进入东方的情况，荣 1999 通过分析他们的居留地予以了阐明。

[3] 山下 2004 以及山下 2005 通过对石刻史料的分析，理清了隋末唐初在河西以及固原等地的粟特人对唐朝建立的巨大贡献。

[4] 若将“粟特系突厥”直译为中文，有些难以理解。作为表示其实际情况的用语，“突厥化粟特人”或恰当些。森部 2004b 概括性的展望了唐到五代华北政治史中“粟特系突厥”的情况。在这里表示的论点已经整理为森部 2010。另外，“粟特系突厥”的概念请参照森部 2010，10 页。

这一变动，于调露元年（679）在鄂尔多斯南部设置了羁縻州，在此安置粟特人。当时，由于是设置了六个羁縻州，故这些粟特人在汉文史料中表现为“六州胡”，突厥碑文则记做“六州的粟特人”（altï čub soγdaq）。

因为此“六州胡”是突厥化的粟特人，骑射能力优异，故屡屡为当时的政治势力所用。例如，唐朝在武则天时动员“六州胡”征讨在营州发起叛乱的契丹，以及安禄山发起叛乱时，将“六州胡”纳入麾下。安史之乱后，在河北地区维持半独立割据势力的河朔三镇中也流入了“六州胡”，其中更有成为节度使者。

但是，最大的“六州胡”集团，8 世纪后半期依然居住于鄂尔多斯南部。这一集团在 8 世纪经石州移居山西北部，在大同盆地进行游牧生活。大约在 9 世纪初，“六州胡”与移居至此地的突厥系沙陀族联合，在唐末作为沙陀增长势力的原动力之一取得了很大的成效。后来，沙陀建立后唐之时，“六州胡”出身的武将做出了很大贡献。他们中的部分人，率领各自的“部落”参加了沙陀政权，此部落是在大同盆地维持游牧生活的“六州胡”的后裔。

936 年，后晋建国之际，作为接受契丹援助的回礼，石敬瑭将包含大同盆地在内的“燕云十六州”割让契丹，同时，居住于大同盆地的粟特人也进入契丹的势力范围之下。但是，以粟特人为首的居住于大同盆地的游牧系统的各部族讨厌契丹的统治而亡命后晋，这一动向甚至持续到北宋的开始。其中有名的是，被视作粟特人集团之一的“安庆”，北宋将此亡命而来的“安庆”进行再次改变而成为禁军，配置于山西各地[5]。但是，这些粟特人在宋朝或者契丹·辽是怎样为其所用，其动向又如何？关于这些问题，因为史料的限制，大部分都不清楚。

不过，我在 2007 年 2 月 28 日参观河北省定州市博物馆的过程中，偶然发现了历来在学界不为人知的史料。这一宋代的石刻史料中，同时出现了吐谷浑和持有粟特姓氏的军人。

在本文中，首先，将对此新资料进行介绍，其次，联系此新资料出现的吐谷浑，概观其从唐末到宋初在华北地区的情况，讨论其北宋初至河北定州的事情原委。并在最后考察新资料所见之持有粟特姓氏的军人，究明 10 世纪末粟特人东方活动的形态之一。

一、定州市博物馆所藏之宋代石函及刻文

据定州市博物馆的调查报告，1969 年 12 月定县城西南的城关镇兴无街大队在平整耕地时发现了塔基，从其砖室内出土了石函。石函长 116 厘米，宽 69 厘米，高 53 厘米，四个侧面刻有文字。石函的铭文中有“时大宋至道元年（995）岁次乙未，四月丁丑朔八日甲申，时葬创修院功德主讲维摩上主经〔沙门义演〕……”的字样，可判明其为宋代石函。

因为当初从这个塔基内发现的银塔上有“善心寺舍利塔”之类的铭文，所以报告将其称为善心寺舍利塔塔基。但是，稍后在塔基遗址之西约 6 米处发现了宋代的石碑，碑额刻有“创修净众院记”，碑题记有“定州西关创修净众院记”[6]。碑文是由上生邑录乡贡三传的史从真撰文并书写。

---

[5] 关于以上的六州胡即粟特人的沿革，请参照小野川 1942，Pulleyblank 1952，以及森部 2010（98－110 页）等。

[6]《定州西关创修净众院记》2008 年 10 月 31 日至今藏于定州市博物馆，镶嵌在馆内壁上。碑额部分断裂，呈同地安放状态。全碑含碑额高约 142.5 厘米，幅高 78 厘米。共计 30 行，行 58 字（有异同）。

北宋初，住民陇西李敬千发愿建寺院，选址于此的是叫做义演的僧人[7]。这座寺院于北宋雍熙三年（986年）由太宗赐名净众院，端拱元年（988）完工[8]。

此净众院的位置，据碑文中记载“东踞龟城，西连滱水，北枕慕容高陵，南通皇都大道”，可知其位于宋代定州城的西郊外（明代扩张，含入城内），如此可以判明其与塔基遗址位置一致。进一步说，在塔基之西发现了砖石基坛，也出土了铁铃，由此可以判断，这里应该是大殿的屋檐，或者塔的墙根。这里的塔基遗址是原本净众院的位置。据报告，此塔基遗址是为了殓葬沙门义演，北宋至道元年（995）建立了净众院舍利塔的塔基，由当时居于定州上层阶级的人们施舍而成[9]。

这件宋代石函现藏于定州市博物馆（图 1）。定州市博物馆因为是利用文庙而得以成立，故虽然在 2007 年 2 月 28 日时被收入面向大成殿右侧（东侧）建筑物的玻璃柜内陈列展览，但这栋建筑物采光不好，石函除面对着入口和窗户这两面的 68 个字，以及其他两面仅有的几个官职名号和人名之外，其他内容几乎无法确认。笔者确认了此铭文中 12 位持有粟特姓氏的人名，并以之为中心记了笔记，其他则因时间关系，仅止于拍照。回日本后，根据照片及笔记做成了录文。但是，在原本的石函铭文不鲜明的基础上，加之在玻璃柜内收纳的缘故，照片不甚清楚，只能做成不完全的录文。因此，在同年的 9 月 15 日及 2008 年的 10 月 31 日，笔者又两次造访定州市博物馆，想要进行调查，但是第一次遇到博物馆的整体修复施工，宋代石函也收入库房保存；第二次则因为仍然保存在库房中，而仍未得见。直到 2014 年，其情况则还不清楚。

图 1　宋代石函

[7]《定州西关创修净众院记》中有“在城仙林寺，有前住持讲经沙门演上人，俗郡瑯琊，生于上谷”。

[8] 参照定县博物馆 1972。

[9] 参照定县博物馆 1972。

虽然因为这样的情况，笔者在此不能介绍石函上全部的铭文，而仅取已经做了记录的68行内容，但作为判断其关于粟特人的资料价值是充分的，故在此公开发表[10]。以下第一侧面、第二侧面的名称及行数编号，为从宜之计。

【释文】

第一侧面（横长侧面）

1. 忠果雄男功臣武軍節度定州管內觀察
2. 處置北平軍等使兼本州馬步軍都部署
3. 金紫光祿大夫檢校太保使持節定州諸
4. 軍事定州刺史兼御史大夫上柱國譙郡
5. 開國公食邑五千八百户食實封一千八百户
6. 〔　　　　　　　　　　　　〕
7. 〔　　　　　　　　　　　　〕
8. 〔　　　　　　　　　　　　〕
9. 觀察推官閻易宗妻李氏
10. 知勾孔目官楊幸妻賈氏
11. 男王留女神姐
12. 〔　　　　　　　　　　　　〕
13. 時大宋至道元年歲次乙未四月丁丑
14. 朔八日甲申　　時　葬
15. 創修院功德主講維摩上主經〔沙門義演〕
16. □□師講濤花經僧惠□石　講因明論　僧惠日
17. 德養主比丘惠顒　惠隆　惠璘
18. 惠質　惠誠　惠郎
19. 興供奉官主天軍兵馬監押劉　隱
20. 妻董氏　男推□　女劉氏　並女
21. 妹石氏　般氏
22. □奉職五州巡檢使樂守忠
23. 都維那李珍妻孫氏　女劉郎婦
24. □□女憐哥　弟守辱　小舅孫早
25. 副維那史從真　妻于氏　男元喆
26. 　新婦楊氏　次男元□　孫□兒
27. 　舅翁于金　□娶甄氏
28. 女夫張□　　妻安氏　男謝留　慈兒

［10］本释读录文的做成，得到了福岛惠女士（日本学习院大学）的协助。

29. 照妻潘氏　守人重見
30. 　　王小□氏女哥四哥
31. □□　悟堅　惠凝　惠明　智嵩
32. 妙東　義貞　鑒惠　鑒徳　吴氏　智明
33. 惠□　超　躰全□永能妐先智真
34. 惠明　審静　明晤　惠 真　帰仙　超美
35. 晋通　□　惠明　法仁　賽之　劉□
36. 李氏　□氏　宋氏　楊氏　妙真
37. 李□女□婦□女史郎婦　三姐
38. 前偈 □州長史馬□珍施跰八隻
39. □舍利□□□禅哥
40. 施石函弟子前□横海軍節度巡官王昭信
41. 男文林郎守果州流溪縣尉兼主簿事　玘
42. 次男□　小男璨　小女超姐　孫榮哥
43. 孫慶哥　孫女翁女　超女
44. 女弟子曹氏　新婦孫氏　新婦張氏

第二侧面（请参照图 2）

45. 　　　　　秦氏重
46. 吐渾[11]第三指揮使梁萬通定留
47. 副指揮使何泰超　妻曹氏
48. 長行白節等七十人各施
49. 舍利
50. 驍武第四指揮使韓（？）□贇妻□氏
51. 男虁　次男文慶　小男□□　女□□□□娘□
52. 副指揮使王信妻成氏
53. 男宜娶女　小姐定姐
54. 校練使曹　　妻石氏　馬
55. 弟子□□　妻陳氏長男守璘
56. 男守訓　男守旻　小男守文
57. 大姐叅郎婦　三姐段郎婦
58. 新婦郎氏　楊氏　朱氏　趙氏
59. 孫□兒　小翁兒　孫百勝女慶
60. [　　　　　　　　　　]

[11] 吐浑即吐谷浑。

图 2　宋代石函第二侧面铭文

61. [　　　　　　　　　　　　　　　]

62. 　　史氏女弟子回我女

63. 僕遵妻□氏楊遵楊□楊□

64. 吐渾□□指揮使米　海山

65. 第□指揮使安　隆

66. 副指揮使何　訓

67. 第五副指揮康　澄

68. 吐渾使白謚

（备考）□ 是指照片不清楚的字，或者是因不清楚不能解读的文字。〔　　〕内的文字是根据定县博物馆（1972 年）所补。[　　　] 则是不清楚是否有字。

（补注）第一侧面的内侧，即第三侧面，能确认几个官职名号和人名，内容如下所示：

69. □武第四指揮使第三軍使高□□

72. 第四軍使田□繼父武唐

75. 第 □副兵馬使韓□　父珂

78. 第二副兵馬使張訓

81. □□副兵馬使李

根据以上铭文可以知道的是，此石函是北宋至道元年（995）年四月八日安葬创建净众院的义演之际，被收纳净众院舍利塔的。石函上所刻的人名则是北宋初期居住于定州的人们。

应该特别注意的一点是，持有粟特姓氏的人们的存在，可以确认石氏（第 21 行），史从真

（第 25 行），安氏（第 28 行），〔吐浑第三〕副指挥使何泰超，妻曹氏（第 47 行），校练使曹某，妻（第 54 行），史氏（第 62 行），吐浑□□指挥使米海山，第□指挥使安隆，副指挥使何训，第五指挥使康澄（第 64—67 行）等 12 名持有粟特人姓氏的人名。这其中，史从真大概与《创修净重院记》的撰者为同一人。第 47 行以下的持有粟特姓氏者，大半都冠以“吐浑”的指挥使、副指挥使头衔，所以可知，这些是定州的军人。

然而，这个时期的北宋定州的“吐浑”来自于何方？他们中间又为何会有持有粟特姓氏的人呢？

二、唐末五代宋初华北的吐谷浑

在本节中，为了考察宋初生活于河北定州的吐谷浑的来历，先叙述吐谷浑的概要，顺便究明他们在华北地区的动向[12]。

（一）唐末代北的吐谷浑

“吐浑”即吐谷浑，原本是从生活于辽东的鲜卑、慕容部分离而来，4 世纪左右移居内蒙古的阴山附近。之后，于西晋末年向甘肃地区移居，在甘肃南部、四川西北、青海南部、新疆东南部建立起王国。但因 663 年为吐蕃所灭，吐谷浑遂移居唐朝境域之内。

可以确定的是，7 世纪后半期开始到 8 世纪前半期，在唐朝境内的吐谷浑大致有三处较大分布区。一处是灵州一带的羁縻州（安乐州、长乐州）[13]，第二处是夏州、延州一带的羁縻州（宁朔州、浑州）[14]，第三处是在河西，散居于凉州、甘州、肃州、瓜州之南[15]。8 世纪中叶发生的安史之乱，其影响也波及这些区域，在这一方面因为唐军的撤退和吐蕃势力的伸张，其结果，特别是河西与灵州地区的吐谷浑再次被强制东迁。他们大多移居鄂尔多斯南边的盐州、夏州、庆州、银州等各州，山西（河东）的太原府、石州、岚州、潞州，以及代北的云州、朔州，朔方节度使管辖下的天德军、振武军地区[16]。

其中，尤有深意的是移居河东的云州、朔州方面的吐谷浑的动向。这么说是因为，这一地区的吐谷浑到唐末时，经过与同处同一地区的沙陀的敌对关系，最终归属沙陀，参与了其后沙陀的势力大扩张。

关于吐谷浑移居云州、朔州即代北之地的时期与经过，残存着以下这样的记录：

> （吐谷浑）圣历（689—700）后，吐蕃陷安乐州，其众东徙，散在朔方。赫连铎以

---

［12］以下之吐谷浑历史概观，请参照小野川 1942（208—213 页）以及周 1985。

［13］672 年，在灵州（宁夏回族自治区灵武县南）设置安乐州（宁夏回族自治区中宁县鸣砂乡），之后，又增设长乐州（宁夏回族自治区同心县韦州）。参照周 1985，157—158 页。

［14］在吐谷浑羁縻州设置宁朔州（夏州南，现在的陕西靖边）与浑州（延州金明县西，现在的陕西省延安市），这是安置的另一系统的吐谷浑。参照周 1985，165 页。

［15］唐朝在凉州设置了称作閤门州的羁縻州，参照周 1985，165—166 页。

［16］参照周 1985，167—173 页。

开成元年（836）将本部三千帐来投丰州，文宗命振武节度使刘沔以善地处之。及沔移镇河东，遂散居川界，音讹谓之退浑。[17]

这里刘沔转为河东节度使是会昌二年（842）的事情[18]。但是，赫连铎移动的“川界”并不清楚。因为《李文饶文集》卷一四《请市蕃马状》（9 叶 a）中，记有“右访闻蕃浑羊马，多浑河川”，故或可将此浑河川流域视作“川界”。浑河川的情况在编纂史料中没有明确记载。但是，大顺元年（890）幽州节度使李匡威受唐廷之命征讨蔚州沙陀李克用时，吐谷浑的赫连铎也率领吐蕃、黠嘎斯攻击李克用一方的遮虏军，李克用为了迎击他们而驻营于浑河川[19]。据此可知，浑河川的位置或应视作在云州、朔州之间[20]，即赫连铎的吐谷浑集团在 9 世纪中叶从丰州移居到了河东北部（代北）。

此赫连铎率领的吐谷浑集团，在镇压庞勋之乱（868－869）时归入沙陀的朱邪赤心（后改名李国昌）的指挥之下。但是，朱邪赤心显示出反唐的态度后唐朝对其进行了讨伐，乾符四年（877）“十月，诏昭义节度李钧，幽州李可举，吐浑赫连铎、白义诚，沙陀、安庆、薛葛部落合兵讨李国昌父子于蔚州”[21]。在此可以看到的白义诚的吐谷浑集团被认为与赫连铎所率部为不同的系统，无法详细了解他们是何时以怎样的经历来到代北的[22]。之后，吐谷浑与沙陀持续处于敌对关系，最终在乾宁元年（894），李克用将吐谷浑集团迫于灭亡的境地。赫连铎被杀（一说被捕），白义诚被捕[23]，其结果是吐谷浑“其部族益微，散处蔚州界中”[24]。

（二）后唐时的吐谷浑

白义诚的吐谷浑集团应该没有灭绝。10 世纪初，沙陀在对外远征之际征发吐谷浑，以为军力[25]。后唐建立之际，庄宗嘉奖此吐谷浑之军功，“同光元年（923），赐阴山府都督白承福于中山北石门为栅，号宁朔、奉化两府，以都督为节度使，赐姓李，名绍鲁”[26]。当时，赐“中山北石门”之地给白承福所率的吐谷浑集团，置宁朔与奉化二府。这一位置位于定州之北、蔚

---

[17]《资治通鉴》卷二八二，“后晋天福五年十二月”条胡注（9219 页）所引宋白《续通典》。

[18]《旧唐书》卷一八上《武宗本纪》，590 页；《资治通鉴》卷二四六，“武宗会昌二年三月条庚申”条，7959 页。

[19] 参照《资治通鉴》卷二五八，“昭宗大顺元年九月”条《资治通鉴考异》（8404 页）所引《太祖纪年录》以及实录。

[20] 周 1985，173 页解释为桑干河上流。

[21]《旧唐书》卷一九下《僖宗本纪》，700 页。《资治通鉴》卷二五三僖宗乾符五年十月系年下有同样内容的记载。

[22] 参照周 1985，178 页。

[23]《旧唐书》卷二〇上《昭宗本纪》（751 页）作“执大同防御使赫连铎”；《旧五代史》卷二六《后唐武皇本纪》（349 页）中作“是时，云州吐浑赫连铎、白义诚并来归命，皆笞而释之”。《新唐书》卷一〇《昭宗本纪》（290 页）作“大同军防御使赫连铎及李克用战于云州，死之”；《资治通鉴》卷二五九“昭宗乾宁元年六月”条（8456 页）记作“李克用大破吐谷浑，杀赫连铎，擒白义诚”。

[24]《新五代史》卷七四《四夷附录》，“吐浑”条，910 页。

[25] 参照周 1985，192 页。

[26]《册府元龟》卷九六五《外臣部・封册》，11355 页。

州之南[27]。这一集团与 9 世纪末的白义诚吐谷浑集团有怎样的关系，尚不明朗[28]。之后，虽然据传同光二年（924）十一月白承福的族帐移居代州之东南，大约部分仍留于蔚州[29]。可以窥知的是，他们直到五代依然处于游牧生活，以数千帐的规模生活着，用羊和马等与周围的汉族进行交易[30]，维持着和生活于这一地区的粟特人等其他集团同样的生活模式[31]。此外，在白承福集团之外归顺后唐的吐谷浑，被安置于岚州[32]。

（三）后晋与白承福的吐谷浑集团

936 年，石敬瑭借契丹助力建国后晋，割让“燕云十六州”予契丹。“燕云十六州”的割让，对中国可以说是丧失了骑马军事力量的供给来源[33]。相当于河东地区“燕云十六州”的，是河东北部、恒山北侧，内长城线外的空间，即云州、朔州之间的地域。唐后期以来，这一地域是沙陀、吐谷浑、粟特人等游牧系统诸部族散居的空间。白承福的吐谷浑部落也居住于此区域，因此，后晋建国的同时，他们就纳入了契丹的统治之下。

但是，苦于契丹统治的他们，天福五年（940）末，在吐谷浑节度使白承福和赫连公德的率领下，以千余帐（或曰三万帐）的团体，向后晋成德节度使（首府为镇州，今河北省石家庄市东北的正定县）安重荣处亡命而去[34]。但是，其后，害怕安重荣势力延伸的北京留守、河东节度使刘知远，游说白承福脱离安重荣而归顺朝廷。其结果，因为天福六年（941）十月白承福率众归顺刘知远，而将之置于山西太原东山及岚州、石州之间[35]。

---

[27] 参照周 1985，192 页。

[28] 周 1985（193 页）指出，白承福可能是白义诚的后裔。

[29]《旧五代史》卷三二《庄宗本纪》，443 页载：“〔十一月丙申〕吐浑白都督族帐移于代州东南。”后晋天福六年亡命奔向镇州节度使安重荣处的白承福所率吐谷浑，因为是“取五台路归国”（《五代会要》卷二八，“吐浑”条，451 页），故可以认为，其核心到后晋建国时依然在蔚州地区。

[30]《五代会要》卷二八，“吐浑”条，450 页载：“有白承福者，自同光初代为都督，依中山北石门为栅。庄宗赐其额为宁朔、奉化两府，以都督为节度使，仍赐承福姓李，名绍鲁。其畜牧，就善水草，丁壮常数千人。羊马生息，入市中土，朝廷常存恤之。”

[31] 在代北的粟特人以部落单位形式进行游牧生活一事，参照森部 2010，202－204 页。

[32]《宋本册府元龟》卷九七七《外臣部·附降》，3896 页载：“〔长兴元年〕七月，北京奏。吐浑千余帐内附，已于天池川静乐县界安置。八月，北京奏。生吐浑内附，欲于岚州安族帐。〔长兴〕二年闰五月，吐浑下大首领薛海金等于我。”

[33]“燕云十六州”与农牧接壤地带重合。我关于此农牧接壤地带是向中国地域范围供给军事力量的源泉的想法，请参照森部 2010，172－179 页。

[34]《资治通鉴》卷二八二，“后晋天福五年十二月”条，9219 页载：“初，帝割雁门之北以赂契丹，由是吐谷浑皆属契丹，苦其贪虐，思归中国。成德节度使安重荣复诱之，于是吐谷浑帅部落千余帐自五台来奔。契丹大怒，遣使让帝以招纳叛人。”此时，率领吐谷浑的首领之名以及三万帐的数字，在《旧五代史》卷九八《安重荣传》中所载的上表文中有如下记载：“臣昨据熟吐浑节度使白承福、赫连公德等，各领本族三万余帐，自应州地界奔归王化。续准生吐浑并浑、契苾、两突厥三部落，南北将沙陀、安庆、九府等，各领部族老小，并牛羊、车帐、甲马，七八路慕化归来奔，俱至五台及当府地界已来安泊。”此上表文的奉进时间，《资治通鉴》卷二八二，“后晋高祖天福六年六月”条，9222 页系年为天福六年六月。

[35]《资治通鉴》卷二八二，“晋高祖天福六年十月”条，9228 页载：“刘知远遣亲将郭威以诏指说吐谷浑酋长白承福，令去安重荣归朝廷，许以节钺。……冬，十月，〔白承福〕帅其众归于知远。知远处之太原东山及岚、石之间，表承福领大同节度使，收其精骑以隶麾下。”

可以认为，后晋末期，后晋王朝对吐谷浑的控制驾驭能力减弱，同时，也因为吐谷浑的内部问题致使白承福的统治力度薄弱，结果造成了946年（后晋开运三年，即契丹会同九年）四月白可久亡命于契丹[36]。正在白承福也受白可久诱惑、要亡命契丹的八月“癸酉，河东节度使刘知远奏，诛吐浑大首领白承福、白铁匮、赫连海龙等，并夷其族凡四百口，盖利其孳畜财宝也，人皆冤之”[37]。其后，白承福部落似为属于其他系统吐谷浑的王义宗所率领。吐谷浑逐渐衰微，没有再次出现[38]。但是，虽然是断片的史料也能确认后周与北汉时期吐谷浑的情况。以下为稍微追踪吐谷浑的身影。

（四）北汉的吐谷浑

北汉时期，可以确认有位叫做白从晖的吐谷浑人武将[39]。虽然不知道他率领的是不是吐谷浑集团，但是因为如上所述的白承福集团移居岚州与石州之间，且此地为北汉所领区域，故在北汉存在吐谷浑集团这一推测足以成立。

另外，据记载，北汉的“〔卫〕俦数从征伐，专掌吐浑军，阉人卫德贵嫉其功，使出为辽州，吐浑数千人遮路乞留，北汉主不许，吐浑失帅，由是一军不可复用”[40]。

因为辽保宁九年（977），有契丹境域之内“吐谷浑叛入太原者四百余户”，辽请求使其返回的措施的记载[41]，故北汉存在吐谷浑集团一事确凿无疑。但是，其首领除了卫俦之外，余无法确认。

（五）后周的吐谷浑

后周时期吐谷浑的身影，于广顺元年（951）九月北汉军与后周军战于虒亭（山西省长治市）附近之际可以确认[42]。另外，广顺三年九月，云州吐浑指挥使党富达以及朔州军使马延嗣自契丹投降后周[43]。

另外，恭帝即位之显德六年（959），北汉讨伐军编成，其时，因为“令裨将刘继忠将兵与吐浑入并境，平贾家砦，斩百余级，获牛羊而还”[44]，时间也可以确认。属于后周的吐谷浑首

[36]《辽史》卷四《太宗本纪》（57页）载：“夏四月辛酉朔，吐谷浑白可久来附。”

[37]《旧五代史》卷八四《后晋少帝本纪》，1117页。

[38]《新五代史》卷七四《四夷附录》，“吐浑”条，911页载：“（刘知远）杀承福及其大姓赫连海龙、白可久、白铁匮等，其羊马赀财巨万计，皆籍没之，其余众以其别部王义宗主之。吐浑遂微，不复见。”

[39]《资治通鉴》卷二九〇，“后周太祖广顺元年正月丁亥”条，9455页载：“丁亥，〔北汉主〕以〔刘〕承钧为招讨使，与副招讨使白从晖、都监李存环将步骑万人寇晋州。从晖，吐谷浑人。”

[40]《续资治通鉴长编》卷一四，“太祖开宝六年（973）”条，312页。

[41]《辽史》卷九《景宗本纪》，100页。

[42]《宋史》卷二六一《陈思让传》，9039页载：“广顺元年九月，刘崇遣大将李环领马步军各五都，乡兵十都，自团柏军于窑子店。思让与都监向训、张仁谦等率龙捷、吐浑军，至虒亭西，与环军遇，杀三百余人，生禽百人，获崇偏将王璠、曹海金，马五十匹。”

[43]《宋本册府元龟》卷九七七《外臣部·降附》，3897页：“（广顺三年）九月，云州吐浑指挥使党富达等五十一人马驼四十二，并朔州军使马延嗣等来奔。”

[44]《宋史》卷四八四《周三臣传·李筠》，13972－13973页载：“恭帝即位，加检校太尉。是秋，令裨将刘继忠将兵与吐浑入并境，平贾家砦，斩百余级，获牛羊而还。”

领是谁，以及是哪一系统的吐谷浑，则无法详知[45]。

（六）北宋初的吐谷浑

北宋初期，根据孙守正“补内殿直，兼领骁雄、吐浑指挥。从刘廷翰平蜀，还，迁骁雄副指挥使。开宝中，太祖征太原，守正隶何继筠麾下”[46]的事实，可知北宋建国后随即将吐谷浑编入了禁军[47]。虽然不知道此吐谷浑何时归属于宋朝的，但因为在建隆元年（960）五月亲征与北汉缔结联盟的后周旧臣李筠时，从属于李筠的吐浑府都留后、汾州团练使王全德降伏[48]，所以或许存在此王全德的吐谷浑集团被编成禁军的可能[49]。也存在后周以来所从属的吐谷浑被再次改编的可能。

太平兴国四年（979）北宋灭北汉，从属于北汉的吐谷浑又归顺了北宋，被编成了禁军。宋朝禁军的骑兵中有吐浑小底[50]，另外，北汉灭亡后，归顺了宋的吐谷浑被编为禁军、骑兵，称为吐浑直[51]。

三、宋代定州的吐谷浑与粟特人

（一）定州吐谷浑的谱系

以上是根据编纂史料所整理出来的从唐末到宋初活动于华北地区的吐谷浑动向的概观，作为其最终的形态，浮现出其被编为宋朝禁军的身姿。但是，这些仅仅是浮现出了安置于太原、潞州、开封三处的吐浑小底以及吐浑直的情形。

在定州所见舍利石函上的铭文中，可以确认所谓的“吐浑第三指挥使”“骁武第四指挥使”“校练使”“吐浑第□指挥使”“第五副指挥使”“吐浑使”等名称。

这里的“骁武”，是定州所在的禁军[52]。“吐浑指挥”一词不见于编纂史料，据此石函铭文

---

[45] 在刘知远杀害白承福前夕，吐谷浑 1900 人被移至内地的河阳及诸州。《资治通鉴》卷二八五，“后晋齐王开运三年八月丁卯”条，9306－9307 页载：“知远密表：‘吐谷浑反复难保，请迁于内地。’帝遣使发其部落千九百人，分置河阳及诸州。”

或者，这可能与此吐谷浑有关。河阳节度使使府是孟州（河南省孟县），支郡是怀州（河南省沁阳）。

[46]《宋史》卷二七五《孔守正传》，9370 页。

[47] 参照王 1983，13、21，n. 3。

[48]《宋史》卷四八四《周三臣传・李筠》，13974 页载：“太祖至，列栅围之，筠龙捷使王廷鲁、吐浑留后汾州团练使王全德率所部自昭义来降，筠益失援。”《续资治通鉴长编》卷一，“太祖建隆元年六月辛巳”条，16－17 页载：“初，吐浑府都留后、汾州团练使王全德，帅所部从李筠战泽州南。既败，走入潞州，与筠子守节为拒守计。及上围泽州，全德大惧，与亲友数十人犯关来奔，龙捷指挥使王廷鲁亦自潞州相继出降，贼势转蹙矣。”

[49] 据周 1985，199 页推测，王全德是后汉白承福之后王义宗的后裔。

[50]《宋史》卷一八七《兵志》，4586 页载：“吐浑小底旧指挥五，治平中并为二。京师。太平兴国四年，平太原，获吐浑子弟，又选监牧诸军中所有者充。”

[51]《宋史》卷一八七《兵志》，4587 页载：“吐浑直指挥三。太原二，潞一。太平兴国八年，太原迁云州及河界吐浑立，屯并、代州。雍熙三年，又得云、朔归明吐浑增立，屯潞州。”此处雍熙三年吐谷浑归顺的情况，可见于《宋史》卷五《太宗本纪》，78 页：“（前略）徙云、应、寰、朔吏民及吐浑部族，分置河东、京西。”

[52]《宋史》卷一八七《兵志》，4591 页载：“骁武：本河北诸州忠烈、威边骑射等兵。淳化四年，拣阅其材，与云骑、武骑等立，得自置马，分左右厢。指挥二十。北京七，真定三，定六，相、怀、洺、邢各一。”

首次确认定州存在吐谷浑。铭文中所见的“指挥使”是统辖宋代军事编制单位“指挥”的军职，其定额规定为 500 人的兵力。但是，在实际应用上，据说低于此数[53]。在铭文中可见“吐浑第三”“吐浑第五”的名称，假设从第一到第五是存在的，那么可以推测，宋代定州最高有 2500 名左右吐谷浑军人存在。

但是，此定州吐谷浑的由来还不清楚，现在尝试稍作推测。正如上文所述，宋朝禁军之中存在着吐浑小底与吐浑直。其中的吐浑小底是原来由“五个指挥”构成的，治平年间（1064－1067）合并再编为两个。因为，此石函铭文为至道元年（995）之物，故定州石函的制作时间就是吐浑小底由五个指挥构成的情况。但是，关于其设置地点，《宋史》卷一八七《兵志》中并无详细记载。另外，吐浑直由三个指挥构成，在定州石函制成的 995 年，其设置场所也明确记述为潞州、太原。

据以上可知，假如定州的吐浑军为禁军[54]，则不能否认是在治平年间被再次编成以前的吐浑小底的可能性。或者，这是与此完全不同的其他系统，是在正史等记载中没有留下记载的极短时期中的定州禁军。

（二）吐谷浑的民族构成与粟特人

定州吐谷浑中包含着非只一个的粟特姓氏持有者，仅从这一点来看，是找不出可以窥知他们来历的线索的。下面试着来考察一下吐谷浑内部粟特人的问题。

吐谷浑的民族构成复杂，是复数民族的联合体。假如根据周伟洲先生的整理，可以确认，在王族鲜卑慕容部之外还含有八九种其他的鲜卑族，以及以吐谷浑统治下的羌、氐族为首的，匈奴、高车、突厥，以及康姓粟特人和白姓龟兹人等西域胡人的存在[55]。

首先，正如周伟洲先生所指出的那样，5 世纪后半期的吐谷浑已有粟特人的归属，即吐谷浑的拾寅在反抗北魏失败之际，“于是思悔，复修藩职，遣别驾康盘龙奉表朝贡。显祖（献文帝，465－471 年在位）幽之，不报其使”[56]。由此句中可以看到吐谷浑使者康盘龙的名字。康盘龙的来历虽然不明，但是从当时的吐谷浑王国位于甘肃、青海地区来考虑，笔者认为他是来自西域的粟特商人[57]，这和定州出土宋代石函所见的属于吐谷浑的粟特人是不同的。

其次，吐谷浑中粟特人的登场，是五代时期移居代北后的吐谷浑集团。作为记录此时期的吐谷浑集团的构成，有以后唐时期的白承福为首领的集团情形的传世史料，其记载如下：

〔清泰三年〕二月戊辰，以吐浑宁朔、奉化两府留后、检校尚书、左仆射李可久，超授检校司徒，其副使检校工部尚书赫连海龙，可检校尚书左仆射，其两府大夫李铁

[53] 参照王 1983，29－30 页。

[54] 众所周知，宋代兵制有禁军、厢军、乡兵及蕃兵。所谓“指挥”这种军事编制单位，虽然因为基于其整体构成尚不能断定此定州的吐浑指挥就是禁军，但根据定州处于对契丹防御的最前线一事，以及处于北宋最初年代等情况，将其看做禁军而试做讨论。

[55] 参照周 1985，145－156 页。

[56]《魏书》卷一〇一《吐谷浑传》，2238 页。

[57] 魏晋南北朝时期在外交上任用粟特商人的事例，请参照森部 2008a。

匮，可检校右仆射。可久、海龙、铁匮皆吐浑白姓、赫连部落，前朝赐姓。已己（己巳），以熟吐浑左厢都指挥使李全福、右厢赫连撤滥，并可怀化司阶。指挥使党海甲、段公奴、梁康全、王堂九、高骨咄山、党公政、段贞福、康息力、慕容干谷、李海全、李冬山，两府都评事梁戛、根啜等，并可怀化司戈。吐浑指挥使党纥辣、秦公达、慕容葛礼，并可怀化司戈。皆吐浑两府白、赫连之将校也。[58]

李可久即白可久，地位仅次于白承福；李铁匮即白铁匮，也就是白承福的儿子[59]。赫连海龙，虽然从姓氏来看被认为可能是赫连铎的后裔[60]，但不能确定。据此记录可以确认的是，白承福所率领的吐谷浑集团的将校小组的21人之中，有叫做康息力的粟特人名。

五代时期的吐谷浑包含粟特人的事例，此外还可以确认的，有11次去往后唐朝贡的使节中的长兴元年（930）的康合毕与长兴二年（931）二月的康万琳两人[61]。虽然不能明确此康合毕与康万琳是否属于白承福集团，但是从时期来判断，可以认为是居于代北的白承福，或者其他系统的吐谷浑。无论是哪一种情况，五代时期的吐谷浑包含粟特人一事是明显的事实。那么，这些粟特人，是以怎样的身份、何时加入吐谷浑之中的呢？

白承福的吐谷浑集团，即在唐末与沙陀的李克用对立并为其所破、置于蔚州之白义诚集团的后裔（参见前文的后晋与白承福的吐谷浑集团），大概也可以推测这其中包含了被处刑的赫连铎的集团，唐后半期开始到五代时期作为代北六州胡的后裔“萨葛”以及“安庆”等突厥化粟特人集团，也包含同一地区的白义诚吐谷浑集团，联系这一情况综合考虑的话，吐谷浑中含有的粟特人，可以视作此突厥化的粟特人或与之有关的人吧。那么，为何吐谷浑中含有这种的粟特人呢？

一是正如小野川秀美（1942，219－221）所指出的那样，唐、五代时期可以看到很多养父子结合的关系，即可以这样考虑，吐谷浑人成为粟特人的养子，冠以粟特姓氏。

二是也可以确认吐谷浑与粟特人的婚姻事例。例如，作为后唐、后晋、后汉的武将而活跃的慕容彦超，是吐谷浑部的人，是后汉建国者刘知远的同母弟弟[62]。他们的母亲是安氏[63]，即慕容彦超为慕容亮[64]与安氏之子。此安氏的详细经历不明。若从慕容彦超很年轻就仕从后唐明宗一事来看，可以认为慕容亮与安氏是在唐最末、五代最初的时候结的婚。这样一来，因为

[58]《宋本册府元龟》卷九七六《外臣部·褒异三》，3887－3888页。

[59]《宋本册府元龟》卷九七二《外臣部·朝贡五》，3861页：“〔少帝天福〕八年九月，吐浑遣都督赫连功德、副使白可久、节度使白承福男铁匮，高丽遣使王子太相王申一等来朝贡。”

[60] 请参照周1985，195页。

[61]《宋本册府元龟》卷九七二《外臣部·朝贡五》（3859页）载：“〔后唐明宗长兴元年〕八月吐浑康合毕来供驼马。”又：“〔后唐明宗长兴二年二月〕突厥首领杜阿、熟吐浑康万琳各进马。”

[62]《新五代史》卷五三《慕容彦超传》（607页）载：“慕容彦超，吐谷浑部人，汉高祖同产弟也。……少事唐明宗为军校，累迁刺史。唐、晋之间，历磁、单、濮、棣四州。”

[63]《旧五代史》卷九九《汉书·高祖本纪》（1321页）载：“皇妣吴国太夫人安氏，追谥章懿皇后。”

[64] 慕容彦超之父的姓名，在《太平御览》卷三八二《人事部·丑丈夫》（1763页）中记载如下：“周史曰：慕容彦超，吐浑部人也。父亮，以彦超贵累赠至三师。彦超即汉高祖之同产弟也。”

两者都是居住代北，可以推测，此安氏是居住代北的粟特人。

出现这样吐谷浑与粟特人在居于代北期间缔结互通婚姻的关系一事，是毋庸置疑的[65]。可以认为，是在代北形成了这样包含粟特人在内的吐谷浑。因为定州的吐谷浑是包含了粟特人的吐谷浑，他们归属了宋朝，所以即以维持原来的“部族”制的形式编成禁军，驻扎到与契丹的国防最前线的定州。

但是，在定州市博物馆所藏宋代石函的铭文中，可以确知康姓（第五指挥使康澄）之外的石（石氏；校练使曹某之妻石氏）、史（史从真；史氏）、安（安氏；第□指挥使安隆）、何（副指挥使何训；吐浑第三副指挥使何泰超）、曹（何泰超之妻曹氏；校练使曹某）、米（吐浑□□指挥使米海山）等非止一例的粟特姓氏。这是不见于编纂史料的新事实。

这其中包含米姓一事是非常有深意的，这么说是因为，米姓的出现或者说粟特人被称作米姓，被认为是进入唐代的、相当晚的时期的事情。这样一来，可以推测在此处所见到的含有粟特姓氏的人们，不是吐谷浑在青海地区时包含在内的粟特人，而是在更近的时期里归属了吐谷浑的人们。这一事实也可以佐证两者在代北的混淆。

还有，根据这些铭文可以判明，在宋代初期生活于定州的粟特人互相之间缔结婚姻关系。移居中国后的粟特人之间互相缔结婚姻关系一事，从很多事例可以得知[66]。应该注意的是，在北宋初期的定州，仍可以确认存在着这样的习惯。

若据笔者个人意见，突厥化了的粟特人与这样的也持有粟特姓氏者维持婚姻关系是他们居住在农业牧业交界地带时的情形，等到他们移居中国内地后，经过数代担任各地王权及政权中的军职以后，逐渐变成和持有汉姓者缔结婚姻关系的情形了。

例如，仕宦于后晋的安万金家族，数代担任在代北居住的“索葛”粟特人集团的首领。他的母亲是曹氏，还有他的夫人是何氏，侧室是米氏，此外还有赵氏、张氏、王氏等汉族侧室。安万金的五个儿子之中，可以知道四人的夫人，她们是：何氏、史氏、王氏、张氏。还有安万金的两个女儿，嫁给了石氏与梁氏。可以得知这些同样持有粟特姓氏者们之间逐渐缔结婚姻关系、慢慢进行与汉族通婚的状况。即，一方面是“索葛”集团内团结与其接近的粟特系集团，另一方面是他们出仕沙陀政权（后晋）的过程中，慢慢与汉族缔结了婚姻关系。

另外，还有鸡田府部落长史何君政的例子，其妻安氏，五个儿子之中可以知道三个的夫人，分别是安氏、康氏、康氏。何君政的孙子这一辈，一位娶了夫人，那就是宗氏。“鸡田府部落”如从名称来看应当是突厥系统集团，但其人种的构成，从何君政的婚姻关系来类推，似是以粟特系统为主体。可以知道，何君政也是生活于农牧接壤地带者，自该处出仕五代的沙陀政权，到其孙辈转变为世代与汉族缔结婚姻关系了[67]。

以此事实为基础，可以认为，居住于宋代定州吐谷浑内的粟特人，从与持有粟特姓氏的同种人通婚来看，他们是从农牧交界地带移居而来，即后周末或宋最初时期从代北归顺而来。

---

［65］近年已经研究证实，同样居住于代北的契苾也和粟特人缔结了婚姻关系。关于这一问题，西村 2008（12－16 页）通过对契苾通墓志的分析进行了论述。

［66］关于移居中国后的粟特人同伴们缔结婚姻关系的例证，请参照蔡 1992，22－24 页。

［67］对安万金、何君政事例的详细分析，请参照森部 2001。

四、结　　语

本文从 1969 年在河北省定州市出土的刻有北宋至道元年铭文的石函上所刻的“吐浑”之语和粟特姓氏入手，对北宋粟特人的情况进行了论述。

9 世纪中叶东迁代北的吐谷浑，与沙陀、粟特人、契苾等游牧系统各族混住，逐渐缔结养父子以及婚姻关系，拥戴赫连姓及白姓等为首领，使其种族集团得到了发展。其结果是，在吐谷浑中有持有粟特姓氏者存在。但是，吐谷浑本身没有在代北建立独立的政权，唐末、五代时期从属于以沙陀为中心的王权。这或许可以认为是对他们本来持有的骑射能力的评价。这样的吐谷浑一直存续到宋初，虽然据史料可以认为几乎在宋朝成立的同时即被编成禁军，但是其具体情况还不清楚。

这一传承宋初吐谷浑部分动态的新资料本身，就是定州石函。在石函上所刻的铭文，解释清楚了在编纂史料中完全不明的北宋时期河北区域吐谷浑的动向和构成，是一份重要的史料。

根据此定州石函，可以明确吐谷浑被安置在称为定州的与契丹、辽接界的国防最前线的事实。可以说，这是北宋军事史上极具深意的史料。

进一步说，其构成成员多见粟特姓氏持有者，可以确认他们依然持续着与粟特姓同种人的婚姻关系。可以窥见，在代北居住期间，虽然粟特人与吐谷浑部已经融合，但还不至于到打破粟特人血缘结合的程度。

在北宋时期，粟特人被编入宋朝禁军使用的事实，已经据森部 2004a 的研究可以判明粟特人集团“安庆”的情形，但根据此史料的发现，在更广阔范围中粟特人的存在和被利用的情况再次得到了证实。

参考书目

史料·文献一览

〔史料〕

《魏书》，（北齐）魏收撰，中华书局，1974 年。

《旧唐书》，（后晋）刘昫等撰，中华书局，1975 年。

《新唐书》，（宋）欧阳修、宋祁撰，中华书局，1975 年。

《旧五代史》，（宋）薛居正等撰，中华书局，1976 年。

《新五代史》，（宋）欧阳修撰，中华书局，1974 年。

《辽史》，（元）脱脱等撰，中华书局，1974 年。

《宋史》，（元）脱脱等撰，中华书局，1985 年。

《资治通鉴》，（宋）司马光撰，中华书局，1956 年。

《续资治通鉴长编》，（宋）李焘撰，中华书局，1979－1995 年。

《册府元龟》，（宋）王钦若等编，中华书局，1960 年。

《宋本册府元龟》，（宋）王钦若等编，中华书局，1989 年。

《李文饶文集》，（唐）李德裕撰，四部丛刊初编本。

《五代会要》，（宋）王溥编，上海古籍出版社，1978 年。

《太平御览》，（宋）李昉等撰，中华书局，1960 年。

〔论著〕

蔡鸿生 1992：《唐代九姓胡礼俗丛考》，《文史》35，109－125 页；收入《唐代九姓胡与突厥文化》，中华书局，1998

年，18－46 页。
定县博物馆 1972：《河北定县发现两座宋代塔基》，《文物》1972 年第 8 期，39－51 页。
羽田明 1971：《ソグド人の东方活动》，《岩波讲座・世界历史》6，岩波书店，409－434 页；收入《中央アジア史研究》，临川书店，1982 年，322－348 页。
胡戟等 2002：《二十世纪唐研究》，中国社会科学出版社。
石見清裕 1987：《唐の突厥遗民に対する措置をめぐって》，《中国社会・制度・文化史の诸问题》，中国书店；收入同氏《唐の北方问题と国际秩序》，汲古书院，1998 年，109－147 页。
森部豊 1997：《〈唐魏博节度使何弘敬墓志铭〉试释》，《吉田寅先生古稀记念アジア史论集》，吉田寅先生古稀记念论文集刊行委员会，125－147 页。
森部豊 2001：《后晋安万金・何氏夫妻墓志铭および何君政墓志铭》，《内陆アジア言语の研究》16，1－69 页。
森部豊 2004：《8－10 世纪の华北における民族移动——突厥・ソグド・沙陀を事例として》，《唐代史研究》7，78－100 页。
森部豊 2008：《5－10 世纪アジアにおけるソグド人の外交活动に关する研究ノート》，《中国文化の传播、变容と还流——中国沿海地域と日本》（平成 16 年度－平成 19 年度科学研究费补助金（基盘研究（A））研究成果报告书），41－56 页。
森部豊 2010：《ソグド人の东方活动と东ユーラシア世界の历史的展开》，关西大学出版部。
西村阳子 2008：《唐末五代の代北における沙陀集团の内部构造と代北水运使——〈契苾通墓志铭〉の分析を中心として》，《内陆アジア史研究》23，1－24 页。
小野川秀美 1942：《河曲六州胡の沿革》，《东亚人文学报》1－4，193－226 页。
Pulleyblank, E. G. 1952：“A Sogdian Colony in Inner Mongolia”，*T'oung Pao*，41，317－356 页。
荣新江 1999：《北朝隋唐粟特人之迁徙及其聚落》，《国学研究》6，北京大学出版社，27－86 页；收入《中古中国与外来文明》，三联书店，2001 年，37－110 页。
王曾瑜 1983：《宋朝兵制初探》，中华书局。
山下将司 2004：《新出土史料より见た北朝末・唐初间ソグド人の存在形态——固原出土史氏墓志を中心に》，《唐代史研究》7，60－77 页。
山下将司 2005：《隋・唐初の河西ソグド人军团——天理图书馆藏〈文馆词林〉“安修仁墓碑铭”残卷をめぐって》，《东方学》110，65－78 页。
周伟洲 1985：《吐谷浑史》，宁夏人民出版社；广西师范大学出版社，2006 年新版。

（田卫卫 译　荣新江 校）

唐代译经僧的活动和中亚地区

中田美绘
（关西大学东西学术研究所）

自汉代传入中国的佛教，从南北朝到隋唐时期，已稳固地渗透到社会生活的各个层面。尤其是唐代，中国佛教除了在教义领域加以充实外，还在佛经的翻译上倾注了很多的心血，如一切经的整备等，也由此迎来了佛教发展的黄金期。在佛教鼎盛的背景下，佛教僧侣们大显身手，一面以各种形式与社会和国家保持密切接触，一面积极开展活动。在僧侣中，有的通过陆路或者海路往来于唐朝和印度之间，给唐朝带来了佛教的知识和文物。当时，管控着辽阔疆域的唐朝，促进了各区域之间的交流，并不断衍生出国际色彩极为浓重的文化。可以说，僧侣的活动也与当时这种状况有着密切关系。

众所周知，就其政治和军事层面而言，唐代的历史首先是不能忽视与位于欧亚东部的突厥系诸民族、吐蕃（Tibet）及西域的绿洲国家的各种动向之间的关联的。但对于在长安和洛阳地区开展的佛教来说，不仅不能忽视这些地区和佛教发祥地印度的政治的动向，而且也不能忽视被吐蕃和阿拉伯的两股势力所夹持的地区，即粟特本土－兴都库什（Hindu Kush）山脉南北地区的人们的动向。

笔者曾经对 8 世纪后半期的不空和般若等密教僧侣，以及与他们密切关联的诸势力内部构成做过考察（中田 2007，2011）。不空属下存在着粟特人僧侣和吐火罗僧侣，般若也出生于迦毕试（Kāpiśī，阿富汗喀布尔北），可以看出，正如出生在粟特－兴都库什山脉南北地区的僧侣一直引领着安史之乱以后的长安佛教界，这样的特征并不是局限于安史之乱这一特殊状况下所能看到的，其实可称之为伏线的状况从武则天－中宗时期起就已经存在。总之可以看出，从 7 世纪末到 9 世纪初的欧亚的动向自始至终对长安和洛阳的佛教界产生着影响。

为此，本文重点关注可称为唐代佛教推进象征的佛经翻译事业，特别是对曾经参与从 7 世纪末到 8 世纪初期（武则天、中宗期）频繁实施的佛经翻译事业的人物加以阐述。这个时期佛经翻译事业的一个特点是，外国出身的参加者比较多。笔者想通过对他们来自哪个区域以及在中国的活动内容等加以验证，来探寻从 7 世纪末到 8 世纪初期在长安和洛阳地区，佛教是如何与唐朝与欧亚的政治层面诸局势变化联动而形成并且展开的，并在最后对活跃在德宗期的般若加以阐述。在德宗期，唐代的佛典翻译事业实质上已然结束，唐朝最后奉敕撰集的一切经目录（《贞元新定释教目录》，圆照撰）完成，可以毫不夸张地说，这是唐朝佛教登峰造极的时期。本文拟以这个时期从事佛经翻译的般若的活动为事例，谈谈唐朝后半期佛经翻译事业，与欧亚的形势有着怎么样的关联。

一、武则天时期的外来系译经者及其特征

（一）活跃在武周时期的译经者

以下，列举了开元十八年（730）由智昇编写的二部一切经目录，即《续古今译经图记》（大正新修大藏经（以下简称 T）55 卷，369－372 页，简称《续古今》）和《开元释教录》（以下简称《开元录》）卷九（T55，565-571 页）上所刊载的主要活跃在武则天即位－中宗时期的译经者：提云般若、慧智、明佺（《续古今》中无）、实叉难陀、李无谄、弥陀山、宝思惟、义净、菩提流志、爱同（《续古今》中无）、慧苑（《续古今》中无）、般刺蜜帝（《开元录》中无）、智严。上述成员中，明佺为编撰了《大周刊定众经目录》的人物，而爱同、慧苑各自翻译经典仅一部而已，个别信息的记载也甚少，因此将该三人除去。关于除去以上三名的译经者以及与此有关的人物来唐朝时期和译经内容，笔者想主要参照《开元录》所记载的各译经者的传记（如果《开元录》中没有，则用《续古今》）加以整理[1]。

1. 提云般若

> 沙门提云般若，或云提云陀若那，唐云天智。于阗国人。学通大小，智兼真俗，咒术禅门，悉皆谙晓。以天后永昌元年（689）来届于此，即以其年谒帝于洛，敕于魏国东寺翻经。以永昌元年己丑至天授二年辛卯，总出经论六部。沙门战陀、慧智等译语，沙门处一等笔受，沙门复礼等缀文，沙门德感、慧俨、法明、弘景等证义。（《开元录》卷九，T55，p.565b）

出生在于阗的提云般若是武周革命前的永昌元年到达洛阳的。据《开元录》的翻译名单，他翻译了《大方广佛华严经不思议佛境界分》和《大方广佛华严经修慈分》等的华严系经典，以及《智炬陀罗尼经》和《诸佛集会陀罗尼经》等陀罗尼经典。由于他精通“呪术禅门”，从华严等教义到陀罗尼和咒术无不精通。

2. 慧智

> 沙门释慧智，父印度人也。婆罗门种。因使游此，而生于智。少而精勤，有出俗之志。天皇时，因长年婆罗门僧，奉敕度为弟子。本既梵人，善闲天竺书语，又生唐国，复练此土言音。三藏地婆诃罗、提云若那、宝思惟等，所有翻译，皆召智为证，兼令度语。智以天后长寿二年（693）癸巳，于东都佛授记寺，自译《赞观世音颂》一部。（《开元录》卷九，T55，p.565b－c）

印度人慧智出生在中国。据说，天皇高宗之时，慧智很长一段时间在“婆罗门僧”的地方修行，因此承皇帝许可，认定为正式的出家人。慧智熟悉天竺书语，并且也学会了唐国言音。他的语

[1] 除了以上列举的人物以外，还有在武则天时期参与佛典翻译的地婆诃罗等，但他们活跃的主要时期偏向于早时期，这里省略。

言能力得到赏识，参加过地婆诃罗（中印度）、提云若那（？）以及宝思惟（迦湿蜜罗）等的翻译事业，并且从693年开始，在佛授记寺自己进行了翻译。

3. 实叉难陀

> 沙门实叉难陀，唐云喜学，于阗国人。……天后明扬佛日，敬重大乘。以华严旧经处会未备，远闻于阗有斯梵本，发使求访，并请译人实叉与经同臻帝阙。以天后证圣元年乙未，于东都大内大遍空寺译《华严经》。天后亲临法座，焕发序文，自运仙毫，首题名品。南印度沙门菩提流志、沙门义净同宣梵本。后付沙门复礼、法藏等，于佛授记寺译。至圣历二年己亥功毕。又至久视元年庚子，于三阳宫内译《大乘入楞伽经》，及于西京清禅寺、东都授记寺译《文殊授记》等经，前后总译一十九部。沙门波仑、玄轨等笔受，沙门复礼等缀文，沙门法宝、弘景等证义，太子中舍贾膺福监护。（《开元录》卷九，T55，p.566a）

实叉难陀出生在于阗。据说，“华严旧经处会”即在此之前中国的六十卷《华严经》是不完整的，武则天获知于阗有“梵本”，便派遣使者寻求此本，进而邀请实叉难陀作为翻译者，在证圣元年（695）开始了翻译。从以上记事可知，武则天向于阗索取《华严经》是比695年更早些的时期。这正好是唐（周）于692—694年从吐蕃手中夺回作为管控西域之枢轴的安西四镇（焉耆、龟兹、疏勒和于阗）之时。尤其是于阗，由于地理位置距吐蕃最近，容易被吐蕃攻陷。670年于阗与吐蕃大张旗鼓攻下龟兹的安西都护府，唐朝放弃安西四镇等（森安1984，pp.2-5），而从唐朝角度，在掌握管控西域的主导权上考虑，唐朝必须自己先掌握，以防于阗与吐蕃结成一体。于是，将留存在于阗的梵本搞到手，进而邀请于阗的僧侣来洛阳，使其为武周政权服务，这一策略在主张唐（周）对安西四镇的管控上也是十分重要的吧。并且，正如武则天作为八十卷《华严经》的序文而写的“天册金轮圣神皇帝制”（T10，p.1）所看到的那样，在武周革命后继续消除皇位不稳定因素方面，《华严经》也被赋予重要经典的地位。在翻译事业中，作为“宣梵本”由菩提流志和义净等参加，后来粟特人的法藏也参加，于圣历二年（699）完成了该项工作。

4. 李无谄

> 婆罗门李无谄，北印度岚波国人。识量聪敏，内外该通，唐梵二言，洞晓无滞。三藏阿你真那、菩提流志等翻译众经，并无谄度语。于天后代圣历三年（700）庚子三月，有新罗国僧明晓远观唐化，将欲旋途，于总持门先所留意，遂殷勤固请译此真言，使彼边维，同闻秘教。遂于佛授记寺翻经院，为译《不空羂索陀罗尼经》一部，沙门波仑笔受。至久视元年（700）八月，将所译经更于罽宾重勘梵本，方写流布。（《开元录》卷九，T55，p.566b）

李无谄的原籍“岚波国”，可以认为是指《大唐西域记》卷二中所述的滥波国和《往五天竺国传》中记载的览波国，即Laṃpāka吧。而Laṃpāka一般认为是指位于兴都库什山脉南麓，现在的阿富汗东部，喀布尔河中游流域的 Laghmān 地区（Forte 1984，p.324；桑山 1992/1998，p.129）。至于出生于该岚波（滥波、览波）国的李无谄是何时来到唐朝的，从现存的资料考察尚且无法确定，但是在《开元录》卷九，T 55，p.566c 中有如下叙述：

> 随求即得大自在陀罗尼神咒经一卷　亦云所得见大周录长寿二年于东都天宫寺译罽宾沙门尸利难陀设等证梵文李无谄译语李无碍笔受

由于李无谄与罽宾的沙门尸利难陀设等参加了于长寿二年（693）实施的在东都天宫寺的《随求即得大自在陀罗尼神咒经》的翻译，并担任“译语”，他在 690 年接近武周革命的时期已经来到了中国。关于罽宾，据稻叶先生研究表明，在 7 世纪 640 年代，玄奘通过兴都库什南麓的地区之后不久，该地区发生了帝王世系的交替，突厥系 Khalaj 族开始以喀布尔为中心占据管控（the kingdom of the Kābulshāh（Turkshāh）），直至 8 世纪前半期之前，西从迦毕试东到犍陀罗均置于其统治之下（桑山 1992（1998，p.130）；稻叶 2004，同 2010，p.172）。总而言之，这里所说的沙门尸利难陀设出生的罽宾，可能是指以该突厥系 Kābulshāh（Turkshāh）管控的喀布尔为中心的地区。再者，在此经典以外，李无谄还参与了《不空羂索陀罗尼经》的翻译，由此可以看出，他是擅长陀罗尼的人物。

在译经的列位上，常以“李无谄”记载，可见他是一位无法名的俗家佛教信徒。那么，李无谄是一位持怎样立场的人物呢？笔者想通过以下由李无谄翻译的《不空羂索陀罗尼经》所附的序文（福寿寺沙门波仑撰）加以探讨。

> 于大周圣历三年（700），岁次戊子三月庚戌朔七日景辰，幸得此经，如死再生。是西京宝德寺僧惠月，与常州正勤寺大德惠琳、叱干、智藏等数人，共请北天竺岚波国婆罗门大首领李无谄，以同翻梵本《不空羂索经》一十六品合为一卷。将就北天竺迦湿弥啰国婆罗门大德僧迦弥多啰以同勘梵本。久视元年（700）八月景午朔十五日庚申，勘会粗毕，则拟将进。（T 20，p.409）

正如“北天竺岚波国婆罗门大首领李无谄”中所表述，李无谄是北天竺岚波国的“大首领”。据慧超传记载，“览波国，此国无王，有大首领。亦属建驮罗国所管。衣着言音，与建驮罗国相似。亦有寺有僧，敬信三宝，行大乘法”（T51，p.977c；桑山 1992/1998，p.22），岚波国（滥波国、览波国）处于建驮罗国（Gandhāra，犍陀罗）的统治之下。并且，前面所叙述的罽宾的 Kābulshāh 将迦毕试、喀布尔地区作为夏营地，犍陀罗作为冬营地（桑山 1990，256－257，同著 1992/1998，p. 130），因此，岚波国也一定会处于该 Kābulshāh 的统治下或者其影响下。李无谄就是从处在罽宾的影响下笃信佛教的岚波国来唐朝的大首领，因器重他的佛教能力而参与佛经翻译的。据《不空羂索陀罗尼经》的序文中记载，北天竺迦湿弥啰国（克什米尔）的婆罗门大德迦弥多啰担任重新勘梵本。

总之，可以看出，李无谄与罽宾沙门尸利难陀设、迦湿弥啰的迦弥多啰，以及后面要介绍的原籍迦湿弥罗（克什米尔）的阿你真那（宝思惟）等，Kābulshāh 所统治下的兴都库什山脉南麓地区的罽宾，以及与其接壤的迦湿弥罗的人物互相协助了译经事业。

5. 弥陀山

> 沙门弥陀山，唐言寂友，覩货逻国人也。幼小出家，游诸印度，遍学经论。于楞伽俱舍最为精妙。志弘像法，无恪乡邦，杖锡而游，来臻皇阙。于天后代，共实叉难陀译《大乘入楞伽经》。后于天后末年，共沙门法藏等译《无垢净光陀罗尼经》一部。（《开元录》卷九，T55，p.566b－c）

弥陀山出生地“覩货逻国”，是指位于兴都库什山脉北麓的吐火罗斯坦，也被标记为“吐火罗国”。明确记载弥陀山来唐朝时期的史料不存在，而陈金华先生指出，其时间在长安二年（702）或在此之前（Chen 2002，p. 111）。据《开元录》称，弥陀山在“天后末年”时与粟特人沙门法藏共同翻译了《无垢净光陀罗尼经》。

6. 宝思惟

> 沙门阿你真那，唐云宝思惟，北印度迦湿蜜罗国人。刹帝利种，彼王之华胄。幼而捨家禅诵为业，进具之后专精律品。复慧解超群，学兼真俗，乾文呪术尤工其妙，加以化导为心，无恋乡国。以天后长寿二年癸巳，届于洛都。敕于天宫寺安置。即以天后长寿二年癸巳，至中宗神龙二年丙午，于授记、天宫、福先等寺，译《不空羂索陀罗尼经》等七部。（《开元录》卷九，T55，p.567a）

有关宝思惟的经历，在 Forte 1984 中已做了详细说明，在这里只简要描述一下。宝思惟，出生在迦湿蜜罗国（克什米尔），是国王的儿子[2]，但年幼时便出家了。在长寿二年（693）抵达洛阳，被分配到天宫寺，直至中宗神龙二年（706），他先后在佛授记寺、天宫寺和福先寺等处翻译了《不空羂索陀罗尼经》等七部经典。以下，将列举在《开元录》卷九中所记载的该七部经典（T55，p.566c）。

不空羂索陀罗尼自在王咒经三卷 亦名不空羂索心呪王经长寿二年七月于东都佛授记寺译沙门德感笔受初出与李无谄出一卷者同本

浴像功德经一卷 神龙元年正月二十二日于东都大福先寺译婆罗门李无谄译语初出与后义净出者同本

校量数珠功德经一卷 神龙元年正月二十三日于大福先寺译李无谄译语初出与后义净出者同本

观世音菩萨如意摩尼陀罗尼经一卷 第二出与实叉难陀等出者同本

文殊师利根本一字陀罗尼经一卷 长安二年于天宫寺译沙门慧智等证梵文婆罗门李无谄译语直中书李无碍笔受初出与后义净出者同本

大陀罗尼末法中一字心咒经一卷 神龙元年于大福先寺译李无谄译语

随求即得大自在陀罗尼神咒经一卷 亦云所得见大周录长寿二年于东都天宫寺译罽宾沙门尸利难陀设等证梵文李无谄译语 李无碍笔受不空羂索陀罗尼自在王呪经三卷

[2] 据《文苑英华》卷八五六苏颋《唐河南龙门天竺寺碑》记载，“天竺寺者，天竺王子避位出家，三藏法师宝思惟之立也”。

由于包含大量陀罗尼经典，精通天文擅长“咒术”，可以看出，宝思惟是一位对以咒术的要素较强的陀罗尼为中心的佛教为擅长的僧侣。另外，可以发现，除了《观世音菩萨如意摩尼陀罗尼经》外，岚波国大首领李无谄（4.）作为译语参加了全部的佛经翻译。

7. 义净

关于义净的事迹，已经有十分详细的研究（王 1988；宫林、加藤 2004 等）。在这里，笔者想依据《开元录》卷九，仅就在武则天时期的行动简要地归结一下。

义净出生于齐州，俗名张文明。据说，他出家以后约 20 年去西域寻求佛法，此后，于证圣元年（695）抵达洛阳。据说武则天亲自出门欢迎义净。695 年就是后述的天枢完成之年。义净被安置在佛授记寺，与于阗的实叉难陀共同翻译《华严经》，久视元年以后开始自己翻译。其主要翻译场所为东都福先寺和西京西明寺，在译场上，上述宝思惟和粟特人法藏也连名同列。此外，义净的翻译虽然在武则天时期也予以实施，但正式化却是中宗时期，其译场汇集了更国际化的阵容。有关这一点，将在第二部分叙述。

8. 菩提流志

> 沙门菩提流志，本名达摩流支，唐言法希，天后改为菩提流志，唐云觉爱。南印度人，婆罗门种，姓迦叶氏。……天皇远闻雅誉，遣使往邀。未及使还，白云遽驾，暨天后御极，方赴帝京。以长寿二年癸巳，创达都邑。即以其年于佛授记寺译《宝雨经》，中印度王使沙门梵摩同宣梵本，沙门战陀、居士婆罗门李无谄译语，沙门慧智证译语，沙门处一等笔受，沙门思玄等缀文，沙门圆测、神英等证义，司宾寺丞孙辟监护。（《开元录》卷九，T55，p.570a）

出生在南印度的菩提流志，早在高宗时期他的名字在中国已众所周知。他是值武则天即位之时赴洛阳，于长寿二年（693）抵达。这与宝思惟抵达是同一年。并且，据说同年他在佛授记寺翻译了《宝雨经》。这时，中印度王使沙门梵摩，以及岚波国李无谄、印度人慧智参加了译经。《宝雨经》是一部与《大云经》比肩，对武周政权来说至关重要的经典。荣新江先生指出，从吐鲁番出土的康居士所制作的武周时期“武周康居士写经功德记碑”上所记的佛经目录中载有《宝雨经》，由此可见，本经典翻译后立即流传至吐鲁番地区（荣 1996/2001，pp.211－219）。另外，据《开元录》卷九（T55，p.569）记载，菩提流志还翻译了陀罗尼经典，如《文殊师利宝藏陀罗尼经一卷》《不空羂索咒心经一卷》《大陀罗尼经一卷》《文殊师利咒法藏经一卷》，可以看出，他是一位擅长陀罗尼的僧侣。

9. 般剌蜜帝

> 沙门般剌蜜帝，唐云极量，中印度人也。怀道观方，随缘济度，展转游化，达我支那，乃于广州制旨道场居止。……以神龙元年龙集乙巳五月己卯朔二十三日辛丑，遂于灌顶部中诵出一品，名《大佛顶如来密因修证了义诸菩萨万行首楞严经》一部十卷。乌苌国沙门弥迦释迦译语，菩萨戒弟子前正议大夫同中书门下平章事清河房融笔

受，循州罗浮山南楼寺沙门怀廸证译。其僧传经事毕，汎舶西归。有因南使，流通于此。（《续古今》T55，pp.371c-372a）

般剌蜜帝是中印度人，航海来到中国广州，寄居于这里的“制旨道场”，神龙元年（705）翻译了《大佛顶如来密因修证了义诸菩萨万行首楞严经》。这时，乌苌国的沙门弥迦释迦译语。乌苌国位于兴都库什山脉南麓，8 世纪初处在 Kābulshāh 统治或者影响下（稻叶 2010，pp. 171－169）。虽说般剌蜜帝未到访过长安、洛阳，但他的译经成员之中有像弥迦释迦那样从兴都库什山脉南麓的乌苌来到中国（可能经由海上）的人，因此特意言及。

10. 智严

沙门释智严，于阗国王之质子。姓郁持，名乐。幼至大唐，早居荣禄，授左领军卫大将军上柱国，封金满郡公。而立性淳质，贞信居怀，请舍宅置寺，奉为国家。神龙二年（706）五月十一日，敕允其所请。又自惟生居异域，长自中华，幸得侍奉四朝，班荣宠极，犹恐叨承厚禄，滥沐殊恩。于是固请出家，冀酬玄泽。……以景龙元年（707）十一月五日和帝生日，舍家剃落，法号智严。（《开元录》卷九，T55，p.571a—b）

智严年幼时，作为于阗国王的质子来到唐朝，就任左领军卫大将军上柱国的地位，但在景龙元年（707）出家成为僧侣。由于来唐朝的时期是中宗即位的第二年 706 年的时点，为“侍奉四朝”，考虑到高宗（650－683）→中宗（684）→睿宗（684）→武则天（684－705）→中宗（705－710）这一皇位的变迁，可推测他是在高宗时来到中国的。而智严从事翻译，大概是出家后的中宗期以后吧。智严翻译了《出生无边门陀罗尼经》《尊胜陀罗尼咒一首》及《法华经药王菩萨等咒六首》等，可以看出，他通晓陀罗尼和咒术。

从上述译经相关人员的事例中，可确认以下几点：首先，从他们的出生地来看，以喀布尔为中心、Kābulshāh（Turkshāh）所统治的罽宾、处在该罽宾统治或影响下的岚波（滥波、览波）和乌苌，以及与这些地区相邻的迦湿蜜罗、兴都库什山脉北侧的吐火罗国等兴都库什、喀喇昆仑山脉地区的僧侣居多。其次除了本节事例之外，在圣历二年（699）的《大方广如来不思议境界经》的译场列位中，同于阗的实叉难陀和粟特人的法藏并列，还有“乌苌国沙门达摩战陀译语”（池田 1990, p. 247），可以确认乌苌国的僧侣参加了译经[3]。最后，于阗僧侣的活跃也格外引人注目，对唐朝来说，于阗在统治西域中发挥了重要作用，为此，将于阗的僧侣和王子招引到唐朝并且结为伙伴关系，应该说具有重要的意义。那么，他们来中国集结同武则天的统治理念二者有怎样的关系呢？下面我想做一番考察。

（二）武则天的统治理念和译经事业

武则天通过明堂的建设和《大云经》的利用等各种手段，实现了即位皇帝的正统化，此已

[3] 有关达摩战陀的名字也可从以下描述确认，《千眼千臂观世音菩萨陀罗尼神呪经序》：“佛授记寺有婆罗门僧达摩战陀，乌伐那（乌苌）国人也。善明悉陀罗尼呪句，常每奉制翻译。”（T20，p.83c）

众所周知。其中，正如所看到的译经成员上强烈呈现出的国际性那样，如果从这国际性一点来说，可列举天枢的建设。在该天枢建设中显现出来的统治理念，与该时期的翻译事业也密切相关。因此，笔者首先依据《资治通鉴》梳理一下天枢建设的经纬。

《资治通鉴》卷二〇五延载元年（694）八月条记：

> 武三思帅四夷酋长请铸铜铁为天枢，立于端门之外，铭纪功德，黜唐颂周。以姚璹为督作使。诸胡聚钱百万亿，买铜铁不能足，赋民间农器以足之。

《资治通鉴》卷二〇五天册万岁元年（695）记：

> 夏，四月，天枢成，高一百五尺，径十二尺，八面，各径五尺。下为铁山，周百七十尺，以铜为蟠龙麒麟萦绕之。上为腾云承露盘，径三丈，四龙人立捧火珠，高一丈。工人毛婆罗造模，武三思为文，刻百官及四夷酋长名，太后自书其榜曰“大周万国颂德天枢”。

作为颂扬周的纪念碑，武三思在“四夷酋长”等的协助下首先提出了建设天枢的议案，天枢完成后的695年，在天枢上铭刻了百官和四夷酋长的名字，武则天亲自题写了“大周万国颂德天枢”。从有“万国”二字也可看出，天枢是用以向天下告示建立周朝的纪念碑。

天枢建设事业引人注目的是“诸胡”筹集到“百万亿”的巨资等，从中可以看出“诸胡”“四夷”的积极合作吧。譬如，据荣先生的研究，《资治通鉴》卷二〇五中所述的参与天枢建造的毛婆罗，其具体的出生地不得而知，但从名字上判断，应为“胡人”或者“印度蕃客”。此外，据洛阳出土的《阿罗憾墓志》记载，有“又为则天大圣皇后召诸蕃王，建造天枢……”，表明在天枢建造之时，波斯大首领阿罗憾召集“蕃王”。同时，据洛阳出土的《泉献诚墓志》所记，入唐的高句丽武将泉献诚，在691年被任命为“检校天枢子来使”[4]，由此可认为是天枢建造的负责人之一〔荣1996（2001，pp.215－217）〕。

并且，作为像天枢那样胡人支持武周政权的事例，荣先生提到高宗武则天乾陵前面竖立的六十一蕃臣像。六十一蕃臣像仿照了曾经供奉朝廷的胡族文臣武将或者臣服的外蕃国王首领，这就是武周政权和“胡人”之间密切关系的反映。荣先生指出，这种“胡人”和武周政权间的密切关系，从出土文物中也能窥见一斑，譬如，从P. 2005《沙州图经》卷三“廿祥瑞”以及吐鲁番出土的由康居士制作的《康居士写经功德记碑》等，可看出敦煌和吐鲁番的“胡人”也支持武周政权等，四夷蕃人对武周政权的支持〔荣1996（2001，pp.217－219）〕。

陈金华先生认为，在《大云经疏》中也特别强调了天枢的正式名称“大周万国颂德天枢”所具有的意识形态上的特性。譬如，“万国朝宗会于明堂”，“大圣威德，化及万方。四夷之人，咸来归附”，“神皇降伏万国，威力无等也”（S.6502, ll. 52, 76-77, 81-82），强调“万国”或周边各国的归服等，可看出天枢也与此相通（Chen 2002，p.78）。

可以看出，武周革命（690）以后，武则天将周朝作为“万国”的中心，获得波斯人和粟特

[4] 关于“子来使”，请参阅赵2009，p. 591。

人等伊朗系的人们，以及高句丽、天竺等很多外国人的支持，在他们的支援下完成了天枢工程。除此以外，还得到了敦煌和吐鲁番等，从洛阳远离地方的“胡人”的赞同。所看到的译经者之中有很多人从武周革命前后时期到天枢完成前后时期来唐朝参与佛教活动，这极有可能是因为他们也赞同武周政权而集结的。

那么，武则天在即位皇帝时，为何获得胡人的支持，并且试图成为“万国”中心人物？有可能在武则天作为皇帝的印象中，蕴藏着太宗和高宗的“天可汗”的身姿。将突厥第一帝国一举毁灭的太宗，被草原的君长们赠与了天可汗号。据森安孝夫先生的观点，这意味着征服了北方地区的突厥世界，成为居立在多个小可汗之上的大可汗，高宗也称皇帝天可汗，给北方和西域的君长们发送玺书（森安 2007，pp.164－169）。对于建立周朝的武则天来说，正如从作为太宗昭陵的十四蕃君长之像和乾陵的六十一蕃臣像中所窥见的，必定是只有站立在蕃君长之上，君临天下的姿态，方为皇帝理想的形象。可以看出，为了实现“黜唐颂周”，武则天需要与太宗、高宗相媲美或者超越他们。

然而，如果从与周边地区势力的关系这一点看，很难说武则天已成为这种理想的君主。武周革命后的 692－694 年，唐（周）与突骑施联合击败了推进到西域的吐蕃军，从吐蕃手中夺回西域地区（森安 1987，p.52）。但是，唐（周）所处的周边局势绝不平稳[5]。693 年，突厥的默啜入侵灵州，695 年吐蕃入侵临洮，并且 696 年发生契丹叛乱等（佐藤 1958，p.59；森安 2007，p.262）。总之，武则天是以各种舞台装置即位，试图君临天下，但实际上，其根基并不稳固。在她即位皇帝后，在获得外来人的支持之下，不断地实施翻译事业的背景，也许与建立周朝及武则天即位时的理想和现实相背离这一情况不无关联。

二、中宗时期的外来系译经者及其特征

（一）义净译场参加者

中宗即位，唐朝复兴，仍继续实施了翻译事业。作为其中心人物可列举义净。下面将根据《开元录》卷九，介绍一下中宗在大荐福寺设置翻经院之后义净的译场成员：

> 吐火罗沙门达磨末磨、中印度沙门拔弩证梵义。罽宾沙门达磨难陀证梵文。居士东印度首领伊舍罗证梵本。沙门慧积、居士中印度李释迦、度颇多等读梵本。沙门文纲、慧沼、利贞、胜庄、爱同、思恒等证义。沙门玄伞、智积等笔受。居士东印度瞿昙金刚、迦湿弥罗国王子阿顺等证译。修文馆大学士特进赵国公李峤、兵部尚书逍遥公韦嗣立、中书侍郎赵彦昭、吏部侍郎卢藏用、兵部侍郎张说、中书舍人李义、苏颋等二十余人次文润色。左仆射舒国公韦巨源、右仆射许国公苏瑰等监译。秘书大监嗣虢（虢）王邕监护。（T55, pp. 568c-569a）

参与翻译的成员，吐火罗、罽宾及迦湿弥罗等地区，或者东印度和中印度的天竺。而其成员构成中具有特征性的是并不局限于沙门，而是包含被称作“居士”“首领”及“王子”的在家人这

[5] 有关该时期唐朝周边各国的动向，请参照菅沼 2013，22－61 页。

一点吧。可以看出，在义净的佛经翻译中，以吐火罗、罽宾以及迦湿弥罗等地区的僧侣和在家信徒的圣俗双方参与其中。

（二）从敦煌文件 S.2926〔2〕、S.2423 所看到的中宗时期的译经者

笔者想通过敦煌文件 S.2926〔2〕、S.2423 中的题记，叙述参加者（限定于翻译者）的特征。

a. S.2926《持珠校量功德经》题记（照片：Forte 1984；录文：池田 1990，p.283）

北天竺国三藏梵云阿你真那　唐云宝思惟　　宣译梵本

翻经大德僧尸利抹多　　证梵本义

婆罗门大首领臣李无谄　译语

翻经大德大兴善寺僧师利　证义

b. S.2423《佛说示所犯者瑜伽法镜经》题记（照片：Forte1984；录文：池田 1990，p.284）

三藏法师室利末多　唐云妙惠　于崇福寺翻译

大兴善寺翻经大德沙门师利　笔受缀文

大慈恩寺翻经大德沙门道安等　证义

大首领安达摩　译语

a 中宗神龙元年（705）正月，在迦湿弥罗僧宝思惟的主持下实施翻译，b 在室利末多的主持下于景龙元年（707）翻译。成员之中，要注意的是担当 a“译语”的“婆罗门大首领臣李无谄”和担当 b“译语”的“大首领安达摩”。对于 a 李无谄，如前所述，出生于岚波国，而 b 安达摩无记载，出生地不明。因两者均为大首领，李无谄和安达摩极有可能是其本人这一代来到唐朝的。那么，安达摩是从哪个地区来到唐朝的呢？由于有表示粟特的布哈拉出身的“安”姓，是否能看作是从布哈拉直接来到唐朝的佛教徒粟特人？

据吉田豊先生的研究，不能认为在粟特本土普遍信仰佛教，而是在中国的粟特人佛教徒离开本土移居中国文化圈或者佛教圈之后，在其移住处皈依佛门的。并且，众多的粟特人皈依佛门是在进入 7 世纪之后（吉田 2011，p.44）。尽管安达摩来中国不久，然而要主管佛教经典的“译语”，至少应当具备与 a 中主管“译语”的岚波国大首领李无谄同等高水平的语言及佛教相关知识。安达摩很可能是其本人或者家族的上一代移居住到帕米尔以东的尊重佛教的绿洲各国，或兴都库什山脉南麓地区以及吐火罗斯坦和天竺等地区佛教圈之后皈依佛门的。但要提请注意的是，如矢吹庆辉所指出的，b 经典被认为是一部中国撰述的“伪经”（矢吹 1927，pp.81－85，190－191，667－675）。那么安达摩的“译语”究竟有多大实质性的意义呢？疑问依然存在。虽说如此，从译场列位排名其中看，应该具备某种程度的佛教知识。

在此之前所叙述的 7 世纪末至 8 世纪初译经者来唐朝，同当时的中亚形势有怎样的关系呢？自 692 年唐朝重新夺取安西四镇以后，吐蕃虽然被抑制向帕米尔以东的侵入，但直到其后 713 年的某个时期再开始真正全面进攻勃律等（关根 1978，pp.102－103），大约从 8 世纪初逐渐强化了向西方的推进[6]。同时，由于伊斯兰势力的逐渐东移，罽宾从 7 世纪便遭受侵袭（桑山 1990，pp.244－251，

[6] 吐蕃于 692－694 年败给唐朝和突骑施之后也还确保了从吐蕃西北边通向西边的通道（森安 1987，p.52）。

桑山 1992/1998，p.117），并且由于 709 年粟特的布哈拉，712 年该地区的撒马尔罕被征服等（森安 2007，p.379 年表），事实上，兴都库什山脉的南北地区和粟特本土，已经被置于吐蕃或伊斯兰势力的影响之下。不难想象，这样的形势正好成为这里信奉佛教的人们转向东方当时最大佛教国的唐（周）的契机。而在唐朝，发动武周革命，在诸宗教中佛教被置于最高地位，同时受到胡人欢迎等，对兴都库什南北麓等地区的佛教徒来说已准备了十分有利的形势。并且，在中宗时期，也积极地接收信奉该佛教地区的人们，不仅是僧侣，“王子”“大首领”等世俗佛教徒都协助译经事业，支撑着中国佛教界。

三、德宗时期的译经僧般若三藏

关于般若曾经提到过，因此其详情请参照拙稿（中田 2011），这里简略叙述一下。

般若出生地常常记作“罽宾”，但根据《贞元新定释教目录》卷一七（T55，pp.891，894），对于般若的出生地为罽宾，其实是“讹略”，准确地说是“迦毕试”。唐代的罽宾一般是指喀布尔—迦毕试，由此可认为般若的出生地罽宾应该是指迦毕试吧。般若的俗姓为乔答摩，母族是罗姓。罗姓表示有可能为吐火罗人。七岁时发起心愿，经过在迦湿蜜（克什米尔）、中天竺那兰陀和南天竺的修行之后，决意前往中国传播佛教，历尽航海之艰辛，在德宗建中二年（781），漂至广州，第二年进入长安。贞元二年（786），访见了般若母系兄弟之子罗好心。罗好心出生地不明，有可能与般若一样出生于迦毕试，或者从罗姓来判断，则出生地是吐火罗。尽管来唐朝具体的时期也不明，但可以说比般若更早来到唐朝，作为神策军的武士而大显身手。

般若的翻译佛典，贞元四年从《大乘理趣六波罗蜜多经》开始实施。在般若活跃的德宗期，正如朱泚之乱等所看到的，从初期之时起不稳定的政情一直持续着，特别是实施该翻译事业的时候，正值唐朝所处的国际形势趋向复杂化的时期。尤其是吐蕃势力的扩张对唐朝来说是最大的威胁。大约 786 年，吐蕃攻陷沙州，从而完全攻占河西地区，并且，在同一时期，与大食也开始交战等（田坂 1940，p.198 注 3；佐藤 1959，pp.652—655），全面展开向中亚地区的推进，不仅如此，与回鹘也发生对峙。贞元三年，唐朝根据宰相李泌的提议，以致采取同回鹘、天竺、大食及南诏联手，包围吐蕃的政策（佐藤 1959，pp.668—670），就是为对抗吐蕃的这种势力扩张。从本经典的翻译恰好在这个时期实施，以及本经典所具有的护国性质来看（赖富 1979，pp.41—53）。可知实施这翻译，与吐蕃的势力扩张等国际形势有着密切的关系。

般若的活动并不局限于译经。贞元六年七月，般若遵从敕命作为“北天竺迦湿蜜国使”被派遣到迦湿蜜（克什米尔）（《续开元录》卷上，T55，p.757b）。此次派遣是正当在贞元五年冬天爆发的回鹘和吐蕃围绕中亚统治地位的直接对决——北庭争夺战[7]中实行的。此次般若的派遣，与在克什米尔、犍陀罗逗留的悟空回到唐朝有着密切的关系。以下，对悟空的回国和般若的派遣到回国的经纬简单地加以归结[8]。

悟空原本是唐朝的官吏，俗名车奉朝。玄宗天宝九载（750），罽宾大首领萨婆达干和三藏

[7] 有关北庭争夺战的始末，请参阅森安 1979。

[8] 有关悟空的详细内容，请参阅小野 1984．另外，有关从悟空回国到般若派遣的过程，请参阅中田 2010，pp.36—37。

舍利越魔来朝进贡，翌年，唐朝官吏车奉朝（悟空）作为对此回礼使节的随员被派遣到罽宾。据小野胜年先生研究，此次派遣的背景，有牵制抬头中吐蕃的目的（小野 1984，p.53）。此后，悟空因患病，就那样停留在乾陀罗国（犍陀罗，罽宾冬季的都城），身体恢复后前往迦湿蜜，在那里受戒。据悟空入天竺的纪录《大唐贞元新译十地等经记》称，在迦湿蜜，"有也里特勤寺，突厥王子置也。次有可敦寺，突厥皇后置也"（小野 1984，p.76；T17，p.716a），有突厥的特勤和可敦捐赠的佛教寺。根据稻叶先生的研究，此处的"突厥"是指 Kābulshāh 王室，表示罽宾的突厥系王室和迦湿蜜间坚固的联系（稻叶 2010，pp.160－159（逆页））。

此后，悟空于贞元五年九月通过北庭，经漠北的回鹘道在贞元六年二月返回长安，带回了在安西和北庭所翻译的《十力经》等三部佛典[9]。悟空在北庭时，吐蕃的直接攻击尚未延伸至此。但却是攻占河西后的吐蕃开始全面侵入中亚地区的时候，就在悟空离开北庭的数个月后，爆发了回鹘和吐蕃的北庭争夺战，由此可见，在当地逗留中必定已感受到该地区不稳的状况。悟空有可能给唐朝带来了回国途中所获取的以回鹘和吐蕃为首的当地诸方面的信息，结果不是与派遣般若使节相关吗？回鹘在镇压安史之乱上曾经协助过唐朝，处于比较友好的关系。对唐朝来说，连作为管控中亚地区之枢轴的北庭都交付到吐蕃之手，这应该是一个沉重的打击。为此，唐朝向克什米尔派遣般若等使节，极有可能为了在作为唐朝后盾的回鹘一旦败北时，请求其给予协助，以强化吐蕃包围网[10]。如上所述，般若的事例表明，直到德宗时期，罽宾和克什米尔等兴都库什山脉－喀喇昆仑地区和唐朝之间的密切关系通过佛教僧侣仍然继续着。

四、结　　语

从武则天到中宗时期，于阗、兴都库什山脉南北麓地区以及克什米尔地区的出生者活跃在翻译事业上，尤其显著。这一点大概基于两个理由。一方面，受到中亚地区政治形势恶化的影响而奔向东方的人增加；另一方面，在中国，武周政权和中宗推进佛教，积极地完备接收胡人的僧侣和在家信徒。

并且，从般若和悟空的事例中可以看出，直至 8 世纪末，罽宾和克什米尔这些兴都库什山脉南部－喀喇昆仑山脉地区与唐朝间的交流，仍然通过佛教僧侣和首领，应对该地区和唐朝所处的政治形势不断实行了。但是这种兴都库什山脉南北的各国和唐朝的密切关系，进入突厥系王国灭亡的 9 世纪前半（或者后半）前后（稻叶 2004，p.332），恐怕已经不复存在了吧。

由上可知，唐朝长安和洛阳的佛教，是与兴都库什山脉南北地区－喀喇昆仑山脉地区所处的政治形势密切结合而展开的。

参 考 书 目

池田温《中国古代写本识语集录》，东京大学东洋文化研究所，1990 年。

稻叶穰《アフガニスタンにおけるハラジュの王国》，《东方学报》（京都）76，2004 年，382－313 页（逆页）。

稻叶穰 《八世纪前半のカーブルと中央アジア》，《东洋史研究》69-1， 2010 年，174－151 页（逆页）。

［9］这些是罽宾舍利越魔三藏向唐朝皇帝作为信物呈奉而托付悟空的（白须 1974，pp.47－48）。

［10］般若的派遣可看作是唐朝已采纳宰相李泌的提案的延伸上（岩崎 2002，pp.24－26）。

岩崎日出男《般若三藏の在唐初期における活动の实际について——〈大乘理趣六波罗蜜经〉翻译と北天竺・迦湿蜜国派遣の考察を中心として》,《密教文化研究所纪要》15,2002年,13—27页。

小野胜年《空海の将来した〈大唐贞元新译十地等经记〉——〈悟空入竺记〉のこと》,《密教文化》148,1984年,48—80页。

桑山正进《カーピシー=ガンダーラ史研究》,京都大学人文科学研究所,1990年。

桑山正进编《慧超往五天竺国传研究》,临川书店,1992(1998)年。

佐藤长《古代チベット史研究》(上、下)二卷,京都,1958—1959年。

白须净真《敦煌における〈廻向轮经〉の传承——吐蕃支配期の中原未传汉译经典の研究》,《佛教史研究》17-1,1974年,34—69页。

菅沼爱语《7世纪后半から8世纪の东部ユーラシアの国际情势とその推移——唐・吐蕃・突厥の外交关係を中心に》,溪水社,2013年。

关根秋雄《カシュミールと唐・吐蕃抗争——とくに小勃律国をめぐって》,《中央大学文学部纪要(史学科)》23,1978年,99—118页。

田坂兴道《中唐に於ける西北边疆の情势に就いて》,《东方学报(东京)》11-2,1940年,171—211页。

中田美绘《不空の长安佛教界台头とソグド人》,《东洋学报》89-3,2007年,33—65页。

中田美绘《唐代德宗期〈四十华严〉翻译にみる中国佛教の转换——〈贞元录〉所收〈四十华严の条〉の分析より》,《佛教史学研究》53-1,2010年,21—42页。

中田美绘《八世纪后半における中央ユーラシアの动向と长安佛教界——德宗期〈大乘理趣六波罗蜜多经〉翻译参加者の分析より》,《东西学术研究所纪要》44,2011年,153—189页。

宫林照彦、加藤荣司《南海寄归内法传——七世纪インド佛教僧伽の日常生活》,法藏馆,2004年。

森安孝夫《增补:ウイグルと吐蕃の北庭争夺战及びその后の西域情势について》,《アジア文化史论丛》3,山川出版社,1979年,199—238页。

森安孝夫《吐蕃の中央アジア进出》,《金泽大学文学部论丛(史学科编)》4,1984年,1—85页。

森安孝夫《中央アジア史の中のチベット——吐蕃の世界史的位置付けに向けての展望》,长野泰彦、立川武藏(编)《チベットの言语と文化》,东京:冬树社,1987年,44—68页。

森安孝夫《シルクロードと唐帝国》,讲谈社,2007年。

矢吹庆辉《三阶教之研究》,岩波书店,1927年。

吉田豊《ソグド人とソグドの歴史(第1部)》,曽布川宽、吉田豊编《ソグド人の美术と言语》,临川书店,2011年,7—78页。

赖富本宏《中国密教の研究》,大东出版社,1979年。

(中文)

荣新江《胡人对武周政权之态度——吐鲁番出土〈武周康居士写经功德记碑〉校考》,《民大史学》1996年第1期(同《中古中国与外来文明》,生活・读书・新知三联书店,2001年,204—221页)。

王邦维《大唐西域求法高僧传校注》,中华书局,1988年。

赵振华《武周建造天枢外蕃人物墓志与“子来使”》,《洛阳古代铭刻文献研究》,三秦出版社,2009年,585—593页。

(英文)

Chen Jinhua 2002 “*ŚarTra* and Scepter: Empress Wu's Political Use of Buddhist Relics.” *Journal of the International Association of Buddhist Studies* 25.1-2, pp. 33-150.

Forte, Antonino 1984 “The Activities in China of the Tantric Master Manicintana (Pao-ssu-wei:?-721A. D.) from Kashmir and of his Northern Indian Collaborators.” *East and West,* 34.l-3, pp. 30l-347.